AF558444

JAMES SWARTZ

DIE WIRKLICHKEIT VERSTEHEN

James Swartz:
Die Wirklichkeit verstehen

info@kamphausen.media
www.kamphausen.media

Übersetzung: Matthias Raetz
Lektorat: Otmar Fischer
Umschlag: Morian&Bayer-Eynck,
Coesfeld, www.mbedesign.de
Typografie/Satz: KleiDesign
Druck & Verarbeitung:
CPI Books GmbH, Leck

Bibliografische Information der Deutschen Nationalbibliothek
Die Deutsche Nationalbibliothek verzeichnet diese
Publikation in der Deutschen Nationalbibliografie;
detaillierte bibliografische Daten sind im Internet
über **http://www.dnb.de** abrufbar.

4. Auflage 2022

ISBN der Printausgabe: 978-3-95883-028-8
ISBN E-Book: 978-3-95883-029-5

James Swartz

Die Wirklichkeit verstehen

Vedanta

Eine praktische Einführung

KAPITEL 11: DIE VISION DER NICHT-DUALITÄT – DAS *YOGA* DER ERKENNTNIS 335

KAPITEL 12: WERTE 383

Kapitel 13: **Liebe** 427

Kapitel 14: **Die erleuchtete Person** 451

Einführung

Für unsere westliche Kultur ist die Idee der Erleuchtung relativ neu, sie hat erst in den letzten Jahrzehnten kontinuierlich an Beachtung gewonnen. Zwar ist die Suche nach Erleuchtung weit davon entfernt, eine Massenbewegung zu werden, aber seit den sechziger Jahren hat sich hier – verstärkt durch die Invasion von Swamis, Lamas, Roshis und Gurus – doch eine lebendige spirituelle Subkultur entwickelt. 50 Jahre sind aus der Perspektive des Individuums eine lange Zeit, jedoch aus der Perspektive einer Kultur, die seit Jahrtausenden in der Lage ist, die Bedürfnisse der spirituellen Sucher zu befriedigen, ein sehr kurzer Zeitabschnitt.

Durch materielle Objekte geprägte Kulturphänomene entwickeln und verändern sich ziemlich schnell. Die Entwicklung komplexer wissenschaftlicher, psychologischer oder literarischer Weltanschauungen benötigt deutlich länger, ein paar Generationen vielleicht. Doch ein vollständiges Erkenntnissystem, das die Natur des Bewusstseins und der Psyche und deren Beziehung zur materiellen Welt umfasst und das menschliche Streben nach Befreiung in allen Aspekten beschreibt und auflöst, ist das Werk vieler Generationen über viele Jahrhunderte. Im Westen gibt es zwar eine lange religiöse Tradition mit gewissen spirituellen Aspekten – die von Zeit zu Zeit auch große nicht-duale Denker hervorbrachte; eine spirituelle Kultur, die auf der

Idee der Nicht-Dualität basiert, hat sich im Westen jedoch nie entwickelt.

Nach dem Zweiten Weltkrieg kam der materielle Erfolg rasend schnell – und in seinem Gefolge bald auch der Überdruss; die seelischen Bedürfnisse wurden nicht befriedigt. Da die eigene westliche Kultur keine Antworten hatte, schauten sich die Menschen anderswo um und wurden im Osten fündig. Bald machten sich Zehntausende junger Frauen und Männer enthusiastisch auf den Weg nach Asien, vor allem nach Indien, auf der Suche nach Erfüllung. Wie ein Schwarm hungriger Heuschrecken machten sie sich über exotische hinduistische oder buddhistische Ideen und Übungen her. Obwohl sie in Wirklichkeit nur etwas an der Oberfläche kratzten, waren sie überzeugt davon, das Erleuchtungsspiel gemeistert und sich und ihr Leben auf Dauer transformiert zu haben. Sie kehrten mit der Zuversicht heim, die östliche Spiritualität in ihre Heimatgesellschaften integrieren zu können und diese vom Materialismus zu befreien. Doch die Kultur der Nicht-Dualität steckt im Westen noch in den Kinderschuhen und wartet darauf, eine adäquate Form anzunehmen. Wer die Geschichte der Erleuchtungskultur kennt und weiß, wie kurz ein paar Jahrzehnte sind, wird sich darüber nicht wundern.

Die westliche spirituelle Welt ist ein seltsames Potpourri dualistischer und nicht-dualistischer Vorstellungen und Übungen, die, anfangs sehr faszinierend und anziehend, oft schnell ihren Reiz verlieren. Viele Ideen stehen zueinander im Widerspruch, andere werden schnell aufgenommen, ohne wirkliche Änderungen zu bewirken.

Der Hunger des Herzens wird nie dauerhaft gestillt. Vor 45 Jahren sagte mir mein Lehrer, ein *mahatma*, ein großer indischer Weiser, dass der Westen erst im 21. Jahrhundert bereit sein werde für die Großmutter der spirituellen Kulturen Asiens, für Vedanta, die vollständige und vollendete Wissenschaft der Erleuchtungslehren. Damals habe ich nicht groß über seine Worte nachgedacht, aber heute, im zweiten Jahrzehnt des 21. Jahrhunderts, erscheinen sie mir prophetisch. Viele spirituelle Sucher haben lange Jahre fleißig an sich gearbeitet und sind zu reifen Menschen geworden, was sie endlich befähigt, die radikale und der Intuition widersprechende Botschaft des Vedanta zu verstehen. Diese Botschaft lautet: Die Wirklichkeit ist nichtduales Bewusstsein – allen scheinbaren Widersprüchen zum Trotz! Was das genau bedeutet und wie es dir bei deiner Suche nach Freiheit zugutekommt, ist der Gegenstand dieses Buches.

2009 habe ich ein Buch mit dem Titel *How to Attain Enlightenment* geschrieben, welches Vedanta in klarer, moderner Sprache vorstellt. Vedanta konnte im Westen nicht wirklich Fuß fassen, weil die Menschen für seine Aussagen nicht reif waren oder weil die Idee der Nicht-Dualität mit dem mächtigen Symbolismus des Hinduismus überladen wurde. Die in orange Roben gekleideten Swamis, die es mit leuchtenden Augen lehrten, sprachen Hinglisch, Englisch mit einem starken Hindi-Akzent, und würzten ihre Lehre mit unaussprechlichen Sanskrit-Wörtern. Allzu oft wurde es als hinduistische Philosophie präsentiert, obwohl es nichts mit Hinduismus zu tun hat und keine Philosophie ist: Es ist das Wissen von der Wirklichkeit, und als solches ist es jenseits von Raum und Zeit, Religion und Philosophie. Bevor 2009 mein Buch erschien, gab es nicht viele Westler, die sich von der Vedanta-Lehre angezogen fühlten. Das hat sich seitdem geändert; auf alle Fälle ist mein Leben, das zuvor einfach und kontemplativ war, ziemlich betriebsam geworden. Jetzt reise ich um die Welt, um Vedanta zu lehren.

Der Kern der Vedanta-Lehren ist unveränderlich, er wurde vor Tausenden von Jahren enthüllt. Als Erleuchtungsmethode hat sie sich durch den Beitrag großer Geister immer weiter verfeinert und im 8. Jahrhundert durch Shankaracharya ihre Perfektion erreicht. So wie niemand versucht, das Rad neu zu erfinden, kann auch niemand Vedanta verbessern. Es tut, was es tun soll: uns aus dem Gefühl des Begrenzt-Seins befreien. Wie bereits in meinem ersten Buch stelle ich auch hier die Lehren und die grundlegende Logik von Vedanta vor. Ich muss daher der Verlockung widerstehen, zu behaupten, es sei ein vollständig anderes Buch geworden. Und doch ist es ein anderes Buch, geschrieben in einem anderen, wahrscheinlich leichter zugänglichen Stil. Es vertieft einige Lehren, die im ersten Buch eingeführt wurden, und ergänzt es um die Kapitel über Werte und die erleuchtete Person. *Dharma* und die Essenz der Erleuchtung werden im Detail erörtert und die Beziehung zwischen Bewusstsein, Individuum und dem großen Ganzen ausführlich erklärt.

Wie in seinem Vorgänger wird auch in diesem Buch das Thema Erleuchtung grundlegend entmystifiziert. Vedanta möchte dich nicht durch vage Mystik inspirieren, sondern dein Herz und deinen Verstand durch klare und nachvollziehbare Aussagen gewinnen. Ich bin überzeugt davon, dass der einfache Stil dieses Buchs dazu geeignet ist, die Wissenschaft der Selbst-Erforschung einer Vielzahl von Suchern und Findern zugänglich zu machen.

James Swartz

Kapitel 1

WAS IST MIR WIRKLICH WICHTIG?

MOTIVATIONEN

Das Leben ist ein großes Puzzle. Wir sind im Besitz aller Teile, aber kaum in der Lage, sie richtig zusammenzufügen. Unsere Versuche, das Puzzle zu lösen, scheinen zum Scheitern verurteilt. Es sind zu viele Variablen und es ist zu schwer, sie richtig anzuordnen. Wäre das Leben einfach, würdest du mehr glückliche Menschen sehen. Doch wenn die Lösung bereits gefunden wurde, welchen Grund gäbe es dann, es selbst herausfinden zu wollen? Warum sie nicht einfach benutzen? Vedanta kennt das Puzzle des Lebens und es legt alle Teile an ihren richtigen Platz.

Stell dir vor, es ist Frühling, und du bist in einem Tal im Gebirge. Viele schöne Blumen blühen. Du pflückst eine von jeder Sorte, bringst sie heim und legst sie auf den Küchentisch. Jede Blume besitzt ihre eigene Schönheit und Vollkommenheit. Aber wenn du aus ihnen ein Bouquet gestaltest, erhält jede von ihnen eine erhöhte Bedeutung.

Das Ganze wird mehr als die Summe seiner Teile. Vedanta nimmt all deine Erfahrungen und das Wissen, das du aus ihnen gewonnen hast, und ordnet sie auf eine Weise, die dich das Leben klar sehen lässt. Es enthüllt, wie du dich in die Gesamtheit des Lebens einfügst, und ermöglicht dir eine vertiefte Würdigung deiner wahren Bestimmung.

Viele beeindruckende Dinge, Wolkenkratzer und Brücken, Mobiltelefone und das Internet, sind das Resultat des kollektiven Wissens und Denkens der Menschheit. Auf dieselbe Weise wurden spirituelle Erfahrungen und Erkenntnisse zu einem perfekten Bouquet von Ideen zusammengefügt, zu einer Lehre, die Menschen befreit. Diese Lehre ist nicht im Besitz einer einzelnen Person, sondern gehört der Allgemeinheit. *Das geistige Eigentum daran kann niemals von einer einzelnen Person beansprucht werden.* Dieses perfekte Bouquet, diese raffinierte Methode wird Vedanta[1] genannt, das Wissen, welches die Suche nach dem Sinn des Lebens beendet.

Wenn du verstehen möchtest, wer du bist und wie du in die Unermesslichkeit des Lebens hineinpasst (oder wie das Leben in dich hineinpasst), wenn du mit anderen Worten glücklich sein möchtest, dann kann Vedanta dir den Weg weisen. Wenn du dich der Logik dieser Lehre anvertraust und ihr folgst, wird sie ihre Wirkung entfalten. Ihre Lektionen bauen aufeinander auf, das Verstehen der ersten Lektion ist daher die Voraussetzung für das Verstehen der zweiten. Und nur nachdem du der zweiten Lektion folgen

1 Veda bedeutet in Sanskrit Wissen, und anta bedeutet Ende. Die Wortverbindung Vedanta hat zwei Bedeutungen: (1) das Wissen, das die Suche nach Erkenntnis beendet, und (2) das Wissen, das am Ende von jedem der Veden präsentiert wird. Die vier Veden gehören zu den ältesten überlieferten Schriften und behandeln neben vielen anderen Themen das Bewusstsein, das Selbst.

konntest, wird die dritte einen Sinn ergeben. Wenn du das große Gesamtbild, die Vision der Nicht-Dualität, nicht verstehen kannst, wirst du ein Sucher bleiben. Ein Puzzle ist erst dann vollständig, wenn jedes Teil am richtigen Platz liegt. Im Vedanta fügt sich jede Lehre nahtlos in jede der anderen Lehren. Denn die Wirklichkeit ist ein einziges Bewusstsein, und Vedanta ist die Wissenschaft **vom** Bewusstsein. Um den maximalen Nutzen aus Vedanta ziehen zu können, müssen wir geduldig sein, denn die Idee der Nicht-Dualität ist sehr anspruchsvoll. Das Verstehen kann wie ein Blitz in dir einschlagen, aber ohne eine kontinuierliche Auseinandersetzung mit den Lehren wird es dir wieder verloren gehen. Die Vision der Nicht-Dualität muss sich langsam aber stetig mit deinem Geist verschmelzen. Lass dir Zeit, lies dieses Buch sorgfältig und ohne Hast. Du wirst nicht enttäuscht werden.

Es ist sehr wichtig, die Wirklichkeit so zu sehen, wie sie ist, nicht so, wie du sie dir vorstellst oder wünschst. Wir sind alle sehr stolz auf unser spirituelles Wissen, also wirst auch du dazu neigen, Vedanta nach deinen eigenen Ideen zu beurteilen. Aber das kann nicht funktionieren. *Wenn du schon so erleuchtet bist, warum bist du dann immer noch auf der Suche?* Nachdem du Vedanta mit einem offenen Geist gehört hast, geht es darum, das, was du zu wissen glaubst, im Lichte der Lehre zu bewerten und nicht umgekehrt. Denn wenn du die Lehre nur auf der Basis deiner Überzeugungen und Ansichten bewertest, kann die Lehre nicht wirken. Du benötigst einen offenen Geist und die Bereitschaft, alte Überzeugungen zu überwinden, sonst wirst du in dem Gefühl stecken bleiben, unvollständig, abgetrennt und begrenzt zu sein. *Nur mit einem offenen Geist kannst du verstehen, was Vedanta zu sagen hat.*

Die unverstandene Logik deiner eigenen Erfahrung

Vedanta ist eine Methode der Selbst-Erforschung. Die erste Stufe im Prozess ist das Hören der Lehre mit einem offenen Geist – unbeeinflusst von deinen persönlichen Ansichten. Es ist ein Hören, das nicht beurteilt. Das ist schwer, aber nicht unmöglich. Wenn du merkst, dass du bewertest, was du hörst, dann hörst du nicht richtig zu. Es geht nicht darum, ob du es magst oder nicht, es geht darum, etwas zu verstehen. Wenn du vorurteilsfrei zuhörst, werden die Worte einen Sinn ergeben. Wenn du die Wirklichkeit und dich selbst verstehen möchtest, musst du bereit sein, über deine alten Überzeugungen und Ansichten hinauszuwachsen, sonst ist Vedanta nichts für dich.

Erst nachdem du die Lehre vollständig aufgenommen hast, kannst du deine Überzeugungen und Ansichten wieder hervorholen und sie mit der gehörten Wahrheit interagieren lassen. Diese zweite Stufe im Prozess der Selbst-Erforschung wird Reflexion oder Kontemplation genannt. Wenn du dich diesem Prozess anvertraust, wirst du Erfolg haben.

Um Befreiung zu erlangen, reicht das Verständnis eines bestimmten Teils der Lehre nicht aus. Du musst die vollständige Kette der Wahrheit verstehen, auf der – perlengleich – all die Lektionen schmuckvoll aufgereiht sind und so ein sinnvolles Ganzes ergeben. Die Vision der Nicht-Dualität kann nicht durch das Zusammenfügen von Einsichten verschiedener spiritueller Traditionen gewonnen werden. Mühelos hingegen kann diese Vision gewonnen werden, wenn du deinen Geist beständig und konsequent den Lehren des Vedanta aussetzt.

Was begehre ich wirklich? – Sicherheit, Vergnügen und Tugendhaftigkeit

Was möchte ich wirklich vom Leben? So lautet die erste Fragestellung im Vedanta. Es ist klar, dass du nicht unglücklich sein möchtest. Wenn Kummer kommt (und das tut er), dann nicht, weil du es möchtest. Wahrscheinlich kommt er, weil du inkompetent bist oder ineffizient in deiner Suche, weil es dir an Verständnis deiner selbst und der Welt mangelt, in der du lebst.

Jeder möchte frei und glücklich sein, sich vollkommen und vollständig fühlen. Wenn du aus anderen Gründen hier zu sein glaubst, dann ist Selbst-Erforschung nichts für dich. Wenn Menschen glücklich und frei sein möchten, was tun sie? Sie jagen Dingen hinterher, von denen sie glauben, dass sie frei und glücklich machen.

Das Erste, um das sie sich im Leben sorgen, ist Sicherheit. Das leuchtet ein, denn das Leben ist unsicher. Nichts hat Bestand. Es gibt viele Formen von Sicherheit, eine der offensichtlichsten ist materielle Sicherheit. Kaum jemand meint, er habe genug Geld. Die Begierden sind grenzenlos, und je mehr Geld man hat, desto mehr

Begierden können sich erfüllen. Es ist daher natürlich, dem irrigen Glauben anzuhängen, man sei umso sicherer, je mehr Geld man habe.

Unser Begehren entstammt einem Gefühl von Unsicherheit, und Unsicherheit hat viele Gesichter. Du magst dich finanziell abgesichert fühlen, aber dann wird sich die Unsicherheit in anderen Lebensbereichen äußern. Wenn ich euch frage, wer genügend Liebe bekommt, gehen nicht viele Hände nach oben. Jeder könnte sich selbst noch mehr lieben oder mehr Liebe von anderen empfangen. Dein Verlangen nach Aufmerksamkeit ist ein Zeichen emotionaler Unsicherheit. Bevor ich fortfahre, die Dinge aufzuzählen, die wir begehren, solltest du wissen, dass nicht alle auf dich zutreffen müssen. Dies ist nur eine allgemeine Liste, auf deren Grundlage wir gewisse Tatsachen über die Natur weltlichen Strebens darlegen wollen.

In der vedischen Tradition gibt es einen berühmten Text über Genuss, das *Kama Sutra*. Es gibt diesen Text, weil Menschen wissen wollen, wie sie höchsten Genuss erleben können. Sobald du physisch und materiell abgesichert bist, möchtest du dein Leben genießen, und so wird sich dein Fokus auf die vielfältigen Formen von sinnlichem Genuss ausrichten. Sicherheit ist eine Notwendigkeit, Genuss ein Luxus. Doch unsere westliche Gesellschaft ist wirtschaftlich so erfolgreich, dass wir verrückt sind nach Unterhaltung und Luxusartikel zu lebensnotwendigen Gütern geworden sind.

Wenn du emotional unsicher bist, möchtest du es dir gut gehen lassen. Sieh nur, wie viel Energie in Unterhaltung investiert wird: Internet, Sport, Glücksspiel, Reisen,

Musik, Sex, Drogen und so weiter. Wir brauchen diese Dinge nicht wirklich, aber da sie verfügbar sind, wollen wir sie in Anspruch nehmen. Sundari, meine Frau, nennt sie ‚Massen-Zerstreuungs-Waffen'[2]. Ich reise viel, und auf jedem Flughafen führt der Weg durch ein Dickicht von Shops, die alle möglichen verführerischen Sachen anbieten, Tausend-Dollar-Handtaschen, Berge von Schokolade und eine unübersehbare Menge elektronischen Schnickschnacks. Kein normaler, vernünftiger Mensch benötigt diese Dinge.

Vor kurzem habe ich mir im Flugzeug eine kleine digitale Waage gekauft. Nun kann ich mein Gepäck vor dem Flug wiegen, damit ich nicht auch noch für Übergewicht zahlen muss, wenn ich meine nutzlosen Luxusartikel von einem Land ins nächste schleppe. Sie druckten mir eine Quittung aus einem winzigen Computer.

Vergnügen ist kein Ziel, das uns wirklich glücklich macht. Um Vergnügen zu erleben, sind drei Faktoren erforderlich, die nicht immer vorhanden sind: ein Objekt, das Vergnügen schenken kann, ein geeignetes Instrument, um das Objekt genießen zu können, und ein Geisteszustand, der es ermöglicht, Vergnügen zu empfinden. Doch der Genuss der schönen Natur (Objekt) kann durch Mücken gestört werden, ein entzündetes Ohr (Instrument) das Hörvergnügen beeinträchtigen und die Sorge um meinen Job (Geisteszustand) einen sinnlichen Abend mit meinem Liebsten verderben. Da Vergnügen von diesen ständig sich wandelnden Faktoren abhängt, ist es selten und

2 Englisches Wortspiel, ‚weapons of mass distraction' anstelle von ‚weapons of mass destruction' (Massenvernichtungswaffen).

flüchtig. Diese Tatsache sollte mir zu denken geben und mich schlussfolgern lassen, dass es lohnendere Ziele gibt.

Nehmen wir an, du fühlst dich geborgen und bist nicht interessiert an Genuss. Dein Leben ist gemessen an üblichen Kriterien ziemlich gut, aber trotzdem glaubst du nicht, als Mensch gut genug zu sein. Du findest dich selbstsüchtig, eitel, herzlos, unehrlich, arrogant oder maßlos. Was du über dich denkst, fühlt sich nicht gut an, und du fühlst dich schuldig. Infolgedessen möchtest du aufrechter werden, reiner, heiliger, liebenswerter, großzügiger und liebevoller: Du strebst nach Tugendhaftigkeit.

In christlichen Kulturen hast du kaum das Licht der Welt erblickt, schon lernst du, dass du ein ‚Sünder' bist. Du bekommst eine Gnadenfrist, solange Mama und Papa denken, du seist Gottes größtes Geschenk an die Menschheit, und dich mit Zuneigung überschütten. Aber schon bald werden sie dir erzählen, mit dir stimme etwas nicht. Das ist dir neu, und du erlebst ein unsanftes Erwachen. Ehe du dich versiehst, entwickelst du einen Komplex und die Überzeugung, du seist nicht gut genug. In den heutigen Gesellschaften finden wir lauter Menschen mit geringem Selbstwertgefühl, die hart daran arbeiten, ‚gut' zu werden oder wie Heilige zu leben. Dieses Streben nach Tugendhaftigkeit ist traurig, weil in Wirklichkeit doch gar nichts mit dir nicht stimmt.

Manche Menschen fühlen sich schwach und streben daher nach Macht. Sie neigen dazu, Leid in das Leben anderer zu bringen, weil sie selbst innerlich leiden. Es gibt noch viele weitere Dinge, nach denen Menschen streben, doch das Letzte, das ich nennen möchte, ist Ruhm oder

Anerkennung. Du fühlst dich klein und unbedeutend, weil eine kleine Person in dir steckt, ein inneres Kind, das nie erwachsen wurde und das wahrgenommen und gewürdigt werden möchte. So wirst du ein bedürftiger Quälgeist, immer auf der Suche nach Aufmerksamkeit. Möglicherweise entwickelst du raffinierte Strategien, um von anderen Menschen wahrgenommen zu werden.

Es ist nicht nötig, alle Ziele menschlichen Strebens zu erörtern – dies sind die wesentlichen. Alle dienen dem Zweck, dich stimmig, vollkommen, glücklich und frei zu fühlen. Ob sie tatsächlich die gewünschte Wirkung entfalten, werden wir sehen.

Wir sind nun an einem entscheidenden Punkt unserer ersten Fragestellung angelangt. Was jetzt folgt, wird einem Teil von dir nicht gefallen. Versuche trotzdem, es anzunehmen. Nimm dir Zeit, die Logik sorgfältig nachzuvollziehen. Wenn es dir nicht gelingt, die folgende Lehre zu verstehen, kann das darauf hinweisen, dass du nicht für Erleuchtung qualifiziert bist.

Existiert Glück?

Jeder Mensch hat Glück erlebt – eine Minute oder zwei, eine Stunde, eine Woche oder einen Monat lang. Dies beweist, das Glück existiert. Aber woher stammt es?

Liegt es in den Dingen?

Wenn du bekommst, was du möchtest, fühlst du dich frei, glücklich und erfüllt. Bedeutet dies, dass dein Gefühl von Fülle-Glück-Freiheit von dem Objekt kommt? Du jagst

Dingen nicht hinterher, um dich unglücklich zu machen. Du strebst nach dem, wonach du strebst, weil du glaubst, das Glück sei auf magische Weise mit dem Objekt verknüpft.

Aber ist dem wirklich so? Liegt das Glück in den Dingen? Die ältere Dame, die voll Freude Socken und kleine Wollmützen für ihre Enkelkinder strickt, wird am Bungee-Jumping keinen Spaß haben. Kannst du dir diese Dame in ihrer Schürze vorstellen, wie sie am Brückengeländer steht, mit den Gummiseilen an ihren Beinen? Und wie glücklich wäre ihr jugendlicher Enkel, der es liebt, sich in die Tiefe zu stürzen, wenn er Socken strickte?

Wenn Objekte die Quelle des Glücks sind, ist es vernünftig, in der Welt nach Dingen zu jagen. Doch lass es uns genau untersuchen und schauen, ob sie wirklich die Quelle sind. Nehmen wir an, du hast eine ganz genaue Vorstellung des perfekten Partners, deines Seelengefährten. Du glaubst, dass deine Einsamkeit enden und du glücklich sein wirst, sobald dieser Mensch auftaucht. Eines Tages gehst du zu einer Veranstaltung. Dort siehst du jemanden, der deiner Vorstellung entspricht. Quer durch den Raum treffen sich eure Blicke. Du spürst die Anziehung und die Euphorie, die sie auslöst.

Doch was passiert mit der Vorstellung, wenn du mit dem Menschen in Kontakt kommst? Sie löst sich auf. Warum? Weil das begehrte Objekt präsent ist und sich ein großartiges Gefühl von Liebe, Freude, Frieden und Glück ausbreitet. Du nimmst an, dass das Glück von dem Objekt kommt, und ehe du dich versiehst, bist du von ihm abhängig. Doch deine Annahme ist falsch. Die Wahrheit ist:

Wenn sich das Begehren in der Gegenwart des begehrten Objekts auflöst, dann flutet Liebe, die Natur deiner selbst, den Geist. Das Objekt ist nicht die Quelle des Gefühls, es ist nur der Katalysator, der die dir innewohnende Freude befreit. Aus dieser Beobachtung können wir nur einen Schluss ziehen: Wenn Glück-Liebe unsere Natur ist, müssen wir sie nicht in Dingen außerhalb von uns suchen.

Du kannst gerne noch an deinem Glauben an den Wert der Objekte für dein Glück festhalten. Aber bitte versuche wenigstens, dich probeweise auf unsere Sichtweise einzulassen und unseren Lehren zu lauschen. Und erlaube mir diese Frage: Wie dauerhaft ist ein Glück, das in den Dingen wohnt? Es ist nicht von Dauer, es ist vergänglich. Sobald die Erfahrung zu Ende geht, kehrt das Gefühl von Unvollkommenheit zurück, und wir benötigen ein neues Objekt, welches uns wieder glücklich macht. Wenn du diese Analyse hörst, wirst du sie wahrscheinlich nicht sofort akzeptieren. Du wirst vielleicht einwenden, dass das Objekt-Glück sehr wohl funktioniert, wenn du mit dem Objekt, das dich glücklich macht, verbunden bleiben kannst. Aber Dinge kommen und gehen. Es gibt kein Objekt, das in deinem Leben dauerhaft Bestand hat. Die einzige Konstante im Leben bist du, das Subjekt. Vedanta behauptet, dass die Natur des Subjekts unbegrenzte Glückseligkeit ist. Den Beweis für diese Behauptung werden wir dir in diesem Buch auf vielfache Weise liefern. Vedanta sagt, dass die Dinge schon deshalb nicht die Quelle unseres Glücks sein können, weil wir in ihnen Vollkommenheit suchen, obwohl wir bereits vollkommen sind. Wir suchen, weil wir nicht wissen, wer wir wirklich sind.

Unsere Erforschung der Natur der Dinge bringt noch weitere unerfreuliche Tatsachen ans Licht: Deine Suche endet nicht, wenn du bekommst, was du begehrt hast. Die Mühe, die in die Verwirklichung deiner Wünsche floss, wandelt sich plötzlich in das Begehren, sie zu bewahren. Wenn du zum Beispiel einen guten Job findest, fangen die Mühen erst richtig an. Du musst hart arbeiten, um ihn zu behalten. Und wenn du das Glück hast, dass sich jemand in dich verliebt, wirst du die Liebe dieser Person beständig erwidern müssen, damit sie sich nicht von dir abwendet.

Die Objekte sind nicht nur von Natur aus mangelhaft in Bezug auf ihre Fähigkeit, Glück zu spenden. Das Feld, in dem die Dinge sich manifestieren, ist so aufgebaut, dass dauerhafte Freude schlicht unmöglich ist. Das Feld unserer Erfahrung, unser Geist, ist eine Dualität. Das bedeutet, dass wir in Gegensätzen denken, da wir die nicht-duale Natur der Wirklichkeit nicht kennen. Jeder Vorteil bringt auch einen Nachteil mit sich, jeder Gewinn einen Verlust. Wenn du dich verliebst, erfährst du das Glück der Intimität. Aber gleichzeitig leidest du unter deiner Anhaftung. In deinem Traumhaus zu leben macht dich glücklich, aber du musst dafür einen Haufen Geld bezahlen und eine Hypothek aufnehmen, an der du 30 Jahre lang zu tragen hast. So ist das Leben. Es gibt keinen Weg, das System zu überlisten und nur die positiven Lebenserfahrungen zu machen. Wie ein Dichter über das Leben schrieb: „Freude und Kummer sind fein miteinander verwoben." Das Leben ist ein Nullsummenspiel.

Was ist ein Objekt?

Unter einem Objekt verstehen wir alles, was sich von dir, dem Subjekt, unterscheidet. Dein Körper manifestiert sich als Objekt in dir. Deine Gefühle manifestieren sich in dir, und du nimmst sie wahr. Auch sie sind Objekte, genau wie deine Gedanken, Meinungen und dein Weltbild. Absolut alles, was du erlebst und erfährst, ist ein Objekt, Vergangenheit, Gegenwart und Zukunft eingeschlossen. Die Erfahrung selbst ist ein Objekt, das du wahrnimmst. Bitte vergiss diese Definition niemals, sie ist die Essenz der Selbst-Erforschung, und du wirst sie bis ans Ende deiner Erforschung benötigen – und darüber hinaus. Es ist die Basis der Praxis, die dich befreien wird.

Ich bin kein Objekt

Wenn ich etwas wahrnehme und erkenne, kann ich es nicht sein. Physische Dinge, Gedanken und Gefühle und meine Erfahrungen in der Welt sind Objekte, die ich erkenne.

Bin ich von den Objekten getrennt?

Lass uns diese Untersuchung weiter vertiefen. Wo höre ich auf, und wo beginnen die Objekte? Gibt es eine Trennung? Wenn es sie gibt, worin besteht sie? Wenn du den Wahrnehmungsprozess untersuchst, wirst du sehen, dass die Objekte nicht wirklich von dir, dem Subjekt, getrennt sind. Licht trifft auf ein Objekt und durchdringt das Auge, doch die Erfahrung und Erkenntnis des Objekts geschieht im Geist. Die Erkenntnis des Objekts entspricht dem

Objekt. Wenn ein Hund vor dir herläuft, siehst du keine Katze. Woraus besteht das Gewahrwerden des Hundes? Es besteht aus deinem Geist, dem wahrnehmenden Instrument. Der Geist ist dein die Form verschiedener Objekte annehmendes Bewusstsein. Es kann alles Mögliche erkennen, denn es ist selbst ohne Form und grenzenlos. Wenn du über die Hunde-Erfahrung aus experimenteller Perspektive nachdenkst, kannst du sehen, dass sich der Hund in Wirklichkeit in deinem Geist befindet, nicht etwa außerhalb davon auf der Straße. Er scheint außerhalb zu sein, aber es gelingt dir nicht, ihn außerhalb von dir zu erfahren. Ganz egal wie nah du an den Hund herangehst, er bleibt immer ein Objekt.

Die Objekte sind nicht real

Hier ist eine der Vedanta-Aussagen, die unserer Intuition widersprechen: Die Dinge sind nicht real. Die Dinge sind weder das, was sie zu sein scheinen, noch befinden sie sich dort, wo sie zu sein scheinen. Wenn wir sagen, sie sind nicht real, dann meinen wir damit, dass sie sich erstens ständig verändern und zweitens aus Teilen bestehen. Welcher Teil des Hundes ist denn nun der Hund? Das Fell, das Gebiss, die Pfoten, die Nase? Und wenn der Hund die Nase ist, was genau ist die Nase? Sie ist eine Ansammlung von Teilchen, die sich nach bestimmten Naturgesetzen verändert. Welches Teilchen ist dann das Nasen-Teilchen? Wenn du sehr nah an den Hund herangehst, ist er nur ein Haufen Haare.

Wenn du diese Untersuchung fortführst, können letztlich alle Objekte auf den Raum heruntergebrochen werden, in dem die kleinsten Teilchen sich bewegen. Der

Hund ist verschwunden, aber der Raum und der Beobachter des Raums sind noch da. Der Beobachter ist sich des Raums und der Objekte, die sich darin befinden, bewusst. Nur so können sie wahrgenommen und erkannt werden. Das Gewahrsein des Beobachters ist das eine Bewusstsein, das alles erkennt.

Definition von ‚real'

Wir definieren etwas als real, wenn es sich nicht verändert. Weil Dinge sich verändern, sind sie nicht real. Wenn du sorgfältig über diese Aussage nachdenkst, sollte sie dich beunruhigen, denn du würdest nicht nach Objekten streben, wenn sie nicht real wären.

Wir sind immer noch dabei herauszufinden, wo Objekte verortet sind und welche Beziehung wir zu ihnen haben. Hier folgt eine weitere gründliche Analyse der Beziehung zwischen mir, dem Subjekt, und den Objekten, die sich mir zeigen. Diese Untersuchung wird erweisen, dass die Objekte, die wir identifizieren und von denen wir glauben, sie durch Sinneswahrnehmung zu erfahren, im Grunde nichts weiter sind als bestimmte, von den Sinnesorganen erzeugte Eindrücke. Diese Eindrücke machen nicht das identifizierte Objekt aus, mit dem wir sie assoziieren. Die Härte zum Beispiel, die wir unter unserem Hinterteil spüren, wenn wir auf einem Holzstuhl sitzen, macht nicht die Kenntnis des gesamten Stuhls aus. Der ‚Stuhl' wird nur deshalb zu einem Stuhl, weil wir aus der Vorstellung eines Stuhls Schlüsse ziehen. Was wir tatsächlich erfahren, sind nur bestimmte Empfindungen im Körper. Dass sie etwas ‚bedeuten', entspringt der Interpretation des Geistes, der wiederum – wie der Körper – als ein Objekt in mir, Bewusstsein-Gewahrsein[3], erscheint. Diese Empfindungen und das Erkennen, das mit ihnen einhergeht, können weder mit der Erfahrung des Stuhls noch mit der Kenntnis des Stuhls gleichgesetzt werden. Alles, was wir erfahren, ist Härte – oder Weichheit, falls der Stuhl gepolstert ist – und eine Vorstellung des Stuhls. Greg Goodes Buch ‚The Direct Path' stellt viele konkrete Experimente vor, die belegen, dass Objekte da draußen zu sein scheinen, dort in Wirklichkeit aber nicht sind.

Wenn du auf dieser Spur weiter forschst, wirst du sehen, dass der Stuhl nichts anderes ist als die Erfahrung desjenigen Sinnesorgans, durch das er wahrgenommen wird. Mehr noch, die unabhängige Existenz jeder beliebigen Empfindung kann nur von dem Organ bestätigt werden, welches sie erfahren hat. Damit aber der Stuhl ‚real' sein und ein allgemeingültiges Verständnis von ihm etabliert werden kann, müsste er auch von einem anderen Sinnesorgan verifiziert worden sein.

Wenn wir unsere Untersuchung fortsetzen, entdecken wir, dass die Sinnesorgane im Grunde nichts anderes sind als du, das Gewahrsein, welches sie wahrnimmt. Du erlebst sie nicht als Instrumente, die herumliegen und darauf warten, von dir benutzt zu werden. Du denkst nicht: „Ich möchte den Duft der Rose riechen. Wo habe ich nur meine Nase? Gestern war sie noch da, jetzt finde ich sie nicht mehr. Ich werde meine Frau anrufen, vielleicht hat

3 Die Worte Bewusstsein und Gewahrsein werden von uns bedeutungsgleich verwendet. Beide verweisen auf dich, das Subjekt. Ich habe bewusst darauf verzichtet, die Sanskrit-Begriffe *Brahman* und *atma* zu verwenden, da wir außerhalb der sanskritischen Tradition keine Möglichkeit haben, sie zu evaluieren. Beide Begriffe verweisen aus unterschiedlichen Blickwinkeln auf Bewusstsein (*caitanyam, cetena*).

sie sie verlegt.“ Die Analyse enthüllt, dass jedes Sinnesorgan eine einzigartige Funktion von Gewahrsein darstellt, die eine bestimmte Art von Wahrnehmung ermöglicht.

Da Gewahrsein benötigt wird, damit die Sinnesorgane empfinden können, wird klar, dass die Sinne in ihrer Existenz von Gewahrsein abhängig sind – während Gewahrsein, du, unabhängig von ihnen ist. Für die Existenz von Gewahrsein (d. h. für deine Existenz) ist es irrelevant, ob du gerade Objekte wahrnimmst oder nicht. Du, das bezeugende Gewahrsein[4], existierst also beispielweise auch im Tiefschlaf. Wenn die Sinne keine unabhängige Existenz haben, dann haben auch die Objekte, die sie melden – was ja die Grundlage unserer Kenntnis von ihnen ist – keine von dir unabhängige Existenz. Wenn die Objekte nur als Sinneseindrücke existieren und Sinneseindrücke nur als das Gewahrsein, das du bist, dann kann die aus dem Kontakt mit Objekten resultierende Freude ihren Ursprung einzig und allein in dir haben. Daraus wird deutlich, dass du die Freude, die du empfindest, nicht trennen kannst von dir, dem Subjekt. So wie eine Woge niemals getrennt ist von dem Ozean, in dem sie ‚wogt‘, so ist die Freude, die in dir wogt, wenn du bekommst, was du möchtest, nichts anderes als du, Bewusstsein.

So verstehen wir, dass die Objekte nicht entfernt von uns in einer Welt ‚da draußen‘ sind. Sie werden ‚in‘ uns erfahren und erkannt. Wenn wir in dieser Untersuchung

4 Gewahrsein oder Bewusstsein wird im Text manchmal auch bezeugendes Gewahrsein (oder bezeugendes Bewusstsein) genannt, im Unterschied zum erfahrenden Bewusstsein. Das Erstere verweist auf Gewahrsein/Bewusstsein in seiner reinen Form, auf das Subjekt, das du bist. Das Letztere ist das begrenzte Bewusstsein der Person auf der Ebene der Erfahrung, das Bewusstsein, mit dem du dich fälschlicherweise identifizierst. Für das bezeugende Bewusstsein ist das erfahrende Bewusstsein ein Objekt.

noch einen Schritt weiter gehen, werden wir auf eine Tatsache stoßen, die die Basis des Vedanta bildet, die Erkenntnis, die uns aus der Abhängigkeit von Objekten befreien wird: Wir werden entdecken, dass die Realität nicht-dual ist und dass wir uns nicht auf Dinge verlassen können, da diese Dinge nicht unabhängig von uns existieren. Wenn unsere Analyse wahr ist (und sie ist es), dann sind die Objekte, die wir erfahren, nicht verschieden von dem Bewusstsein, das ihre Erfahrung ermöglicht.

Die Dinge sind Ich

Lass mich die Eine-Million-Euro-Frage stellen: Wie weit entfernt bist du von deinem erfahrenden Bewusstsein? Die Antwort lautet: überhaupt nicht weit. Tatsächlich gibt es keinen Unterschied zwischen dem bezeugenden Bewusstsein (welches deine wahre Natur ist) und deinem erfahrenden Bewusstsein (welches die Person ist, für die du dich hältst). Obwohl diese Person ein dir bekanntes Objekt ist (so wie die physischen Objekte ihr bekannt sind), ist sie nicht von dir, deiner wahren Natur, zu unterscheiden, genauso wie ein Ring aus Gold nicht vom Gold zu unterscheiden ist. Wenn das wahr ist, dann sind die Objekte du! Das ist es, was wir meinen, wenn wir das Wort „Nicht-Dualität“ verwenden. Dualität, die Unterscheidung zwischen Subjekt und Objekt bricht zusammen, wenn du die Natur der Wahrnehmung untersuchst und verstehst.

Aber ich bin kein Objekt

Die Fliege in der Suppe der Dualität ist Folgendes: Du kannst nicht dein Körper sein, denn er ist für dich genauso ein Objekt, das du erkennst, wie all die anderen Objekte deiner Wahrnehmung. Du bist nicht dein Körper und ebenso auch nicht deine Gefühle oder deine Gedanken oder was sonst in dir geschieht, denn du nimmst all diese Dinge wahr. Deine Hand ist du, aber du bist nicht deine Hand. Wenn du deine Hand verlierst, bist du immer noch derselbe. Wenn du aber der Körper wärst, wärst du ohne Hand nicht mehr derselbe. Dann wärst du ein Körper mit nur einer Hand.

Diese erstaunliche Tatsache ist sehr bedeutsam, denn sie besagt, dass du dich mit Objekten – auch den unerfreulichen – niemals in Konflikt befindest und gleichzeitig frei von ihnen bist.

Definition von Nicht-Dualität

Am Beginn der Vedanta-Lehre ist es äußerst wichtig, die Bedeutung von Nicht-Dualität wirklich zu verstehen. Sie ist einfach zu verstehen, wenn du den Wahrnehmungsprozess sorgfältig untersuchst, aber nur schwer zu akzeptieren, weil sie scheinbar von unserer Erfahrung widerlegt wird. Wir denken, während wir etwas erleben, nicht groß über den Prozess der Erfahrung nach. Wir halten die Erfahrung der scheinbaren Trennung von Subjekt und Objekt für die Wirklichkeit und bauen darauf unser Leben auf. Wir übersehen die Tatsache, dass tatsächlich **nichts** von uns getrennt ist.

Es macht einen riesigen Unterschied zu wissen, dass alle Dinge du sind, nicht etwas anderes oder jemand anders. Konflikte lösen sich faktisch auf, und die kleineren Konflikte, die noch auftreten, sind leicht zu bereinigen. Und das Sahnehäubchen auf dem Kuchen des Lebens ist schließlich die Erkenntnis, dass du das Glück selbst bist. Denn wenn es nur die zwei Kategorien Subjekt und Objekt gibt und das Glück nicht in den Objekten liegt, dann kann es nur in dir liegen. Wenn du dich selbst als das einzige Subjekt wertschätzen kannst, wird Glückseligkeit die Folge sein, denn du bist immer präsent.

Wenn du also unglücklich bist, dann nicht, weil etwas da ist oder fehlt. Du bist unglücklich, weil es dir misslingt, dich selbst von den Dingen zu unterscheiden, die in dir auftauchen. Vedanta ist eine geeignete Methode, sowohl dein Eins-Sein mit allem als auch dein Frei-Sein von allem zu entdecken.

Nicht-Dualität bedeutet nicht, dass du in einer Art ekstatischem Zustand spirituellen Dusels herumläufst, unfähig, dich selbst von den Dingen und von dem erfahrenden Bewusstsein – dem „kleinen" Du – zu unterscheiden. Es bedeutet auch nicht, dass die Person, für die du dich so lange gehalten hast, nicht da ist. Manchmal hören wir spirituelle Menschen staunend sagen, dass ein bestimmtes ‚erleuchtetes Wesen' so was von nicht da sei, als ob Nicht-Existenz eine besondere Tugend wäre. Für das Protokoll: Die Person, die du ständig ändern oder loswerden möchtest, bleibt, wenn du weißt, wer du bist. Sie wird dann aber als ein Objekt verstanden, nicht verschieden von dir. Du bist Gewahrsein, der nicht-erfahrende Zeuge. Diese Person, die dir so viel Ärger macht, ist nur deshalb ein Problem, weil du dich mit ihr identifizierst. Wenn du

Klarheit darüber gewonnen hast, dass du nicht diese Person bist, und dich stattdessen mit dem identifizierst, der du wirklich bist, dann erscheint sie wie ein guter Freund oder – schlimmstenfalls – wie ein ulkiges Bündel irrationaler Neigungen.

Du magst dir womöglich etwas dumm vorkommen, wenn du schließlich begreifst, dass die Dualität dich ausgetrickst hat und du in Wirklichkeit Gewahrsein bist, der nicht-erfahrende Zeuge. Wirf dir bitte nicht vor, dass du dich so lange für das erfahrende Bewusstsein gehalten hast. Du bist in bester Gesellschaft, jeder Mensch wird von der Dualität an der Nase herumgeführt.

Bisher habe ich das Verstehen der nicht-dualen Natur der Wirklichkeit mit dem Wort **Glück** gleichgesetzt. Vielleicht beschreibt **Glück** nicht besonders gut das Resultat der Unterscheidung zwischen dem Subjekt und den Objekten. Das Glück, über das wir hier sprechen, ist nicht das Resultat eines Geschehens, bei dem du bekommst, was du möchtest, oder vermeidest, was du nicht möchtest. Es ist kein ‚Ha-ha'-, kein ‚Ich-habe-in-der-Lotterie-gewonnen-und-mich-verliebt'-Glück. Die Art von Glück, die der Natur des Selbst entspricht, ist ein schlichtes und inniges Empfinden von Ganzheit und Vollkommenheit, eine stille Zufriedenheit, geboren aus einem unerschütterlichen Gefühl des Selbstvertrauens: Was auch geschieht, Gutes oder Schlechtes, du weißt, du bist stets okay. Als Bewusstsein bist du ein nicht aus Teilen zusammengefügtes Ganzes, von absolut nichts durch Grenzen oder Begrenzungen getrennt.

So läuft der Prozess der Selbst-Erforschung am Ende darauf hinaus, zu ergründen, ob du vollständig und vollkommen bist – und deshalb frei – oder ob du unvollkommen bist – und deshalb unfrei. Wenn du vollkommen bist, kannst du damit aufhören, Dingen nachzujagen. Wenn nicht, dann nicht.

Selbst-Erforschung ist ein existenzielles Anliegen, kein philosophisches, intellektuelles, religiöses oder mystisches. Die grundlegende Frage ist: Was tue ich hier auf Erden in dieser fleischlichen Hülle. Wer bin ich? Was zum Teufel ist der Sinn des Lebens? Wenn du es allein herausfinden könntest, hättest du es längst getan. Aber das Problem ist einfach zu vertrackt. Du brauchst Hilfe. Du brauchst ein Hilfsmittel, ein Instrument der Selbst-Erkenntnis. Vedanta ist dieses Instrument, es ist ein Mittel, das Selbst zu verstehen. Es enthüllt die verborgene Logik unserer eigenen Erfahrung, und es überzeugt uns, dass es vernünftig und zu unserem Vorteil ist, das Streben nach Objekten aufzugeben und stattdessen Freiheit direkt anzugehen.

Wir sind nun fast am Ende der ersten Lektion angelangt. Wenn du mit der zweiten Lektion fortfahren möchtest, solltest du der Logik bis hierher gefolgt sein. Wenn du sie nicht akzeptieren kannst, wird die nächste Lektion keinen Sinn ergeben, weil du immer noch von irgendeinem Objekt erwartest, dass es dich glücklich macht. Wenn dich das bisher Gesagte nicht überzeugen konnte – und das kommt häufig vor, denn das Ego beharrt starrköpfig darauf, dass Objekte die Quelle des Glücks sind – bitte bedenke dies:

Das Leben ist ein Nullsummenspiel

Der Sargnagel für die Idee des Objekt-Glücks ist die unerfreuliche Tatsache, dass das Leben ein Nullsummenspiel ist. Es ist ein Nullsummenspiel, weil die Welt der Dinge eine Welt der Dualität ist. Du kannst nicht jedes Mal gewinnen. Du verlierst ebenso viel, wie du gewinnst. Du benötigst Geld, um dich sicher zu fühlen, aber dein Verlangen, es auszugeben (welchen Wert hätte Geld, wenn du es nicht ausgeben könntest?), macht dich unsicher. Je mehr Genuss du dir gönnst, desto mehr Genuss begehrst du. Begehren ist schmerzhaft. Du strebst nach Macht, um dich von dem Gefühl zu befreien, du seist klein und unzulänglich. Aber Macht wird durch Umstände bedingt, die du nicht kontrollieren kannst, wodurch du dich machtlos fühlst. Du möchtest makellos sein, aber je perfekter du scheinbar wirst, umso mehr Makel offenbaren sich. Du möchtest die Intimität einer Beziehung genießen, aber durch die erforderliche Anhänglichkeit an deinen Partner verlierst du deine Freiheit. Wenn du dich wieder frei fühlen möchtest, musst du die Intimität opfern. Diese Liste kann endlos fortgesetzt werden.

Das vierte Ziel

Wir haben Erfahrung in drei grundlegende Ziele unterteilt: Sicherheit, Genuss und Tugendhaftigkeit. Objekte können uns die ersten beiden Ziele erfüllen und die Art und Weise, wie wir nach Objekten streben, das dritte.

Tatsächlich gibt es aber nur ein einziges Ziel: Freiheit. Du jagst einem Objekt nach, um die Freiheit zu gewinnen, die entsteht, wenn das Verlangen nach dem Objekt aufhört. Du strebst nach Sicherheit, um frei zu sein von Unsicherheit. Du wünschst dir Genuss, um frei zu sein von Leiden, und du bemühst dich um Tugendhaftigkeit, um frei zu sein von Sünde.

Nichts ist falsch an den Dingen, doch sie sind nur ein indirektes Mittel für ein kurzes Glück. Da du in Wahrheit nach Freiheit strebst, benötigst du einen direkten Weg zum Glück. Verstanden zu haben, dass Objekte nicht helfen, zeichnet eine reife, spirituell gefestigte, zur Selbst-Erforschung qualifizierte Person aus.

An dieser Stelle trennt sich in spiritueller Hinsicht die Spreu vom Weizen. Jeder wünscht sich Freiheit – klar. Doch die meisten wollen Freiheit **plus** die Objekte. Sie wollen all ihr Zeug behalten und ein weiteres wunderbares Objekt ihrer schon turmhohen Sammlung hinzufügen – und nennen das dann Freiheit. Aber kann das funktionieren? Nein, das kann es nicht. Aber das hält uns nicht davon ab zu glauben, dass es gehen könnte. Es funktioniert nicht, weil die Freiheit kein Ding ist, das wir bekommen und erfahren können. Wenn sie es wäre, wäre es keine Freiheit, denn jede Erfahrung endet, eher früher als später.

Die Einsicht, dass es eine direkte Methode der Befreiung gibt, ist einer der bedeutsamsten Augenblicke im Leben. Wenn du etwas wirklich willst, sei es Sicherheit, Genuss oder Tugend, musst du dich diesem Ziel ganz und gar verschreiben. Je mehr Dinge du anstrebst, desto geringer wird die Wahrscheinlichkeit, eines davon zu erreichen.

Bevor du das eine Verlangen stillen kannst, kommt dir ein anderes Begehren in die Quere. Das andere Ziel erscheint dir plötzlich attraktiver oder leichter zu erreichen, also wirst du das erste fallen lassen. In dem Glauben, das andere funktioniere besser oder schneller, springen viele Menschen von einer Sache zur nächsten, ohne je mit einer Erfolg zu haben.

Wenn du tatsächlich Gewahrsein bist und nicht das bedürftige Geschöpf, das du zu sein glaubst, und wenn Gewahrsein nicht-dual ist und immer frei von den Dingen, die es erkennt, dann ist das Streben nach diesem Wissen das einzig Sinnvolle. Aber wenn du weiterhin nach Sicherheit, Genuss oder Tugend oder Macht oder wonach auch immer streben möchtest, dann tue es bitte. Es ist nur keine Substanz in diesen Dingen. Sie können Vergnügen oder manchmal auch Schmerz bereiten, aber nicht die selbstsichere Zufriedenheit, welche aus dem Wissen entspringt, dass Freiheit deine Natur ist.

Kapitel 2

ERKENNTNIS UND ERFAHRUNG

WIE BEFREIE ICH MICH?

Wenn du die Welt der Dinge aufgeben kannst, dann bist du bereit für die spirituelle Option. Als ich 25 Jahre alt war und ziemlich verzweifelt, hatte ich eine mächtige Offenbarung, die mein Leben veränderte und mich auf die richtige Spur zur Erleuchtung brachte. Doch es braucht kein dramatisches Ereignis zu sein. Vielleicht ist dir das Buch *Jetzt! Die Kraft der Gegenwart* von Eckhart Tolle in die Hände gefallen und hat dich mit der Idee der Nicht-Dualität bekannt gemacht. Oder du hast aus gesundheitlichen Gründen begonnen, *yoga* zu machen, und dadurch ein Interesse an Meditation entwickelt. Vielleicht hast du eine Buddhafigur auf einem Flohmarkt gefunden und festgestellt, dass du, seit sie auf deiner Terrasse steht, weniger mit weltlichen Dingen beschäftigt bist. Vielleicht hat dich jemand zu Amma geführt, zu der berühmten indischen Heiligen, die alle umarmt, die zu ihr kommen, und etwas geschah mit dir, was du nicht erklären kannst. Wenn die Zeit reif ist, wirst du unzählige Wege entdecken, die dir den Zugang zu einer spirituellen Dimension eröffnen.

Du hast gedacht, die Welt sei ein riesiger Markt für Dinge und Aktivitäten, doch bald entdeckst du, dass auch die spirituelle Welt ein großer Markt für Dinge und Aktivitäten ist. So wie die Figuren in der Fernsehwerbung haben auch zahllose Gurus, Avatare, Schamanen und Yogis den perfekten Deal für dich: Freiheit! Glückseligkeit! Erleuchtung!

Vielleicht möchtest du deine Kundalini-Energie aufsteigen lassen? Sie erzählen dir von der schlangenhaften Energie, die in der Basis deiner Wirbelsäule schlummert. Um sie zu erwecken, wirst du angewiesen, dich wie ein Vogel zu ernähren, beschwerliche Atemübungen zu machen, unaussprechliche Mantras zu singen und möglichst wenig zu schlafen. Ich sollte auch löffelweise Cayennepfeffer einnehmen und meterlange Baumwollstreifen schlucken und wieder herausziehen. Reinigung!

Wenn die Kundalini dann erwacht, wird sie deine Wirbelsäule hinaufgleiten und auf ihrem Weg verschiedene Energiezentren durchströmen. Es ist eine aufregende Methode, sogar gefährlich. Die Kundalini ist nicht leicht zu kontrollieren, denn – so sagen sie – sie kann sich verirren und in einem der sekundären Nervenbündel hängen bleiben, die sich um das zentrale Nervensystem herumwinden, und dort alle möglichen Leiden hervorrufen. Sollte aber doch alles gut gehen, wird sie auf ihrem Weg nach oben das Herz-*Chakra* durchstoßen und bedingungslose Liebe auslösen. Wenn die Kundalini den Geist durchdringt, wird

Weisheit fließen wie ein Fluss nach der Schneeschmelze im Frühling. Und schließlich wird sie – so versprechen sie dir – im großen Finale durch das spirituelle Tor in der Schädeldecke hindurchzucken und sich in einem überwältigenden Orgasmus mit dem allumfassenden Bewusstsein, dem unendlichen Selbst, vereinigen – und dich befreien!

Aber vielleicht reizt dich eher die Askese, und du beginnst, Vipassana zu praktizieren, eine altbewährte Meditationstechnik? Dort lässt du dich animieren, möglichst lange zu sitzen und deinen Atem zu beobachten. Vielleicht ist dir der Zusammenhang zwischen dieser Übung und der versprochenen Befreiung nicht unmittelbar ersichtlich, aber der Lehrer sagt dir, dass du eines schönen Tages einen Zustand erreichen wirst, in dem alles Leiden verschwunden ist – *nirvana.*

Der spirituelle Markt ist unübersehbar, ein riesiges Einkaufszentrum spiritueller Ideen und Pfade. Du kannst jahrtausendealte Übungen praktizieren oder den Versprechen angeblich modernster Techniken vertrauen. Es soll Apparate geben, die deine Gehirnwellen überwachen und dich ‚klären' können. Du kannst es mit ‚Rebirthing' versuchen und dich durch deine Geburt hindurch in ein früheres Leben zurückbewegen. Ich habe gehört, dass es Möglichkeiten gibt, mit ‚aufgestiegenen Meistern' in Verbindung zu treten, die dich von extraterrestrischen Ebenen aus erleuchten. Die Spiritualität, die dir dieser Markplatz präsentiert, ist eine verlockende, romantische, exotische und mysteriöse Welt voller Versprechen. Das psychologische Prinzip, nach dem dieser Markt funktioniert, ist dabei das gleiche wie in der Alltagswelt: Tue dies, und du bekommst das. Du hast immer hart für weltliche Ziele arbeiten müssen und gehst daher ohne großes Nachdenken davon aus, dass Freiheit auf die gleiche Weise erreicht werden kann wie jedes andere Objekt – durch harte Arbeit. Also machst du dich mit Pickel und Schippe auf den Weg in das spirituelle Salzbergwerk.

Definition der Dualität – Subjekt und Objekt

Nun stehst du wieder an einer Weggabelung. Um dich hier nicht zu verlaufen, musst du das Problem des Handelns klären, bevor du weitergehst.

Was ist die Grundlage der Vorstellung, dass du Freiheit erlangen kannst, indem du etwas tust? Handlung scheint zu befreien, weil du, wenn du bekommst, was du möchtest, Freiheit empfindest. Doch befreit sie wirklich?

Die Vorstellung, dass *karma* – Tun – mich befreien kann, basiert auf der Idee, dass die Wirklichkeit eine Dualität ist. Kurz gesagt bedeutet Dualität: „Ich bin hier und die Objekte dort. Die Objekte sind von mir verschieden und besitzen, was ich begehre." Auf diese Weise präsentiert sich uns die Wirklichkeit, und das ist, was wir glauben. Auf dieser Grundlage setzt sich unser Gedankengang unbewusst fort: „Da ich mich unfrei fühle, das Empfinden von Freiheit aber möglich ist, muss sie woanders verfügbar sein, und ich muss etwas unternehmen, um dorthin zu gelangen. In diesem Fall bedeutet ‚dort' eine andere Art von Erfahrung, die Erleuchtungs-

Erfahrung. Erinnere dich daran, dass auch Erfahrungen Objekte sind.

Aus unserer Untersuchung der Verortung von Objekten wissen wir, dass die Realität nicht-dual ist, auch wenn das Gegenteil der Fall zu sein scheint. Wir haben festgestellt, dass Objekte in mir durch das erfahrende Instrument, den Geist, erfahren werden und dass auch der Geist ein von mir nicht verschiedenes Objekt ist. Auf Geheiß einer rätselhaften Macht nimmt der Geist die Form von Objekten an, die von mir, dem Subjekt, verschieden zu sein scheinen. Ihm ist das möglich, weil er selbst ohne Struktur und formlos ist.

Es gibt Lehren, die behaupten, dass der Geist zu den Objekten **wird**, aber das ist nicht wahr. Wenn er zu den Objekten würde, könnte er sich nicht mehr verwandeln, um in der nächsten Erfahrung ein anderes Objekt zu werden. Dann wären wir auf ewig in einer einzigen Erfahrung verhaftet. Ohne die Natur des Geistes zu verändern, kannst du in der einen Sekunde einen Baum erfahren und in der nächsten einen Hund oder eine Banane. Der Geist nimmt die unterschiedlichsten Formen an, ohne durch sie beeinträchtigt zu werden. Wir sprechen davon, dass der Geist als Objekt ‚erscheint'. Er ist wie eine Filmleinwand, auf der Objekte erscheinen, ohne eine Veränderung der Leinwand zu bewirken. Objekte sind entweder eher statische oder sehr leicht veränderliche Strukturen in Bewusstsein, die ihre jeweils besonderen Eigenschaften besitzen. Relativ statische Strukturen sind die drei Körper, auf die wir später zurückkommen werden. Die veränderlichen Strukturen sind die vorhersagbaren Erfahrungen, die in den drei

Körpern auftreten. Die eher statischen Strukturen (die drei Körper, die drei Zustände, die drei *gunas* und die fünf Elemente)[5] entstehen aus Gewahrsein, so wie das Spinnennetz aus der Spinne heraus entsteht. Gewahrsein ist (wie die Spinne) bewusst, während das Netz (wie die Objekte) nicht bewusst ist. Erfahrung ist Gewahrsein, aber Gewahrsein ist keine Erfahrung, so wie auch das Netz die Spinne ist, aber die Spinne nicht das Netz. Liebe, Hass und jedes beliebige andere Objekt deiner Erfahrung ist aus deinem eigenen Bewusstsein-Gewahrsein entstanden.

Materielle Objekte scheinen real zu sein, weil die Sinne, die ziemlich beständige Funktionen in Bewusstsein sind, Bewusstsein auf eine Weise strukturieren, die sie (die Objekte) stabil erscheinen lassen. Es gibt eine Macht[6], die sich weder in Bewusstsein noch außerhalb davon befindet, die dies verursacht. Diese Strukturierung ist sehr hilfreich, denn ohne sie wäre das Leben völlig unvorhersehbar, und niemand würde morgens aufstehen und zur Arbeit gehen. Mit anderen Worten, die Sinne lassen Bewusstsein stabil erscheinen, auch wenn es – obwohl das beständige Substrat der Existenz – in Wirklichkeit nicht stabil ist.

Da Objekte tatsächlich nichts anderes sind als der als Objekte erscheinende Geist, können sie auf Gewahrsein reduziert werden. Wenn man materielle Objekte untersucht, zerfallen sie in Atome und weiter in Protonen, Neutronen und Elektronen, die sich wiederum in Quarks und Mesonen auflösen und schließlich in unendlich kleine Materiepartikel wie das Higgs-Boson. Auf der subatomaren

5 Die drei Körper, die drei Zustände, die drei *gunas* und die fünf Elemente werden später im Buch detailliert behandelt.

6 *Maya*, s. Kapitel 6.

Ebene werden die Teilchen zu Wellen, Schwingungen, die im Raum erscheinen und entschwinden. Da er für unsere Sinne nicht erfahrbar ist, können wir nicht einmal genau erklären, was ‚Raum' ist. Und wenn wir an feinstoffliche Objekte denken, an Gedanken, Gefühle, Erinnerungen, Träume, Fantasien etc., ist offensichtlich, dass auch diese nicht substanziell sind. Es bleibt nichts wirklich übrig, was wir ‚da draußen' erfahren könnten, außer uns selbst als Bewusstsein in der Form von Objekten.

Die Erfahrung selbst – der Behälter, der all die einzelnen Erfahrungen enthält – ist das einzig beständige Objekt. Individuen kommen und gehen, doch Erfahrung bleibt. Einzelne Erfahrungen sind niemals von Dauer. Was wir auf der Ebene des Individuums als Erfahrung bezeichnen, sind nur die Reflexionen der Objekte im Geist (und ihre Interpretation, wenn der Intellekt arbeitet). Der Geist ist nur Bewusstsein, und das Bewusstsein bin ich. Ich erfahre mich also bereits, unabhängig davon, ob da Objekte sind oder nicht. So bleibt nur die eine Frage übrig: „Bin ich frei oder nicht?"

Wenn die Natur von Objekten und Erfahrung verstanden ist, können wir auf das Problem des Handelns zurückkommen. Diejenigen, die für Erleuchtung einen Pfad des Handelns propagieren, behaupten, man könne durch spirituelle Übungen Freiheit erlangen: Übe dieses *yoga*, mach jene Meditation, rezitiere ein Mantra oder geh zu einem Guru und lass dir Erleuchtung übertragen. Es ist erstaunlich, wie viel Mühe in spirituelle Übungen gesteckt wird mit der Vorstellung, sie könnten einen dauerhaften Zustand glückseliger Erleuchtung hervorbringen.

Jeder von uns hält das Selbst für einen Macher, einen Tuenden. Wenn die bis hierher entfaltete Lehre wahr ist, geht es dieser Vorstellung jetzt an den Kragen. Früher habe ich in einer Berghütte gelebt und war dort gezwungen, die Rattenplage zu bekämpfen. Ich fand und blockierte ihre Löcher, eins nach dem anderen, und zwang sie dadurch, in meine Fallen zu laufen. Achtung, Ratte! Die Logik des Vedanta ist dabei, langsam deine Fluchtwege zu verschließen. Die Falle ist dabei, zuzuschnappen. Zuerst musstest du feststellen, dass du nicht mehr durch das Objekt-Schlupfloch entkommen kannst. Jetzt entdeckst du, dass auch die Flucht durch den Erleuchtungs-Tunnel nicht mehr möglich ist. Der hyperaktive rattenartige Macher muss sterben, damit wir in unserer Erforschung fortfahren können.

Was ist Freiheit?

Freiheit ist Grenzenlosigkeit. Es bedeutet, dass dich keine Grenzen einengen, dass nichts dich umgibt, beschränkt oder festlegt. Freiheit ist ein lohnendes Ziel; wie wir gesehen haben, ist es tatsächlich das **einzige** Ziel.

Als ein begrenztes Wesen handelst du, um Resultate zu erzielen, an denen du dich erfreuen möchtest. Durch Tun kannst du erreichen, was dir fehlt. Durch Tun kannst du bewahren, ändern und beseitigen, was du hast. Aber durch kein Tun dieser Welt kannst du bekommen, was du schon hast.

Die Vorstellung, dass Erleuchtung durch Tun erreicht und dass sie mit einer speziellen Erfahrung gleichgesetzt werden kann, einer ‚Erleuchtungserfahrung', hat einen entscheidenden Mangel. Sie steht im Widerspruch zu der unbestreitbar nicht-dualen Natur der Realität. Sie basiert auf der Erscheinung von Dingen, nicht auf ihrer Realität. Und da Erscheinungen nicht dauerhaft sind, kann eine Erleuchtung, die durch Tun zu gewinnen ist, niemals von Dauer sein.

Es gibt nur ein grenzenloses Ding. Nicht dass es ein Ding wäre: Es ist Bewusstsein, dein wahres Selbst. Tatsächlich gibt es nur Bewusstsein, auch wenn uns gegenteilige Erscheinungen etwas anderes vorgaukeln wollen. Die Wirklichkeit bist du, vollständiges und vollkommenes nicht-duales Bewusstsein.

Dies ist die Essenz der Vedanta-Lehren. Wenn du das nicht verstehen kannst (und bitte verurteile dich nicht, wenn es dir noch nicht gelingt), wirst du weiterhin versuchen, ein grenzenloses Resultat mit begrenzten Handlungen zu erreichen, aus Unwissenheit darüber, dass du selbst das grenzenlose Resultat bist.

PFADE FUNKTIONIEREN NICHT

Die fehlende Anerkennung der Tatsache, dass kein Tun Befreiung bewirken kann, disqualifiziert nahezu jeden spirituellen Pfad und seine Anhänger. Da Tun nicht funktioniert, die Sucher sich aber ihrer Praxis verschrieben haben, sind sie gezwungen, sich für ihre Befreiung auf irrige Phantasien zu verlassen. Vedanta ist in diesem Sinne kein spiritueller Pfad. Es verspricht keine mystischen Erfahrungen. Es versucht nicht, dich mit irgendetwas zu verbinden, weil du bereits verbunden bist. Es versucht nicht, deine Erfahrung zu verändern, obwohl deine Erfahrung transformiert wird, wenn du weißt, wer du bist. Es versucht nicht, dich in Ordnung zu bringen, weil alles mit dir in Ordnung ist. Es versucht nicht, dich zu heilen, weil du nicht krank bist. Vedanta ist fest in der Realität verankert. Es ist die existenzielle Weisheit des gesunden Menschenverstandes.

Im alltäglichen Leben ist Tun unvermeidlich und, wie wir sehen werden, hat es definitiv auch seinen Platz in der spirituellen Welt – aber es ist kein direkter Weg in die Freiheit. Manche sagen Vedanta, Selbst-Erforschung, sei ein Tun, aber das ist nicht wahr – es ist die Natur des Selbst und findet daher unablässig in jedem von uns statt. Du kannst ruhig denken, dass es ein Tun ist, aber du solltest wissen, dass es ein anderes Resultat hat als übliche Handlungen. Es erzeugt keine bestimmte Erfahrung, es erzeugt Verstehen.

Was kannst du tun, um zu bekommen, was du bereits hast? Du kannst nur verstehen, was es bedeutet, es zu haben, und anerkennen, dass du es hast. Es gibt keine andere Möglichkeit. Daraus kannst du nur einen Schluss ziehen: Wenn du frei sein möchtest, musst du dein Verlangen nach Erfahrung umwandeln in ein Verlangen nach Selbst-Erkenntnis.

Ich will Selbst-Erkenntnis

Das Streben nach Selbst-Erkenntnis unterscheidet sich vom Streben nach allen anderen Formen von Wissen; denn wenn du weißt, wer du bist, gibt es nichts, was du noch verstehen musst. Die Kenntnis von Objekten hingegen offenbart nur weitere Unkenntnis. Vedanta fragt: „Was ist das eine, in dessen Erkennen alles andere erkannt wird?“ Wenn du verstehst, wer du bist, ist deine Suche beendet.

Was ist Selbst-Erkenntnis? Es ist „Ich bin Bewusstsein-Gewahrsein.“ Dieses Wissen befreit dich, denn da bist nur du (alle Objekte sind nichts anderes als Bewusstsein), und du bist immer allgegenwärtig. Und wenn du immer frei und allgegenwärtig bist, musst du, um frei zu werden, nur begreifen, wer du bist.

Wann bist du nicht als Bewusstsein präsent? Wenn du ein Objekt besitzt und glaubst, es mache dich glücklich, dann hast du ein Problem. Kein Objekt wird dir für immer erhalten bleiben. Alle Objekte – alle Geisteszustände, Gefühle, Gedanken, Einfälle, Umstände, Situationen, geliebte Menschen und alle materiellen Dinge – kommen und gehen.

Aber du kommst nicht und du gehst nicht. Objekte steigen in dir auf und vergehen in dir, aber du bleibst derselbe. Selbst der Tod erreicht dich nicht. Um sagen zu können, dass du nicht existierst, müsstest du präsent sein, um deine Nicht-Existenz zu bemerken. Es gibt keinen Augenblick, in dem du, als Bewusstsein, nicht präsent bist. Du bist sogar da, um das Sterben deines Körpers und deines Geistes zu bezeugen.

Es ist auch falsch zu glauben, du oder ich (es gibt nur ein Bewusstsein, daher sind du und ich eins!) seien im Tiefschlaf nicht präsent. Warum bereitest du mit großer Sorgfalt dein Bett und dein Schlafzimmer? Wenn die

Jugendlichen von nebenan nachts betrunken nach Hause kommen und ihre Anlage aufdrehen, freust du dich darüber, geweckt zu werden? Wenn du im Schlaf nicht da wärst, würdest du dich nicht von ihrem Lärm gestört fühlen. Zweifelsohne bist du im Tiefschlaf präsent. Nur weil die Person nicht da ist, die in deinem Führerschein steht, bedeutet das nicht, dass **du** nicht da bist.

Im Schlaf genießt du dich selbst ohne Objekte. Du bist glücklich, vollkommen und vollständig, alles ist gut. Aus dieser Erfahrung von Freude und Glückseligkeit – die deine wahre Natur ist – herausgerissen zu werden ist sehr unerfreulich.

Wenn du niemals nicht präsent bist und grenzenlose Glückseligkeit deine wahre Natur ist, dann kann wahre Freiheit nicht durch bestimmte Handlungen oder Erfahrungen gewonnen werden. Du musst nur erkennen, dass du bereits frei bist. Dafür benötigst du ein Instrument der Erkenntnis, denn Erkenntnis, einschließlich der Selbst-Erkenntnis, geschieht nicht von allein.

Aber bevor wir mit der nächsten Lektion fortfahren („Das Mittel der Selbst-Erkenntnis"), ist es wichtig, die Vorstellung einer erfahrungsbasierten Erleuchtung endgültig zu überwinden. Wenn du die Argumente, die diese Vorstellung widerlegen, nicht akzeptieren kannst, wird dein Weg zur Erleuchtung voller Hindernisse sein. Die meisten Erleuchtungslehren fallen in die Erfahrungs-Kategorie, du wirst also – wenn du unserer Logik folgst – am Ende unserer Erforschung mit deinen Einsichten ziemlich alleine dastehen. Glücklicherweise ist Vedanta der ‚letzte Überlebende', die Logik, die sich stets behauptet und alle

Herausforderungen auf dem Weg der Befreiung erfolgreich besteht.

Populäre Vorstellungen zu entlarven macht mich nicht gerade beliebt, aber es ist meine Pflicht, die Wahrheit zu sagen. Wer unvoreingenommen ist, wird es zu schätzen wissen, nicht nur von den positiven, sondern auch von den negativen Aspekten des Erleuchtungsgeschäftes zu erfahren. Wenn einige der folgenden Vorstellungen mit Lehrern verknüpft sind, die du sehr schätzt, denke bitte nicht, ich wollte sie angreifen. Mir geht es nicht darum, irgendjemanden abzuwerten oder mich selbst zu erhöhen. Es ist nichts Persönliches dabei. Die Logik spricht für sich selbst.

Befreiung ist, sich von der Vorstellung zu lösen, Glück hänge von der Erfahrung von Objekten ab. Befreiung ist schwer, weil wir nahezu vollständig auf die Idee konditioniert sind, das, was wir erfahren, definiere und bestätige uns. So zu denken heißt, den Wagen vor das Pferd des Lebens zu spannen. Es macht uns zu Opfern dessen, was geschieht, wo wir doch in Wirklichkeit immer unberührt davon bleiben. Was geschieht, erreicht uns nicht. Diese tiefe Wahrheit wird sich mehr und mehr verdeutlichen, während du diesen Ausführungen folgst.

Erleuchtungsmythen

Wir werden nun eine Reihe populärer Erleuchtungslehren aus nicht-dualer Perspektive untersuchen. Wenn sie dabei schlecht wegkommen, dann nur, weil sie als Mittel zur Erleuchtung unzureichend sind. Es bedeutet nicht, dass sie keinen Wert haben. Als Übungen, um den Geist für die Selbst-Erforschung vorzubereiten, sind einige von ihnen sehr nützlich. Wenn du einer oder mehrerer dieser Lehren anhängst, wird dieser Abschnitt ohne Zweifel eine Herausforderung für dich sein. Doch zu guter Letzt musst du die Realität durch deine eigene Untersuchung verstehen. Wenn deine Beobachtungen unbefangen und sachlich sind, kannst du nur zu folgendem Schluss gelangen: „Ich bin und war immer freies, nicht-handelndes, gewöhnliches, nicht-duales, mich selbst offenbarendes Gewahrsein."

Kein Geist, leerer Geist, angehaltener Geist

Da das Selbst immer erleuchtet ist, impliziert die Idee, dass ‚nicht zu denken' Erleuchtung ist, eine Dualität zwischen Gewahrsein und Denken. Zu sagen, das Selbst sei nicht erfahrbar, wenn der Geist arbeitet, bedeutet, den Geist und das Selbst auf die gleiche Realitätsebene zu stellen. Aber die Erfahrung zeigt, dass sie nicht auf der gleichen Ebene sind. Hörst du auf zu existieren, wenn du denkst? Gibt es Gedanken ohne Gewahrsein? Tatsächlich kommen Gedanken von dir, aber du bist viel mehr als ein Gedanke. Sie sind von dir abhängig, aber du nicht von ihnen. Verdeckt der Geist das Ich und verhindert er, dass du es erfährst? Damit du weißt, ob der Geist leer ist oder denkt, musst du gewahr sein. In beiden Fällen, mit und ohne Gedanken, bist du, Gewahrsein, präsent. Da du in beiden Fällen gewahr bist, wirst du weder durch Gedanken verdeckt noch durch Gedanken offenbart. Ob Gedanken präsent sind oder nicht: Du, das immer freie, immer präsente Selbst, wirst stets direkt erfahren.

Gewahrsein ist immer präsent. Darauf hast du keinerlei Einfluss; du kannst nur erkennen, was Gewahrsein ist und was es bedeutet, Gewahrsein zu sein. Es ist Unwissen über deine Natur als Gewahrsein, die dich glauben lässt, du könntest dein Selbst erringen, indem du den Geist anhältst oder einen Zustand der Leere erreichst.

Kein Ego, Tod des Ego

Die populäre sogenannte Lehre, dass das Ego der Erleuchtung im Weg steht, wetteifert mit der ‚Leerer-Geist'-Idee um den Spitzenplatz auf der Liste der Erleuchtungsmythen.

Das Ego ist die ‚Ich'-Idee, die Vorstellung, die wir davon haben, wer wir sind. Die Anzahl der Identitäten, die Menschen in ihrer Unwissenheit über ihre wahre Identität ersinnen, ist nahezu unendlich. Abgesehen vom vollständigen Mangel an Beweisen, dass ein solches ‚Ich' überhaupt existiert (und unser Glaube, dass es existiert, ist kein Beweis ...), kann die Abwesenheit einer begrenzten Identität nicht mit Erleuchtung gleichgesetzt werden. Auch Pflanzen und Tiere haben keine begrenzte Identität; sind sie deshalb erleuchtet? Und wie verhält es sich im Tiefschlaf? Dort hast du keine Identität, müsstest also erleuchtet sein.

Die Lehre, dass das Ego sterben muss, ist unhaltbar, denn das Ego ist der Teil des Selbst, das die Resultate seines Tuns genießen möchte. Es wird sich nicht selbst vernichten, denn wenn es das täte, wäre es nicht mehr da, um das Resultat – Erleuchtung – genießen zu können. Das Ego ist das Selbst unter dem Einfluss der Unwissenheit; es denkt fälschlicherweise, Geburt und Tod unterworfen zu sein. Und wenn das Ego nicht bewusst ist, kann es nur ein Gedanke im Bewusstsein sein. Kein Gedanke vermag das Selbst davon abzuhalten, es selbst zu sein und sich selbst zu erkennen. Es muss kein Ego vernichtet werden, nur die falsche Vorstellung, dass das Selbst lebt oder stirbt.

Wenn du dem Mythos, dass das Ego sterben muss, anhängst, bist du vielleicht ein Liebhaber des spirituellen Hollywood-Happyends: Das Ego vernichtet sich selbst, bekommt irgendwie die dauerhafte Erleuchtungs-Erfahrung und genießt die Erfahrung endlosen Glücks. Wenn du die Tatsache akzeptierst, dass es nur ein Selbst gibt, das schon erleuchtet ist und sich immerwährend seiner selbst erfreut, dann ist Erleuchtung Verstehen – und nicht der Tod des Ego.

Nirvana

Nirvana ist ein Zustand frei von Verlangen. Die Idee, *nirvana* mit Erleuchtung gleichzusetzen, ist eine weitere negative Formulierung von Erleuchtung. Diese Ansicht basiert auf der Vorstellung, dass Verlangen Leiden ist. Darin steckt ein gutes Stück Wahrheit, denn ein Begehren impliziert, dass du nicht glücklich bist mit dem, was du hast. Doch auch diese Lehre ist ungeeignet, denn ein wunschloser Geist ist ein Widerspruch in sich selbst. Wann – außer im Schlaf – bist du frei von Bedürfnissen und Wünschen? Selbst auf dem Sterbebett sehnst du dich danach, weiterleben zu können, wenn das Leben noch gut ist, oder danach, schneller zu sterben, wenn es nicht mehr gut ist.

Oberflächlich ist der Gedanke sinnvoll, das Verlangen müsse überwunden werden. Aber was ist wirklich die

Ursache von Verlangen? Ist es selbstverschuldet oder wird es durch etwas anderes ausgelöst? Wenn es selbstverschuldet wäre, dann sollte die Beseitigung des Verlangens das Leiden beseitigen. Aber wenn es stattdessen durch Unwissenheit verursacht würde? Tatsächlich wird Begehren durch Unwissenheit über die eigene wahre Natur ausgelöst, denn es gibt nur ein Selbst, und es ist vollkommen. Es begehrt nichts. Kann also die Beseitigung der Wirkung (Begehren) die Ursache (Unwissenheit über die eigene Natur) beseitigen? Auf keinen Fall. Die Unwissenheit wird nicht verschwinden, wenn sie nicht mehr durch Verlangen verstärkt wird; sie wird weiterhin Verlangen erzeugen.

Wenn Unwissenheit als solche erkannt wird, kann sie sich selbst nicht länger erhalten. Nur indem wir unsere Aufmerksamkeit von unseren Begierden und den durch sie ausgelösten Handlungen wegnehmen und sie stattdessen auf den verborgenen Antrieb dahinter richten, packen wir das Übel wirklich an der Wurzel. Es ist sehr hilfreich, die eigenen Begierden im Zaum zu halten. Aber wir sollten die Beseitigung von Verlangen nicht mit der Lösung unseres tatsächlichen Problems verwechseln.

Es wird auch noch zu klären sein, ob Verlangen immer leidvoll ist. Begehren ist nichts anderes als Bewusstsein in der Funktion des Schöpfers, Bewahrers und Zerstörers der Welt. Solange deine Begierden nicht dazu führen, die in der Schöpfung gültigen physischen und moralischen Gesetze zu verletzen, warum solltest du sie beseitigen? Es steht dir frei, sie zu befriedigen. Erleuchtung ist das unmittelbare und unerschütterliche Wissen, dass du Bewusstsein bist, und als solches bist du bereits frei von Verlangen, seine

An- oder Abwesenheit hat mit dir nichts zu tun. Erkenne deine Natur und lass Verlangen Verlangen sein.

Und schließlich, selbst wenn du die Behauptung akzeptierst, dass Begehren Leiden ist, wie kannst du dann deine Begierden beseitigen ohne das Begehren, sie zu beseitigen? Und wenn sie beseitigt sind, wer wird dann den Begehrenden beseitigen?

Das Jetzt

Die grundlegende Idee der ‚Jetzt'-Lehren ist grob gesagt die folgende: Du bist erleuchtet, wenn du präsent bist. Wenn du in der Vergangenheit oder in der Zukunft lebst, bist du nicht erleuchtet. Mal abgesehen davon, dass es in einer nicht-dualen Realität keine Zeit gibt, lass uns diese Idee näher untersuchen.

Verweist das Wort ‚jetzt' auf einen Zeitabschnitt – wie es den Anschein hat – oder ist es ein Symbol für etwas anderes? Wenn es mit Zeit zu tun hat, gibt es so etwas wie eine objektive Zeit?

Es ist unmöglich, die Natur der Zeit zu bestimmen, denn bezogen auf die Intervalle zwischen Erfahrungen ist sie relativ und abhängig von den Begierden und Ängsten von Individuen. Wenn deine Begierden befriedigt werden und du genießt, vergeht die Zeit schnell, wenn du leidest, furchtbar langsam.

Sind Vergangenheit, Gegenwart und Zukunft tatsächlich getrennte Bereiche im Bewusstsein oder nur begriffliche Einteilungen? Wenn die Zeit objektiv wäre, dann müsste es Einvernehmen darüber geben, wann die Vergangenheit endet und das Jetzt beginnt. Und es müsste möglich sein, das Jetzt exakt zu definieren. Doch wenn du dich im Jetzt befindest, kannst du nicht sagen, wie lange es andauert. Eine Sekunde? Zwei? Eine Minute oder sogar länger?

Angenommen, du befindest dich im Jetzt und möchtest erleuchtet bleiben. Dann solltest du wissen, wann das Jetzt beginnt und wann es endet. Du musst vermeiden, zurück in die Vergangenheit zu fallen oder in die Zukunft zu reisen. Vielleicht solltest du kurz vor dem Ende des Jetzt aus dem Zeitkontinuum heraus- und kurz nach dem Ende der Vergangenheit wieder hineinspringen und dabei die Zeit immer gut im Blick haben, damit du rechtzeitig wieder herausspringen kannst. Selbst wenn du im Jetzt stillsitzt, musst du dir Sorgen machen, dass Vergangenheit oder Zukunft hineinschlüpfen könnten.

Lass uns annehmen, dass es nur ‚jetzt' gibt. Bist du jemals außerhalb davon? Erfahrung findet nur in der Gegenwart statt. Wie kannst du die Vergangenheit erfahren, wenn nicht hier? Du kannst eine Erinnerung erfahren, aber die Erfahrung der Erinnerung trägt dich nicht in die Vergangenheit. Die Erinnerung erscheint im Bewusstsein und wird *jetzt* erfahren. Die Erfahrung dauert so lange, wie sie dauert, und sie bedeutet, was immer sie gemäß unserer Interpretation bedeutet. Die gleiche Logik gilt auch für die Zukunft. Nichts wird jemals in der Zukunft erfahren. Du magst über etwas nachdenken, was du dir für die Zukunft vorstellst, aber wenn es stattfindet, dann nur in der Gegenwart, wenn es in Gewahrsein erscheint.

Unsere direkte Erfahrung zeigt, dass Zeit nicht linear ist. Objekte, die aus Gedanken gebildet sind, die wiederum aus

Bewusstsein gebildet sind, erscheinen in mir – Gewahrsein-Bewusstsein. Sie währen, solange sie währen, werden von meinen Begierden und Ängsten interpretiert und vergehen wieder im Bewusstsein. Wenn sie in dem Teil des Bewusstseins aufsteigen, den wir Geist nennen, scheinen sie sich zu verändern, aber in Wirklichkeit verändert sich nur der Geist. Wäre die Zeit linear, dann müsste sich alles auf einen utopischen Zustand hinbewegen; keine Erfahrung würde sich wiederholen. Doch Erfahrungen wiederholen sich, immer und immer wieder, ohne Ende.

Wenn diese Analyse stimmt, dann ist ‚jetzt' vielleicht eher ein Codewort für das Selbst, für Gewahrsein? Es ist die bescheidene Meinung des Autors, dass ‚jetzt' ein ungenauer und irreführender Begriff für das Selbst ist und aus der spirituellen Debatte verbannt werden sollte. Es ist nicht hilfreich, einen Begriff aus der Ebene der Zeit zu verwenden, um auf etwas zu verweisen, was ewig und außerhalb der Zeit ist.

Erfahrung des Eins-Seins

Um die Idee zu widerlegen, Erleuchtung sei eine Erfahrung von Eins-Sein, wollen wir nochmals auf die Lehre über die Verortung von Objekten zurückkommen. Erfährst du sie außerhalb von dir in der Welt oder erfährst du sie in deinem Geist? Du erfährst sie in deinem Geist. Wie weit ist das Objekt von deinem Geist entfernt? Schwebt es auf der Oberfläche des Geistes? Nein. Wo ist es dann? Es ist in den Geist eingetaucht, und der Geist hat die Form des Objekts angenommen. Der Geist ist formlos, wie Wasser oder Luft, und kann zu jedem beliebigen Objekt werden, so wie Gold in jede beliebige Form gegossen werden kann. Schwebt dein Geist auf der Oberfläche deines Gewahrseins? Gibt es eine Kluft zwischen dir und deinem Geist? Brauchst du eine Brücke, um die Kluft zu überwinden?

Die Antwort lautet immer: Nein. Warum? Weil dein Geist du ist. Er ist Gewahrsein. Das, was du erfährst, ist nicht nur **in** Gewahrsein, es **ist** Gewahrsein. Die Objekte in Gewahrsein und das Subjekt – Gewahrsein – sind ein und dasselbe. Warum solltest du dann danach streben, Eins-Sein zu erleben? Eins-Sein mit allem ist bereits deine ständige Erfahrung.

Du möchtest Eins-Sein erleben, weil du dich mit dem leidhaften Gedanken identifiziert hast, abgetrennt zu sein. Anstatt einer Erfahrung nachzujagen, die doch bereits deine ständige Erfahrung ist, solltest du besser den Gedanken untersuchen, getrennt zu sein. Ist es wahr? Bist du wirklich von dir selbst getrennt? Oder bist du längst die Glückseligkeit, die du erfahren möchtest?

Zustand der Transzendenz, Vierter Zustand

Dieser Mythos eines transzendentalen Zustands fordert uns auf, Erleuchtung als einen Zustand jenseits des Geistes zu erfahren. Der Geist ist eine Schnittstelle, über die Gewahrsein mit sich selbst (in der Form der materiellen Objekte) interagiert. Er ist Gewahrsein in einer Form, die *chitta* genannt wird. *Chitta* macht es möglich, dass Gewahrsein scheinbar denkt, will, fühlt und erinnert. Der Geist hat die Fähigkeit, ein weites Spektrum von Zuständen abzubilden, von den eher groben, mit dem physischen Körper verbundenen Gefühlen über psychische Erfahrungen bis hin zu den außergewöhnlichsten mystischen *samadhis*[7] des *yoga*. All diese Zustände sind im Geist, und alle sind der Veränderung unterworfen, da sie sich im Traumzustand der Dualität befinden.

Das Selbst ist nicht-dual und daher außerhalb der Zeit. Es ist unveränderlich. Es ist das, aufgrund dessen die vielen Zustände des Geistes erkannt werden. Es ist bewusst, während die Geisteszustände nicht bewusst sind. Sie sind subtile, feinstoffliche Energien, die Bewusstsein nur reflektieren können. Je subtiler der Geist wird, desto ätherischer und strahlender werden seine Zustände. Wenn du an die Schnittstelle zwischen dem Geist und dem Selbst gelangst, sind die geistigen Inhalte derart fein, und das Selbst ist so nah, dass strahlendes ‚Licht' und intensive Glückseligkeit erfahren werden. Es ist leicht, diese höheren Zustände des Geistes mit dem Selbst zu verwechseln und zu denken, Erleuchtung sei ein wundersamer himmlischer Zustand, die Erfahrung endloser Glückseligkeit. Erfahrung gehört weder dem Selbst noch dem Geist. Sie tritt auf, wenn Gewahrsein den Geist beleuchtet. Gewahrsein und Geist ist die grundlegendste Dualität.

Erleuchtung ist die Natur schlichten, unveränderlichen Gewahrseins. Sie kann nicht direkt als Objekt erfahren werden, da sie subtiler ist als der Geist, das Instrument der Erfahrung. Ein subtiles Objekt kann ein gröberes Objekt beleuchten, aber ein grobes nicht ein subtiles. Wie also könnte das Ego bzw. der Geist etwas erfahren, was nicht erfahren werden kann?

7 *Samadhis* sind Versenkungszustände im *yoga* oder in der Meditation.

Erleuchtung als ewige Glückseligkeit

Wenn jemand, der gewohnt war, sich mit dem ständig sich verändernden Inhalt seines Geistes zu identifizieren, zur Nicht-Dualität erwacht, wird er dieses Erwachen als ein sehr positives Ereignis interpretieren. Das Gefühl von Frieden und Glückseligkeit ist eine Deutung der erlebten Nicht-Dualität durch den Geist. Es wurde hervorgerufen durch die Abwesenheit von Leiden, nicht etwa, weil Gewahrsein als ein glückselig machendes Objekt erfahren werden kann. Wenn du starke Zahnschmerzen hattest und der Zahn nach Tagen endlich gezogen wurde, dann ist es die Abwesenheit des Schmerzes, die sich gut anfühlt, nicht die Freude über den gezogenen Zahn. Du hast keinen außergewöhnlichen Zustand erreicht, sondern bist einfach in deinen schmerzfreien Normalzustand zurückgekehrt. Erleuchtung ist mit keinem Gefühl verknüpft. Sie ist schlicht die unerschütterliche Erkenntnis, dass du Gewahrsein bist, grenzenlos, unteilbar, unveränderlich. Wenn dieses Wissen unerschütterlich geworden ist, wird es sehr positiv auf den Geist wirken, aber es wird ihn nicht in eine Maschine zur Erzeugung permanenten Glücks verwandeln.

Das Wissen um deine wahre Natur durchtränkt den Geist mit einem Gefühl von Authentizität, Vollkommenheit und Selbstvertrauen. Fortan wird die Person in der Überzeugung leben, jeden noch so starken Sturm überstehen zu können. Wenn du ohne den Hauch eines Zweifels weißt, dass du Gewahrsein bist, wirst du dich nicht länger danach sehnen, dich gut zu fühlen. Du lebst in dem Wissen, die Quelle alles Guten zu sein.

Erleuchtung als spezieller Status

Erleuchtung ist kein besonderer Status. Es ist der Normalzustand, die Natur des Selbst. Du bekommst nichts, was du nicht schon hast; du begreifst nur, dass du das, wonach du so verzweifelt gesucht hast, schon immer besaßest. Erleuchtung sollte dich eher verlegen machen, statt zum Jubeln Anlass zu geben. Wenn jemand eine schlechte Angewohnheit überwindet, sollte er dafür nicht gefeiert werden. Vielmehr stellt sich doch die Frage, warum er überhaupt so lange seiner schlechten Angewohnheit frönte? In gleicher Weise sollte auch Erleuchtung keiner Belobigung wert sein. Du bist immer schon erleuchtet, es ist deine Natur.

Ein guter Teil des Strebens nach Erleuchtung wird von dem Wunsch motiviert, sich selbst von der eigenen Einzigartigkeit zu überzeugen und gegenüber anderen hervorzuheben. Du **bist** einzigartig, aber nicht in Bezug auf andere. Du bist nicht einzigartiger als ich, denn du und ich sind eins.

Es gibt noch viele weitere sonderbare Vorstellungen von Erleuchtung: dass Erleuchtung erstaunliche Superkräfte verleiht oder dass es ein ganz besonderer Zustand ist, den nur ein paar Auserwählte erreichen, oder dass es von einer Person auf eine andere in Form einer besonderen Energie übertragen werden kann; dass es verschiedene Erleuchtungsstufen gibt oder dass all deine Wünsche erfüllt werden, wenn du erleuchtet bist, etc. Wir wollen sie hier nicht weiter behandeln. Im weiteren Verlauf der Vedanta-Lehren werden wir die irrigen Ansichten hinter all diesen Ideen beleuchten.

Kapitel 3

Das Mittel der Selbst-Erkenntnis

Erleuchtung ist das unmittelbare und unerschütterliche Wissen, dass du gewöhnliches Gewahrsein bist und nicht das erfahrende Wesen, für das du dich hältst. Es ist nichts weiter als die Erkenntnis der Tatsache, dass du bereits frei bist. Jede Bemühung, das Selbst zu erfahren oder Erleuchtung zu erfahren oder einen bestimmten Bewusstseinszustand zu erreichen, ist daher überflüssig. Wonach du hingegen streben solltest, sind Verstehen und Erkenntnis. Aber wie geschieht Erkenntnis? Sie geschieht nicht von allein. Sie landet nicht auf deiner Fensterbank und zwitschert dir zu. Wissen ist der Schlüssel zu allem; um Wissen zu gewinnen, bedarf es eines Mittels.

Mit den uns zur Verfügung stehenden Erkenntnis-Mitteln Wahrnehmung und logisches Denken können wir Dinge durch Erfahrung erkennen und daraus Schlüsse ziehen. Doch Wahrnehmung und logisches Denken benötigen Informationen. Die Sinne benötigen Objekte. Das Herz braucht Gefühle, um zu fühlen. Es gibt einen großen Pool von Emotionen, an denen es sich ‚erfreuen' kann:

Begehren, Angst, Gier, Liebe, Güte, Sympathie, Mitgefühl, Neid, Eifersucht etc. Der Intellekt benötigt Gedanken, die er aus einem unermesslichen Universum von Ideen beziehen kann.

Menschen, die mit ihren Leben unzufrieden und daher auf der Suche nach ganz besonderen Gefühlen sind, kritisieren Vedanta häufig als zu ‚intellektuell'. Ihnen geht es um Liebe und um das Herz. Aber tatsächlich bist du subtiler als dein Herz, und selbst wenn dein Herz sehr empfindsam ist, kannst du dich selbst nicht fühlen. Deine Existenz geht deinen Gedanken und Gefühlen voraus. Gedanken und Gefühle sind einfach ein Teil des Lebens, wir sind weder für noch gegen sie. Vedanta als intellektuelles Wissen abzutun ist falsch. Natürlich vermag kein intellektuelles Konzept, dich, die Gesamtheit des Lebens, umfassend zu beschreiben. Der Intellekt ist einfach nur eine Funktion in Bewusstsein-Gewahrsein, doch für den Prozess der Selbst-Erkenntnis ist er unverzichtbar. Du solltest deinen Intellekt nutzen, statt ihn zu transzendieren oder zu verwerfen, denn ohne ihn kannst du dich nicht befreien.

Du strebst nach Freiheit, weil du nicht glücklich damit bist, wie es ist. Du strebst nach Freiheit, weil du glaubst, nicht frei zu sein. Wie kannst du dann deine Suche nach der Wahrheit als intellektuell abtun – die Idee, dass du unfrei bist, ist doch auch rein intellektuell. Ein ignoranter Intellekt mag das Problem sein, aber der Intellekt ist auch die Lösung, denn Ignoranz ist nicht seine einzige Option.

Das Endergebnis der vedantischen Erforschung ist kein intellektuelles Wissen ‚über' das Selbst. Die Erkenntnis

„Ich bin nicht-handelndes, gewöhnliches, unberührtes, ungeborenes Gewahrsein“ zerstört die Vorstellung „Ich bin ein begrenztes, dem Leiden unterworfenes persönliches Wesen“ und löst sich schließlich auch selbst auf. Was bleibt, bist du, wie du immer warst, frei von Konzepten und frei von der Erfahrung selbst.

Das Selbst ist kein Objekt

Wir wissen, dass das Selbst kein Objekt ist. Um zum Objekt zu werden, müsste ein anderes ‚du‘ da sein, welches das Selbst erfahren könnte. Aber schon der gesunde Menschenverstand sagt uns, dass es nur ein ‚du‘ gibt. Das Selbst kann nicht zerstört werden. Es ist nicht-dual. Es ist also unmöglich, es in zwei bewusste Teile zu teilen und den einen Teil dazu zu bewegen, den anderen wahrzunehmen. Selbst wenn es möglich wäre, es zu teilen, wäre nichts gewonnen, denn beide Teile hätten dieselbe Natur, und die Erfahrung der beiden Teile wäre die gleiche. Und wer könnte es teilen? Da das Selbst nicht handelt, kann es sich auch nicht teilen.

Jede Erfahrung scheint die Angelegenheit eines bewussten Subjekts zu sein, das ein nicht-bewusstes Objekt erfährt. Doch Bewusstsein ist sowohl Subjekt als auch Objekt, und es ist niemals nicht bewusst. Es ist immer einfach nur nicht-duales Bewusstsein. Selbst wenn Ignoranz das Selbst scheinbar in Subjekt und Objekt verwandelt, sind doch weder das erfahrende Subjekt noch die Objekte wirklich bewusst. Es hat nur den Anschein, als ob das Subjekt die Objekte erführe, tatsächlich jedoch ist auch das Subjekt ein Objekt für dich, das bezeugende Gewahrsein. Was also ist Erfahrung? Es ist Gewahrsein, das sich selbst erfährt. Dualität kommt dabei nicht vor; Dualität ist, wie wir noch sehen werden, nur ein Glaube.

Es scheint, als ob – soweit es das Wissen um das Selbst anbelangt – Gott einen Fehler gemacht hätte. Wenn Gott gewollt hätte, dass wir verstehen, wer wir sind, hätte Er uns ein geeignetes Mittel für dieses Wissen gegeben. In dieser Idee liegt begründet, warum du häufig Folgendes hörst: „Oh, das Selbst ist ein großes Mysterium! Es ist jenseits von allem. Niemand kann wissen, was es ist. Es wird für immer ein Mysterium bleiben!" Wenn es um die Nicht-Verstehbarkeit Gottes geht, werden Menschen ziemlich romantisch. Sie scheint sie anzuregen.

Jeder erkennt Objekte, aber niemand versteht das Subjekt

Absurde Ideen wurden entwickelt, um diesen vermeintlichen Fehler Gottes zu korrigieren, zum Beispiel die folgende: Gott hat hart gearbeitet, um die Erde in sechs Tagen zu erschaffen. Gott schuf die Fische und die Vögel und all die anderen Tiere und hob sich das Beste für den Schluss auf – uns, die Krone der Schöpfung. Statt am Samstagabend in Vorfreude auf seinen Ruhetag auszugehen und zu feiern, arbeitete Er bis spät in die Nacht – und erschuf uns. Vielleicht liefen die Körper auf einem Fließband an Ihm vorbei, und Er setzte die Gehirne ein, die auf einem Stapel neben ihm lagen. Da es aber spät war und Er müde nach sechs Tagen harter Arbeit, setzte Er die Gehirne versehentlich verkehrtherum ein, nach außen auf die Welt gerichtet, statt nach innen auf Ihn. Nun ja, der Rest ist Geschichte: Jeder kennt die Objekte, aber niemand kennt das Subjekt, Gott. Wir haben aber Glück, denn in Indien gibt es einen heiligen Mann (Kalki mit Namen, ein Avatar), der uns von Gottes Irrtum erlösen kann. Für 5000 Dollar kann er dein Gehirn wenden, und dann wirst du erkennen, wer du bist. Viele willige Seelen sind, so scheint es, seinem Angebot gefolgt, denn er besitzt heute einen riesigen goldenen Tempel. Offensichtlich ist Gehirn-Wendung weiterhin ein Wachstumsmarkt, denn Kalkis Sohn ist jetzt ebenfalls in das Geschäft eingestiegen. Dies sind gute Neuigkeiten für die Unerleuchteten, denn dank des gewachsenen Angebots ist der Preis für „Befreiung" nun gesunken.

Obwohl die Instrumente, über die wir verfügen, nicht geeignet sind, das Selbst zu erkennen, können wir es doch verstehen. Das Bewusstsein wollte, so scheint es, dass wir verstehen, denn genau aus diesem Grund offenbarte es schon vor langer Zeit die Wissenschaft der Selbst-Erkenntnis – Vedanta.

Vedanta ist keine Philosophie

Wenn wir uns mit Vedanta beschäftigen, sollten wir als Erstes verstehen, dass es keine Philosophie ist. Philosophien sind die Ansichten und Überzeugungen eines Individuums oder einer Gruppe von Individuen. Marx und Engels entwickelten die mittlerweile überholte Kommunismus genannte Philosophie, um die Probleme des Kapitalismus zu überwinden. Existenzialismus war im Europa des letzten Jahrhunderts groß in Mode. Aber wo ist er heute? Philosophien kommen und gehen, weil sie von Menschen erdacht werden, um die intellektuellen Bedürfnisse ihrer Zeit zu befriedigen. Wenn sich die Zeiten ändern (was sie tun), verlieren sie ihre Relevanz.

Es ist wichtig, die Tatsache anzuerkennen, dass Vedanta nicht von Menschen stammt. Menschen haben einen begrenzten Verstand, und hinter ihrem Tun steht immer auch eine Absicht. Vielleicht wollen sie die Welt verändern oder retten oder sogar beherrschen. Und wenn es nicht um Rettung oder Herrschaft geht, dann wollen sie dir vielleicht etwas andrehen, dich von etwas überzeugen oder deine Lebensumstände beeinflussen. Menschen sind nicht objektiv.

Vedanta ist keine Religion und kein spiritueller Pfad

Menschen denken sich Philosophien und Religionen aus, doch Vedanta ist auch keine Religion. Es ist nicht das Ergebnis der Erfahrungen von Mystikern. Es kann mystische Erfahrungen erklären, aber es ist jenseits von Mystizismus. Es ist kein spiritueller Pfad. Es ist das Wissen hinter allen Religionen und spirituellen Pfaden.

Bevor wir fortfahren, solltest du wissen, dass es nicht erforderlich ist, diese Aussagen alle zu glauben. Sie sind schwer zu verdauen, weil wir Menschen die Eitelkeit besitzen, uns für die Krone der Schöpfung zu halten und zu glauben, alles Bedeutsame komme von uns. Letzten Endes ist die Herkunft der Lehre ziemlich unwichtig, es kommt nur darauf an, dass sie leistet, was sie leisten soll: dich zu befreien. Wenn sich dein Geist in rechter Weise auf Vedanta einlässt, wirst du klar sehen, warum wir sagen, dass Vedanta weder eine Religion noch eine Philosophie oder ein spiritueller Pfad ist, den Menschen erfunden haben. Wir nennen es *apurusheyajnanam*, ‚nicht von einer Person'.

VEDANTA WURDE NICHT GECHANNELT

Vedanta wurde auch nicht gechannelt. Menschen mit ihren Neigungen, Vorurteilen, Meinungen und Überzeugungen sind wie alte Pfeifen, verschmutzt durch Ablagerungen, die sich im Laufe der Jahre angesammelt haben. Informationen, die durch sie hindurchströmen, werden zwangsläufig verunreinigt. Ja, wir verfügen über einiges Wissen, aber Wissen und Ignoranz[8] sitzen im menschlichen Geist nah beieinander, und allzu oft können wir sie nicht unterscheiden.

Wir wollen kein Mittel der Erkenntnis, in dem Wahrheit und Unwahrheit vermischt sind. Wie sollten wir sie auseinanderhalten? Menschen, denen es an Urteilsfähigkeit mangelt, schlucken das eine mit dem anderen. Aber auf diese Weise wirst du dich nicht befreien. Du kannst die Bücher fast jedes modernen Lehrers lesen – Osho oder Krishnamurti oder Adi Da, zum Beispiel. Du findest die Wahrheit oder Bruchstücke davon, aber gleichzeitig findest

8 Wir verwenden „Ignoranz" als Synonym für „Unwissenheit". Es beinhaltet sowohl Nicht-Wissen als auch fehlerhaftes, auf falschen Sichtweisen beruhendes Wissen.

du die Meinungen und Überzeugungen der Autoren ganz eng in die Wahrheit hinein- und herumgewebt – wie eine Weinranke um einen Baumstamm. So nimmst du beides auf und bleibst konfus zurück. Das kann nicht der Weg in die Freiheit sein. Den Worten von Propheten und Mystikern gegenüber sollte man immer skeptisch sein.

Vedanta ist offenbarte Wahrheit

Menschen erfahren die Wahrheit. Aber sie kommt nicht **von** ihnen. Sie kommt **zu** ihnen – von ‚außerhalb'. Sie wird **gesehen**. Sie wird **gehört**. Sie kommt von einer objektiven Quelle, jenseits von uns. Offenbarungen waren schon immer ein vertrauter Teil menschlicher Erfahrung. So wie sich über Jahrhunderte ein objektiver Bestand wissenschaftlicher Erkenntnisse aufgebaut hat, hat sich auch ein objektiver Bestand von Wissen über das Bewusstsein entwickelt.

Gute Beispiele für diese Art von Erkenntnis sind Einsteins «Entdeckung» der Relativitätstheorie und Edisons Entdeckung der Elektrizität. ‚Entdecken' bedeutet, etwas zu enthüllen, was präsent, aber bislang unbekannt war. Relativität, Gravitation und Elektrizität beschreiben, wie gewisse Phänomene nach den Gesetzen der Physik funktionieren, nicht nach Einstein oder Edison. Der Gravitation oder der Elektrizität ist es egal, ob du an sie glaubst. Ob du sie verstehst oder nicht, hat auf ihre Wirkung keinen Einfluss. Selbst-Erkenntnis ist immer hier, direkt vor unserer Nase, aber von der Dualität verblendet, sehen wir sie nicht.

Es ist sehr wichtig, dass wir auf das Wissen vertrauen, nicht auf die Menschen. Menschen sind nicht schlecht; sie neigen nur zur Ignoranz, besonders wenn es um die Frage geht, wer sie sind. Ignoranz verbirgt oder verschleiert Wissen und führt dazu, dass Überzeugungen und Ansichten projiziert werden, die kein Wissen sind. Da wir nicht verstehen, wer wir sind, halten wir das, was wir denken und fühlen, für die Wahrheit. Doch auf diese Form der ‚persönlichen' Wahrheit sollten wir uns nicht verlassen.

Menschen haben sich seit Anbeginn der Zeit mit dem Feuer beschäftigt. So wurde schließlich klar, dass es eine bestimmte Natur hat und gewissen Gesetzen gehorcht. Aufgrund unseres Wissens über Hitze können wir Raketen zum Mars schießen. Jeder, der über dieses Wissen verfügt und die erforderlichen Ressourcen hat, kann eine Rakete ins All schicken. Das ist völlig unabhängig von Personen. Auf die gleiche Weise hatten über Tausende von Jahren Millionen von Menschen Offenbarungen über die nicht-duale Natur der Realität. Das Wissen aus diesen Erfahrungen wurde zusammengetragen und extrahiert; daraus entwickelte sich Vedanta, die Wissenschaft des Bewusstseins, des Selbst.

Im Unterschied zu Vedanta, das sich auf das Subjekt konzentriert, konzentriert sich die moderne Wissenschaft auf die Objekte. Zudem befindet sich das Wissen, das durch die Naturwissenschaften gewonnen wurde, in einem Zustand ständiger Veränderung, die wissenschaftlichen Erkenntnisse und Theorien wandeln sich und entwickeln sich weiter. Dies liegt daran, dass sich auch das Feld der untersuchten Objekte ständig wandelt und das Mittel der Erkenntnis, der menschliche Geist, der Ignoranz unterworfen ist: Je mehr wir über die Objekte wissen, desto mehr Fragen tauchen auf. Das Wissen, das Vedanta liefert, verändert sich dagegen nicht, denn das Selbst ist unveränderlich. Auf Selbst-Erkenntnis ist immer Verlass.

Ein weiterer fundamentaler Unterschied zwischen Vedanta und der modernen Naturwissenschaft ergibt sich aus den angestrebten Resultaten. Während Selbst-Erkenntnis die Befreiung von existenziellem Leiden bezweckt, ist die Naturwissenschaft auf das Verständnis der physikalischen Kräfte, die im Bewusstseinsfeld wirken, und auf ihre gewinnbringende Nutzung beschränkt. Der Gewinn begehrter Objekte ist aber, wie wir gesehen haben, nicht geeignet, Leiden zu überwinden.

Doch all dies bedeutet nicht, dass Vedanta mit den Erkenntnissen der Wissenschaft im Streit steht. Im Kapitel 6 komme ich darauf zu sprechen, wie moderne wissenschaftliche Erkenntnisse über den Kausalen und den Feinstofflichen Körper einen Beitrag zu Vedanta als Mittel der Selbst-Erkenntnis leisten können.

Vedanta ist Kenntnis von allem

Vedanta deckt alle Bereiche ab: Kosmos, Psyche und reines Bewusstsein. Die Naturwissenschaft hingegen behandelt nur den Kosmos und die Psychologie nur die Psyche. Beide Disziplinen sind nicht in der Lage, ihre Beziehung untereinander zu erklären und erst recht nicht ihre Beziehung zum Bewusstsein. Die Felder und Methoden ihrer Untersuchung schließen einander aus.

Als menschliche Wesen sind wir eine Mischung aus Bewusstsein – manche sagen Seele – und Materie. Wir existieren in einer komplexen Welt aus Gesetzen und Kräften. Das Erkenntnismittel, das uns befähigt, uns selbst zu verstehen, muss vollständig sein.

Zu erkennen, wer du bist, jenseits der Objekte, die in dir erscheinen, das ist die Essenz von Vedanta. Aber Vedanta ist mehr. Du kannst nicht als Gewahrsein in der Welt der Objekte leben, bevor du nicht auch die Bedeutung der Objekte verstanden hast und weißt, wie Gewahrsein und die Objekte – das erfahrende Individuum und das Feld der Erfahrung – zusammenpassen. Vedanta vermittelt das Wissen über die drei Ebenen der nicht-dualen Realität: (1) reines Gewahrsein mit der Fähigkeit, zu erschaffen *(Ishvara)*[9], (2) physische und feinstoffliche Objekte *(jagat)* und (3) das Individuum *(jiva)*.

Ohne zu sehr ins Detail zu gehen, können wir an dieser Stelle Folgendes sagen: Individuen *(jivas)* sind kleine Bündel begehrenden, wollenden Bewusstseins mit unterschiedlichen Werten und Prioritäten. Sie finden sich in – und beteiligt an – einer Welt physischer und feinstofflicher Objekte *(jagat)* wieder, die Kräften und Gesetzen unterliegt, die sie nicht beeinflussen können. Wenn die Individuen die Struktur der objektiven und subjektiven Welten, in denen sie leben, nicht verstehen, bleibt ihr Wissen unvollständig, und ihr Leiden wird nicht verschwinden.

Die Ebene des reinen Bewusstseins in Verbindung mit der Fähigkeit, Objekte zu erschaffen, wird in unserer Tradition *Ishvara* genannt. Wenn du ein westliches Wort

9 Reines Gewahrsein **ohne** die Fähigkeit zu erschaffen wird *Paramatma* genannt.

bevorzugst, kannst du es ‚Gott' nennen, aber leider ist dieses Wort mit zu vielen falschen religiösen Vorstellungen belegt und daher für die Verständigung nicht besonders gut geeignet. Obwohl es das wichtigste Teil des existenziellen Puzzles ist, kann man kann nicht viel über reines Bewusstsein sagen, denn es ist sehr schlicht und subtiler als das subtilste Objekt. Über Bewusstsein in der Rolle des Schöpfers der Individuen und der Objekte, mit denen sie interagieren, gibt es viel mehr zu sagen. Wir werden darauf zurückkommen.

Um frei zu sein, musst du verstehen, dass du selbst alles bist. Du bist nicht nur Bewusstsein, isoliert von den Objekten, die darin erscheinen. Erleuchtung ist keine Erfahrung, die dich befreien kann, es ist das umfassende Wissen über deine eigene Natur als Gewahrsein und über die Objekte, die in dir erscheinen. Es braucht Zeit, bis Selbst-Erkenntnis vollständig geworden ist, denn Unwissenheit ist furchtbar hartnäckig. Du musst die Lehren immer wieder hören und die Ignoranz beharrlich abtragen.

Viele Menschen haben auf der Grundlage gewisser Erfahrungen erkannt, wer sie sind, und behaupten nun, sie seien ‚vollendet'. Für uns ist das aber keine Erleuchtung, wir betrachten diese sogenannten vollendeten Menschen als ‚halb-gar', denn sie haben nur Teilaspekte der Realität verstanden. Nur unter Blinden ist der Einäugige König. Viele dieser Menschen, die von sich behaupten, vollendet zu sein, leben unredlich und verwirren spirituelle Sucher mit verqueren Ansichten über Erleuchtung. Wenn du nicht das Gesamtbild verstehst und erkennst, wie alles zusammenpasst, wie alles das Gleiche und doch unterschiedlich ist, bist du immer noch unerleuchtet.

WAS IST ERKENNTNIS?

Am Anfang der Lehre müssen wir unsere Terminologie abstimmen. Wenn ich ein Wort benutze, solltest du verstehen, was es bedeutet. Über die Bedeutung des Wortes ‚Baum' besteht Einigkeit, nicht aber über die Bedeutung der Worte ‚Gott' oder ‚Bewusstsein'. Auch ‚Erkenntnis' ist ein Wort, das wir bisher benutzt haben, ohne es genau zu definieren.

Erkenntnis oder Wissen ist das, was nicht negiert werden kann, das, worauf du dich immer verlassen kannst. Dadurch unterscheidet es sich von ‚Informationen'. Dass die Aktien von General Motors heute 43 Dollar wert sind, ist kein Wissen, denn du kannst dich nicht für immer darauf verlassen. Es ist eine Information mit einer begrenzten Gültigkeit, denn morgen mag der Wert bei 42 liegen.

Wissen ist jenseits von Erfahrung und übertrumpft sie jederzeit. Es ist äußerst wichtig zu verstehen, dass Wissen eine Basis ist, auf der du vertrauensvoll dein Leben führen kannst. Wenn du aber nur auf der Grundlage deiner Erfahrung oder deiner Gefühle agierst, wie es die meisten von uns tun, wirst du kein stabiles Gefühl von Vertrauen und Sicherheit entwickeln können. Erfahrung ist wertvoll (Leben ist Erfahrung), aber sie taugt nicht als Kompass für dein Leben. Erfahrung ist unzuverlässig. Wenn du auf das folgende Diagramm schaust, wirst du die Erfahrung machen, dass die beiden horizontalen Linien unterschiedlich lang sind. Doch wenn du nachmisst, wirst du feststellen, dass sie exakt die gleiche Länge haben. Erfahrung sagt das eine, Wissen das andere.

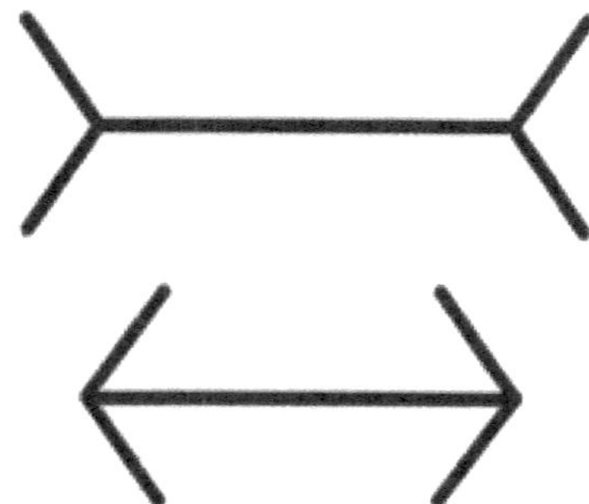

Wir halten unsere Interpretation von Erfahrung für Wissen, aber sie ist es nicht. Wenn du nur auf der Basis deiner Gefühle – Begierden und Ängste – agierst, wirst du unerwünschte Resultate hervorrufen, denn die Realität – die Welt, in der Erfahrungen stattfinden – schert sich nicht darum, was du fühlst. Die Realität ist eine unpersönliche Matrix von Objekten, Kräften, Regeln und anderen bewussten Wesen, die unabhängig von dir agieren. Intuition zum Beispiel ist ein Gefühl, das von spirituellen Menschen sehr gepriesen wird, doch auch sie ist leider nicht verlässlich. Du kannst in Bezug auf eine Person oder eine Situation eine tiefe Einsicht oder Intuition gehabt haben und später feststellen, dass eine neue Einsicht oder Intuition der ersten widerspricht.

Wenn eine Raumsonde zum Planeten Saturn geschickt wird, mag Saturn im Westen stehen, aber die Ingenieure starten die Sonde in Richtung Osten. Die Erfahrung empfiehlt dir, die Sonde nach Westen zu senden, aber das Wissen erkennt auf den Osten. Auf ihrer Reise passiert die Sonde das Schwerefeld des Mars und wird dort beschleunigt, jedoch wieder nicht in Richtung Saturn. Sie bleibt auf Kurs, wärend die Planeten beständig ihre Position verändern. Doch Jahre später erreicht sie schließlich den Saturn. Es ist schon erstaunlich, wie Wissen es ermöglicht, dass dieses kleine Stück Metall nach einer jahrelangen Reise über Millionen von Kilometern schließlich einen fernen Planeten erreichen und von dort Daten senden kann. Mit Informationen, Überzeugungen, Meinungen und Gefühlen gelänge das nie.

Wir befinden uns in einem Kosmos aus Wissen. Ein Baum ist Wissen, ein Hund ist Wissen, die Elemente sind Wissen, und auch menschliche Wesen sind nichts anderes als Wissen, programmiert darauf, in einer bestimmten Weise zu funktionieren und dem Wohl des Gesamtsystems zu dienen. Es ist für unsere Zufriedenheit von entscheidender Bedeutung, dass wir die Natur der Realität begreifen. Du kannst dich auf Vedanta verlassen. Es ist heute so gut wie vor dreitausend Jahren, denn es beruht auf Wissen. Wie das Auge tut es, was es tun soll, und niemand muss sich darum bemühen, es neu zu erfinden. Würde ein neues Auge gebraucht, so würde das Bewusstsein es über Millionen von Jahren entwickeln. Ebenso gibt es keinen Grund, eine neue Lehre für ‚moderne' Menschen zu entwickeln. Wir sind, was wir immer waren, und das Mittel der Erkenntnis ist bereits perfekt. Es hat sich seit Tausenden von Jahren bei der Befreiung von Individuen bewährt.

WIE FUNKTIONIERT VEDANTA?

Unsere alltäglichen Erkenntnismittel funktionieren, weil sie sich auf Objekte beziehen, die erkannt werden können. Aber das Selbst ist jenseits von Wahrnehmung und logischem Denken, es kann daher nicht als ein Objekt erkannt werden. *Yoga* und andere Übungen versprechen dir, Erfahrungen subtiler Bewusstseinszustände zu liefern; Vedanta aber bewirbt keine Erfahrung, weil du – wie schon erläutert wurde – das Selbst bereits erfährst.

Wir müssen auch nicht beweisen, dass du existierst. Es ist kaum zu glauben, aber manche Menschen in der spirituellen Welt akzeptieren es tatsächlich, wenn man ihnen sagt, dass sie nicht existieren. Die Buddhisten haben schon immer gesagt, dass es kein Selbst gibt und alles leer ist, und der modernen Neo-Advaita-Bewegung, Gott segne sie, ist es auch nicht peinlich, so etwas zu behaupten. Wir dagegen sagen, dass es nur ein Selbst gibt. Es ist alles, was ist, und es ist niemals nicht präsent.

Um fair zu sein, müssen wir einräumen, dass sie mit ihrer Behauptung wahrscheinlich meinen, dass das Ego nicht existiere. Aber selbst das ist nicht richtig. Das Ego ist zwar nicht real, aber es existiert. Es ist wirklich nicht der Mühe wert zu postulieren, dass du nicht existierst, oder zu beweisen, dass du nicht existierst, denn dass du existierst, ist selbst-evident. Es beweist sich selbst. Du brauchst keinen Spiegel, um zu wissen, dass du Augen hast, denn das Sehen selbst enthüllt ihre Existenz. Und du kannst die Existenz von etwas nicht verneinen, wenn es nicht existiert. Kein Ding ist nicht existent. Sobald du an etwas denkst, existiert es, denn Objekte sind nichts anderes als der Gedanke an sie. Wie wir gesehen haben, findet Erfahrung nur in einem scheinbar bewussten Geist in der Form von Gedanken und Gefühlen statt. Es gibt also so etwas wie Nicht-Existenz gar nicht, es gibt nur die Idee der Nicht-Existenz.

Um aber zu wissen, was du bist, und um zu verstehen, was es bedeutet, zu sein, was du bist, benötigst du einen Spiegel. Meine Erfahrung von mir kann kein Spiegel für dich sein. Erfahrung kann nicht von einer Person auf eine andere übertragen werden. Wenn ich verliebt war, könnte ich dich verliebt machen, wenn diese Erfahrung übertragen werden könnte. Nur Wissen kann übertragen werden; es ist wie die Flamme, die von einer brennenden Kerze auf den Docht einer anderen Kerze überspringt. Vedanta ist ein Spiegel, der durch Sprache offenbart, wer du bist und was es bedeutet, du zu sein. Es entfaltet seine Wirkung, indem es die falschen Annahmen ablöst, die du über dich hegst. Es enthüllt dir dich und verwendet dazu die bisher unverstandene Logik deiner eigenen Erfahrung. Das Wissen über dich ist in dir, und die Erfahrung von dir ist immer mit dir. Aber noch fehlt etwas, das verstanden werden muss, denn sonst wärst du bereits frei.

Dir fehlt das große Gesamtbild, die Tatsache, dass du alles bist, was ist. Stattdessen identifizierst du dich mit Überzeugungen und Ansichten, die nicht in mit deiner wahren Natur harmonieren. Und die fehlenden Antworten kannst du nur deshalb hier nicht finden, weil du immer noch glaubst, du könntest sie woanders finden und erringen.

DU KANNST VEDANTA NICHT STUDIEREN

Vedanta ist ein Mittel der Untersuchung, das gelehrt werden muss. Das Ego hält sich gerne für einen Experten für alles, was es selbst anbelangt, und findet keinen Gefallen an der Idee, belehrt zu werden. Spirituelle Menschen, die am Weg der Erfahrung festhalten, zitieren gerne Ramana Maharshi als Beweis dafür, dass kein Lehrer oder keine Lehre benötigt wird, um Befreiung zu erlangen. Es mag ja sein, dass eine sehr gut vorbereitete und hochqualifizierte ‚Seele' ‚es' zügig erreichen kann, aber die Chancen dafür sind geringer als ein Sechser im Lotto. Intellektuelle Menschen wiederum glauben gerne, dass sie durch eine Synthese der Informationen, die sie aus dem Studium der Literatur verschiedener Lehrtraditionen gewonnen haben, Erleuchtung finden können. Aber diese Ansicht ist ebenfalls fehlerhaft. Es reicht nicht aus, über das Selbst zu lesen oder jemandem zuzuhören, der über das Selbst spricht. (Vedanta spricht nicht über das Selbst, es enthüllt es.) Wie klug du auch immer zu sein glaubst, du wärst nicht auf der Suche, wärst du nicht unwissend in Bezug auf dich selbst. Diese Unwissenheit ist wirksam, wenn du hörst und wenn du liest, und führt zwangsläufig dazu, dass du die Wahrheit falsch verstehst. Die meisten Sucher kennen nicht den Unterschied zwischen Wissen und Unwissenheit. Sie verwechseln ihre Überzeugungen und Meinungen mit Wissen.

Das alles bedeutet, dass du nicht derjenige sein wirst, der sich selbst erleuchtet. Du benötigst ein unbestechliches und fehlerfreies Mittel der Erkenntnis und jemanden, der durch dieses Mittel befreit wurde und dich unterrichten kann. Wer behauptet, Erleuchtung sei erfahrungsbasiert, wer seine eigene Erfahrung als Beweis für seine Erleuchtung anführt oder erwartet, dass seine Worte als heilig angesehen werden, den halten wir nicht für qualifiziert, Vedanta zu lehren. Jeder kann eine Offenbarung erlebt haben, die sein Leben verändert hat, und dies als Erleuchtung ‚verkaufen'. Wer unkritisch die Lehren einer solchen Person akzeptiert, bringt sich in Schwierigkeiten.

Menschen, die zu Vedanta geführt werden, sind in der Regel schon lange auf der Suche, für spirituelle Neueinsteiger ist es eher nicht geeignet. Wenn jemand einen bestimmten Punkt im Leben erreicht hat – wenn er nicht länger Sklave seiner Erfahrungen ist – wird er zu Vedanta geleitet. Du kannst eine Frucht nicht pflücken, bevor sie reif ist. Deshalb werben wir auch nicht. Es kommt zu dir, wenn du dafür bereit bist. Wir können diejenigen nicht unterrichten, die nicht bereit sind. Es ist Zeitverschwendung, sowohl für den Lehrer als auch für den Schüler.

Ich habe ernsthaft und voller Begeisterung drei Jahre lang versucht, mich zu befreien. Ich habe alle Bücher gelesen, bin nach Indien gereist, habe diverse Yogis, Gurus, Übungen und Techniken ausprobiert – und doch habe ich die Erleuchtungs-Prüfung nicht bestanden. Ich hatte am Ende so die Nase voll, dass ich mein Suchen aufgab und mir schwor, ein „normaler" Mensch zu werden – allen Widrigkeiten zum Trotz. An genau jenem Tag, an dem ich meine Suche endgültig abblasen wollte, traf ich meinen Lehrer, und mir wurde schlagartig klar, dass es mehr braucht als eine Technik. Ich fühlte mich unbedeutend und unwissend, doch gleichzeitig war es wahnsinnig befreiend zu entdecken, dass es ein altbewährtes, nicht von Personen abhängendes Instrument der Erkenntnis gab, eine ehrbare Lehrtradition, der ich mich anvertrauen konnte. Die Wirkung von Selbst-Erkenntnis in einem anderen Menschen zu sehen und zu wissen, dass es ihn befreit hat, war alles, was ich brauchte.

Hören

Wenn du dich der Vedanta-Lehre anvertraust, ist Hören, *shravana*, die erste Stufe. Du bist gewohnt, in deinem Geist sofort eine Antwort zu formen, wenn du etwas hörst. Statt dem, was gesagt wird, richtig zuzuhören und darauf zu achten, woher es kommt, reagierst du impulsiv. Doch wenn du es so anfängst, kannst du nicht erwarten, dass Vedanta funktioniert. Es ist viel mehr als ein paar spirituelle Ideen, die auf dein Ego zielen. Es ist ein Wissensfundus, den man sich als Ganzes aneignen muss. Es arbeitet mit einer speziellen Methodik, die auf dich angewendet werden muss, bis du in der Lage bist, sie auf dich selbst anzuwenden. Auf dieser ersten Stufe kommt es nur darauf an, dass du deinen Geist offenhältst, wozu gehört, dass du deine Überzeugungen und Ansichten vorübergehend beiseitelässt. Das ist nicht leicht. Aber sonst kann der Lehrer nicht mit dir arbeiten und die Lehre nicht wirken. Wissen hat seine eigene Kraft. Es wird die Arbeit für dich tun, wenn du es lässt. Irgendwann beginnt sich die Vision der Nicht-Dualität in deinem Geist zu etablieren, und du wirst in der Lage sein, an dir selbst zu arbeiten.

Reflektieren

Auf der zweiten Stufe – *manana*, Reflexion – bist du aufgefordert, das, was du glaubst und denkst, *im Lichte dessen zu betrachten, was du gehört hast,* nicht umgekehrt. In Bezug auf die Frage, wer du bist, musst du deine alten Überzeugungen dem Wissen opfern, wie es die Schriften darlegen. Nur so kann deine Reflexion wirksam sein. Wir behalten uns normalerweise das Recht vor, zu bewerten, was wir hören; im Fall von Vedanta müssen wir dieses Recht den Schriften übertragen. Du erkennst an, dass sie die Autorität sind, nicht du. Du hast in deinem Leben vieles richtig verstanden, aber vieles auch falsch. Die Stufe der Reflexion ist wie ein Ausleseprozess, ein Aussieben, in dem du deine Unwissenheit schrittweise abbaust. Du vertraust dich der unanfechtbaren Logik von Vedanta an, die wiederum auf der unverstandenen Logik deiner eigenen Erfahrung beruht. Du behältst, was wahr, ist und lässt los, was falsch ist. Vedanta verbindet dich mit dem tieferen Teil deiner selbst, das ist der Teil, der versteht und klar sieht, der Teil, der die Dualitäten des Lebens umfasst und in die Vision der Nicht-Dualität auflöst.

Aneignen

Die letzte Stufe, Aneignung *(nididhyansana)*, ist das Ergebnis von Hören und Reflexion. Es ist die vollständige Verinnerlichung des Wissens, welches das Geflecht von auf Unwissenheit beruhenden Begierden und dem falschen Empfinden, ein Handelnder zu sein, zerstört. Diese

Aneignung hat auch auf der Erfahrungsebene dramatische Auswirkungen, denn das eigene Leben wird frei, friedvoll und vollkommen erfüllt.

Selbst-Erforschung bedeutet nicht, sich die Frage „Wer bin ich?“ zu stellen. Es ist die tägliche Anwendung der Vedanta-Lehren auf die zahllosen nagenden Selbstzweifel, die im Geist in Form eines unaufhaltsamen Stroms aus Ängsten und Begierden, Vorlieben und Abneigungen auftreten. Selbst-Erforschung ist Unterscheidungsvermögen, die Disziplinierung des Geistes zu einem Denken, das auf Vollkommenheit basiert, nicht auf Mangel. Es erfordert kontinuierliche Achtsamkeit. Wir wollen den Geist nicht auslöschen oder transzendieren. Wenn du in einem menschlichen Körper geboren wurdest, wird dein Geist von der Wiege bis zur Bahre aktiv sein. Er kann unterrichtet und gereinigt, aber niemals vernichtet werden. Dein Geist ist hier auf Geheiß einer Macht, die viel größer ist als du, und er ist hier, um zu bleiben. Tatsächlich ist es gar nicht ‚dein‘ Geist.

Normalerweise ist der Geist dein Chef. Er denkt für dich und sagt dir, was zu tun ist. Die erfahrungsbasierte Auffassung von Erleuchtung ist ein dürftiger Versuch, das Problem der Kontrolle zu adressieren. Es ist möglich, den Geist zu kontrollieren, aber nicht indem man ihn auslöscht oder transzendiert. Wer den erfahrungsbasierten Ansatz akzeptiert, ist vom Geist ausgetrickst worden. Er wurde verführt zu glauben, er sei ein Handelnder, der Befreiung erlangen kann, indem er einem Pfad folgt, nicht wissend, dass derjenige, der dem Pfad folgt, schon immer genau das ist, was er sucht. Vedanta lehrt, was der Geist ist und ob das, was er denkt, mit der Realität übereinstimmt oder nicht.

Zu den Vedanta-Schriften gehört auch ein Korpus von Kommentaren großer Heiliger, in denen scheinbare Widersprüche, die der Natur der Realität innewohnen, aufgelöst werden. Zu diesen Widersprüchen gehört das scheinbare Paradox, dass sich der nicht-dualen Realität die Erscheinung einer Dualität überlagert. Um diesen Widerspruch aufzulösen, bedient sich Vedanta einer brillanten Methode, Überlagerung und Negation, mit der die Selbst-Ignoranz beseitigt wird.

Kapitel 4

QUALIFIKATIONEN

EIN GESUNDES UND REIFES MENSCHLICHES WESEN

Als Repräsentant einer großartigen Lehrtradition bin ich der Wahrheit verpflichtet. Teil dieser Pflicht ist es, ein gewisses Maß an schlechten Neuigkeiten überbringen zu müssen. Das ist nicht gerade von Vorteil, denn um als spiritueller Lehrer ein gutes Auskommen zu haben, sollte man die Präsentation unangenehmer Fakten besser vermeiden. Vedanta zu unterrichten ist kein Beruf, auch wenn es Menschen wie mich gibt, die es zu ihrem Lebensinhalt gemacht haben. Da Vedanta ehrlich zu dir ist, ist es auch nicht besonders populär. Diejenigen, die es lehren, tun es, weil sie Vedanta lieben.

Anders als in vielen anderen Traditionen ist bei uns das Ego des Schülers nicht der Feind, der vernichtet werden muss. Das ist kein legitimer Weg zur Erleuchtung. Im Lehren der Wahrheit verpflichtet zu sein bedeutet nicht, dir zu sagen, was alles mit dir nicht stimmt und wie du es in Ordnung bringen kannst. Dafür gehst du besser zu einem Psychologen. Wir sind hier, um dir zu sagen, dass mit dir alles in Ordnung ist und dass du dir die Mühe sparen kannst, an dir herumzudoktern. Wenn überhaupt irgendetwas in Ordnung gebracht werden muss: Lausche mit einem offenen Geist, und die Wahrheit wird es erledigen.

In den ersten Kapiteln bin ich denjenigen auf die Nerven gegangen, die glauben, Erleuchtung sei eine Art Erfahrung. Jetzt werde ich das Publikum weiter ausdünnen, indem ich eine andere unangenehme Tatsache präsentiere: Um Erleuchtung zu erlangen, werden bestimmte Qualifikationen bzw. Fähigkeiten benötigt. Im Gegensatz zu allen mir bekannten modernen Lehrern und Lehren besteht traditionelles Vedanta darauf, dass der Sucher qualifiziert sein muss. Wenn Erleuchtung eine Erfahrung wäre, wie sich zu verlieben, dann könnte sie vermutlich bei jedem erfahrenden Wesen jederzeit stattfinden. Wenn es aber in Wirklichkeit um Erkenntnis und Wissen geht, und wenn Ignoranz sehr hartnäckig ist (was sie ist), dann sind Qualifikationen unverzichtbar.

Diese Vorstellung ist nicht gerade geeignet, um auf dem spirituellen Marktplatz gute Geschäfte zu machen. Moderne Sucher sind im Zeitalter der sofortigen Wunscherfüllung aufgewachsen, sie sind es nicht gewohnt, für die Erfüllung eines Wunschs hart zu arbeiten und lange darauf zu warten. Sie suchen sich Lehrer, die ihnen sagen, dass Erleuchtung jederzeit erreichbar ist. Doch schnell enttäuscht, mühen sie sich von einem Lehrer zum nächsten, von ‚Lehre' zu ‚Lehre', und werden immer verwirrter.

Leider gibt es nicht immer eine Abkürzung oder eine schnelle Lösung, manchmal musst du die Mühen der

Ebene auf dich nehmen und an dir arbeiten. Da wir im Vedanta diese Wahrheit aussprechen, finden wir qualifizierte Schüler. Viele werden durch die Lehre befreit, und die anderen entspannen sich, während sie an ihren Qualifikationen arbeiten, denn sie wissen, dass Vedanta ein verlässlicher Pfad zum Ziel ist.

In Deutschland kannst du nicht einfach einen Wurm ausgraben, ihn an einen Haken hängen und einen Fisch fangen. Du musst qualifiziert sein. Als ich vor einigen Jahren dort angeln wollte, erklärte mir ein Freund, dass man einen Fischereischein benötigt, für den wiederum eine Prüfung abgelegt werden muss. Das Ganze ist ein aufwendiges Verfahren. Für mich als Amerikaner waren das erstaunliche Neuigkeiten. Wenn man so einen Aufwand betreiben muss, um eine Forelle zu fangen, gibt man dann das Angeln nicht lieber gleich auf?

Ist es das unveräußerliche Recht jedes Menschen, die Bedeutung von $E = mc^2$ zu verstehen? Die Gleichung bedeutet: Energie ist gleich Masse mal Lichtgeschwindigkeit zum Quadrat. Aber was genau heißt das? Was ist Energie, was Masse, was Lichtgeschwindigkeit? Und wie hängen diese Größen zusammen? Ich weiß es nicht und du wahrscheinlich auch nicht. Wir sind nicht ausreichend qualifiziert, um es zu verstehen. Um uns zu qualifizieren, müssten wir in den Kindergarten gehen, in die Schule, wir müssten Abitur machen, an der Uni studieren und einen Master in Mathematik und Physik machen. Dort würde uns dann ein Professor an großen Tafeln seitenweise komplexe Formeln aufschreiben und jeden einzelnen Schritt ausführlich kommentieren, bis dann eines Tages vielleicht

– vielleicht – die Gleichung $E = mc^2$ auf einmal einen Sinn ergibt und dir ein Licht aufgeht. Es dauert ungefähr 10 Jahre, um Arzt oder Rechtsanwalt zu werden. Wenn Menschen bereit sind, all diese Mühen auf sich zu nehmen, um auf einem bestimmten Wissensgebiet ausgebildet zu werden, warum sollten dann die spirituellen Sucher nicht auch gewillt sein, an ihrer Qualifikation zu arbeiten, um ihr existenziellstes Problem anzugehen und zu lösen?

Da es immer schon erleuchtete und unerleuchtete Menschen gab, gab es genügend Zeit, die beiden Gruppen zu vergleichen und die Unterschiede herauszufinden. Geist und Herz erleuchteter Menschen weisen besondere Qualitäten auf, unabhängig von ihrer Bildung oder ihrer Herkunft und davon, welcher Pfad sie ins Verstehen geführt hat. Es wurde auch beobachtet, dass die Abwesenheit oder Unterentwicklung gewisser Qualitäten dazu führt, dass sich keine Selbst-Erkenntnis einstellt. Die Abwesenheit dieser Qualitäten verhindert die Aneignung von Wissen, während ihre Präsenz sie fördert. Hochqualifizierte Menschen verstehen es innerhalb kürzester Zeit. Diejenigen mit mittelmäßigen Fähigkeiten brauchen länger, und die nur schwach Qualifizierten sehr lange. Die Unqualifizierten schaffen es nie. Wir wollen dich nicht in die Arme der Gurus treiben, die dir schnelle Erleuchtung versprechen. Wir wollen dich auch nicht abschrecken. Die Qualitäten, die wir für wesentlich halten, sind in jedem bewussten Wesen vorhanden und können durch Verstehen und Übung entwickelt werden.

Wir haben zwar gesagt, dass Tun kein geeignetes Mittel der Befreiung ist, da es auf der Vorstellung beruht, dass die Realität eine Dualität ist, und da es das Problem, sich für einen Handelnden zu halten, nicht auflöst. Aber Handlungen sind sehr wohl geeignet, den Geist auf Selbst-Erforschung vorzubereiten. Daher befürworten und propagieren wir es uneingeschränkt. Wir werden in späteren Kapiteln eine Reihe von Übungen präsentieren, die dazu geeignet sind, den Geist für das Verstehen zu qualifizieren. Nur weil es dir noch an bestimmten Fähigkeiten mangelt, solltest du dich nicht von dem Pfad abwenden, der dich vom Leiden befreien kann. Wenn du diese Lehre vollständig gehört hast, wirst du ein klares Bild davon haben, wer du bist. Aber wenn du Schwierigkeiten hast zu verinnerlichen, was du gehört hast, dann liegt dies ausschließlich an mangelnder Qualifikation.

Vor einigen Jahren lernte ich einen außergewöhnlich intelligenten jungen Mann kennen, der gerade sein Studium an einer der angesehensten Universitäten abgeschlossen hatte. Ihm lagen hochdotierte Jobangebote von einigen der großen Weltkonzerne vor. Fünfundzwanzig Jahre seines Lebens hatte er sich auf eine weltliche Karriere vorbereitet. Da er aber auch hoch motiviert war, herauszufinden, wer er ist, schlug er schließlich alle Jobangebote aus und entschied stattdessen, sich drei Jahre lang einem traditionellen Studium der vedischen Schriften zu widmen. Die Geschichte dieses jungen Mannes ist ein schönes Beispiel für zwei der wichtigsten Qualifikationen: brennendes Verlangen nach Befreiung und Unterscheidungsvermögen. Jeder möchte frei sein, aber wie stark ist dieser Wunsch? Wirst du für die Freiheit auf deinen weltlichen Erfolg verzichten, sogar bevor du ihn genießen konntest? Wirst du dich diesem Ziel mit Haut und Haaren verschreiben? Verlangen nach Freiheit *ist* tatsächlich Unterscheidungsvermögen. Es zeigt an, dass du dir vollkommen klar darüber bist, was du vom Leben willst.

Bevor wir die einzelnen Qualifikationen bzw. Fähigkeiten auflisten und erörtern, sollten wir noch einmal den Ausgangspunkt unserer spirituellen Reise in Erinnerung rufen: die nötige Einsicht, dass das Glück nicht in den Dingen zu finden und das Leben ein Nullsummenspiel ist. Kurz gesagt bedeutet dies, dass du verstanden hast, dass das Leben dazu da ist, herauszufinden, wer du bist, und nicht dazu, dir die Objekte zu liefern, die du begehrst – Sicherheit, Vergnügen oder Tugendhaftigkeit.

Wenn du Dinge vom Leben verlangst, dann nichts wie los! Daran ist nichts falsch. Im Gegenteil, tue es mit ganzem Herzen und heiße die Enttäuschungen willkommen, die unweigerlich folgen werden. Sie sind ein großes Geschenk, denn sie qualifizieren dich für die spirituelle Suche. Heutzutage sieht man viele junge Menschen, die für Erleuchtung auf Familie und Karriere verzichten, ohne den weltlichen Weg überhaupt ernsthaft versucht zu haben. Dies mag für einige Menschen die richtige Entscheidung sein, häufig ist es aber ein Fehler. Zum einen hat es den Nachteil, dass du wertvolle Fähigkeiten nicht entwickelst, die für Selbst-Erforschung von großem Nutzen sind. Zum anderen degeneriert eine spirituelle Suche, die nicht auf einer aus den Erfolgen und Misserfolgen des Lebens gewachsenen Reife beruht, leicht zu einer Art von Lebensstil, bei der ein eher banales Handeln auch noch mit der Eitelkeit, etwas Außergewöhnliches zu tun, vergiftet ist.

Wenn du mit ganzem Herzen ein weltliches Leben lebst, wird früher oder später die Einsicht in dir heranreifen, dass das, was du zu wollen glaubst, nicht das ist, was du wirklich willst. Dieses scheinbar so verlockende Leben ist ein Strudel aus Verlangen und Tun. Du begehrst Objekte und tust gewisse Dinge, um sie zu bekommen, und ob du sie bekommst oder nicht, das Begehren und das Tun hören nicht auf. Sie verstärken sich und ziehen dich hinunter wie Treibsand, saugen langsam das Leben aus dir heraus und binden dich immer enger an das sich endlos drehende Rad des Lebens. In dieser Welt gibt es einen Verlust für jeden Gewinn, ein Tief für jedes Hoch, ein Scheitern für jeden Erfolg. Du kannst nicht gewinnen. Nur reife Menschen verstehen das. Die anderen sind wie die Kinder, die unaufhörlich etwas haben wollen. Sie sind nicht qualifiziert zu erkennen, wer sie wirklich sind.

1) UNTERSCHEIDUNGSVERMÖGEN *(VIVEKA)*

Die erste Qualifikation ist Unterscheidungsvermögen. Wir nutzen sie jeden Tag. Sie ist eine sehr wertvolle Eigenschaft. Auf der Basis deiner Vorlieben und Abneigungen wählst du die Menschen aus, mit denen du dich verbindest oder zu denen du Abstand hältst. Du kaufst einen Apfel, keine Orange. Der Zusammenbruch des Immobilienmarktes in den USA basierte auf fehlendem Unterscheidungsvermögen. Die Menschen hörten auf Betrüger, die ihnen sagten, sie könnten schnell reich werden und ein Haus erwerben, obwohl sie sich das eigentlich nicht leisten konnten.

Es widerspricht dem gesunden Menschenverstand, dass Märkte endlos wachsen. Immer wieder gibt es Phasen, in denen sie sich konsolidieren. Es widerspricht auch dem gesunden Menschenverstand, dass man nur durch Kredite wohlhabend werden kann. Verbindlichkeiten können abgesichert werden, aber das Leben ist unsicher, und wenn sich die Umstände ändern, ist das Geld verloren.

Weltliche Unterscheidung ist die Wahl zwischen zwei scheinbaren Realitäten. In Vedanta geht es um die Unterscheidung zwischen dem, was real, und dem, was scheinbar real ist.

Definition von Realität

Die meisten Menschen definieren Realität als das, was passiert oder was sie erfahren. Die Sonne, der Mond, die Sterne, was ich denke und was ich fühle – das ist die Realität. Aber Vedanta hat eine andere Definition von Realität: das, was sich niemals ändert. Diese Definition erzeugt ein Problem für diejenigen, die denken, ihre Erfahrungen und die Umgebung, in der ihre Erfahrungen stattfinden – das Leben wie wir es kennen – seien real. Schließlich suchen sie Erfahrungen, weil sie sie für real halten. Wenn wir wüssten, dass sie nicht real sind, würden wir aufhören, ihnen nachzulaufen; unser Verhältnis zur Welt könnte sich positiv verändern. Unterscheidungsvermögen ist wie das Erwachen aus einem Traum. Wenn du träumst, hältst du den Traum für die Wirklichkeit, aber mit dem Erwachen gewinnst du eine Perspektive, die den Traum unwirklich werden lässt.

Jedes bewusste Wesen besteht aus zwei Faktoren, Materie und Bewusstsein. Materie verändert sich, Bewusstsein hingegen ist der Teil von dir, der sich nicht verändert. Es ist – wie wir noch sehen werden – weit mehr als ein Teil, aber für den Augenblick können wir es so nennen. Jeder von uns kennt diesen Teil. Es ist das, was von Geburt an da war und Körper und Geist beobachtet hat. Es ist das, was um all die Veränderungen weiß, die deinem Körper und deinem Geist bis heute widerfahren sind. Es ist dein Bewusstsein, dein Gewahrsein. Diesen Teil nennen wir real. Der Teil, der sich verändert, Körper und Geist, ist nur scheinbar real. Du kannst etwas, das sich in jedem Augenblick verändert, niemals festhalten. ‚Scheinbar real' bedeutet, dass es zwar erfahren wird, aber keine wirkliche Substanz besitzt. Menschen leiden, weil sie das, was scheinbar real ist (Körper, Geist und die Welt um sie herum), mit dem verwechseln, was wirklich real ist. Der unveränderliche Teil bist du, das Selbst. Solange du das nicht verstehst, wirst du fortfahren zu glauben, dass du dich veränderst, wenn dein Geist und dein Körper sich verändern.

Du hast keinen Einfluss auf die beiden Teile. Es ist die Natur des einen, sich zu verändern, und die Natur des anderen, sich nicht zu verändern. Wenn du den einen mit dem anderen verwechselst, wirst du leiden, denn die Realität schert sich nicht darum, was du denkst oder fühlst. Wenn du dich zum Beispiel verliebst und erwartest, dieses Gefühl werde andauern, wirst du enttäuscht werden, denn dieses Gefühl gehört zu Körper und Geist. Wenn die Instrumente der Erfahrung sich verändern, dann verändert sich auch deine Verliebtheit. Wenn deine Liebe – oder irgendetwas anderes, das der Zeit unterworfen ist – sich verändert, wessen Schuld ist das? Deine Schuld könnte es nur sein, wenn du eine Kontrolle darüber hättest. Die hast du aber nicht, denn was geschieht, liegt nicht in deiner Hand. Wenn du die Realität so verstehst, wie sie wirklich ist, und sie nicht mit etwas verwechselst, das sie nicht ist (in diesem Fall mit der Erfahrung der Verliebtheit), wirst du glücklich und zufrieden sein.

Bevor wir fortfahren, ist es wichtig festzuhalten, dass die scheinbare Realität, also der Teil des Selbst, der sich verändert (Körper, Geist und die Welt), zwar nicht real ist, aber sehr wohl existiert. Es ist falsch zu sagen, dieser Teil sei nicht-existent. Wir haben diesen Punkt schon früher erörtert, aber wir wiederholen es hier noch einmal. Wenn du denkst, dass du und die Welt nicht existieren, du sie aber als existent erlebst, steckst du in einem Dilemma fest, das sich nicht lösen lässt und das deine Befreiung verhindert. Denn anders als der Traum, der verschwindet, wenn du erwachst, wird die scheinbare Realität, die eine Dualität ist, nicht verschwinden, wenn du weißt, wer du bist. Der veränderliche Teil des Selbst wird immer existieren. Mit ihm musst du vor der Erleuchtung zurechtkommen – und auch danach. Etwas verschwindet, aber nicht das, was du dir vorstellst.

Das Unterscheidungsvermögen, das dich für Vedanta qualifiziert, ist die Fähigkeit, was real ist, von dem zu unterscheiden, was nur scheinbar real ist. Eine qualifizierte Person hat diese Unterscheidung immer im Kopf und trifft ihre Entscheidungen auf der Grundlage des Wunsches, *in* der Realität *als* Realität zu leben. Als Jesus sagte: „... auf diesem Felsen werde ich meine Kirche bauen", sprach er davon, das heilige Leben auf dem zu gründen, was ewig währt, nicht auf dem Treibsand der Zeit. Wenn der Fels der Wahrheit das Fundament deines Lebens ist, wirst du jedem Sturm trotzen.

Eine Person ohne Unterscheidungsvermögen ist jemand, der starrsinnig an der Erwartung festhält, dass die Realität seine Vorlieben und Abneigungen bestätigen soll. Diese Menschen sind nicht qualifiziert für Vedanta.

2) Gleichmut *(Vairagya)*

Die nächste Qualifikation ist Gleichmut oder Leidenschaftslosigkeit. Wenn Unterscheidungsvermögen in einer Person gut entwickelt ist, wird sie gleichmütig, indifferent gegenüber den Resultaten ihres Handelns und den Umständen, die ihr die Umwelt präsentiert.

Im Gegensatz dazu ist eine leidenschaftliche Person sehr emotional in Bezug auf das, was geschehen ist, geschieht und geschehen wird. Wenn der Gedanke auftaucht, dass sie nicht das bekommt, was sie möchte, reagiert sie enttäuscht, wütend oder deprimiert. Leidenschaft gilt normalerweise als eine wunderbare Qualität, aber leidenschaftliche Menschen sind häufig innerlich aufgewühlt und verwirrt. Erst wenn ihre Leidenschaft auf die Suche nach der Wahrheit ausgerichtet wird, kommen sie zur Ruhe. Um zu verstehen, warum du zu emotionalen Extremen neigst, musst du nicht in deiner Kindheit herumwühlen. Du brauchst dich nicht mit Mutter und Vater zu beschäftigen. Du bist emotional, weil du *jetzt* nicht bekommst, was du möchtest. Es ist ziemlich offensichtlich, dass sich ein aufgewühlter Geist nicht zur Selbst-Erforschung eignet.

Gleichmut ist ein Zeichen existenzieller Reife. Du bist gleichmütig hinsichtlich der Resultate deines Handelns. Der aufs Tun fixierte Handelnde, dieser unterentwickelte, unreife Teil in dir, schätzt diese Qualifikation nicht besonders, denn er möchte, was er möchte, wann er es möchte und wie er es möchte. Gleichmut bedeutet, dass es dir nichts ausmacht, wenn du nicht bekommst, was du willst. Es ist eine seltene Fähigkeit, denn das Verlangen macht Menschen blind für diese offensichtlichen, aber häufig ignorierten Tatsache: Die Ergebnisse deines Handelns liegen nicht in deiner Hand.

Gleichmut bedeutet nicht, dass du keine Dinge möchtest oder keine Ziele hast und dich nicht dafür einsetzt, sie zu erreichen. Es bedeutet, dass du geduldig und mit einem ruhigen Geist arbeitest und es dem Universum überlässt, was dabei herauskommt. Du verstehst, wie töricht es ist, sich über etwas aufzuregen, das du kaum beeinflussen kannst. Diese Qualität von Gleichmut ist unentbehrlich, denn wann (und ob) du begreifst, wer du bist, liegt ebenfalls nicht in deiner Hand. Wenn du gleichmütig bist, wirst du die vorbereitenden Übungen mit der richtigen Geisteshaltung praktizieren.

Eine andere Definition von Gleichmut ist Objektivität. Die scheinbare Realität hat zwei Aspekte, den subjektiven und den objektiven. Geld zum Beispiel hat einen objektiven Wert, du kannst damit Dinge erwerben, die du benötigst. In Bezug auf die Welt ist es real. Wenn du ihm zusätzlich den Wert zuschreibst, dass es deine Unsicherheit beseitigen kann, ist dies ein subjektiver Wert. Die Projektion eines subjektiven Wertes auf ein Objekt nennen wir Überlagerung. Sie tritt auf zwei Arten in Erscheinung: (1) ein Objekt mit etwas anderem zu verwechseln und (2) einem Objekt einen Wert zuzuschreiben, den es nicht besitzt. Überlagerung ist das Ergebnis eines unkonzentrierten, unruhigen Geistes. Das Gegengift hierzu ist Objektivität.

Du kannst nicht plötzlich objektiv oder gleichmütig werden, genauso wenig wie du plötzlich reif werden kannst. Du kannst es nur üben und mit offenen Augen leben. Auch die Rosenblüte entfaltet sich nicht schneller, wenn du an den Blättern zerrst oder versuchst, die noch verschlossene Blüte aufzubrechen.

3) GEISTESKONTROLLE *(SHAMA)*

Du kannst deinen Geist nicht kontrollieren, indem du ihn kontrollierst. Wenn du glaubst, du könntest es, dann sage mir bitte, was du in fünf Minuten denken wirst. Du hast keine Ahnung. Du kontrollierst deinen Geist nicht, deine Konditionierung kontrolliert ihn. Was also meinen wir dann, wenn wir von Geisteskontrolle sprechen? Unter Kontrolle verstehen wir die Art und Weise, wie du dich zu deinen Gedanken und Gefühlen verhältst. Du kannst deinen Geist kontrollieren, indem du eine objektive Perspektive auf deine Gedanken und Gefühle einnimmst und verstehst, dass sie von selbst in deinem Geist entstehen und vergehen. Sie haben rein gar nichts mit dir zu tun.

Was immer der Sinn deines Lebens ist, er wird projiziert als Resultat deiner Konditionierung, deiner Werte. Gefühle und Gedanken haben in sich selbst nicht die Kraft, dich zu belästigen, sie beziehen ihre Macht allein aus der Art, wie du sie interpretierst. Dies wiederum hängt von deinen Werten ab. Wenn du deine Werte hinterfragst, können die schlechten wegfallen und die guten Werte in den Vordergrund treten. Dies wird deine Gedanken und Gefühle positiv beeinflussen. Die Geisteskontrolle, die wir meinen, basiert auf Beobachtung und Analyse.

Wenn du Schwierigkeiten hast, deinen Geist auf diese Weise zu meistern, solltest du zumindest deine Sinne kontrollieren können. Dies ist die nächste Qualifikation.

4) Kontrolle der Sinne *(Dama)*

Ganz gleich wie verwirrt dein Geist ist, wenn du in der Lage bist, deine Sinne zu kontrollieren, wird dein äußeres Leben eine gewisse Ordnung und Stabilität besitzen. Du kannst denken und fühlen, was du willst, aber wenn deine Gedanken und Gefühle zu Taten werden, gehören sie der Welt, und von dort wirst du in irgendeiner Weise eine Reaktion erhalten. Wenn deine Taten nicht freundlich sind, wirst du auch von der Welt kein Lächeln ernten.

Eine Fixierung auf Genuss und Sinnesfreuden und jede Form von Maßlosigkeit wird dich in Schwierigkeiten bringen. Selbst-Erkenntnis kann nicht gelingen, wenn du zu viel isst, trinkst, arbeitest, übermäßig viel Sex hast oder zu viel vor dem Fernseher sitzt. Wenn du jemanden nicht magst und gemein zu ihm bist, wirst du dir nicht nur über die möglichen Konsequenzen Sorgen machen, du wirst dich auch schuldig fühlen, weil du gegen den Wert des Nicht-Verletzens verstoßen hast.

Besonders wichtig ist die Kontrolle unseres Sprechens, denn durch unsere Worte erreichen sowohl unsere gesunden als auch unsere unheilsamen Gefühle die Welt. Es ist kein Zufall, dass das Sprachorgan mit dem Feuerelement verbunden ist, dem Element, das auch mit Begehren, Sehnsucht und Wut (Wut ist unerfülltes Begehren) zusammenhängt. Wut ist ein hartnäckiger Feind, denn sie ist die Ursache aller psychischen Schmerzen. Wenn es dir nicht gelingt, die Wut durch die nicht-duale Vision aufzulösen, wirst du versuchen, dich auf mechanische Weise ihrer zu entledigen, zum Beispiel durch physische Gewalt oder durch Sprechgewohnheiten, die dich und andere verletzen. Die Regeln der Kommunikation verlangen eine ehrliche und freundliche Sprache. Sie sollte sich dem jeweiligen Kontext anpassen und einen positiven Beitrag leisten. Zu sprechen, um zu sprechen, ist ein Zeichen geringen Selbstwertes und eine Verschwendung von Energie. Zu versuchen, liebevoll zu sprechen, wenn du eigentlich wütend bist, ist ebenfalls nicht weise. Es würde auch nicht funktionieren, daher ist es besser, die Situation zu meiden.

5) Tun, was deiner Natur entspricht *(Svadharma)*

Diese Qualifikation ist schwer zu verstehen und noch schwerer zu akzeptieren. Denn sie scheint im Widerspruch zu zentralen Werten unserer Gesellschaft zu stehen, die uns sagen, dass wir für andere Gutes tun und selbst ein besserer Mensch werden müssen. Doch *svadharma* muss entwickelt und verstanden werden, sonst bleibt Befreiung unerreichbar.

Dharma ist ein wunderbares und sehr komplexes Konzept, auf das wir in Kapitel 9 ausführlich eingehen. Je nach Kontext kann der Begriff *dharma* verschiedene Bedeutungen haben und unterschiedlich verwendet werden. *Svadharma* ist Selbst-*dharma* und bedeutet im Kern, dass du dir selbst treu bleibst. Es kann sowohl auf deine wahre Natur – unbegrenztes Gewahrsein – verweisen als auch auf die Person, die du zu sein glaubst. Im Kontext der Erörterung der Qualifikationen ist hier die Erfüllung der Pflicht gegenüber der Person gemeint, die du zu sein glaubst. Wenn du dich nicht um diese Person kümmerst, wirst du nie erkennen, wer du wirklich bist.

Die Welt muss nicht gerettet werden

Die *Bhagavad Gita*, einer der drei zentralen Lehrtexte des Vedanta (und der vielleicht wichtigste), macht eine befremdliche Aussage. Die Pflicht eines anderen zu tun, so steht dort geschrieben, ist „voller Gefahr“. Dies bedeutet, dass es besser ist, sich mit mäßigem Erfolg um seinen eigenen Kram zu kümmern, als erfolgreich die Aufgabe eines anderen zu erledigen. Jeder möchte gern gesellschaftlich gut angesehen sein, und die Gesellschaft versteht unter Tugendhaftigkeit, ‚etwas positiv zu verändern'. Dies ist ein schöner Gedanke, der leider allzu oft dazu benutzt wird, andere Menschen auf der Grundlage dessen, was man selbst als ‚positiv' definiert, zu kontrollieren und zu manipulieren. Uns wurde beigebracht, dass es edel sei, uns für andere aufzuopfern. Doch wie können wir wissen, was für andere gut ist? Und selbst wenn wir es wüssten: Jeder Mensch folgt seiner eigenen Natur, ganz egal, was wir uns für ihn wünschen. Kein Wunder, dass viele ‚Helfer' am Ende des Tages frustriert und verärgert sind.

Das mag dir neu sein, aber wir sind nicht hier, um die Welt zu retten. Die Welt ist perfekt, so wie sie ist. Sowohl das Gute als auch das Schlechte dienen dem Bewusstsein auf ideale Weise. Dies wird deutlich, wenn du das Gesamtbild erkannt hast, dann kannst du zur Ruhe kommen und dich angemessen um dich selbst kümmern. Die Einbildung, am besten zu wissen, was für andere richtig ist, entspringt häufig einem Minderwertigkeitsgefühl. Tust du anderen wirklich einen Gefallen, wenn du ihnen ‚hilfst', oder trägst du nur dazu bei, sie abhängig zu machen? Eigenständigkeit ist ein hoher spiritueller Wert. Wenn du einer anderen Person das Denken abnimmst und dich um ihr Leben kümmerst, wird sie nicht wachsen. Natürlich bieten wir gerne unsere Unterstützung an, wenn diese in legitimen und gelegentlichen Situationen gefragt ist, und natürlich sollen Eltern das Leben ihrer Kinder mit Liebe erfüllen und ihnen gute Werte vermitteln. Aber im spirituellen Kontext der Befreiung solltest du idealerweise

Beziehungen vermeiden, die dir dauerhaftes Dienen abverlangen, es sei denn, es ist deine Natur zu dienen.

Du solltest auch nicht zulassen, dich von der Hilfe anderer abhängig zu machen. Gib acht auf dich, wehre dich, wenn es nötig ist, übernimm Verantwortung für dein eigenes Leben. Schließe auch die unangenehmen Aspekte deiner Persönlichkeit mit in dein Leben ein; wenn du Aspekte von dir unterdrückst, wirst du nicht frei werden.

‚Sollte' ist ein schlechtes Wort

Die zweite Bedeutung von *svadharma* ist ebenso wichtig. Sie fordert uns auf, nicht zu versuchen, einem Ideal nachzueifern. Menschen neigen dazu, Vorbilder zu imitieren. Weltlich orientierte Menschen möchten wie Angelina Jolie sein oder wie Brad Pitt. Spirituelle Menschen versuchen, wie der Dalai Lama zu werden oder wie Ramana oder Ammaji. Es ist ein großer Fehler zu versuchen, ein anderer zu werden als der, der du bist.

Wenn du nicht weißt, dass du in Wirklichkeit reines Gewahrsein bist, dann wirst du entweder deine Lebensumstände oder dich selbst verändern wollen – oder beides. Jeder denkt ständig: „Ich sollte das und das tun, und ich sollte so und so sein." Doch ‚sollte' ist ein sehr schlechtes Wort. Wann immer du deinen Geist ‚sollte' denken hörst, drücke bitte auf die „Pause"-Taste, denke kurz darüber nach, und dann drücke auf „Löschen". Der Weg in die Freiheit führt nicht über die Transzendierung deines kleinen Selbst (*Yoga*) oder seiner Verleugnung (Neo-Advaita). Er führt darüber zu akzeptieren, wer du hier und jetzt bist. Wenn du dir Fehler geleistet oder Schlechtes getan hast, lass dich nicht zur Strafe Buße tun. Versuche zu verstehen, dass du es nicht getan hättest, wenn du wüsstest, wer du wirklich bist – und verzeihe dir. Die Ignoranz ist schuld, nicht du. Wenn du das verstehst, wird Vergebung möglich. Transformiere dein Bedürfnis, dich zu verändern, in das Verlangen zu verstehen, wer du bist – rein, vollkommen und unfähig zu verletzen.

Meine relative Natur

Niemand kommt aus eigenem Antrieb in dieses Leben. Wir alle erscheinen hier eines schönen Tages auf Geheiß einer Macht, die viel größer ist als wir selbst. Wir tauchen auf, programmiert mit bestimmten individuellen Eigenschaften. Kaum sind die grundlegenden biologischen Dinge geregelt, differenzieren wir uns in viele unterschiedliche Typen. Die Schöpfung ist ein unermesslich großes und komplexes, intelligent konstruiertes Programm, das die Mitwirkung einer Vielzahl von kleinen Programmen oder Wesen benötigt. Die Welt braucht Denker, Künstler, Geschäftsleute, Wissenschaftler, Arbeiter, Heilige, Kriminelle, Athleten, Musiker, Krieger, Politiker, Bauern, Manager, Beamte, Buchhalter und so weiter. Pflanzen und Tiere folgen stur ihren Programmen, und von den Menschen wird das ebenfalls erwartet. Wenn sie es nicht tun, leiden sie.

Wegen eines selbstkritischen Intellekts und der durch Ignoranz erzeugten Begierden und Ängste ist der Geist des Menschen häufig nicht im Einklang mit seiner relativen Natur. In der guten alten Zeit war es nicht schwer herauszufinden, was man mit seinem Leben anfangen sollte. Es war mehr oder weniger durch sozioökonomische Faktoren determiniert. Dein Vater war Bäcker, also wurdest auch du Bäcker. Aber mit dem Aufkommen von Technik und globalem Wohlstand wurde es immer unklarer, was die Realität von uns fordert. Die Möglichkeiten sind schier unbegrenzt. Natürlich gibt es immer noch Menschen, die von Kindesbeinen an von einem bestimmten Weg angezogen werden und zielgerichtet ihren Traum verfolgen, aber sie sind selten geworden. Was sie tun, steht kaum je in Frage, strikt folgen sie ihrem Programm.

Wenn du dein *svadharma* nicht kennst, dann kannst du nicht angemessen antworten. Ich reise viel und lerne Hunderte von Menschen kennen, und es verwundert mich immer wieder, wie viele von ihnen nicht wissen, was sie mit ihrem Leben anfangen sollen, manche selbst noch mit über vierzig oder fünfzig. Dabei gibt es doch einen einfachen und sicheren Weg, seine relative Natur zu verwirklichen: sich an die Normen und Regeln zu halten, denen die aktuelle Situation unterworfen ist, und in diesem Rahmen mit Gleichmut zu agieren.

In jedem Moment das zu tun, was getan werden muss, ob wir es mögen oder nicht, ist *svadharma*. Wenn uns z. B. unsere innere Stimme einen Weg weist, sollten wir diesem Weg folgen, auch wenn uns ein starkes Sicherheitsbedürfnis daran hindern möchte. Einen unheilsamen Job zu übernehmen, nur um die Miete bezahlen zu können, kann zu inneren Konflikten führen, die das spirituelle Wachstum blockieren. Es ist einen Versuch wert, seinem Herzen zu folgen und etwas zu riskieren. Es ist aber auch möglich, einer ungeliebten Tätigkeit nachzugehen, um seinen Lebensstandard zu sichern, wenn man dies in einer Haltung der Akzeptanz und des inneren Friedens tut, die die spirituelle Qualifizierung befördert. Wir nennen dies die ‚*karma yoga*'[10]-Haltung.

Es ist nicht immer angemessen, das zu tun was wir tun möchten, oder das nicht zu tun, was wir nicht tun wollen. Um unsere Vorlieben und Abneigungen zu meistern, versuchen wir stattdessen unser Tun und unser Nicht-Tun an dem zu orientieren, was die Situation verlangt. Dieses Verhalten stärkt unser Wohlbefinden und unseren Selbstwert, denn statt zu tun, was vorteilhaft für uns ist, tun wir, was richtig ist. Auf diese Weise besiegen wir unsere Begierden und Ängste.

6) KONZENTRATIONSVERMÖGEN

Die Fähigkeit, sich zu fokussieren, korrigiert zwei Tendenzen des Geistes, die nicht hilfreich sind: Multitasking und ein Übermaß an Interessen. Beide sind aus Gier geboren und schwächen unsere Fähigkeit, zu forschen und zu verstehen. Neugier und Beweglichkeit entsprechen der Natur des Geistes, wir benötigen sie, um zu erkennen und zu wissen. Der Geist ist wie eine Videokamera, er nimmt fortwährend flüchtige energetisierte Bilder auf. Doch zur Selbst-Erforschung müssen wir auch in der Lage sein, den Geist auszurichten.

Konzentrationsvermögen ist die Fähigkeit, für längere Zeit bei einem bestimmten Gegenstand oder einem bestimmten Thema zu verweilen. Das Thema für diejenigen, die nach Freiheit suchen, ist das Selbst, denn nur das

10 *Karma yoga* wird später noch sehr ausführlich besprochen und erläutert. Kurz gesagt ist es die innere Haltung, Handlungen in vollkommener Akzeptanz in Hinblick auf die möglichen Resultate auszuführen

Selbst ist frei. Du hältst es in deinem Geist, indem du ihn immer wieder auf die Lehren ausrichtest, bis die Tendenz abzuschweifen gezügelt ist. Betrachte dein Verlangen und deine Ängste im Lichte der Lehren und richte dein Leben so aus, dass jeder Tag deiner spirituellen Erforschung dient. Wenn sie nur eine gelegentliche Beschäftigung ist, der du nachgehst, wenn du gelangweilt bist oder unzufrieden, wirst du keine Fortschritte machen.

Sucher beklagen sich gerne über ihre Unfähigkeit, sich zu konzentrieren, und nehmen jede neue Technik dankbar auf, die ihnen verspricht, die Konzentration zu erleichtern. Doch wenn es dir schwerfällt, den Fokus auf den Lehren und dem Selbst zu halten, solltest du deine Werte und deine Prioritäten in Frage stellen. Kaum jemand hat Schwierigkeiten, sich auf Sex zu konzentrieren, ganz einfach weil er so begehrt wird. Wenn andere Werte genauso wichtig sind wie Selbst-Erforschung oder sogar wichtiger, wird sich der Geist anderen Themen zuwenden; wertvolle Zeit wird verschwendet. Wenn Freiheit aber zu deiner höchsten Priorität geworden ist, wird sich die erforderliche Konzentration von selbst einstellen.

7) DULDSAMKEIT

Duldsamkeit ist Objektivität gegenüber jeder Art von Schmerz, ohne Sorge, Klage oder Rachegelüste. In Situationen, die wir beeinflussen können, sollen wir sehr wohl handeln. Duldsamkeit bezieht sich aber auf Situationen, an denen wir nichts ändern können. Indem wir verstehen, dass wir andere Menschen nicht verändern können, geben wir ihnen die Freiheit, zu sein, was sie sind, und indem wir Grenzen setzen, schützen wir uns selbst. Duldsamkeit verhilft uns zu einem einfachen Leben.

Das Leben verläuft nicht immer nach unseren Vorstellungen. Auch wenn wir uns einem bestimmten Ziel verpflichtet haben, wird es Rückschläge geben. Mein Lehrer nannte es ‚die kleinen Nadelstiche des Lebens'. Die Fähigkeit, sie heiter zu ertragen, ist unerlässlich. In unserer modernen, hochgradig komplexen und neurotischen Welt, in der das Anspruchsdenken keine Grenzen mehr kennt, ist diese Fähigkeit rar geworden. Wir fühlen uns berechtigt, von morgens bis abends über kleine Ärgernisse zu klagen. Unser Verlangen und unsere Abneigungen sind völlig außer Kontrolle geraten. Solange kleine Unannehmlichkeiten, schlechte Gerüche, ungebügelte Hemden, inkompetente oder bedürftige Menschen, Geräusche aus der Nachbarschaft, ein verpasster Zug, eine unfreundliche Bemerkung eines Bekannten, oder eine fehlerhafte Abrechnung deiner Bank dich zu verärgern vermögen, hast du an dieser Qualifikation zu arbeiten.

Ich liebe meine Frau. Meine Frau liebt ihre Mutter. Aber aus verschiedenen Gründen mag ihre Mutter mich nicht. Jetzt kommt sie für das Wochenende zu uns zu Besuch. Da ich einen Unfall hatte, kann ich das Haus nicht verlassen und bin nun gezwungen, zwei Tage mit ihr unter einem Dach zu leben. Sollte ich nun eine große Sache aus meinen Gefühlen machen und auf meine Schwiegermutter reagieren oder die Gefühle besser loslassen? Wenn ich sie loslassen kann und die Mutter meiner Frau freundlich behandle, bin ich ein duldsamer Mensch.

Wenn ich stattdessen jede Gelegenheit nutze, ihr zu zeigen, wie ich mich ‚wirklich' fühle, bin ich für die Selbst-Erforschung nicht qualifiziert.

8) Hingabe

Hingabe ist die Liebe zur Erkenntnis, die Liebe zur Wahrheit. Es bedeutet, dass meine emotionalen Kräfte mein Streben nach Freiheit direkt unterstützen. Es ist ein positiver Wert. Meine Hingabe ist präsent, nicht nur weil mein Leiden es erfordert. Du gibst dich der Selbst-Erforschung hin, weil du die Wahrheit liebst.

Ich bin immer wieder verblüfft, wie viel Kummer Eltern durch ihre Kinder erleiden können. Während es für viele Menschen fast unmöglich ist, mehr als ein paar Minuten mit ihrem eigenen bedürftigen Geist zurechtzukommen, gehen Eltern eine mehr als zwanzigjährige bindende Verpflichtung für die bedürftigen Geister von zwei oder drei anderen Wesen ein. Das kann nur mit Hingabe erklärt werden. Hingabe kennt keinen Schmerz. Sie ist beständig und tief und überwindet alle Schwierigkeiten.

9) Glaube

Manche sagen, Glaube sei die wichtigste Qualifikation. Der Glaube, der dich für die Selbst-Erforschung qualifiziert, ist sehr einfach, aber er ist nicht blind. Vedanta sagt, dass mit dir in jeder Hinsicht alles in Ordnung ist. Sogar deine Selbst-Ignoranz ist nicht dein Fehler. Das Vertrauen, das von dir gefordert wird, ist der Glaube, dass du rein und vollkommen bist – vorbehaltlich der Ergebnisse deiner auf den Schriften beruhenden Untersuchung.

Gegen Ende des Kalten Krieges sagten die Russen: „Vertraut uns, wir zerstören unsere Atomwaffen." Und die Amerikaner sagten: „Wir vertrauen euch, aber wir möchten es mit eigenen Augen sehen." Selbst wenn du glaubst, begrenzt zu sein, solltest du leben, als ob du frei wärst – um dann zu prüfen, ob die Realität dies nicht hundertprozentig bestätigt. Die Erfahrung sagt, die Realität wird dich nicht bestätigen, aber das Wissen sagt, sie wird es. Wenn du immer zweifelst, wird das deine Fähigkeit schwächen, die Lehren zu hören, darüber nachzudenken und sie dir anzueignen. Für Zweifler ist das Glück unerreichbar. Du musst deine Zweifel überwinden und lernen, den Lehren und dem Lehren zu vertrauen.

Wie wichtig Glaube ist, wird auch immer wieder durch Studien bestätigt: Menschen, die an Gott glauben, sind im Durchschnitt glücklicher als ihre ungläubigen Mitmenschen. Dabei ist es ohne Belang, wie zutreffend ihre Vorstellungen über Gott sind.

10) Brennendes Verlangen nach Freiheit

Eines Tages fragte ein Schüler seinen Guru, was brennendes Verlangen nach Freiheit genau bedeute. Der Guru antwortete: „Vergiss es, es ist nicht wichtig." Der Schüler war sehr intelligent und wissbegierig und niemand, der sich leicht abweisen ließ, also wiederholte er die Frage, erhielt aber wieder dieselbe Antwort. In Indien wird von dir erwartet, dass du ohne Widerspruch auf deinen Lehrer hörst, also ließ er die Frage fallen.

Einige Zeit später waren Guru und Schüler am Fluss, um ein Bad zu nehmen. Zum Baderitus gehört es, den eigenen Körper dreimal unter die Wasseroberfläche zu tauchen. Als der Schüler das dritte Mal untertauchte, sprang sein Lehrer ihm auf den Rücken und drückte ihn mit den Füßen auf den Grund des Flusses. Der Schüler versuchte vergeblich, sich aus seiner misslichen Lage zu befreien, aber sein Lehrer ließ ihn erst los, als er fast erstickte. Der Schüler, der fast ertrunken wäre, war sehr wütend und wollte auf seinen Guru losgehen und ihn verprügeln. Dieser gab ihm Recht und akzeptierte, geschlagen zu werden, aber er bat darum, ihm vorher noch eine Frage stellen zu dürfen: „Was hast du gedacht, als du unter Wasser am Boden lagst?" Der Schüler antwortete, er sei gewiss nicht mit Denken beschäftigt gewesen, aber sein Guru bestand darauf, dass er es war. Sie stritten einige Zeit, dann fragte er: „Nun gut, was habe ich deiner Meinung nach gedacht?" „Du hattest einen Gedanken, nur diesen einen Gedanken", kam die Antwort. „Was für einen Gedanken?" „Luft", sagte der Guru. „Dein einziger Gedanke war ‚Luft!'. Wenn du dich mit derselben Intensität nach Freiheit sehnst, mit der du dich unter Wasser nach Luft gesehnt hast, das ist brennendes Verlangen."

Alle sagen, sie möchten frei sein. Aber du solltest mit dir hier sehr ehrlich sein. Ist dein Verlangen schwächlich, mittelmäßig oder wirklich brennend?

Alle aufgezählten Qualifikationen – Gleichmut, Konzentrations- und Unterscheidungsvermögen, brennendes Verlangen etc. – sind eng miteinander verbunden. Aus unterschiedlichen Perspektiven und Blickwinkeln verweisen sie auf die Grundvoraussetzung einer erfolgreichen spirituellen Suche: einen gesunden und gereiften, nach Freiheit strebenden Geist.

Ein qualifizierter Lehrer

Nun haben wir ein geeignetes Mittel der Erkenntnis (Vedanta) und eine qualifizierte Schülerin bzw. einen qualifizierten Schüler. Jetzt brauchen wir noch einen qualifizierten Lehrer. Wie wir bereits gesagt haben, kannst du dir Vedanta nicht selbst beibringen. Bücher zu lesen bringt dich nicht weit. Es ist natürlich, dass du deine Reise damit beginnst, aber der Haken an der Sache ist, dass deine Ignoranz das Gelesene auf ihre Weise interpretieren wird.

Ein Erleuchteter ist nicht notwendigerweise ein qualifizierter Lehrer, und ein qualifizierter Lehrer ist nicht notwendigerweise erleuchtet! Wenn meine Lehre nichts weiter ist als „Ich, meine Lebensgeschichte, meine Erleuchtung, meine Erfahrungen“, wird sie bei dir nicht fruchten. Meine Erleuchtung und die Folgerungen, die ich daraus gezogen habe, ergeben in der Summe keine schlüssige Lehre. Dein Problem ist die gewöhnliche Unwissenheit. Gegen Selbst-Ignoranz hilft nur Selbst-Erkenntnis. Das Wissen, das dir fehlt, ist nicht persönlich.

Übereinstimmung von Anspruch und Wirklichkeit

Selbst-Erkenntnis muss von jemandem weitergegeben werden, der in diesem Wissen etabliert ist und es vollständig verinnerlicht hat. Ohne *dharma*, die universellen moralischen Werte, ist Erleuchtung ohne Sinn. Wenn das Ego Erleuchtung als Lizenz versteht, seine Gelüste auszuleben, welchen Sinn hat sie dann? Mich betrübt es, zu sehen, dass so viele spirituelle Lehrer sich kompromittiert und der Wahrheit mit den banalsten Lastern, Geld, Ruhm, Macht – und vor allem Sex, einen schlechten Ruf gebracht haben. Sollte man nicht erwarten, dass die Laster der Erleuchteten irgendwie exotischer wären?

Wenn jemand vor dir auf einem Thron sitzt, Hunderte von Augenpaaren auf ihn gerichtet sind und die ‚Energie' wundervoll ist, dann bist du gerne bereit zu glauben, er sei sehr erleuchtet. Doch in Wirklichkeit verstehst du nicht, was hinter der Fassade eigentlich genau geschieht und wer dieser Mensch wirklich ist. Du siehst eine schöne und ansprechende Szene und du fühlst dich gut, und für den Moment ist das alles, was für dich zählt.

Doch du solltest besser ganz genau hinschauen und versuchen, in das Leben dieser Lehrer hineinzublicken, um herauszufinden, was für Leute das sind. Achte darauf, wie sie mit anderen Menschen umgehen, sei wie eine Fliege an der Wand und blicke hinter die Kulissen. Es ist bei spirituellen Lehrern weit verbreitet, gutgläubige Sucher mit cleveren Lehren auszunutzen. Achte darauf, wie sie sich außerhalb des Rampenlichts verhalten. Finde heraus, wohin das Geld fließt.

Höre mit kritischem Urteilsvermögen, was die Gerüchteküche sagt. Oft steckt darin mehr als nur ein Körnchen Wahrheit. Die Leute möchten, dass man eine hohe Meinung von ihnen hat und ihnen vertraut, aber ein gesundes Maß an Misstrauen ist angebracht, wenn es um spirituelle Lehrer geht. Je ‚spiritueller' sie auftreten, je mehr sie die Öffentlichkeit suchen, umso größer sollten deine Zweifel sein. Die Erfahrung zeigt leider, dass die spirituelle Welt ein beliebter Zufluchtsort für Spitzbuben und Schurken ist.

Wir lehren durch unser Vorbild. Der Lehrer oder die Lehrerin muss leben, was er oder sie sagt. Anspruch und Wirklichkeit müssen übereinstimmen. Nur eine extrem fortgeschrittene, hochqualifizierte Person kann vielleicht die Wahrheit von einem Gauner aufnehmen, wenn überhaupt. Dass jemand schön und verführerisch über die Freiheit reden kann, ist kein Qualitätsmerkmal. Das ist billig und kann leicht erlernt werden. Aber ist diese Person wirklich frei? Wenn du eine freie Person triffst, wirst du es fühlen. Ihr ist eine unverkennbare Leichtigkeit eigen, eine Unbekümmertheit und asketische Einfachheit. Sie hat keine Agenda.

Flüchte so schnell du kannst, wenn dich ein Lehrer vereinnahmen will. Fliehe doppelt so schnell, wenn er dir sagt, was du tun sollst. Ein Lehrer ist jemand, der die Wahrheit enthüllt. Sobald du die Wahrheit erkennst, wird sie für dich arbeiten. Wer bist du, wenn dein Selbstbewusstsein so schwach ist, dass du nicht selbst weißt, wie du leben sollst? Ein sogenannter Lehrer, der von dir erwartet, dass du ihn verehrst oder dich ihm hingibst, oder der deine sklavische Ergebenheit akzeptiert, ist eine unreife, unsichere Person – genau wie du, der du sie ihm anbietest. Deine Verehrung sollte ausschließlich der Wahrheit gelten, nichts und niemand anderem. Eine Lehrerin, die zulässt, dass du abhängig wirst, ist keine Lehrerin. Sie hungert in Wirklichkeit nach Macht. Und ein Lehrer, der versucht, dich zurückzuhalten, wenn du ihn verlassen möchtest, und der dir dann einreden will, du verrietest deine Erleuchtung, ist ein Schuft. Ein wahrer Lehrer wird im Frieden damit sein, wenn du gehst, denn er weiß genau, dass das Leben ohnehin die beste Lehrerin ist, und dass du früher oder später zurückkommen wirst, vielleicht nicht zu ihm, aber zu den Lehren. Wenn der Lehrer den Ansprüchen genügt und die Lehre funktioniert (wie im Vedanta), dann sollte mit dem Fortschreiten der Lehre auch deine Freiheit wachsen, insbesondere auch deine Freiheit vom Lehrer. Wenige Wochen nachdem ich meinen Lehrer traf, sagte er: „Setz dich hin und hör zu. Wir wollen dich so schnell wie möglich wieder loswerden, damit ein anderer den wertvollen Platz einnehmen kann, auf dem du sitzt."

Erwartet eine Lehrerin von dir, dass du an ihre Lehren glaubst, die auf irgendwelchen Erfahrungen beruhen, die sie hatte oder hat, dann ist sie keine Lehrerin. Persönliche Erfahrung ist keine Lehre. Ein Lehrer, der dich davon überzeugen will, dass dein Ego aufgelöst oder zerstört werden sollte, ist sogar gefährlich. Die Berühmtheit eines Lehrers sagt rein gar nichts über seine Fähigkeit aus; große Gruppen von Menschen können genauso verblendet sein wie Einzelne. Man kann beobachten, dass Lehrer, um die herum sich ein Persönlichkeitskult entwickelt hat, häufig den Verstand zum Feind erklären. Es liegt ja nahe, dass Menschen mit einem gesunden Urteilsvermögen nicht leicht zu manipulieren sind. Sobald du also einen Zweifel äußerst, sagt man dir, dies seien nur ‚Gedanken', und fordert dich auf, nicht auf sie zu hören. All das zeigt, dass du dich auf einen Lehrer eingelassen hast, der keine geeignete Lehre besitzt und entweder machthungrig oder bedürftig ist. Es ist erstaunlich, wie viele bekannte Lehrer oder Lehrerinnen tatsächlich deine Liebe benötigen. Wenn du merkst, dass ein Lehrer dich braucht, dann solltest du schnell das Weite suchen. Du bist dabei, dir Probleme einzuhandeln. Ein wahrer Lehrer ist leidenschaftslos und ruht in sich selbst. Er gewinnt nichts, indem er dich unterrichtet.

Ein Lehrer, der ‚in Stille' unterrichtet, hat keine Lehre. Die Stille ist im Frieden mit Unwissenheit und fehlerhaften Ansichten. Ein Lehrer, der erfahrungsbasierte Erleuchtung unterrichtet, ist kein geeigneter Lehrer, denn er lehrt etwas, das nicht wahr ist[11]. Und eine Lehrerin schließlich, die nicht auch die Nachteile ihrer Lehre präsentiert, ist ebenfalls untauglich. Ein Beispiel: Viele Lehrer propagieren Tantra als Weg zur Erleuchtung. Tantra mag – in seiner ursprünglichen, umfassenden Bedeutung – für ausreichend qualifizierte Personen ein hilfreiches Instrument sein. Doch allzu oft wird Tantra auf das sexuelle Tantra reduziert, obwohl das tatsächlich nur eines von vielen Übungsfeldern ist. Sexuelles Tantra kann dir – wenn du Glück hast – nicht-duale Erlebnisse schenken; gerade unerfüllte und unreife Egos fühlen sich davon angezogen. Doch es hat einen offenkundigen Mangel: Die Technik,

11 Im Kapitel „Erfahrung und Erkenntnis" haben wir gesehen, dass wir das Selbst unablässig erfahren, denn Bewusstsein ist die einzige Realität.

die die Erfahrung von Nicht-Dualität schenkt, führt – wie alle durch Verlangen ausgelösten Handlungen – zu einer Anhaftung an die Technik selbst. Anstatt sich zum Zweck der Untersuchung und des Verstehens auf das Selbst hin auszurichten, fixiert sich der Geist auf Sex und ist ständig damit beschäftigt, die nächste erotische Episode zu organisieren.

Statt die Anhaftung immer weiter zu fördern, wäre es die Pflicht eines Lehrers, vor dieser Anhaftung zu warnen und Übungen wie *karma yoga* anzubieten, um die Anhaftung abzubauen. Doch skrupellose Lehrer nutzten und nutzen die Tantra-Lehre, um Tausende von Menschen anzuziehen und ihren eigenen Ruhm und Wohlstand zu mehren. Zwar stürzen die meisten dieser Gurus früher oder später über ihren eigenen Erfolg, aber bis dahin können sie schon vielen ihrer Anhänger ernsthafte Schäden zufügen.

Nur Vedanta weist furchtlos immer wieder auf die Kehrseite von allem hin, um dir zu helfen, Gleichmut und Leidenschaftslosigkeit zu entwickeln. Ginge es uns nur darum, Menschen anzulocken, würden wir dich bestimmt nicht auf die lange Liste von Qualifikationen hinweisen, die wir in diesem Kapitel behandelt haben. Mir ist klar, dass diese Aussagen nicht leicht zu akzeptieren sind, doch sie stehen in Übereinstimmung mit einer Lehre, die seit Tausenden von Jahren funktioniert und die so fundiert ist wie die Wahrheit, auf der sie beruht. Du kannst dich darauf verlassen. Dein Vertrauen ist zu kostbar, um es an Lehren oder Menschen zu verschwenden, die es nicht wert sind.

Ich werbe für Vedanta, weil es bei mir funktioniert hat und im Laufe seiner Geschichte bei unzähligen Menschen. Doch ich behaupte nicht, das, was ich lehre, sei der einzige mögliche Weg. Um frei zu sein, musst du wissen, wer du bist, egal wie dieses Wissen zu dir kommt. Vedanta ist nur ein Mittel der Selbst-Erkenntnis. Wenn du qualifiziert bist und auf richtige Art und Weise über Bewusstsein kontemplierst, wirst du befreit werden, Vedanta hin oder her. Wir blicken nicht auf andere herab und fühlen uns nicht überlegen, weil unsere Methode so schön effizient ist. Tue, was du willst, und wende die Methode an, die zu dir passt; nur bitte ignoriere nicht den Wert dieser Vedanta-Lehren.

Auch auf die Gefahr hin, mich zu oft zu wiederholen: Der spirituelle Marktplatz ist eine menschliche Einrichtung, voller Schwächen und Mängel. Da deine Optionen begrenzt sind, begibst du dich in die spirituelle Welt, und nach einiger Zeit – was mehr als zwanzig Jahre sein können – geht dir schließlich auf, dass die dir verfügbaren Methoden und Instrumente nicht zielführend waren. Obwohl es nicht deine Absicht war und obwohl du keine Ahnung hattest, wie du suchen solltest, als du anfingst, hast du dich letztlich dabei qualifiziert. Alles Suchen ist ein Fehler, aber es ist ein hilfreicher Fehler. Wir nennen es einen ‚zielführenden Irrtum', weil es dich indirekt dorthin lenken kann, wohin du kommen sollst. Sei nicht überrascht, wenn Vedanta zu dir kommt und du seine Schönheit genießen kannst. Vor Jahren sah ich in San Francisco ein Plakat, auf dem ein Guru mit lächelndem Gesicht sagte: „Komm zu mir, wenn du bereits glücklich bist."

Daran ist etwas Wahres, ob dieser Lehrer nur die Nase voll hatte von unzufriedenen Schülern oder ob er wirklich etwas verstanden hat. Vedanta funktioniert, wenn du bereit bist, deine Suche aufzugeben.

Und vergiss bitte nicht, dass es auch Lehrer gibt, die die Wahrheit kennen und die wissen, dass sie die Wahrheit sind, die vorbildlich leben, denen es aber an der Kompetenz mangelt, die Wahrheit auf die richtige Weise zu vermitteln. Es ist nicht der Todeskuss, sich auf so einen Lehrer einzulassen, du kannst viel von ihm lernen. Es bringt auch nichts, darüber zu lamentieren, wenn ein Lehrer dich irregeführt oder schlecht behandelt hat. Nimm es als ein Geschenk und lass dich nicht entmutigen. Wenn die Zeit reif ist, wird der richtige Lehrer erscheinen.

Die Gnade Gottes

Jetzt hast du also ein geeignetes Erkenntnismittel, bist selbst ausreichend qualifiziert und hast einen mitfühlenden Lehrer, der dieses Erkenntnismittel geschickt anwenden kann. Ist die Sache damit erledigt? Leider nicht, denn es ist ein weiterer Faktor zu beachten. Wir nennen ihn Gnade. Unsere Erleuchtung ist in gleichem Maße ein Dienst an der gesamten Schöpfung, wie sie eine persönliche Befreiung ist. Gott kennt die Bedürfnisse der gesamten Schöpfung und sorgt sich um die Bedürfnisse aller Wesen auf seine Weise; du bekommst deine Erleuchtung, wenn Er es für richtig hält. Daraus solltest du folgenden Schluss ziehen: Lass die Lehre auf deinen Geist wirken, wann immer du die Möglichkeit dazu hast, arbeite ernsthaft und mit heiterer Gelassenheit an dir nach Maßgabe der Lehre – und sorge dich nicht um das Resultat.

Bevor wir das Selbst lehren, sollten wir noch einmal auf das bisher Gelernte zurückblicken. Es ist unerlässlich, dass du die vollständige Logik der Lehre verstehst. Du solltest zurückblättern und die ersten Kapitel noch einmal lesen, aber wir nehmen uns jetzt ein paar Minuten, um das bisher Gesagte noch einmal zusammenfassen. Wiederholung ist der beste Weg, Wissen zu festigen.

Eine Zusammenfassung

Du hast verstanden, dass das Glück nicht in den Dingen liegt, sondern im Subjekt, in dir, dem Selbst. Statt nur Augenblicke des Glücks aus Objekten oder Situationen zu gewinnen, strebst du direkt nach dem Selbst, um das Glück zu erlangen, das aus dem Wissen erwächst, wer du bist. Du wirst also ein Wahrheitssucher und machst dich auf den Weg der Befreiung.

Der erfahrungsbasierte Ansatz fordert dich auf, bestimmte Übungen zu praktizieren, die dich erleuchten sollen. Der pfadlose Pfad der Erkenntnis geht von der Idee aus, dass du bereits frei bist und nur noch nicht richtig verstanden hast, wer du bist. Daher benötigst du ein Erkenntnismittel, das dir diese Wahrheit enthüllt.

Die erfahrungsbasierte Herangehensweise erweist sich als nicht durchführbar, denn wer die Übungen praktiziert, verfügt nur über begrenztes Verlangen und begrenztes Wissen, seine Handlungen können daher nur begrenzte Resultate hervorbringen. Da wir aber ein grenzenloses

Resultat – Freiheit – anstreben, sind wir als Handelnde zum Scheitern verurteilt.

Der Ausweg aus dieser Zwickmühle besteht darin, den Handelnden eine Aufgabe zu geben, die funktioniert – Selbst-Erforschung. Erforschung funktioniert, weil das Resultat Wissen ist, nicht Erfahrung. Wissen befreit, weil du bereits frei bist. Die Erkenntnis, dass du frei, vollständig und vollkommen bist, ist gleichbedeutend mit Freiheit, wenn wir unterstellen, dass diese Erkenntnis den Handelnden negiert und seine Konditionierung ihn nicht länger bindet. Wenn das Wissen über deine wahre Natur fest in dir verankert ist, muss du nichts weiter tun, um es zu erhalten. Erfahrung hingegen musst du immer wieder erneuern, das Tun hört niemals auf. Wenn du weißt, wer du bist, erlischt der Zwang zu handeln. Was du noch tust, tust du zufrieden, nicht um zufrieden zu werden.

Wir haben gesehen, dass Selbst-Erkenntnis ein geeignetes Instrument benötigt, denn da das Selbst kein Objekt ist, reichen unsere gottgegebenen Mittel nicht aus. Damit wir das Selbst erkennen können, enthüllte uns das Bewusstsein Vedanta, ein erprobtes und bewährtes Instrument. Es funktioniert, indem es die Ignoranz beseitigt. Nichts und niemand kann dir Erleuchtung verschaffen, denn du bist bereits das Licht. Vedanta beseitigt deine Unwissenheit und schenkt dir Verstehen, indem es dir deine Vollkommenheit enthüllt. Damit diese Erkenntnis sich in dir verwurzeln kann, benötigst du einen qualifizierten Geist und einen qualifizierten Lehrer, der das Wissen auf dich anwendet.

Kapitel 5

Gewahrsein, das Selbst

Wenn ich unterrichte, beginne ich meinen Vortrag immer mit einem Chant, einem gesungenen Mantra, der einem der Quelltexte des Vedanta entstammt. Dieses Mantra ist eine Beschreibung von dir:

Om Brahmanandam parama sukhadam kevalam
jnana murthim
dvandvatitham gangana sad drisham tatvam-
asyadhi lakshyam.
Ekam nityam vimalam achalam sarvadhi sakshi
bhutam
Bhavatitam triguna rahitam sad gurum tam
namami.

Hier ist, was diese Zeilen sagen:

Das Selbst, reines Gewahrsein, ist grenzenlose Glückseligkeit und unendliche Freude. Es ist jenseits der Dualitäten des Geistes. Es ist die Istheit, die sieht, die Istheit, die erkannt wird durch Vedantas Aussage „Du bist Das." Es ist der eine,

> ewige, reine, unveränderliche Zeuge von allem.
> Es ist jenseits der Erfahrung und jenseits der drei
> Qualitäten[12] der Natur. Ich verneige mich vor
> diesem Selbst, dem Einen, das Ignoranz beseitigt.

Stimmt dies mit deinem Selbstbild überein? Unzweifelhaft gibt es eine innere Stimme, die anderer Meinung ist. Wahrscheinlich sagt sie so etwas wie: „Entschuldige bitte, worüber redest du? Das bin nicht ich. Ich bin ein sorgenvoller, bedürftiger kleiner Wurm, der sich seinen Weg durch die Müllhalde der Existenz bahnt und nach Erfüllung sucht. Das Leben ist hart, und ich bin einsam, verängstigt, bedrückt und meistens von meinen Begierden gesteuert. Du sagst, mit mir sei alles in Ordnung, aber ich erlebe es anders."

Wir alle kennen diese Stimme. Sie ist einer der Protagonisten des Krieges, der in deinem Inneren schwelt, des Krieges zwischen der Wahrheit, die du bist, und dem, was du zu sein glaubst. Die Lehre allein kann diesen Kampf nicht beenden; du selbst musst ihn beenden, indem du den Inhalt und die Bedeutung der Vedanta-Lehre kontemplierst und verinnerlichst. Vedanta ist dein Verbündeter. Es enthüllt dir die wahre, nicht-duale Bedeutung deiner Erfahrung und steht an deiner Seite, allzeit wachsam.

Vedanta bestätigt und bekräftigt deine Identität als ungeborenes, nicht-handelndes, unbekümmertes Gewahrsein. Es zeigt dir, dass du das Gute jenseits von ‚gut' und ‚schlecht' bist und dass all die Schönheit dieser Schöp-

12 Die drei Qualitäten sind *sattva*, *rajas* und *tamas*. Sie werden später im Buch behandelt.

fung – die Sonne, der Mond, die Sterne und all die Wunder der Natur – nur eine blasse Reflexion der Schönheit deines eigenen Selbst ist. Vedanta offenbart dir: Weil du Gewahrsein-Bewusstsein bist, bist du alles, was ist. Dies zu erkennen ist deine Aufgabe; du musst verstehen, dass du selbst alles bist. Und solltest du dich immer noch nach einer Art von Erleuchtungs-Erfahrung sehnen, so legt die Lehre zweifelsfrei und endgültig dar: Das, was du suchst, das Selbst, liegt „jenseits der Erfahrung".

Vedanta beschäftigt sich nur mit einer einzigen Thematik – Identität. Man könnte daher erwarten, die Lehre beginne mit dem Selbst und weiche nicht mehr von diesem Thema ab. Doch Selbst-Erforschung umfasst weit mehr als nur die Aussage, dass wir Gewahrsein sind. Das Selbst ist kein komplexes Thema, aber ein sehr subtiles. Es eignet sich nicht für unpräzise oder plumpe Vorstellungen, und es lässt sich auch nicht durch simple Methoden wie z.B. die wiederholte Frage „Wer bin ich?" erschließen. Die Wahrheit scheint unserer Erfahrung zu widersprechen; auf jeden Fall widerspricht sie dem, was wir zu wissen glauben. Es sind hohe Hürden, die der Verinnerlichung der Lehre im Wege stehen; sogar viele der Intelligentesten schaffen es nicht, den Code zu knacken. Das Problem ist die Unwissenheit, und die ist nicht leicht zu überwinden. Du kannst nicht einfach von der Straße hier hereinkommen, inspiriert durch eine Offenbarung oder aufgeweckt durch ein populäres Buch über Nicht-Dualität oder angelockt durch eine überschwängliche Empfehlung einer Freundin, und erwarten, dass dir gleich ein Licht aufgeht. Und selbst wenn – das Licht ginge genauso schnell wieder aus.

Eine erfolgreiche Lehre wie Vedanta muss erst geduldig den Kontext schaffen, in dem deine Suche einen Sinn ergibt. Dazu gehört Klarheit über deine Motivationen und deine Ziele, eine präzise Definition von Erleuchtung, die Bereinigung falscher Ansichten, die Einsicht in die Notwendigkeit eines geeigneten Erkenntnisinstrumentes und ein ehrlicher Blick auf deine Qualifikationen. Erst dann können wir mit der Untersuchung des Selbst beginnen. Wenn du die Vedanta-Lehre vollständig gehört hast, wirst du feststellen, dass die Präsentation des Selbst ungefähr in der Mitte der gesamten logischen Kette erfolgt, die die Vision der Nicht-Dualität begründet. Das Selbst ist nicht das erste, letzte und einzige Wort der Lehre, obwohl es natürlich in gewisser Hinsicht genau das ist.

Die Aussage „Es ist und es ist nicht“ ist typisch für Vedanta. Es gibt in den Schriften viele offensichtlich widersprüchliche Aussagen. Was z. B. bedeuten die Sätze „Es ist größer als das Größte und kleiner als das Kleinste“, „Sich nicht von der Stelle bewegend, ist es schneller als der Geist“, „Der Geist ist das Selbst, aber das Selbst ist nicht der Geist“? Es gibt dafür keine schnellen, einfachen Antworten. Es braucht eine sorgfältige Diskussion der Lehren, um die scheinbaren Widersprüche aufzulösen und den impliziten Inhalt dieser Aussagen zu entfalten.

Stell dir vor, du unternimmst einen Spaziergang und begegnest einem Fremden. Bevor Worte ausgetauscht werden – was erfährst du? Du siehst einen Körper, und du siehst Bewusstsein. Wenn du kein Bewusstsein sähest, läge der Körper auf dem Boden liegen und diente den Würmern zum Fraß. Bewusstsein erscheint als der Funke, der den Körper zum Leben erweckt. Du ‚siehst' es nicht mit deinen Augen, aber du schließt es aus deiner Wahrnehmung. Diese Schlussfolgerung ist fast genauso gut wie eine direkte Erfahrung. Wir sagen ‚fast', denn es nur indirekt als ein Objekt zu erkennen ist nicht genug. Du hast es erst dann wahrhaft erkannt, wenn du – in Bezug auf deine Erfahrung von Dualität – weißt, was das Erkennen bedeutet.

Wenn du in einen Raum trittst, in dem sich bereits eine andere Person befindet, wirst du dich normalerweise vorstellen. Keiner von euch wird einfach nur dasitzen, ohne zu sprechen, und den anderen anstarren. Die Art, wie wir miteinander umzugehen gewohnt sind, erfordert den Austausch von Informationen über die beteiligten Identitäten. Du kannst in der scheinbaren Realität – die wir ironischerweise das ‚wirkliche' Leben nennen – nicht funktionieren, ohne zu wissen, mit wem du es zu tun hast. Diese Informationen gewinnen wir entweder indirekt durch Schlussfolgern oder direkt, indem wir uns austauschen. Diese alltäglichen Verhaltensweisen stellen keinen Widerspruch zu den Erkenntnissen unserer Selbst-Erforschung dar. Du musst nur unterscheiden können zwischen den auf der relativen Ebene kommunizierten Identitäten und deiner wahren Natur. Ich bezweifle sehr, dass du jemals einen völlig Fremden getroffen hast, der sich dir als nicht-duales, alltägliches, nicht-handelndes, unberührtes, ungeborenes, unbegrenztes Gewahrsein vorstellte, auch wenn dies genau diese Worte ihn treffend beschrieben.

Du bist nicht deine Lebensgeschichte

Obwohl das Selbst in Wahrheit von nirgendwo gekommen ist, wird die Herkunft des dir gegenübersitzenden Wesens als eines der ersten Dinge in einer Konversation angesprochen werden. Dieses Wesen ist ungeboren, und doch verweist es auf eine Mutter und einen Vater. Es ist frei von allem, scheint aber zu denken, dass es an einem bestimmten Ort ein Haus besitzt, einen Partner und Kinder ‚hat'. Obwohl es kein Handelnder ist, da es nichts außerhalb von ihm gibt, berichtet es dir von einem bestimmten Job. Nichts ist ihm jemals geschehen, aber es kann dich endlos mit all den Dingen zutexten, die passiert sind: „Meine Mutter hat dies getan, mein Vater das, und dann habe ich ..." Dieses fremde Wesen hat eine ganz eigene Geschichte zu erzählen.

Und diese Lebensgeschichte soll in ihrer Gesamtheit das Bewusstsein und den Körper ergeben, der wortreich da sitzt? Die Geschichte, die du anderen erzählst, sollst ‚du' sein? Steht ein Gleichheitszeichen zwischen deiner Lebensgeschichte – all dem, was dir im Laufe der Zeit widerfahren ist und was du darüber gedacht hast – und dir?

Wenn all diese Worte über dich auf etwas Reales hinwiesen, müssten die Dinge, von denen die Worte berichten, hier und jetzt erfahrbar sein. Die Realität – das Gewahrsein, welches du bist – ist schließlich immer präsent. Doch sie sind nicht erfahrbar, da sind nur Worte, die in dir auftauchen und wieder vergehen. Deine Geschichte klebt weder an deinem Körper, noch umschwirrt sie dich wie eine Wolke aus Mücken, die man sehen könnte. Es sind einfach nur Worte, die aus dir herausfließen und sich in der Luft verlieren.

DU BIST GEWÖHNLICHES GEWAHRSEIN

Es ist unmöglich, aus einer Serie von Ereignissen eine Identität zu extrahieren, ganz gleich wie ‚real' diese Ereignisse waren. Du bist weder deine Geschichte noch deine Vorstellung davon, wer du bist. Wenn du dich verstehen möchtest, musst du beides loslassen. Was dann übrig bleibt, bist du, schlichtes Gewahrsein, ein bewusstes Wesen. Da sind nicht zwei, drei oder zehn von dir, da ist nur ein einziges immer-präsentes, gewöhnliches Gewahrsein.

Wir sind hier wieder an einem besonders wichtigen Punkt der Lehre angelangt. Denn alles, was wir früher gelesen oder gehört haben, insbesondere die seichten Aussagen all der ‚erleuchteten' Wesen, die die spirituelle Szene mit ihren Büchern, Videos und Webseiten überfluten, hat uns davon überzeugen wollen, was wir suchen, sei eine Art überwältigende, das Leben transformierende Erfahrung – etwas, das erleuchtete Super-Wesen aus uns macht und all unsere kühnsten Träume erfüllt. Ohne diesen maßlos übertriebenen spirituellen ‚Porno', der heutzutage als Wahrheit durchgeht, schrumpft die aufgeblasene spirituelle Welt auf die Größe einer Erbse, und die modernen Gurus müssten von ihrem Thron heruntersteigen und einer ehrbaren Arbeit nachgehen. Die Annahme, Selbst-Realisierung sei etwas Besonderes (in gewisser Weise ist sie es auch, aber nicht so, wie wir denken), ist das größte denkbare Hemmnis auf dem Weg zur Erleuchtung. Dieser Mythos hält sich so hartnäckig, weil die Egos, die Erleuchtung suchen, so gelangweilt und einsam sind, so unzufrieden mit ihrem Leben, dass sie nur durch etwas ganz und gar Außergewöhnliches und Exotisches zu motivieren sind. Und so treiben die Phantasien vom phantastischen Selbst, vom transzendentalen Selbst, vom kosmischen Selbst etc. immer neue Blüten. Wenn du weiterhin der Erwartung anhängst, du würdest etwas Besonderes erleben, dann ist eine große Enttäuschung absehbar. Das Selbst, das du bist, das Selbst, das du realisieren wirst, ist absolut gewöhnlich. Es ist das Gewahrsein, das deinen Geist beobachtet, während er diese Worte aufnimmt, nichts weiter. Auch wenn es sich im Offensichtlichsten versteckt, können wir nicht sagen, es sei unzugänglich. Es ist immer präsent und wird nicht gewürdigt, nur weil es an Wissen fehlt.

Gedanken, Gefühle, Erinnerungen, Träume, Wahrnehmungen, Meinungen und Überzeugungen erscheinen und vergehen in diesem reinen, schlichten, unveränderlichen Gewahrsein wie Nebel in der Morgensonne. Gewahrsein und Bewusstsein sind Synonyme, die ich auch synonym verwende, trotzdem halte ich den Begriff ‚Gewahrsein‘ für geeigneter, da wir ‚Bewusstsein‘ häufig mit dem Geist assoziieren, d.h. dem Strom subjektiver Erfahrungen, den Ereignissen, die im Bewusstsein auftauchen und untergehen.

Das Offensichtlichste von allem

Hier folgt eine brillante Untersuchung meines Freundes Christian Leeby. Ich habe seinen Text etwas erweitert, aber die Anerkennung gebührt nur ihm.

„Was ist deine vertrauteste Erfahrung? Sollte diese Frage nicht leicht zu beantworten sein? Meine Formulierung ist zwar etwas vage, aber solltest du die Antwort nicht trotzdem sofort wissen? Denke darüber nach. Es sollte nur ein paar Sekunden dauern, bis es dir einfällt, aber es könnte auch deutlich länger dauern, denn die Antwort ist so offensichtlich, dass die meisten nicht darauf kommen.

Wenn du etwas immerzu erfährst und es sich niemals verändert, ist es nahezu unmöglich, es zu bemerken. So ist es z.B. bei der Schwerkraft. Die Schwerkraft lastet ständig auf deinem Körper, aber da sie immer da ist, nimmst du sie nicht wahr. Interessanterweise ist die offensichtlichste Sache eine Konstante, wie die Schwerkraft; du kannst sie erkennen. Obwohl sie sich niemals verändert, kannst du ihrer gewahr werden. Was also ist es?

Die offensichtlichste Erfahrung ist, dass du existierst. Alles, was du erfährst oder weißt, geschieht im Kontext deiner Existenz. Das ist doch unübersehbar. Aber es kommt uns nicht in den Sinn, da es im Hintergrund ist und wir nicht darüber nachdenken und es nicht als das anerkennen, was es ist, weil – ja, weil es immer da ist. Doch jetzt, wo du über die Tatsache, dass du existierst, nachdenkst, fühlst oder erfährst oder erkennst du deine Existenz da nicht auf irgendeine Weise?

Woher weißt du, dass du existierst? Nun, du weißt es eben einfach, du musst deine Existenz weder sehen oder hören noch fühlen oder denken, du brauchst dafür keine Begründung, keine Information. Dass er existiert, ist das bedeutsamste Wissen, das jeder Mensch besitzt. Es ist offensichtlich, absolut wesentlich und immer da. Du weißt es, weil du es weißt. Ich sage dir nichts Neues, ich weise dich nur auf etwas hin, was du immer schon wusstest.

Noch eine Tatsache über dich solltest du beachten. Dass du existierst, ist klar, aber was genau ist die Natur deiner Existenz? Existenz ist Gewahrsein. Diese beiden Wörter meinen genau das Gleiche. Deine vertrauteste Erfahrung ist, gewahr zu sein. Ohne Existenz, ohne Gewahrsein gibt es weder Erfahrung noch Erkenntnis. Man könnte auch sagen, dass Existenz bzw. Gewahrsein da sein müssen, sonst bist du nicht da. Das ist wohl offensichtlich.

Viele spirituell interessierte Menschen glauben, Gewahrsein sei etwas Besonderes, etwas, das nicht hier, sondern woanders ist, etwas, das auf irgendeine mystische Weise entdeckt, verwirklicht oder erfahren werden muss. Doch ich weise dich darauf hin, wie vollkommen alltäglich und offensichtlich Gewahrsein für dich in Wirklichkeit ist.

Zu verstehen, dass du Existenz-Gewahrsein bist, ist das eine. Es kommt aber auch darauf an zu verstehen, was dieses Wissen bedeutet. Das kann etwas länger dauern, wenn du es selbst herausfinden möchtest, doch wenn du hörst, was ich zu sagen habe, geht es schnell. Zu wissen, dass du Gewahrsein bist, bedeutet, dass du immer vollkommen, vollständig und erfüllt bist. Es bedeutet, dass du immer und rundum mit dir selbst zufrieden bist. Das ist unsere Definition von Glückseligkeit. Sicher wirst du meine Aussage anzweifeln, denn deine Erfahrung scheint ihr zu widersprechen; allzu oft fühlst du dich unzufrieden. Doch hast du schon mal darüber nachgedacht, warum du nicht zufrieden mit deiner Unzufriedenheit bist? Die Antwort lautet: Weil du nicht auf deine Existenz, dein Gewahrsein, nicht auf dich selbst fokussiert bist. Dass du zufrieden bist, liegt in Wirklichkeit nicht daran, dass du bekommen hast, was du wolltest, oder vermieden hast, was du nicht wolltest: Du bist zufrieden, weil du mit dir selbst im Frieden bist.

Es sind deine Ängste und Begierden, die verhindern, dass du dich selbst wertschätzt. Wenn es dir gelingt, sie zu überwinden, wird beständige Zufriedenheit dein Lohn sein. Doch wie kannst du das erreichen? Es gibt mehrere Möglichkeiten, *karma yoga* zum Beispiel, doch der schnellste Weg – wenn du qualifiziert bist – ist Selbst-Erforschung. Wende also die Wahrheit über dich – das Wissen, dass du vollständig und vollkommen bist, immerwährendes nicht-handelndes Gewahrsein – immer dann an, wenn unnötige Ängste oder Begierden auftauchen. Wenn du das tust, wirst du dich jedes Mal sehr zufrieden fühlen, weil du für dich einstehst als das, was du bist: als Existenz-Gewahrsein, nicht als deine Sorgen und Wünsche, die dich glauben machen wollen, du seist klein, unzulänglich und unvollkommen.

Das ist, wie wenn du in der Schule sitzt und der Lehrer dir aufträgt, die Kreidetafel deiner Vergangenheit abzuwischen. Wenn du die Selbst-Erforschung zum

Inhalt deines Geistes machst, löschst du das alte Zeug. Es gehört zur Schönheit von Vedanta, dass man schon nach ein paar Wischern auf der Tafel einen deutlichen Unterschied erkennt. Doch manche Kreideschicht ist schon sehr alt und lässt sich nur beseitigen, wenn man sehr hartnäckig ist und lange wischt. Lass dich nicht beirren und glaube an das, was du tust. Damit es wirken kann, musst du dem Wischen vertrauen. Nur so erreichst du irgendwann das Ziel.

Du benötigst ein klares Bild davon, was dein Ziel ist. Die Vorstellung, dass du etwas vollkommen Neues entdecken wirst, wenn du dein Selbst realisierst, ist ein Irrglaube. In Wahrheit wirst du nichts Neues entdecken oder erfahren. Es wird auch dein *karma* nicht bereinigen. All diese Vorstellungen sind nur dazu geeignet, deine Selbst-Ignoranz zu vergrößern. Tatsächlich wirst du, wenn du dein Selbst realisierst, erkennen, dass das, wonach du gesucht hast, genau diese offensichtlichste und vertrauteste aller Erfahrungen ist: deine Existenz, dein Gewahrsein. Daher ist es keine große Sache, und es ist auch keine Erfahrung.

Unsere Gedanken und Gefühle und unser Körper sind uns offenbar. Doch niemand hat uns je gesagt, dass Existenz-Gewahrsein von ihnen verschieden ist; deshalb gingen wir davon aus, dass unser offenbares Empfinden von Existenz-Gewahrsein mit unserem Körper verbunden ist. Aber das ist nicht wahr. Da sind dein Körper, deine Gedanken und Gefühle, dein Ego. Doch sie sind Objekte für dich, Gewahrsein, nicht anders als z.B. Bäume oder Berge. Du, Existenz-Gewahrsein, bist dir ihrer gewahr. Gewahrsein, der Zeuge, ist das, was du in Wirklichkeit bist.

Das zu erkennen wird dich vielleicht noch nicht erleuchten – obschon es möglich ist. In jedem Fall ist diese Einsicht ein Durchbruch. Sie wird dich davor bewahren, mit denen auf die Jagd zu gehen, die Gewahrsein für etwas Mystisches, Magisches, hoch Spirituelles halten. Auch wenn du es noch nicht vollständig verstehst, vertraue darauf, dass das Gewahrsein, an das du denkst, nichts anderes ist als die allervertrauteste Erfahrung – deine Existenz.

Es ist wirklich so einfach!“

Kein zweites Gewahrsein

Dualität ist eine knifflige Angelegenheit. Es ist der Glaube, das eine Gewahrsein sei in Wirklichkeit zwei oder mehr. Daher hörst du immer wieder vom ‚höheren‘ und vom ‚niederen‘ Selbst, vom ‚wahren‘ und vom ‚falschen‘, vom ‚wirklichen‘ und vom ‚illusionären‘ Selbst. Dualität ist völlig verständlich, und daher solltest du von Anfang an wissen, dass Dualität und Nicht-Dualität nicht unvereinbar sind, sie existieren nur auf unterschiedlichen Ebenen der einen Realität. Man könnte auch sagen, Dualität sei eine Teilmenge der Nicht-Dualität. Sie stehen nicht im Gegensatz zueinander, so wie auch die Welle nicht zum Ozean im Gegensatz steht. Die Welle ist der Ozean, aber der Ozean ist nicht die Welle. Wir brauchen die Dualität nicht zu zerstören. Wir müssen sie nur negieren. Wenn wir sie zerstörten, müsste man einen völlig neuen Weg erfinden, um in der Welt zu leben. Tatsächlich gäbe es dann die Welt, wie wir sie kennen, gar nicht mehr. Wie sollten wir dann leben? Die Dinge werden nach deiner Befreiung genau so sein wie zuvor, doch sie werden gleichzeitig auf eine sehr angenehme Weise anders sein. Paradoxa, wohin du schaust ...

Das ‚zweite' Gewahrsein ist reflektiertes Gewahrsein. An späterer Stelle, wenn wir die Lehre der makrokosmischen Prinzipien entfalten, werden wir im Detail auf diesen Punkt, der sehr technisch ist, zurückkommen. Vorläufig reicht eine einfache Erklärung, damit du verstehen kannst, worauf dieses Missverständnis beruht, das der Selbst-Erkenntnis im Wege steht. Es ist nichts, was du allein herausfinden kannst, ohne Vedanta würdest du es übersehen.

Das zweite Gewahrsein ist wie der Mond, das erste Gewahrsein ist wie die Sonne. Der Mond erzeugt kein eigenes Licht, er ist ein toter Himmelskörper. Die Sonne hingegen ist ein Feuerball, der seine Energie und sein Licht in alle Richtungen verströmt. Selbst der geringe Bruchteil des Sonnenlichts, das den Mond erreicht und dort reflektiert wird, kann deinen Weg in einer Vollmondnacht beleuchten. Ein Kind, das in dieser Nacht ins Freie tritt, wird den Mond sehen und denken, er leuchte selbst. Doch in Wirklichkeit ist sein Scheinen nur die Reflexion des Lichts der Sonne.

Wenn *maya*, die kreative Kraft, wirksam ist, erscheint das Selbst als Individuum mit einem Materiellen, einem Feinstofflichen und einem Kausalen Körper. Der Materielle Körper ist wohlbekannt. Der Kausale Körper ist, grob gesagt, unsere Konditionierung; er motiviert uns, uns unserer Natur gemäß zu verhalten. Der Feinstoffliche Körper ist die Person, die du zu sein glaubst; er ist reflektiertes

Gewahrsein. Das Erkennen der wahren Natur des Feinstofflichen Körpers wird zusätzlich dadurch erschwert, dass es der Ort ist, an dem alle deine Erfahrungen, Gefühle und Gedanken stattfinden. Wenn Feinstoffliche Körper (Personen) sagen: „Ich denke“ oder „Ich fühle“, sind sie im Irrtum, da Gewahrsein, das ‚ich‘, weder denkt noch fühlt. Feinstoffliche Körper können nicht bewusst denken oder fühlen, da sie nicht wirklich bewusst sind. Reines Gewahrsein ist wie die Sonne, es reflektiert sich im Feinstofflichen Körper, und die dort aufsteigenden Gedanken werden beleuchtet und erkannt. Ohne Gewahrsein sähest du keine Gedanken. Im Tiefschlaf wird der Feinstoffliche Körper nicht von Gewahrsein beschienen, daher findet sich dort auch kein ‚du‘.

Wir haben begonnen, einige technische Begriffe einzuführen: Materieller, Feinstofflicher und Kausaler Körper. Wenn du es mit der Selbst-Erforschung ernst meinst, solltest du dich mit unseren wissenschaftlichen Begriffen anfreunden, denn sie werden dir helfen, den Übergang von der Person, die du zu sein glaubst, zu dem unpersönlichen Gewahrsein, das du tatsächlich bist, zu bewerkstelligen. Wenn dir das gelungen ist, kannst du die Begriffe wieder entsorgen.

Dich selbst als eine Person zu sehen ist ein großes Problem. Es ist sogar das einzige Problem. Ich muss dir dies leider sagen, auch auf die Gefahr hin, dass du Vedanta beiseitelegen und dich aufmachen wirst, eine kuscheligere Lehre zu finden. Deine persönliche Geschichte loszulassen mag dich zu sehr ängstigen. Allzu lange hat sie dich begleitet, ein Leben ohne sie kannst du dir gar nicht vorstellen.

Doch du brauchst dich nicht zu sorgen, denn wenn du magst, kannst du dein Person-Sein behalten. Es negiert dich nicht. Tatsächlich kann nichts dich negieren. Du besitzt eine weitaus glanzvollere Identität, eine Identität, in der mühelos jede Geschichte Platz hat.

Dein Denken erschafft **deine** Wirklichkeit. Doch **die** Wirklichkeit ist in Wahrheit völlig unpersönlich. Je mehr deine Vorstellung, deine Geschichte, von der Wirklichkeit abweicht, desto mehr wirst du leiden. Dich selbst als unpersönliches, gewöhnliches Gewahrsein zu sehen, als den unpersönlichen Zeugen der Person, an der du so hängst, mag dir künstlich oder unnötig vorkommen, doch ich versichere dir, es ist weder das eine noch das andere. Indem wir dir Stück für Stück die Logik liefern, die diese Sichtweise bestätigt, wird sie immer mehr Sinn ergeben.

Im Banne von *maya* ist reines Gewahrsein völlig absorbiert von den subjektiven Erfahrungen und Ereignissen, die im Feinstofflichen Körper erscheinen. Es identifiziert sich mit ihnen und erfasst nicht, dass es in Wirklichkeit nur eine leblose Reflexion seiner selbst erfährt. Wenn du das nicht weißt, wirst du weiterhin das Unmögliche versuchen: dich mit dir selbst zu verbinden oder dich selbst zu verwirklichen. Es ist nicht möglich, da die Wirklichkeit immer nur das sich selbst erfahrende Gewahrsein ist. Gewahrsein ist immer schon ‚realisiert', d.h., es braucht keine Worte, um zu wissen, wer und was es ist. Gewahrsein ist selbst-gewahr. Es ist selbst-existent. Es ist frei von der Vorstellung eines Subjekts oder Objekts, die Ignoranz ihm scheinbar aufzwingt.

Stelle dir folgende Frage: Was tust du, um zu sein, was du bist? Überhaupt gar nichts! Du kannst nichts tun, um zu sein, was du bist, denn du bist, was du bist. Erleuchtung bedeutet nicht, zu wissen, **dass** du bist, sondern zu wissen, **was** du bist, und zu wissen, was es bedeutet, zu sein, was du bist.

Du bist unsterblich

Wenn du dich mit dem Feinstofflichen Körper identifizierst, wirst du eine Reihe von Überzeugungen haben, die nicht mit deiner tatsächlichen Natur übereinstimmen. Du wirst zum Beispiel glauben, dass du geboren wurdest und sterben wirst. Bewusst oder unbewusst, dieser Glaube beeinflusst alles, was du im Leben tust. Du nimmst an, dass deine Zeit abläuft und dass du dich beeilen musst, um noch möglichst viel zu erreichen, bevor du stirbst. Kennst du aber deine wahre Natur und weißt, dass du unsterblich bist, wird sich dein Interesse an Erfahrungen und Dingen auflösen. Es ist unwichtig, ob dir diese Aussagen gefallen oder nicht. Es reicht auch nicht, sie zu glauben. Du musst unsere Analyse und die dahinterstehende Logik nachvollziehen und verifizieren. Nur so können diese Einsichten ihre Wirkung entfalten.

Gewahrsein ist ungeboren. Wenn du nicht geboren bist, kannst du nicht sterben. Du magst glauben, dass du stirbst, aber wo ist der Beweis für diese Annahme? Der Körper stirbt, aber wie wir gesehen haben, bist du nicht der Körper. Um zu wissen, dass du stirbst, müsstest du dort sein, um es zu bezeugen. Doch wenn du das Sterben bezeugst, ist es offensichtlich von dir verschieden. Tatsächlich sind Körper und Sterben nur Gedanken, die in dir auftauchen. Es sind einfach nur Worte, die – abgesehen von der Bedeutung, die die Ignoranz über deine wahre Natur ihnen verleiht – keine Bedeutung haben.

Du bist vollkommen

Zu wissen, dass du unsterblich bist, ist ein großer Schritt. Bist du jedoch eine eher unglückliche Person, ist das für dich womöglich keine gute Nachricht. Daher musst du auch verstehen, dass du vollständig und vollkommen bist. Dies ist ohnehin die vielleicht wichtigste Qualität, die dich beschreibt. Du kannst nicht abstreiten, dass du gewahr bist. Das ist offensichtlich. Dass du das Gewahrsein bist, das gewahr ist, ist nicht so offensichtlich. Aber wenn du weiterhin glaubst, reflektiertes Gewahrsein, der Feinstoffliche Körper, zu sein, wirst du immer das Gefühl haben, dass dir etwas fehlt, und dich dadurch getrieben fühlen, Dingen nachzujagen und an Dingen festzuhalten. Du glaubst, dieses Gefühl des Mangels gehöre zu dir, dabei gehört es in Wirklichkeit – wie alle Gefühle, die auftauchen – zum Feinstofflichen Körper. Ob du die Dinge, die du haben möchtest, auch bekommst bzw. diejenigen, die du nicht verlieren möchtest, behalten kannst, liegt nicht in deiner Hand. Dass die Dinge sich nicht so entwickeln, wie wir es uns wünschen, ist die häufigste Ursache dafür, dass wir leiden. Wenn du also weißt, dass du in jeder Hinsicht vollständig bist und dir nichts hinzugefügt oder weggenommen werden kann, bist du von allem Leiden befreit.

Die Vorstellung, du bestündest aus einzelnen Teilen und müsstest dich ‚sortieren', ist falsch, denn das Gewahrsein, das du bist, hat keine Teile. Es ist kein aus Teilen zusammengefügtes Ganzes. Wenn du das verstehst, kannst du damit aufhören, dich in Ordnung bringen zu wollen. Du bist bereits vollkommen ‚in Ordnung'.

Wir alle erleben Momente, in denen der Geist still ist. Vielleicht ist dir schon aufgefallen, dass diese Momente mit einem kontinuierlichen ‚Strom' der Glückseligkeit einhergehen, mit einem unerklärlichen Gefühl von Zufriedenheit und einem Empfinden von Selbst-Vertrauen, die nicht mit irgendeiner bestimmten Leistung in Zusammenhang stehen. Was in diesen stillen Momenten erfahrbar wird, ist immer in dir vorhanden. Es ist die Erfahrung deiner eigenen Fülle, die dir jedoch verborgen bleibt, wenn dich die Unruhe des Geistes ablenkt.

Du bist kein Handelnder

Dass du kein Handelnder bist, ist eine weitere wichtige Tatsache über dich selbst. Du bist kein Handelnder, weil das Selbst nicht-dual ist. Nicht-dual bedeutet, es gibt nur dich. Wenn es nur dich gibt, kannst du dich nicht von einem Ort zu einem anderen bewegen. Bewegung kann innerhalb von Gewahrsein stattfinden, aber du, Gewahrsein, kannst dich nicht bewegen. Du bist überall, selbst am Ende des Universums. Die Bürde, ein handelndes Individuum zu sein, lastet schwer auf denjenigen, die nicht wissen, wer sie sind. Ein Handelnder ist jemand, der etwas tut, um die Resultate zu genießen. Der Handelnde ist nicht wirklich eine Person. Er ist mehr eine Idee, die Gewahrsein vernebelt und es vergessen lässt, dass es nicht-dual ist, dass es unbeweglich ist, dass es der ‚Urgrund allen Seins' ist. Wenn du denkst, ein Handelnder zu sein, wirst du alle möglichen angenehmen und unangenehmen Emotionen erleben, denn die Resultate deiner Handlungen liegen nicht in deiner Hand. Die am weitesten verbreiteten Gefühle, die der Handelnde erleidet, sind Angst, Verlangen und Wut. Möchtest du diese Emotionen überwinden, dann ist Selbst-Erkenntnis die einzige Lösung.

Du bist nichts Besonderes

Wir haben bereits erwähnt, dass du in keiner Weise einzigartig bist. Doch halt! Wenn du über die Realität nachdenkst, wie sie tatsächlich ist, bist du absolut einzigartig; da bist nur du. Es ist wunderbar, das zu verstehen, denn es nimmt dir die Last, einer unter Milliarden von Menschen zu sein, Tag und Nacht damit beschäftigt, dich hervorzuheben, um ‚gesehen' oder ‚gehört' zu werden. Aus dieser Einsicht erwächst eine große Gelassenheit, du verschwendest keine Zeit mehr darauf, anders oder besonders sein zu wollen.

Du brauchst nicht anders zu werden

Eine unteilbares Ganzes zu sein hat einen weiteren wohltuenden Effekt: Das Verlangen, rein oder ‚heilig' zu sein, verschwindet. Reinheit ist die Abwesenheit von verunreinigenden Substanzen oder Teilchen, sie ist etwas, das es in der scheinbaren Wirklichkeit, dem Leben, wie wir es kennen, eigentlich gar nicht gibt. Reinigung ist immer nur bis zu einem bestimmten Grad möglich, egal wie sehr du dich anstrengst. Selbst hochreiner Alkohol oder hochreines Gold enthält immer noch einen gewissen Anteil fremder Substanzen. Ihr Verlangen nach Reinheit gehört zu den herausragenden Eigenschaften spiritueller Personen. Viel sinnlose Anstrengung fließt in dieses Bemühen, und viel Frustration entsteht, da du Reinheit nie zu 100 Prozent erreichen kannst. Dies soll nicht heißen, dass nicht (aus Gründen, die wir später noch diskutieren werden) ein gesundes Maß an innerer Reinigung sinnvoll wäre, solange du dich noch mit dem Feinstofflichen Körper identifizierst. Aber wenn du in dem Bemühen, dich zu reinigen, gefangen bleibst, wirst du bei 99 Prozent genauso unzufrieden sein wie bei 47 Prozent. Das fehlende Prozent wird eine untragbare Belastung für dich sein, so wie im Märchen die Erbse unter den Matratzen der Prinzessin.

Du bist unveränderlich

Du musst auch verstehen, dass du unveränderlich bist. Niemals wirst du etwas anderes werden, als das, was du schon bist. Auch das ist eine befreiende Erkenntnis, denn die meisten von uns streben danach, sich zu verändern. Wir mögen uns nicht besonders und wären lieber reiner, heiliger, freundlicher, intelligenter, machtvoller, liebenswerter etc. Das Begehren, die eigene Situation zu verändern, ist in dem Feinstofflichen Körper eingebaut, ebenso das Bestreben, verschieden von dem zu sein, was man ist.

Hier sind noch einige andere Begriffe, die dich treffend beschreiben: unbekümmert, unbefleckt, unberührt, ungebunden. Was immer auch geschieht, es tangiert dich überhaupt nicht. Gewahrsein ist der unveränderliche Teil in dir. Weder wird er durch positive Erfahrungen bestätigt noch durch negative Erfahrungen infrage gestellt.

Du kannst nicht bewusster werden

Spirituelle Sucher wollen nicht nur reiner werden, sie wollen auch bewusster werden, präsenter. Wenn du weißt, wer du bist, wird sich dieses Begehren ebenfalls auflösen, denn du verstehst, dass du alles bist, was ist: das eine unveränderliche Bewusstsein.

Du enthüllst dich dir selbst

Du bist das mühelose Bewusstsein, das aus sich selbst heraus leuchtet. Ohne die Hilfe eines Körpers oder eines Geistes enthüllst du dich dir selbst. Du bist wie eine Glühlampe, die beständig strahlt, ohne dass sie je eingeschaltet wurde, eine Glühlampe, die mit keinem Stromnetz verbunden ist, ein Licht, das in sich selbst sein eigenes Stromnetz generiert, ganz unangestrengt. Dieses Licht kann nicht ausgeschaltet werden. Wenn du weißt, wer du bist, kannst du wahrheitsgemäß sagen: „Ich bin das Licht."

Realität und scheinbare Realität

Du, Gewahrsein, bist das, was ist. Die Wirklichkeit ist eins, aber sie erscheint als Dualität. Diese Dualität besteht aus dir und aus den Objekten, die in dir auftauchen. Die Objekte kommen und gehen, du aber bleibst. Daher werden sie ‚scheinbar real' genannt. Du bist immer präsent. Du bist das, was ist. Wir verwenden eine Reihe von Analogien, um dir zu helfen, diesen Punkt zu verstehen. Wenn du einen Klumpen Gold hast, kannst du daraus ein Armband, eine Halskette oder eine kleine Figur anfertigen. Wenn du das Armband, die Kette oder die Figur einschmilzt, scheint sich das Gold zu verändern, aber in Wahrheit ändert es sich nicht. Das Gold ist das, was ist, während der Schmuck nur scheinbar existiert. Es ist jetzt ein Armband – bis es transformiert wird.

Was für eine wertvolle Erkenntnis! Feinstoffliche Körper sind von Geburt an besessen von der Idee, etwas zu werden – sie befinden sich fortwährend in einem Zustand der Veränderung. Denke eine Minute darüber nach. Das ‚du', das du jetzt gerade zu sein glaubst, ist ein anderes als das, welches ‚du' vor einiger Zeit gewesen bist. Und morgen wird es schon wieder ein anderes ‚du' sein. Dieses ‚du' wird ständig im Feuer der Zeit eingeschmolzen und ständig in einer veränderten Form wiederhergestellt. Dieses ‚du' ist nicht wesentlich, du aber – Gewahrsein – bist wesentlich. Wenn wir sagen, Wissen kann nicht negiert werden, dann meinen wir, dass es immer da ist. Es verändert sich nicht. Daher ist Selbst-Erkenntnis, das Wissen über deine wahre

Natur, deine Erlösung. Du bist die Existenz selbst und kannst niemals negiert werden. Du bist das, was ist. Und du bist alles, was ist: das Gold aus dem alle Schmuckstücke geformt sind.

Wir haben dieses Kapitel mit der Vorstellung begonnen, dass nicht-duales Gewahrsein ohne einen Kontext keine Bedeutung hat. Wo es nur das Eine gibt, gibt es keine Bedeutung. Vor vielen Jahren, als ich durch Indien wanderte und sehr ‚spirituell' war, traf ich einen Mann, der mir ein Buch über das Selbst zeigte. Das Buch hatte keinen Titel, und alle Seiten waren leer. Dies transportierte eine wichtige Botschaft, aber jetzt denke ich, dass es auch ein passendes Symbol für viele der modernen nicht-dualen Lehren ist. Sie sprechen zwar vom Selbst, aber sie verschweigen den Kontext. Sie sagen, dass es keinen Körper gibt, keinen Geist, keine Welt, kein ‚du'.

Auch wir sagen, dass es nur Bewusstsein gibt, Vedanta ist ja schließlich die Quelle, aus der sie ihre Aussagen beziehen. Doch sie haben sich leider nur die einfachen Teile herausgepickt, die essenziellen Teile, und indem sie den ganzen Rest der Lehre weglassen, ist es unmöglich, den tieferen Sinn des Selbst zu verstehen. Sie versuchen das mit selbst gebastelten ‚Lehren' zu überdecken, mit dem Verweis auf ihre angebliche Erleuchtung und ihre eigenen Erfahrungen. Aber all das sind keine Lehren, sondern nur konfuse Sammelsurien.

Ich habe das schon früher beschrieben, aber es verdient, wiederholt zu werden: Die Negation der Welt, die wir meinen, bedeutet nicht ihre Verleugnung. Der Ozean, der oft als Symbol für das Selbst verwendet wird, ist ein wunderbares Thema, aber was machst du daraus? Viel ergiebiger und sinnvoller ist es, den Ozean zusammen mit den Wellen zu thematisieren – und die Beziehung zwischen den beiden. Falls daher etwas in diesem kurzen Kapitel über das Selbst unklar geblieben ist, wird es klarer werden, wenn wir jetzt die Wellen diskutieren.

Kapitel 6

Schöne, intelligente Ignoranz (*maya*)

Ein Tsunami ist eine riesengroße Welle. Bevor wir uns den gewöhnlichen Wellen – dir und mir – zuwenden können, müssen wir über die große Welle in Gewahrsein sprechen, die Schöpfung genannt wird. So wie Nicht-Dualität keine tiefere Bedeutung ohne Dualität hat und ‚ich' keine tiefere Bedeutung ohne die Schöpfung, so hat Gewahrsein keine tiefere Bedeutung ohne *maya* – großartige, intelligente Ignoranz.

Bisher habe ich mich sorgfältig bemüht, nicht zu viele Fachbegriffe einzuführen. Dies wird sich nun ändern. Wenn du es mit deinem Verlangen nach Befreiung wirklich ernst meinst, kommst du um ein gründliches Verständnis der Lehre von deiner wahren Natur nicht herum. Diese Natur ist nicht kompliziert, aber manche Aspekte sind sehr subtil, und um sie zu verstehen, braucht es eine systematische Herangehensweise. Die Magie von Vedanta kann erst dann ihre Wirkung an dir entfalten, wenn du auch diese subtilen Aspekte verstanden hast. Nimm dir daher bitte die Zeit, dir die Bedeutung dieser Begriffe einzuprägen.

Vor dem Auftauchen der Objekte existierte nur nichtduales, grenzenloses Bewusstsein, ohne Unterteilungen, ohne Teile. Etwas, das grenzenlos ist, muss alles sein können, denn wenn es etwas gäbe, was es nicht sein könnte, wäre dies Ausdruck seiner Begrenzung. Daher sagen die Schriften, dass Bewusstsein allmächtig ist. Diese Formulierung ist etwas problematisch, da Macht Dualität impliziert. Aber es ist genau der Kontext der Dualität, in dem diese Aussage ihren Sinn erhält. Die Bewusstsein innewohnende Macht zu erschaffen wird *maya* genannt. Es ist wichtig, die verschiedenen Bedeutungen von *maya* zu verstehen, um dem Rätsel der Existenz auf die Spur zu kommen.

Als Erstes müssen wir verstehen, dass sich die Macht von *maya* auf die Schöpfung beschränkt. Wir müssen diesen kleinen verbalen Umweg nehmen, da die meisten Menschen an Gott denken, wenn sie „Schöpfer" hören. Du kannst jedes beliebige Wort verwenden, wenn du auf den Schöpfer verweisen möchtest, aber wenn dein Denken in Einklang mit der Realität sein soll, musst du verstehen, dass Gott oder *maya* kein ‚Außerhalb-Sein' impliziert. Die weit verbreitete Vorstellung, Gott sei ein außerhalb der Schöpfung sitzendes Überwesen, das alles in seiner Hand hat, ist eine naheliegende, aber primitive Personifizierung der Wirklichkeit. Es ist wahr, dass *maya* erschafft, erhält und zerstört, aber nicht aus der Ferne. Es ist hier in dir, jetzt und jederzeit, und erschafft, erhält und zerstört die Objekte, die immerfort in dir erscheinen und vergehen.

Weiterhin müssen wir verstehen, dass *maya* zwar die Ursache der gesamten Schöpfung ist, aber nur ein winziger

Klecks im Gewahrsein. Die falsche Vorstellung, *maya* sei in der Lage, Gewahrsein zu verbergen, müssen wir überwinden. Dies sind schlechte Neuigkeiten für den Handelnden, der sich so gern bemühen möchte, Gewahrsein durch die Beseitigung innerer und äußerer Hindernisse zu entdecken. Doch das einzige Hindernis ist Ignoranz. All die anderen Dinge, die du beseitigen möchtest, existieren nur in deiner Vorstellung, und deine Vorstellung ist vollkommen von Bewusstsein abhängig; du kannst dir nichts vorstellen und nichts wissen ohne Bewusstsein. Dies zeigt, dass du mit Sicherheit etwas anderes bist, als die ‚Hindernisse', welche dich angeblich von dir selbst abtrennen, lange bevor du versuchst, ‚sie' loszuwerden oder zu überwinden. Wenn du weißt, wer du bist, sind deine ‚Hindernisse' ziemlich unbedeutend. Tatsächlich ist es eine sehr gute Neuigkeit, dass Gewahrsein nicht durch *maya* verdeckt ist und wir nur unsere Ignoranz überwinden müssen. Dies ist ein leichtes Unterfangen, vorausgesetzt, du bist qualifiziert und hast Vedanta und einen geeigneten Lehrer zur Verfügung.

Trotz all der Erscheinungen, die etwas anderes suggerieren, sagt uns die nicht-duale Perspektive, dass die Welt und alles, was sie beinhaltet – einschließlich unserer selbst – nichts anderes ist als Gewahrsein. Es ist wichtig zu verstehen, dass Gewahrsein nicht zur Schöpfung **wird**, wie etwa Milch zu Käse wird. Wenn Gewahrsein *maya* beleuchtet, erscheint die Schöpfung, doch Gewahrsein verändert sich nicht. Wenn Gewahrsein – in unserer Tradition nennen wir es *Ishvara*, du kannst es aber auch gerne Gott nennen – zur Welt würde, könnten wir es nicht mehr erkennen, weil es nicht mehr existierte.

Die Dualisten, sofern sie religiös sind, haben eine andere Vorstellung von der Schöpfung. Für sie sitzt Gott im Himmel und erschafft die Welt von dort, auf ewig unbefleckt von Seiner eigenen Schöpfung. Wir akzeptieren, dass *Ishvara* nicht berührt ist von Seiner Schöpfung, aber wir akzeptieren nicht, dass die Schöpfung *Ishvara* verbirgt und wir Ihn nur erkennen oder erfahren können, wenn wir nach dem Tod an den himmlischen Ort gelangen, an dem Er sitzt. Wir akzeptieren es nicht, weil wir ein anderes Verständnis davon haben, wie *Ishvara* – Bewusstsein in Verbindung mit *maya* – die Welt erschafft.

Unser Verständnis der Schöpfung beruht auf der Erkenntnis, dass die gesamte Schöpfung zerstört werden kann, ohne dass dabei irgendetwas gestört werden kann – außer Ignoranz. Um dich langsam dieser Vorstellung zu nähern, ist es hilfreich, dir den Zustand des Tiefschlafs vor Augen zu führen. In diesem Zustand gibt es keine Welt, und du bist vollkommen mit ihrer Nicht-Existenz im Reinen. Du bist voller Glückseligkeit. Es ist wichtig, das zu verstehen, damit du deinen Widerstand dagegen aufgeben kannst, dass Vedanta dir die Welt wegnimmt. Wir machen dich nicht zu einem Zombie.

Als Nächstes kannst du an den Traum-Zustand denken. In diesem Zustand bist du präsent, und eine ganze Welt erscheint, in der du funktionierst, als ob diese Welt real wäre. Tatsächlich gibt es für dich im Traum kein ‚als ob', denn für den Träumer ist der Traum die Realität. Erst wenn du erwachst, kannst du sehen, dass der Traum ein Traum war.

Ishvaras Schöpfung ist eine Traum-Schöpfung. Sie ist da, solange du in ihr bist, aber sie verschwindet, wenn du erwachst, sie ist wie ein Schatten, der vorbeizieht. Manche Menschen haben Erfahrungen in *Ishvaras* Traum, die als ‚Erwachen' beschrieben werden. Doch leider unterliegt diese Art des ‚Erwachens' einer schmerzlichen Ironie: Du erwachst in einem anderen Traum – dem Traum, dass du erwacht bist. Befreiung ist viel mehr als Erwachen. Es ist das Erwachen vom Erwachen, denn das ‚du', welches erwacht ist, hat niemals geschlafen. Das wahre Erwachen ist nicht die Erfahrung des Erwachens. Es ist überhaupt kein Erwachen. Es ist schlicht und einfach Selbst-Erkenntnis.

Der makrokosmische Geist und die drei *Gunas*

Ishvaras Schöpfung, der Makrokosmos, ist also eine Projektion, ein Traum. Von *Ishvaras* Standpunkt aus betrachtet, ist es ein angenehmer Traum, schön und intelligent. Wir nennen *Ishvaras* Traum Ignoranz, nicht weil *Ishvara* ignorant ist, sondern weil dieser Traum so faszinierend ist, dass wir ihn für real halten und zulassen, dass er *Ishvara* vor uns verbirgt. *Ishvara* ist Gewahrsein plus reines *sattva*. Reines *sattva* ist Gewahrsein in der Form einer speziellen Substanz, die Wissen ermöglicht. Die gesamte Schöpfung ist intelligent gestaltet. Sie besteht aus Wissen. *Ishvara* ist Gewahrsein mit all dem Wissen, welches für die Schöpfung benötigt wird. *Ishvara* ist Baum-Wissen, Tier-Wissen, Materie-Wissen und Geist-Wissen – das Wissen von allem. Aber Wissen allein macht noch keine Schöpfung, *Ishvara* benötigt auch eine

Substanz, aus der all die Objekte der Schöpfung hergestellt werden können. Da die Realität nicht-dual ist, muss auch diese Substanz von *Ishvara* kommen. Es ist *tamas*, Materie. *Tamas* ist nicht bewusst, kann sich selbst also nicht transformieren. Auch *sattva*, Wissen, allein kann Materie nicht in all die Formen verwandeln, also erkannte *Ishvara* den Bedarf an einer weiteren Kraft, und *rajas* erschien. *Rajas* ist die Kraft des Verlangens, die *Ishvara* ermöglicht, all die Formen der Schöpfung gemäß Seinen Vorstellungen und Wünschen zu erschaffen und zu zerstören.

Der gesamte Prozess geschieht in *Ishvaras* Geist innerhalb eines einzigen Augenblicks – bevor überhaupt das erste Objekt in Gewahrsein erscheint. *Ishvara* hat nicht Millionen von Jahren in Seinem Himmel gesessen und darüber nachgedacht, ob Er überhaupt eine Schöpfung möchte und wie diese zu bewerkstelligen sei. Er hat nicht jahrtausendelang über das Konzept von *maya* gebrütet, Sich die *gunas* ausgedacht, die Elemente hervorgebracht und mit einem großen Knall die materielle Welt erschaffen. Und Er hat nicht vom Himmel aus die Evolution beobachtet und auf die *jivas* gewartet, die bewussten menschlichen Wesen, um Sich dann köstlich über ihre Machenschaften zu amüsieren. Nichts davon. Die gesamte Schöpfung ist ein Gedanke, und wie jeder Gedanke manifestiert er sich in einem einzigen Augenblick.

Es mag einige Zeit dauern, bis dein Geist diese Vorstellung verdaut hat, denn sie steht in völligem Widerspruch zu den Konzepten, mit denen dir sowohl die Wissenschaften als auch die Religionen die Schöpfung erklärt haben. Doch wenn du deinen Geist konsequent den Vedanta-Lehren aussetzt, wirst du schließlich verstehen, was wir meinen, wenn wir von der Schöpfung als einem bloßen Gedanken sprechen, einer Projektion in dir, Gewahrsein.

Die drei *gunas* sind nur ein Teil des Schöpfungsprozesses. Wir stehen noch am Anfang der Erklärung. All das bisher Beschriebene geschieht, noch bevor ein ‚du', ein ‚ich', eine Welt erscheint. Mit der Entstehung der Idee der drei *gunas* befiel Ishvara auch die Idee der Fünf Elemente. Diese sind Luft, Feuer, Wasser, Erde und Äther (leerer Raum). Uns braucht hier nicht zu beschäftigen, wie die Fünf Elemente mit den *gunas* in Beziehung stehen. Wir sind hier nur an Befreiung interessiert, und dafür liefert dieses Thema keinen Mehrwert. Die Fünf Elemente sind gewissermaßen die Urelemente, aus denen sich alle anderen Elemente und Objekte herausbilden. Wenn wir an die Elemente denken, dann denken wir an materielle, greifbare Dinge. Aber der Geist *Ishvaras* ist reines Bewusstsein, formlos und nicht fühlbar. Damit Er Sich also in eine materielle und greifbare Welt transformieren kann, wird noch ein Zwischenschritt benötigt. Die ersten Objekte, die erscheinen, sind Feinstoffliche Elemente in ihrer reinen Form – sie werden *tanmatras* genannt. Sie kombinieren und rekombinieren sich nach einer bestimmten Formel *(panchikarana)*, wodurch sie die greifbaren, materiellen Elemente hervorbringen, aus denen schließlich das gesamte *mandala* der Existenz entsteht.

Wenn du in Ruhe darüber nachdenkst, wirst du nicht umhinkönnen, eine tiefe Wertschätzung für die Schöpfung zu empfinden, für diese systematische und äußerst intelligent gestaltete Matrix. Es ist ein vollkommenes Universum physischer, psychologischer und moralischer Gesetze.

Die drei Körper

Die *gunas* und die Elemente existieren alle innerhalb eines grundlegenden Musters unsichtbarer Gitternetzlinien, die das gesamte Feld des Bewusstseins strukturieren, das wir Schöpfung nennen. Ich nenne es auch das *mandala* der Existenz oder das *dharma*-Feld.

Obwohl es ein wunderschön gestaltetes, intelligentes *mandala* ist, ist es auf eine sehr logische Weise in drei ‚Körper' unterteilt. Diese Körper gehören zu *Ishvara* in seiner Funktion als Schöpfer. Wie wir bereits gesehen haben, ist *Ishvara* ohne die Fähigkeit zu erschaffen körperlos und wird *Paramatma* genannt, reines unerschaffenes Bewusstsein. Das Sanskrit-Wort *sharira* (Körper) bedeutet ‚das, was Veränderung unterworfen ist'. Auch wir haben drei Körper, die den Körpern *Ishvaras* entsprechen. Unsere Körper sind in Wahrheit *Ishvaras* Körper, wir glauben nur, sie gehörten uns. Später werden wir die Identität von Individuum (*jiva*) und *Ishvara* darlegen, doch zunächst müssen wir ihre jeweiligen Eigenschaften unterscheiden. *Ishvaras* Wissen ist grenzenlos, unser Wissen ist begrenzt. Seine Kräfte sind grenzenlos, unsere Kräfte sind begrenzt. Sein Verlangen ist grenzenlos, unseres begrenzt.

Es sind die Ideen, die im Bewusstsein schlummern, die all das ermöglichen, was wir erfahren. Daher nennen wir sie den Kausalen Körper. In Bezug auf die Schöpfung sprechen wir von *Ishvaras* Kausalem Körper. Hervorgerufen durch *maya* ermöglicht er die gesamte Schöpfung. Wenn wir später die mikrokosmische Ebene beleuchten, werden wir auf den Kausalen Körper zurückkommen.

Der Feinstoffliche Körper besteht aus *sattva*. Er spiegelt, und zwar reines Gewahrsein. Reines Gewahrsein kannst du nicht sehen, und auch der Kausale Körper ist unsichtbar, er ist nur Potential. Man kann nicht genau sagen, was es ist, man kann nur aus seinen Effekten gewisse Rückschlüsse ziehen. Der Feinstoffliche Körper ist der Ort, an dem der Kausale Körper sich in Form von Gedanken und Gefühlen, Wahrnehmungen, Erinnerungen, Träumen, Begierden, Ängsten etc. manifestiert – all die Dinge, von denen du denkst, sie seien dein Leben. *Ishvaras* Feinstofflicher Körper ist die Gesamtheit all der scheinbar bewussten Wesen in der Schöpfung und all ihrer Gedanken.

Der Materielle Körper

Der Materielle Körper ist, nun ja ... der Materielle Körper. Er ist, wie auch der Feinstoffliche Körper, erfahrbar, daher kennen wir ihn gut. *Ishvaras* Materieller Körper umfasst all die Materie der Schöpfung, erschaffen aus *tamas*. Von den drei Körpern, aus denen sich das *mandala* der Existenz zusammensetzt, ist nur der Kausale Körper verborgen. Wir müssen noch einmal festhalten, dass diese ganze Struktur träge ist. Sie ist nicht bewusst und nicht lebendig. Doch wenn reines Bewusstsein diese Struktur beleuchtet, erwacht sie scheinbar zum Leben. Sie wird zu einem pulsierenden, kreiselnden Energiebündel, aufrechterhalten durch das Gesetz des *karma,* das ebenfalls von *Ishvara* hervorgebracht wurde, noch vor der Erschaffung des ersten Objekts.

Wir zweifeln nicht daran, dass dieser Traum, der sich bewegt und dreht und tanzt, als ob er lebendig wäre, real ist. Es ist einer der größten spirituellen Witze, dass er in Wirklichkeit nicht real ist. Er ist wie ein Karussell mit seinen bunt bemalten Pferden, die sich unentwegt im Kreis drehen und zu beschwingter Musik heben und senken. Was für ein Spaß! Aber dieser Traum ist ganz und gar ohne Leben. Er ist nur eine scheinbar lebendige Maschine. Was in ihm geschieht, ist nicht real. Es existiert, keine Frage, aber es ist nicht real. Es ist wahrhaft ein Traum!

Die Erkenntnis, dass das Leben ein Traum ist, löst gewöhnlich einen Schock aus. Wenn sie dich ereilt, hast du schon ein großes Stück des Weges zur Befreiung zurückgelegt. Das Selbst – du, Gewahrsein – ist real (*satya*), und *mayas* Projektion, die Welt, ist nur scheinbar real. Wir haben ein Sanskrit-Wort für das, was scheinbar real ist, das du dir merken solltest: *mithya.*

Es ist sehr in Mode zu behaupten, man sei erleuchtet. Die Leute sagen: „Ich bin Gewahrsein," als ob es ein spezieller Status wäre oder das letzte Wort in spirituellen Dingen. Wir sagen: „Große Sache, wer oder was ist nicht Gewahrsein?" Gewahrsein zu sein ist keine Leistung, es gibt keine andere Option. Du magst Erleuchtung als die Erkenntnis definieren („Ich bin Gewahrsein"), aber das ist nur das halbe Wissen. Die andere Hälfte, die der Selbst-Erkenntnis erst einen Sinn verleiht, ist das Verstehen von *mithya.* Wir haben schon früher gesagt, dass Befreiung vollständigem Wissen entspricht. Vollständiges Wissen umfasst nicht nur *satya*, es umfasst auch das Wissen von *mithya*!

Wenn wir über Befreiung sprechen, dann meinen wir damit die Fähigkeit, zwischen *satya* (real) und *mithya* (scheinbar real) zu unterscheiden, zwischen dem Gewahrsein und den Objekten, die in ihm erscheinen. Um das noch besser zu verstehen, gehen wir zurück zu der kausalen Stufe und sprechen noch einmal über *Ishvara* und *maya*. Aufgrund der drei *gunas* verfügt *Ishvara über* drei Kräfte: die Kraft zu verbergen (*tamas*), die Kraft zu projizieren (*rajas*) und die Kraft zu offenbaren (*sattva*). Diese Kräfte – oder Energien, wenn du diesen Begriff bevorzugst – durchdringen *Ishvaras* Feinstofflichen Körper.

Wenn die Welt projiziert wird, werden die Feinstofflichen Körper aller Wesen durch *tamas* eingetrübt. Aus diesem Grund wissen wir nicht, dass wir Gewahrsein sind, und akzeptieren stattdessen die fiktive Identität, die Mama und Papa – weil sie es auch nicht besser wussten – sich für uns ausgedacht haben. Wir blicken durch unsere Sinnesorgane und sehen dort draußen die Welt. Im gleichen Moment produziert *rajas* die Idee, dass diese Welt die Realität ist. Das Spiel des Lebens beginnen wir mit einem verdeckten Blatt: Wir wissen nicht, wer wir wirklich sind, halten die Person für wahr, die wir angeblich sind, und glauben die Welt, die wir sehen, sei real. Wir könnten darüber lachen, wenn es nicht gleichzeitig so traurig wäre. Aber was sollen wir tun? Es ist, wie es nun mal ist, und wir müssen uns damit auseinandersetzen. Vom Tag unserer Geburt an versuchen wir dieses Problem zu lösen. Aber erst wenn ein wenig *sattva* – die Kraft der Enthüllung – sich in uns manifestiert, beginnen wir die große Illusion zu hinterfragen.

Überlagerung

Aufgrund der beiden Kräfte *tamas* und *rajas* leben wir in Unkenntnis der wahren Natur der Realität. Unser ganzes Leben ist irregeleitet. Um die Vedanta-Terminologie zu verwenden: Wir ‚überlagern' das, was real ist, mit etwas, das nicht real ist. Wir halten uns für den Feinstofflichen Körper und identifizieren uns mit all den Dingen, die in ihm auftauchen. Mit dieser Überlagerung gehen bestimmte Überzeugungen einher, die uns in unserer Verwirrung bestärken. Zum Beispiel – wir haben das bereits ausführlich diskutiert – glauben wir, dass das Glück in den Objekten liege. Wir denken, wir könnten bekommen, was wir schon haben, indem wir etwas Bestimmtes tun. Wir glauben, die Dinge, die uns glücklich machen, seien von Dauer. Wir verstehen nicht, warum das Gute und das Böse so nah beieinander liegen. Davon zu sprechen, dass wir überlagern, impliziere ein bewusstes, aktives Tun; tatsächlich geschieht es jedoch unbewusst, uns dafür schuldig zu fühlen ist daher völlig unnötig. Doch gerade dieses unangenehme Gefühl umfassender Schuld, dieses unkontrollierbare Gefühl von Unbehagen und Sorge – Christen nennen es die Erbsünde – ist das Resultat der Überlagerung. Es ist nicht dein Fehler, es ist allerdings dein Problem. Und es bleibt dein Problem, bis es dir gelingt, es mit Unterscheidungsvermögen zu überwinden.

Es gibt in unseren Schriften eine schöne Fabel, die den Vorgang der Überlagerung illustriert. Sie hilft dabei, dieses Konzept in deinem Geist zu verankern: Am Ende eines langen Tages kommt ein müder und durstiger Wanderer in ein kleines Dorf. Es dämmert bereits, als er den Brunnen der Siedlung erreicht, um endlich zu trinken. Er greift nach dem Eimer, der am Brunnen steht, als er eine große Kobra erblickt, die zusammengerollt neben dem Eimer liegt und ihren Kopf bedrohlich in die Höhe reckt, bereit zum Angriff. Der Wanderer erstarrt, voll Entsetzen. In diesem Moment erscheint ein alter bärtiger Mann, der ihn freundlich fragt, was denn los sei. Der Wanderer fleht ihn an: „Bitte bring mir einen Stock, damit ich die Kobra töten kann!" Der alte Mann schaut sich um. „Das ist keine Schlange", sagt er und bricht in Lachen aus, „es ist das zusammengerollte Seil, an dem wir den Eimer hinablassen."

Was geschah mit der Schlange, als der Wanderer die Wahrheit erfuhr? Sie löste sich auf. Sie besaß keinen realen Kopf, keinen Körper, keine Schlangenhaut. Sie war nur eine Projektion. Und wenn du verstanden hast, dass es ein Seil ist, kannst du die Schlange nicht wieder zurückbekommen. Sie wurde durch Wissen zerstört. Du kannst verstehen, warum du einem Irrtum erlegen bist und das Scheinbare für das Reale gehalten hast, aber du kannst die Schlange nicht wieder erschaffen. Das ist, was wir ‚unerschütterliches Wissen' nennen. Wenn sich Selbst-Erkenntnis Bahn gebrochen hat, kannst du dich nicht mehr mit deiner Lebensgeschichte identifizieren. Du lebst fortan frei von ihr.

Die Geschichte illustriert, wie die Schöpfung durch Ignoranz erschaffen wird. Es ist aber auch von Bedeutung, dass sie im Zwielicht der Abenddämmerung spielt. Wäre der Mann am helllichten Tage an den Brunnen gekommen, hätte er niemals eine Schlange zu sehen glauben können. Auch wir Menschen leben in einer Grauzone. Aber sobald du vollständiges Wissen über die Realität gewonnen hast, kannst du dich nicht mehr mit deinem Feinstofflichen Körper verwechseln, mit der Person und ihrer Geschichte. Wäre der Wanderer in dunkler Nacht zum Brunnen gegangen, hätte er ebenfalls keine Kobra gesehen. Wenn du vollkommen ignorant bist, wie ein Tier, kann kein Zweifel in Bezug auf deine wahre Natur aufkommen. Nur im Zwielicht, wo Wissen und Ignoranz nah beieinander liegen, kannst du die Grenzenlosigkeit deines eigenen Selbst mit der Idee von Individualität überlagern. Nur im Zwielicht der scheinbaren Realität – in der von *maya* erzeugten Projektion – kann Überlagerung geschehen; nur dort ist so schwer zu erkennen, was tatsächlich geschieht.

Ein weiterer interessanter Aspekt dieser Fabel ist das Symbol des alten Mannes. Er repräsentiert Vedanta, er ist dein Freund und Helfer. Vedanta ist Erforschung, es entfernt die Projektion, die dein Leiden verursacht, indem es dir deine Natur als Gewahrsein enthüllt. Wenn du die unter der Projektion liegende Realität erkennst, verschwindet deine existentielle Angst. Zwar kann es sein, dass die Effekte der Ignoranz noch eine Zeit lang aktiv bleiben und erst allmählich verblassen, aber das Wissen wird seine Wirkung entfalten.

Überlagerung ruft unerwünschtes Leiden hervor. Es hat keinen Sinn zu glauben, irgendeine spezielle Erfahrung könne dieses Problem für uns lösen. Ignoranz und Projektion sind so tief verankert, dass es ein hartes Stück Arbeit ist, dich von den Objekten, die in dir erscheinen, zu separieren. Es ist harte Arbeit, weil sich die Verwirrung so natürlich anfühlt. Seit unserer Kindheit leben wir unser Leben, ohne je wirklich an der Oberfläche zu kratzen, und jetzt sollen wir gerade die Annahmen in Frage stellen, auf denen unsere Identität beruht.

Wie funktioniert Überlagerung in unserem Alltag? Ganz einfach. Es gibt niemanden, der nicht immer wieder sagt: „Ich denke, ich fühle, ich tue." Alle drei Aussagen sind geeignete Beispiele für Überlagerung. Warum ist es ignorant, solche Aussagen zu tätigen? Weil es nur ein nicht-duales ‚ich' gibt, nur ein bewusstes Wesen – Bewusstsein, das keinen Körper hat und keinen Geist, also nicht denkt, nicht fühlt und nicht handelt. Denken, Fühlen und Handeln gehören zu *mithya*, zur scheinbaren Realität. Sie gehören zum Feinstofflichen Körper, von dem du – nichtduales Bewusstsein – immer frei bist. Wenn wir sagen, dass du frei bist von etwas, dann meinen wir damit, dass es von dir verschieden ist. Warum ist es von dir verschieden? Weil du es erkennst und du nicht sein kannst, was du erkennst. Was du erkennst, ist du, aber du bist nicht es. Du bist der Erkennende.

Der Feinstoffliche Körper ist der Ort, an dem Erfahrung stattfindet. Sie findet nicht in Gewahrsein statt. Sie erscheint in Gewahrsein, so wie ein Traum, wenn du schläfst, aber Erfahrung berührt Gewahrsein in keiner

Weise. Wenn du denkst, etwas sei dir widerfahren, dann zeigt sich darin nur dein mangelndes Unterscheidungsvermögen. Du verwechselst dich mit dem Erfahrenden, dem Feinstofflichen Körper; denn nur ihn betrifft Erfahrung, nicht dich. Daher führt die Idee, den Erfahrenden von Anhaftungen zu lösen, auch nicht zur Befreiung. Der Erfahrende ist immer an Erfahrung gebunden, das ist sein Sinn und Zweck. Befreiung ist vielmehr das Verstehen, dass du nicht der Erfahrende bist, sondern Gewahrsein, der nicht-erfahrende Zeuge. Wenn du diese Wahrheit klar erkannt hast, endet das Leiden. Es gibt dann keinen Grund mehr, den Ereignissen, die dein Leben ausmachen, mentale oder emotionale Irritationen hinzuzufügen.

Der Feinstoffliche Körper – ‚Ich'

Wenn wir jetzt fortfahren, werden wir für eine Weile so tun, als ob der Feinstoffliche Körper und die Welt, in der er lebt, real wären. Diese Sichtweise ist ja schließlich der Ausgangspunkt unserer Forschungsreise. Anstatt diese Welt einfach nur als ‚nicht real' zu negieren und uns aufzufordern, sie zu transzendieren, holt uns Vedanta verdienstvollerweise dort ab, wo wir sind. Geduldig kommt es zu uns in unseren Traum und führt uns Schritt für Schritt aus der Unwissenheit heraus.

Es gibt eine Reihe von Dingen, die wir über den Feinstofflichen Körper wissen sollten. Seine Funktionen gehören nicht zu *maya* oder zu Gewahrsein, sie gehören ausschließlich zu ihm. Innerhalb eines Augenblicks projiziert *maya* die

Schöpfung und bedeckt sie mit Ignoranz. Gewahrsein ist der Teil von dir (nicht das es wirklich ein Teil wäre), der sich niemals verändert. Mühelos beleuchtet es die Aktivitäten des Feinstofflichen Körpers. *Maya* und Gewahrsein sind recht leicht zu verstehen. Der Feinstoffliche Körper ist komplexer, mechanischer.

ZWEIFEL

Die erste Funktion, die zum Feinstofflichen Körper gehört, ist Zweifel. Wenn etwas geschieht, entsteht in dir unmittelbar ein Zweifel, wie du reagieren sollst. Jeder zweifelt. Wir zweifeln, wo wir leben sollen, was wir tun sollen, ob wir uns verlieben werden, und wir zweifeln, wer wir sind. *Ishvara* war tatsächlich sehr freundlich, als Er uns diese Funktion zur Verfügung stellte. Er muss gewusst haben, dass Er beschützt werden muss, wenn Er hier als Feinstofflicher Körper – als lebendes Wesen – auftaucht, denn in einem Traum ist nichts von Dauer und nichts, wie es scheint. Damit du in diesem Traum funktionieren kannst, musst du Dinge in Frage stellen. Wer alles nimmt, wie es auf den ersten Blick erscheint, und keine Fragen stellt, wird sich ständig Ärger einhandeln.

Wenn du zum Beispiel einsam bist und auf einer Dating-Seite die Profile potenzieller Kandidaten studierst, um den passenden Lebenspartner zu finden, dann wärst du ein ziemlicher Idiot, wenn du alles glaubtest, was dort steht. Es mag ja sein, dass hier und da clever einige Wahrheiten eingestreut sind. Doch mit Sicherheit ist vieles übertrieben und einiges wahrscheinlich glatt gelogen. In diesen intimen persönlichen Ränkespielen wird geschwindelt, was das Zeug hält, denn die Menschen sind voller Ängste und Begierden, und die Wahrheit ist nicht immer besonders verlockend. Sie wollen etwas bekommen, also zeigen sie sich im besten Licht. Das ist ja auch verständlich, aber wehe dem, der all das für bare Münze nimmt. Ja, du sollst, wie es in einem Sprichwort heißt, auf Gott vertrauen, aber zuerst dein Kamel anbinden.

Wenn du den Fernseher einschaltest und der Mann in der Werbung sagt, er habe den perfekten Deal für dich, dann bedeutet das in Wirklichkeit, dass er den perfekten Deal für sich hat. Wir denken gerne, dass wir bedingungslos vertrauen sollten, aber das ist ein Fehler. In allen weltlichen Dingen sind Zweifel angebracht. Allerdings nur bis zu einem gewissen Punkt. Denn es ist auch wichtig, sich nicht in sein Zweifeln hineinzusteigern. Wenn das Zweifeln überhandnimmt, wird es ‚Zaudern' genannt. Zauderer sind niemals zufrieden. Zweifeln ist gesund, aber du musst auch in der Lage sein, deine Zweifel zu klären und aufzulösen.

Überwinde den Zweifel und handle!

Damit du einen Zweifel auflösen kannst, musst du in der Lage sein, Informationen zu verarbeiten. Wieder schickt uns *Ishvara* Hilfe. Er entwickelte den Intellekt. Der Intellekt ist der Feinstoffliche Körper in seiner untersuchenden, unterscheidenden und bestimmenden Funktion. Der Feinstoffliche Körper ist sehr geschmeidig, er kennt viele

Tricks. Seine Aufgabe ist es, die relevanten Informationen herauszufiltern, einen Entschluss zu treffen und dem Ego, dem Handelnden, zu sagen, was zu tun ist, sowie die der Handlung angemessenen Emotionen zu erzeugen, damit du richtig auf die Situation reagieren kannst. Es ist deine Pflicht, dein *dharma*, in angemessener Weise auf alles zu antworten, was dir begegnet.

Woher aber werden die Informationen kommen? Gerade hat jemand „Ich liebe dich" zu dir gesagt. Dein Intellekt kann nicht einfach ein Smartphone aus der Tasche ziehen, online gehen und ‚Was tue ich, wenn jemand zu mir sagt, er liebe mich?' googeln. Deine Reaktion wird von deiner Konditionierung abhängen. Wenn du so eine Situation noch nie erlebt hast, wirst du dich vielleicht räuspern und herumdrucksen oder völlig aus der Fassung geraten und gar nichts sagen. Wenn du in Liebesdingen ein alter Hase bist und deinen Verehrer ermutigen möchtest, wirst du sagen: „Ich liebe dich auch." Du magst sogar „Ich liebe dich auch" sagen, wenn du so eine Situation noch nie erlebt hast, weil du eine ähnliche Situation im Fernsehen gesehen hast oder dir ein Freund berichtet hat, wie er das sagte. Wie auch immer du dich verhältst, deine Konditionierung wird dir den Weg weisen. Wenn du sie oder ihn nicht liebst, die Situation aber ausnutzen möchtest, wirst du lügen, weil dies deiner Programmierung entspricht. Wie immer deine Konditionierung aussieht: Sie ist im Kausalen Körper gespeichert, wie wir noch sehen werden.

Der Intellekt entscheidet also, was zu tun ist. Das Wissen, dass der Intellekt vom Kausalen Körper bezieht, transformiert den Feinstofflichen Körper augenblicklich in einen Handelnden – tatsächlich ist es nur ein Gedanke – und erzeugt die Emotionen, die benötigt werden, um die Handlungsorgane, Hände, Füße, Sprache, etc., zu aktivieren. Die ausgeführte Handlung führt zu einer neuen Situation, die wiederum eine neue Reaktion erfordert. So folgt Situation auf Situation, Handlung auf Handlung. Und immer weiter, von morgens bis abends, Tag für Tag und Jahr für Jahr, dreht sich das Rad des Lebens, der *maya*-Traum, von *Ishvara* in Schwung gehalten. Es gibt nicht viel, was du tun kannst, um das zu ändern, und das wenige, das du tun kannst, ist nicht frei von Fallstricken. Wir werden in Kürze darauf zurückkommen. Tatsächlich drehen sich fast alle folgenden Kapitel dieses Buches nur noch um das, was du tun kannst. Aber vergiss nicht: Wenn du ausreichend qualifiziert bist, gibt es gar nichts zu tun, dann benötigst du nur das Wissen. Solange du nicht bereit bist, die Idee aufzugeben, ein Handelnder zu sein, wirst du in den monotonen Zyklen des Lebens gefangen bleiben. Darum müssen wir *Ishvara* sowohl mit *maya* als auch ohne *maya* erörtern. Wenn du das Prinzip einmal verstanden hast, wird es leicht, den Handelnden aufzugeben.

All das, was den Feinstofflichen Körper ausmacht, Gedanken, Gefühle und *karma*, gehört ihm und bleibt bei ihm. Es gehört nicht zu dir, Gewahrsein. Vedanta ist nicht nur das passive Wissen, welches das Suchen beendet, es ist auch die geschickte Anwendung dieses Wissens auf den Feinstofflichen Körper. Indem du es anwendest, wirst du deine Neigung, dich als Suchender zu fühlen, unterbinden. Zweifelsohne wirst du dieses Wissen auch noch benötigen, wenn dein Suchen beendet ist, denn die Effekte der Ignoranz – unnötige Begierden und Ängste – bestehen fort. Der Intellekt, der in einer normalen, spirituell nicht entfalteten Person mit der Unterscheidung zwischen Objekten befasst ist, bekommt dann die Aufgabe, sich auf die Unterscheidung zwischen dem Selbst und den Objekten zu fokussieren, die in ihm erscheinen.

Wenn du all das, was wir bisher gesagt haben, so verstanden hast, wie es gemeint war, dann hast du all das Wissen, das du für deine Befreiung benötigst. Du könntest dieses Buch zur Seite legen und fortfahren, das Leben zu leben, das du bisher gelebt hast. Es ist aber besser, diese Option nicht zu wählen, denn aus einem Grund, den wir jetzt kennenlernen werden, liegt noch einiges an sinnvoller spiritueller Arbeit vor dir.

Die Saat – *vasanas*

Das Konzept der *vasanas* ist bedeutsam, weil es dir hilft, deine Verbündeten und deine Feinde auf dem Schlachtfeld des Lebens zu identifizieren. Wenn du deine Vollkommenheit ignorierst, wirst du nach Objekten streben, von denen du glaubst, dass sie dich vervollständigen. Gewissen Dingen wirst du hinterherjagen, von anderen wirst du dich fernhalten. Angst und Begehren motivieren deine Handlungen. Wenn du aus einem Begehren heraus handelst, das aus einem Gefühl des Mangels (Angst) gespeist wird, dann wird die Handlung eine sehr subtile Spur in dir hinterlassen, ohne dass du dir dessen bewusst bist. Diese unsichtbaren Folgen, dieses nicht wahrnehmbare Resultat bezeichnen wir mit dem Sanskrit-Wort *vasana*, das so viel bedeutet wie „Duft“ oder „Spur“. Es ist wie der leichte Duft einer Blume, den du nicht wahrnimmst. Mein Lehrer nannte sie ‚die Fußabdrücke deiner Taten‘. Du läufst den unberührten Strand deines Lebens entlang und hinterlässt eine Fußspur im Sand. Die Spur ist hinter dir, daher siehst du sie nicht. Doch sie ist da, und sie wird zu dir zurückkommen. Die *vasanas* sammeln sich im Kausalen Körper, der auch ‚Saat-Körper‘ genannt wird, weil er dein Denken, Fühlen und Tun verursacht.

Wenn du zum Beispiel schönen, genussvollen Sex hattest, dann ist er zwar physisch beendet, wenn er vorbei ist, aber er ist nicht wirklich ‚vorbei‘. Niemand, der Sex genossen hat, hatte ihn nur einmal. Du magst eine Weile anderen Dingen nachgehen, aber es wird der Moment kommen, an dem du dich danach zurücksehnst. Wenn der Sex dich vollkommen gemacht hätte, hättest du kein Interesse mehr daran. Da du dich jedoch weiterhin unvollständig fühlst, hast du Interesse. All die unterschiedlichen Begierden und Ängste, die verborgen in uns schlummern und die von Zeit zu Zeit zutage treten, sind unsere *vasanas.* Wenn du eine negative Erfahrung machst, wirst du bestrebt sein, diese Art von Erfahrung in Zukunft zu vermeiden. Sehr vereinfacht können wir sagen, dass die Summe deiner *vasanas* deiner Konditionierung entspricht, deinen Tendenzen und Neigungen, den Objekten und Aktivitäten, die dich anziehen oder abstoßen.

All das, was sich in dieser scheinbaren Realität bewegt, ist von *vasanas* getrieben. *Vasanas* sind die Samen, das Wissen, welches die gesamte Schöpfung in Gang hält. *Ishvara* hat sie erfunden. Nichts rührt sich ohne sie. Ein *vasana* ist weder gut noch schlecht. Es mag dich in eine angenehme Situation führen, dann ist es gut. Dasselbe *vasana* kann aber auch unangenehme Resultate haben.

Ein *vasana* ist der Impuls einer vergangenen Handlung, eine Tendenz, die Handlung zu reproduzieren. Es ist ein technischer Begriff. Ich sage das, um der Idee, *vasanas* seien negativ, zu begegnen. Diese Idee hat einer unsäglich frustrierenden Erleuchtungs-Vorstellung Auftrieb gegeben: Erleuchtung sei erreicht, wenn alle *vasanas* aufgelöst sind. Vergiss es. Auch erleuchtete Menschen haben *vasanas*. Solange du lebst, hast du *vasanas*. Wenn die *vasanas* versiegen, bist du tot.

Es ist weder falsch noch richtig, ein bestimmtes Verhalten zu wiederholen. Doch abhängig davon, was du erreichen möchtest, gibt es günstige und ungünstige Gewohnheiten. Als unterscheidungsfähige spirituelle Forscher sind wir nicht primär an dem Verhalten an sich interessiert[13], sondern vor allem an der einem Verhalten zugrunde liegenden Psychologie. Wir können dabei feststellen, dass unser unkonstruktives Verhalten überwiegend durch Angst getriggert ist, durch ein Empfinden von Mangel.

Es ist natürlich, ein *vasana* für Nahrung zu haben. Es ist *Ishvara*, der den Körper erhält. Ich esse, um zu leben. Wenn ich aber dazu tendiere zu essen, um mich zu beruhigen, wenn ich emotional aufgewühlt bin, wird das *vasana* zu einem Problem. Es verdeckt jetzt die wirkliche Ursache; ich lebe, um zu essen. Wenn mein Geist klar ist, kann ich sehen, dass ich Nahrung dazu nutze, ein Problem zu lösen,

13 Das heißt natürlich nicht, dass es nicht sehr wohl ein Verhalten gibt, das vollständig tabu sein sollte. Dies ist jedes Verhalten, das universelle Normen verletzt, wie körperliche Gewalt, Betrug oder Diebstahl.

das durch Essen nicht gelöst werden kann. Ich kann mich der wahren Ursache zuwenden. Wenn mein Geist aber verwirrt ist und Essen mir – zumindest kurzfristig – bei der Bewältigung meiner Emotionen zu helfen scheint, werde ich es zu einer Strategie erheben. Wenn ein *vasana* immer wieder reproduziert wird, dann wird das damit verknüpfte Verhalten zur Gewohnheit. Die Freiheit, sich anders zu verhalten, schränkt sich immer weiter ein. Unsere Reaktionen im Leben erfolgen dann nur noch gewohnheitsmäßig; Stumpfsinn macht sich breit. Es ist nicht angenehm, wenn die *vasanas* mich zu einem Roboter machen. In diesem Stadium wird das Verhalten zwanghaft und entwickelt sich zur Sucht. Wir sprechen bei dieser Form von Begierden und Anhaftungen von ‚bindenden' *vasanas.* Wenn es so weit kommt, dann isst du nicht die Nahrung, sondern die Nahrung isst dich.[14]

Für Menschen, die zwanghaft oder süchtig sind, ist Vedanta nicht geeignet, jedenfalls so lange nicht, bis sie mit ihrer Sucht wirklich den absoluten Tiefpunkt erreicht haben. Tiefpunkt heißt, dass ihnen jeder Antrieb verloren gegangen ist, ihre Sucht zu verteidigen, und dass ihr Verlangen, die Sucht zu besiegen, nicht mehr nur halbherzig, sondern wirklich brennend geworden ist. Wenn ein Süchtiger noch nicht ganz unten angekommen ist, wird er nicht offen sein für die spirituelle Lösung. Er mag von Freiheit sprechen, wird aber sein Verhalten fortsetzen und dadurch nicht in der Lage sein, sich dem fundamentalen Problem zu stellen: fehlender Selbst-Erkenntnis. Aus diesem

14 Essen ist natürlich nur ein Beispiel, es repräsentiert jede Verhaltensweise, die wir reproduzieren, um uns gut zu fühlen.

Grund heißt es in unseren Schriften, dass „der Weise nicht den Geist des Ignoranten erschüttern soll." Es ist Zeitverschwendung, diejenigen zu belehren, deren Geist im Bann bindender *vasanas* steht. Ihr Geist gehört nicht mehr ihnen, er gehört den *vasanas*. Wenn du zum Beispiel einen Abend mit einem Betrunkenen verbringst, kann eure Unterhaltung wirklich reizend oder sogar bedeutungsvoll sein, wenn du aber am nächsten Tag versuchst, auf dieser Unterhaltung aufzubauen, wirst du feststellen, dass es nicht funktioniert. Die Person mit der du heute sprichst, ist nicht dieselbe Person, mit der du am Abend zuvor gesprochen hast. Tatsächlich hast du auch an der Bar nicht mit dieser Person gesprochen, sondern nur mit dem Alkohol-*vasana*.

DHARMA

Du kannst dir ein bindendes *vasana* wie eine tiefe Furche oder eine Schlucht im Kausalen Körper, im Unbewussten, vorstellen, in die der Fluss des Bewusstseins gezwungen wird. Im Kapitel über die Qualifikationen haben wir bereits den Begriff *svadharma* definiert und erörtert. Jetzt kommen wir darauf zurück. Wir alle existieren im Geist *Ishvaras* als bewusste Wesen, und innerhalb dieser Klasse gehören wir zu den menschlichen Wesen, die sich wiederum in viele unterschiedliche Typen unterteilen. Jeder menschliche Typus ist ein Ast am Baum des Lebens – der *Ishvaras* Geist ist – und die Rollen, die jeder Typ ausfüllt, sind die Zweige.

Unter *svadharma* verstehen wir deine relative Natur, den Typ Mensch, der du bist. Die Astrologie und das Enneagramm sind Versuche, die verschiedenen Typen zu beschreiben. Wir respektieren, was diese Typologien über Personentypen sagen (soweit Personen real sind), aber wir interessieren uns nicht für die Details. Wenn dein höchstes Ziel darin besteht, herauszufinden, was für ein Mensch du bist, dann ist Vedanta nichts für dich. Zwar hast du eine bestimmte konditionierte Identität als Person, diese zu kennen löst jedoch nicht dein existenzielles Problem. Im Gegenteil, zu glauben, eine einzigartige Person zu sein, ist das größte Problem überhaupt.

Dies bedeutet nicht, dass deine relative Natur, dein *svadharma*, getrennt ist von deiner wahren Natur als Gewahrsein. Wenn du deine relative Natur nicht kennst, wird dein Verhalten nicht im Einklang mit ihr sein, was wiederum deinen Geist verunsichert. Wenn dein Geist unruhig ist, wirst du nicht verstehen, wer du wirklich bist. Wir müssen unser *svadharma* also kennen und ihm gemäß leben – und gleichzeitig wissen, dass dies nicht unser wirkliches Ziel ist. Wir werden in Kapitel 9 darauf zurückkommen.

Eine Cluster-Bildung mehrerer *vasanas* nennen wir *samskara*. Sie sind verantwortlich für die Rollen, die wir einnehmen, und sind das Gewebe unserer relativen Natur. Menschliche Wesen sind, anders als Tiere, sehr komplex. Tiere sind nur eine Ansammlung einiger weniger rudimentärer *vasanas*. Auch wenn Tierfreunde alle möglichen erstaunlichen Fähigkeiten auf Tiere projizieren, so umfasst deren Programmierung doch kaum mehr als Futter-, Schlaf- und Fortpflanzungs-*vasanas*. Wenn ich ein

Affe bin, werde ich mich nicht wie ein Hund verhalten. Hunde, Katzen oder Vögel sind jeweils unterschiedliche Programme, *samskaras*. Um auf unsere Schlucht-Metapher zurückzukommen: Tiere sind wie ein Fluss in einem kleinen Tal mit ganz wenigen Zuflüssen. Auch eine Mikrobe ist ein *samskara*. Es ist ein sehr einfaches Programm, ein winziges Rinnsal ganz ohne Zuflüsse. All diese Tier-Wesen folgen ihrem *svadharma* ohne jede Einschränkung; sie sind dem, was sie sind, wahrhaft treu.

Deine Natur – *Svadharma*

‚Menschliches Wesen' ist ein einzigartiges Programm. Tatsächlich sind wir nur Tiere mit der Fähigkeit, zu denken. Um im Bild zu bleiben: Wir sind wie ein breiter Strom, der sich aus vielen Flüssen speist, die wiederum eine Vielzahl kleinerer Zuflüsse haben. Was uns so komplex macht, ist unser Intellekt, die Fähigkeit zu denken und zu wählen. Dies impliziert, dass noch etwas anderes uns konditioniert, nicht nur einzelne *vasanas*. Ein anderer Zugang zu dieser Idee ist folgender: Warum geraten nicht alle Neugeborenen gleich? Warum wird die eine Wissenschaftlerin, der andere ein Musiker, die dritte Politikerin etc. Es scheint eine tiefere Kraft zu geben, die unsere Entscheidungen und die Handlungen, die aus ihnen folgen, determiniert.

Die Schöpfung selbst ist ein unermessliches großes Programm, sie umfasst Millionen bewusster Lebewesen mit jeweils ganz eigenen Programmen, die alle von *Ishvara* erschaffen wurden, damit sie dem großen Ganzen dienen. Alle bewussten Wesen teilen ein Leben. Solange jedes

Wesen seinem Programm folgt, gestaltet sich dieses Leben leicht und angenehm. Ein Baum verbraucht Kohlendioxid und erzeugt Sauerstoff, und alles ist gut. Der Vogel folgt seiner Vogel-Natur, und Schmetterlinge tun, was Schmetterlinge so tun, und das Leben geht seinen Gang. Den Menschen, so scheint es, wurden vielfältige Veranlagungen gegeben, damit sie bestimmte Funktionen zum Wohl des Ganzen ausführen.

Im System des Lebens sind die Menschen so etwas wie die Fliegen in der Suppe. Das heißt nicht, dass Menschen ‚schlecht' sind und aus einer sonst perfekten Schöpfung entfernt werden müssen. Es ist eben so, dass mit der Suppe auch die Fliegen kommen. Wir machen eine ansonsten wunderschöne, aber monotone Schöpfung interessant, weil wir einen Intellekt bekommen haben, die Fähigkeit, uns unserer selbst bewusst zu sein. Eine Kuh ist sich ihrer nicht bewusst, sie weiß nicht, dass sie eine Kuh ist. Kühe sind nur Bewusstsein, *Ishvara*, in einem bestimmten Körper, und folgen einem Programm. Sie werden nie Symphonien komponieren, die Veden lehren und Dinge wie Flugzeuge oder das Internet erfinden. Der Intellekt ist für jede Form von Kultur verantwortlich, er ermöglicht es, eine Sache einer anderen vorzuziehen. Dies wird ‚freier' Wille genannt. Von *Ishvaras* Standpunkt aus betrachtet, sind wir natürlich nicht frei, da Er es ist, der alles erschafft und kontrolliert. Doch auf der Ebene der scheinbaren Realität, der Matrix des Lebens, haben wir, die scheinbaren menschlichen Wesen, scheinbar einen freien Willen. Dieser freie Wille kann ein Segen sein, doch wenn wir uns dafür entscheiden, eine Idee auszuleben, die unserer relativen Natur entgegensteht, wird er zum Fluch. Freier Wille bedeutet eben auch, dass wir die Regeln brechen können, wenn uns der Sinn danach steht.

Wenn du die Natur eines Buchhalters hast, aber ein Dichter werden möchtest, wirst du scheitern. Wenn du die Natur eines Heiligen hast und versuchst, ein Verbrecher zu werden, oder homosexuell bist und versuchst, heterosexuell zu leben, wird es nicht gelingen. Wenn du die Natur eines Unternehmers hast und für einen geringen Lohn als Tankwart arbeitest oder wenn du ein Mann bist und versuchst, eine Frau zu sein, wirst du nicht glücklich sein. Wenn du eine Mutter bist und dich gegenüber deinen Kindern wie ein Kind verhältst, wirst du nicht zufrieden sein. In all diesen Fällen wendest du dich gegen dein *dharma*, gegen deine relative Natur. Dies erzeugt Leiden. Nur wenn du im Einklang mit deiner Natur lebst, kannst du glücklich sein.

Universelle Werte – *samanya dharma*

Wir nennen die Schöpfung auch das ‚*dharma*-Feld'. Es besteht aus physikalischen und psychologischen Gesetzen und konditionierten bewussten Wesen. Die Schöpfung besitzt auch eine moralische Dimension. Diese basiert auf der nicht-dualen Natur des Bewusstseins. Das bedeutet, dass es hier nur ein bewusstes Wesen gibt, welches als viele erscheint, und dass gewisse gemeinsame Erwartungen in die Schöpfung integriert sind, die sich alle aus dem primären *dharma* ‚nicht verletzen' ableiten. Diese universellen

Erwartungen oder Werte werden *samanya dharma* genannt[15]. Ich verletze dich nicht, weil ich weiß, wie es sich anfühlt, verletzt zu werden. Ich lüge nicht, weil ich nicht belogen werden möchte. Ich stehle nicht, weil ich wertschätze, was ich habe, und würdige, dass du wertschätzt, was du hast.

Samanya dharma ist Teil unseres menschlichen Programms; dieses dharma verletzt du auf eigene Gefahr. Manchmal nennen wir es ‚Gewissen'. Sogar Kriminelle haben es. Jeder Dieb sichert seine Beute. Auftragskiller tragen Waffen zum eigenen Schutz. Es gibt nicht wirklich jemanden, den man kriminell nennen könnte, denn da ist nur ein Selbst, das sich für unvollkommen hält und sich mit verletzendem, *adharmischem*[16] Verhalten identifiziert. *Adharmisches* Verhalten sind Handlungen, die den physikalischen, psychologischen und moralischen Gesetzen des *dharma*-Feldes zuwiderlaufen. *Svadharma* ist *Ishvara,* und *Samanya dharma* ist es auch. Wenn du dich dagegen wendest, wird es sich gegen dich wenden. Diesen Kampf wirst du nicht gewinnen, denn dein Gegner ist *Ishvara*, der kollektive Wille.

SITUATIVE ETHIK – *VISHESHA DHARMA*

Für bestimmte Personen scheint *dharma* die natürlichste Sache der Welt zu sein. In jeder Situation, in der sie zu reagieren gefordert sind, verhalten sie sich angemessen, nie

15 Die verschiedenen *dharmas* werden in Kapitel 9 ausführlicher beschrieben

16 *adharma* ist das Gegenteil von *dharma*. Die Vorsilbe ‚a' beschreibt in Sanskrit die Negation, *a-dharma* ist also Nicht-*dharma*.

verstoßen sie gegen die Regeln. Im Allgemeinen sind dies daher sehr gesunde und zufriedene Menschen. Wenn du *dharma* untadelig folgst, sammelst du eine positive Energie *(punya karma)* an, die dich immer begleitet und die du voll Selbstvertrauen ausstrahlst. Dein Leben wird einfach und erfolgreich. Umgekehrt ziehst du schlechte Energien auf dich, wenn du *dharma* brichst. Dies wird *papa karma* genannt. Du wirst unzufrieden, und deine Angelegenheiten verlaufen selten erfolgreich.

Leider ist es uns nicht gegeben, immer genau zu wissen, was die universellen Werte verlangen. Das Leben ist komplex und vielschichtig, und Situationen erscheinen in unterschiedlichen Grautönen, selten in Schwarzweiß. Manchmal ist sogar Gewalt nötig. Wenn du einen faulen Zahn hast, muss er durch einen gewaltsamen Eingriff entfernt werden. Schmerz wird Teil des Prozesses sein. Wenn eine unangenehme Wahrheit unnötig Gefühle verletzen würde, mag eine harmlose Lüge der richtige Weg sein. Wie wir *samanya dharma* interpretieren, wird *vishesha dharma* genannt, situative Ethik.

Alltägliche Ethik

Als wäre das Leben nicht schon komplex genug, gibt es unzählige Regeln, die unseren Alltag bestimmen: soziale, politische, wirtschaftliche und rechtliche *dharmas*. Sie zu verletzen mag kein Drama sein, aber du wirst in der Regel negative Folgen erleiden, wenn du es tust. Manchmal allerdings können die von Menschen aufgestellten *dharma*-Regeln, die normalerweise nicht auf den Prinzipien des nicht-dualen Bewusstseins beruhen, mit *samanya dharma* oder deinem *svadharma* im Widerspruch stehen. Dann musst du sorgfältig nachdenken und abwägen, bevor du handelst.

DHARMA DES KÖRPERS

Der physische Körper ist ebenfalls *Ishvara.* Er gehorcht den *dharmas*, die den Körper kontrollieren. Da der Geist, der für Erforschung und Verstehen benötigt wird, mit dem physischen Körper verbunden ist, sollen wir Dinge unterlassen, die dem *dharma* des Körpers entgegenstehen. Folgerichtig raten die Schriften von allen Handlungen ab, die den Körper verletzen: Alkohol, Drogen, körperliche Überanstrengung etc. Sie propagieren stattdessen Gewohnheiten, die Gesundheit fördern.

ANGEMESSENE REAKTION

Wie man dieser Diskussion über *dharma* entnehmen kann, ist das Leben in *Ishvaras* scheinbarer Realität ziemlich komplex. Es ist diese Realität, in der ich nach Glück suche. Das universelle *dharma* und *svadharma* sind integriert, aber nicht immer verfügbar, um meine Reaktion zu beeinflussen. Ist unklar, wie wir uns in einer bestimmten Situation verhalten sollen, greifen wir auf unsere Konditionierung zurück, unsere *vasanas.* Unsere Konditionierung kann *dharmisch* oder *adharmisch* oder eine Mischung aus beiden sein, sie entstammt der Welt, in der wir leben. Mein Leben ist nicht mehr als die Art und Weise, in der meine Konditionierung mit dem wechselwirkt, was in der scheinbaren Realität von Moment zu Moment geschieht. Wenn ich das Glück habe, in einer *dharma*-orientierten Gesellschaft aufzuwachsen, werde ich dankbar dafür sein, wie gut mein Leben in die Welt hineinpasst, die mich umgibt. Ich werde mich angemessen verhalten und entsprechend handeln. Wenn ich aber in einer auf Gier und Verlangen ausgerichteten Gesellschaft aufwachse, werden meine Ängste und Begierden mein Verhalten wesentlich bestimmen und mich allzu oft in Situationen führen, in denen ich nicht bekomme, was ich möchte. Wie gehe ich dann damit um? Suche ich den Konflikt, indem ich mich gegen die Erfordernisse der Situation wende, oder passe ich mich an?

Das Gesetz des *Karmas*

Ishvaras mandala der Existenz ist ein pulsierendes, kreiselndes Energiebündel. Das im Buddhismus verwendete Wort *anitya*, was so viel bedeutet wie ‚ständig im Wandel begriffen', ist in manchem Kontext hilfreich, aber hier greift es zu kurz. Wir haben bereits besprochen, dass sich dieses Energiebündel nicht aus eigener Kraft bewegt, sondern erst, wenn Gewahrsein es beleuchtet. Die Bewegung gehört weder zum Gewahrsein noch zum *dharma*-Feld.

Die Bewegungen, die in diesem Feld stattfinden (nichts findet außerhalb des Feldes statt), werden vom Gesetz des *karmas* regiert. *Karma* bedeutet ‚Tun'. Ein Blatt, das von einem Baum herabfällt, ist *karma*. Ein Gedanke ist *karma*, ein Gefühl ist *karma*. Das Gesetz des *karmas* steuert die

Bewegungen im *dharma*-Feld. Wenn eine Handlung durch ein *vasana* in Verbindung mit einem Feinstofflichen Körper angestoßen wird, wird diese Handlung eine Wirkung haben, denn alles ist mit allem verbunden. Das Gesetz des *karmas* ist eigentlich nicht schwer zu verstehen – abgesehen davon, dass man nie sicher sein kann, wie genau das Resultat einer bestimmten Handlung ausfallen wird. Nur in der materiellen Dimension des *dharma*-Feldes sind die Resultate ziemlich vorhersagbar. Wenn man z. B. Wasser erhitzt, wird es kochen, sobald eine bestimmte Temperatur erreicht ist. Die Spaltung eines Atoms löst eine bestimmte berechenbare Reaktion aus.

Karma selbst ist wertfrei, es ist Handlung und deren Resultate. Erst durch unsere Bewertung – ob wir ein Resultat mögen, nicht mögen oder es uns egal ist – erhält es eine Bedeutung. Für Tiere gibt es kein *karma*, denn sie bewerten nicht, was ihnen widerfährt oder was in ihrer Umgebung geschieht. Nur im Geist der Menschen wird eine Handlung zu *karma*.

Karma ist bedeutsam für uns, weil wir aus Unwissen über unsere unbegrenzte und vollkommene Natur bestimmte Erfahrungen und Objekte anstreben, von denen wir glauben, sie würden uns vervollständigen. *Karma* ist geeignet, etwas zu erschaffen oder etwas loszuwerden, etwas zu verändern oder zu verbessern oder etwas zu bekommen, was man nicht hat. Doch wenn die Erfüllung unserer Wünsche die Voraussetzung für unsere Zufriedenheit ist, werden wir leiden, da wir niemals wissen können, ob und wann wir bekommen, was wir möchten. Viele der Objekte, die wir begehren, sind nur begrenzt verfügbar, und wir stehen um sie mit anderen Individuen im Wettstreit. Und selbst wenn es uns gelingt, zu bekommen, wonach wir verlangen, bleibt doch die Tatsache bestehen, dass kein Objekt dauerhaftes Glück liefern kann.

Schnelles und langsames Denken

Maya erschafft die drei Körper und verleitet Gewahrsein dazu, zu denken, es sei ein begrenztes Individuum. In der nun folgenden Betrachtung setzen wir den Feinstofflichen Körper mit dem *jiva* gleich. Wenn du nicht weißt, dass du Gewahrsein bist, ist der Feinstofflichen Körper das, wofür du dich hältst. Damit wir verstehen, wie der Kausale und der Feinstoffliche Körper die Selbst-Erforschung beeinflussen, wollen wir uns die beiden und ihre Beziehung zueinander genauer betrachten.

Der Kausale Körper ist eine unpersönliche Kraft in Gewahrsein, er erschafft, kontrolliert und regiert alle Energien, Prozesse und Ideen, die unsere sogenannte Realität ausmachen. Wenn sich dir ein Objekt, z.B. ein Ereignis, präsentiert, löst es eine unmittelbare, anstrengungslose und automatische Reaktion im Kausalen Körper aus. Der Kausale Körper ‚denkt', aber nicht im Sinne einer Überlegung. Unter Berücksichtigung der äußeren Umstände und der individuellen Prägung (*samskaras*) versorgt er den Feinstofflichen Körper mit offensichtlich logischen und deutlichen Informationen, die die Reaktion des Feinstofflichen Körpers bestimmen. Je nach dessen Zustand wird die Information entweder klar verstanden und ruhig verarbeitet (*sattva*), ohne weitere Überlegung in eine Reaktion überführt (*rajas*) oder ignoriert (*tamas*). Kaum jemand ist sich darüber bewusst, dass der Kausale Körper für ihn denkt und sein Handeln programmiert. Der Feinstoffliche Körper geht davon aus, dass der Impuls, der seine Handlung bestimmt, aus ihm selbst entstammt.

Unbemerkt vom Feinstofflichen Körper verknüpft der Kausale Körper Informationen aus der Vergangenheit zu einer einigermaßen nachvollziehbaren Geschichte, die deine Identität und deine Sicht der Welt umfasst. Die Realität ist sehr komplex, und viele Dinge strömen auf uns ein, auf die wir reagieren müssen. Der Kausale Körper vereinfacht diese Komplexität zu einfachen Formeln, die der Feinstoffliche Körper verarbeiten kann. Anders als der Feinstoffliche Körper ist der Kausale Körper nicht anfällig für Zweifel. Kritiklos sammelt er Informationen aus einer gegebenen Situation und bewirkt eine unmittelbare Reaktion. Er hat einen Hang zum Drama und macht gern aus einer Mücke einen Elefanten. Ein kleiner Schnitt mit dem Küchenmesser in den Finger, und du schon denkst du, dass du ins Krankenhaus musst und vielleicht ... stirbst. Wie wir bereits gesagt haben, ist der Kausale Körper die Vorratskammer für die *vasanas*, die im Feinstofflichen Körper als Vorlieben und Abneigungen ihren Ausdruck finden. Der Kausale Körper ‚liest' auch die Kausalen Körper anderer Menschen, ihre ‚Ausstrahlung', und erzeugt eine unmittelbare Reaktion darauf im Feinstofflichen Körper. Auf der Basis dieser Information mit anderen zu interagieren ist nicht besonders klug. Auf keinen Fall sollte man diese ‚Beobachtungen' dem anderen unaufgefordert mitteilen. Dies ist weder hilfreich noch angemessen und wird nur Ablehnung hervorrufen.

Der Kausale Körper hat kein Problem mit mangelhaften Informationen, er denkt sich seine Geschichte auf der Basis kleinster Anhaltspunkte aus. Da er es immer eilig hat, reichen ihm die ersten Eindrücke. Er liebt Anschein und Erscheinung. Ständig produziert er Anlässe für die unterschiedlichsten Emotionen. Er ist überheblich und sehr von sich überzeugt und scheint immer zu wissen, was gerade los ist, egal wie unklar eine Situation auch sein mag. Der Feinstoffliche Körper ist aufgrund seiner zweifelnden Funktion deutlich unsicherer, weshalb er die dogmatischen und hastig konstruierten ‚Intuitionen' des Kausalen Körpers normalerweise seine Reaktionen bestimmen lässt.

Der Kausale Körper erscheint wie ein Gedächtnis, weil er Erfahrungen wiederverwertet, tatsächlich hat er aber kein Gedächtnis. Er ist absolut präsent und gewahr, er ist immer-präsentes Gewahrsein in seiner ersten Manifestation. Da er die Quelle von Verlangen und Angst ist, bringt er den Feinstofflichen Körper dazu, voreilige Schlüsse zu ziehen. Wenn du etwas begehrst oder befürchtest, möchtest du dieses Unbehagen schnell loswerden und neigst daher zu voreiligem Handeln auf der Grundlage unvollständiger Informationen. Der Kausale Körper ist ‚intuitiv'. Obwohl Intuition, besonders in spirituellen Kreisen, hoch geschätzt wird, ist es in Wirklichkeit gefährlich, ihr zu trauen. So häufig sie auch richtig liegen mag, so häufig liegt sie auch daneben.

Der Kausale Körper neigt zu Klischees und baut Prototypen. Das Erstellen von Persönlichkeitstypen basiert auf der Fähigkeit des Kausalen Körpers, Muster zu erkennen. Gerechtigkeit und andere edle Ideale interessieren ihn nicht. Er verursacht genauso viel Schmerz wie Freude. Seine grundlegende Funktion ist – soweit es menschliche Wesen anbelangt – darauf ausgerichtet, den Feinstofflichen Körper mit einem Überlebens-Handbuch auszustatten, in dem dieser schnell leicht verständliche Anweisungen dafür findet, auf die vielfältigen Umstände zu reagieren, die *Ishvara* schafft.

Wir haben bei unserm Tun keine Wahl. Gewahrsein erleuchtet den Kausalen Körper, und das Leben geschieht. Aktivität ist das Kennzeichen des Lebens. *Ishavara* bringt die *jivas* in ein sich ständig veränderndes dynamisches Feld; ob sie dort erfolgreich sind oder nicht, hängt davon ab, wie günstig Art und Zeitpunkt ihrer Handlungen sind. Weil so viel auf uns einwirkt, ganz besonders heutzutage, in dieser gierigen, überbevölkerten und ökologisch belasteten Welt, sind wir viel zu beschäftigt, um jede Situation sorgfältig zu analysieren und wohlüberlegt und angemessen zu handeln. Um uns zu unterstützen, entwarf *Ishvara* den Kausalen Körper, der komplexe Dinge vereinfacht und uns mit scheinbar hilfreichen Anweisungen dafür versorgt, wie wir uns verhalten sollen. Die Kunst, auf der Grundlage unvollständiger Informationen schnell zu Schlussfolgerungen oder Entscheidungen zu gelangen, wird in der Psychologie Heuristik genannt. Es mag sehr bequem sein, dem Kausalen Körper zu erlauben, deine Vorlieben und Abneigungen, deine Stimmungen, Ansichten und Reaktionen zu bestimmen. Diese Herangehensweise ist jedoch ungeeignet, wenn es um Selbst-Erforschung geht, denn dabei muss man bedacht vorgehen.

Maya bringt das Bedürfnis hervor, dem Leben einen Sinn zu geben, doch wenn du die Realität so verstehst, wie sie ist, wird ‚Sinn' nicht benötigt. Sinn ist eine Art Wiedergutmachung für die Ignoranz, aber statt Ignoranz auszugleichen, sollte sie besser als das erkannt werden, was sie ist. Der Kausale Körper bedient die Sehnsucht nach Sinn, indem er uns die Welt ordentlicher, einfacher und vorhersagbarer erscheinen lässt, als sie in Wirklichkeit ist. Er steht mit der Wahrheit auf Kriegsfuß, weil er uns eine Ordnung vorgaukelt, die es so nicht gibt. Dadurch befördert er Überheblichkeit und ein falsches Gefühl von Unbesiegbarkeit im Feinstofflichen Körper.

In der Kognitionspsychologie werden all jene psychischen Vorgänge untersucht, die mit Wahrnehmung, Erkenntnis und Wissen zu tun haben. Sie erlaubt uns tiefe Einblicke in die Art und Weise, wie wir Situationen bewerten und Entscheidungen über unsere Reaktionen treffen. Einige der in der Kognitionspsychologie beschriebenen Mechanismen wollen wir im Folgenden darstellen. Diese Betrachtung kann uns helfen, besser zu verstehen, wie unser Geist funktioniert.

Daniel Kahnemanns brillantes Buch *Schnelles Denken, langsames Denken* setzt sich mit den Erkenntnissen der Kognitionspsychologie auseinander. Es ist bemerkenswert, wie sehr die Sicht der modernen Forschung mit der Darstellung im Vedanta übereinstimmt. Kahnemann nennt den Kausalen Körper ‚System 1', den Feinstofflichen Körper ‚System 2'. System 1 denkt ‚schnell', System 2 ‚langsam'. Er schreibt über den Kausalen Körper: „Er überwacht kontinuierlich, was innerhalb und außerhalb des Geistes geschieht, und generiert ständig Beurteilungen der unterschiedlichen Aspekte der aktuellen Situation. Er leistet all das ohne Absicht und nahezu anstrengungslos."

Wir beschreiben den Feinstofflichen Körper als ‚langsam', weil er der Teil des Selbst ist, der wohlüberlegte Berechnungen und Vergleiche durchzuführen, zu planen, zu wählen und objektiv auf sich selbst zu blicken imstande ist. Wenn *sattva* den Feinstofflichen Körper dominiert, tut er dies bewusst und rational. Doch wenn *rajas* präsent sind, reagiert er fast so schnell wie der Kausale Körper. Steht er unter dem Einfluss von *tamas*, ist er dumpf und träge und unfähig, angemessen auf eine Situation zu reagieren. Der Feinstoffliche Körper glaubt, für sein Leben verantwortlich zu sein, aber da dieses Leben so komplex ist, fügt er sich meistens willig den dominanten Impulsen des Kausalen Körpers.

Der Kausale Körper ist die Quelle unserer Vorlieben und Neigungen. Sein Hang dazu, eine Geschichte zu erfinden, um die Realität zu erklären, wird narrative Täuschung genannt. Der Geist nimmt einige wenige markante Faktoren in den Blick und vernachlässigt all die anderen Dinge, die in die Entstehung und Ausgestaltung einer Situation eingeflossen sind. Ein Beispiel hierfür ist ein Effekt, der in der Psychologie ‚Ankereffekt' genannt wird. Er bewirkt, dass sich der Feinstoffliche Körper bei einem Urteil oder einer Entscheidung am ersten Eindruck orientiert. So gibt z. B. das erste Preisangebot, das ein Gebrauchtwagenhändler macht, einen Richtwert für die weitere Verhandlung vor, egal wie unrealistisch dieser Preis, gemessen am tatsächlichen Wert des Wagens, auch sein mag. Oder stell dir vor, dass du zu einem Satsang gehst und einen Guru auf einer Bühne sitzen siehst, der von lauter hingebungsvollen Schülern umgeben ist, die ihn verehren. Dieser erste Eindruck wird dazu führen, dass du annimmst, der Guru sei weise und erleuchtet, auch wenn es dafür tatsächlich keinerlei Beweise gibt. Der Feinstoffliche Körper ist bequem, allzu gutgläubig und leicht zu beeinflussen. Sich intensiver mit den verschiedenen Facetten einer Situation zu beschäftigen ist aufwendig und mühsam, daher glaubt er lieber einer einfachen, plausiblen Geschichte – oder der Intuition. Letzteres ist besonders mühelos und fühlt sich sehr natürlich an. Doch es ist gefährlich, sich statt auf eine solide Analyse allein auf Glauben oder Intuition zu verlassen.

Eine andere schädliche Tendenz ist die sogenannte Verfügbarkeitsheuristik, bei der Bewertungen auf der Basis der verfügbaren Erinnerungen vorgenommen werden. Wenn du z.B. eine Reihe negativer Beziehungserfahrungen gemacht hast, wird dies auch in die Bewertung einer neuen Liebesbeziehung einfließen. Mangels Alternativen orientierst du dich an den im Gedächtnis gespeicherten negativen Erinnerungen. Du wirst daher sehr misstrauisch sein, selbst wenn der neue potenzielle Geliebte ein Heiliger ist.

Interessant ist auch der folgende Effekt: Wenn ein schlüssiges Indiz die Kraft besitzt, einen Glauben zu erschüttern, kann es sein, dass dieser Glaube umso stärker verteidigt wird. Ein frommer Farmer im US-Bundesstaat Wyoming fand ein Dinosaurier-Skelett auf seinem Land, was dazu führte, dass die meisten Mitglieder seiner Gemeinde darin den Beweis für das Wirken des Teufels sahen und in ihrem Glauben bestärkt wurden, die Welt sei vor fünftausend Jahren erschaffen worden. Das andere Extrem dieser Haltung ist es, die Fahne nach dem Winde zu drehen und seine Meinung mit jedem neuen Argument zu ändern. Beide Effekte, so unterschiedlich sie auch sein mögen, sind Ausdruck von *tamas*.

Aus den gleichen Informationen unterschiedliche Schlüsse zu ziehen, je nachdem, wie und von wem sie präsentiert werden, ist eine Haltung, die Framing-Effekt genannt wird. Andere in der Kognitionspsychologie beschriebene Effekte sind z. B. die ‚Empathie-Lücke' (sie bezeichnet die Tendenz, den Einfluss von Gefühlen bei sich selbst und anderen zu unterschätzen) und die ‚Bestätigungsverzerrung', die die Neigung beschreibt, Informationen so auszuwählen, zu suchen und zu interpretieren, dass sie die eigenen Erwartungen erfüllen. Wir dürfen nicht den Fehler machen, uns für objektiv zu halten. Die beschriebenen Effekte und Mechanismen sind auch bei uns selbst am Werk – und es gibt noch viel mehr davon.

Der Kausale Körper produziert auch ständig fehlerhafte Assoziationen. Wenn du z. B. eine reinliche und ordentliche Person bist, werden, wenn du das Zimmer deines Partners betrittst, das eher unaufgeräumt ist, negative Gedanken über ihn entstehen. Du siehst in dem Durcheinander eine Charakterschwäche, obwohl er tatsächlich eine wunderbare Persönlichkeit ist und das Zimmer für ihn nicht unordentlich aussieht. Oder du kritisierst deine Frau, weil du eine ihrer Handlungen auf eine bestimmte Weise interpretierst, obwohl es tatsächlich keinerlei Zusammenhang zwischen dieser Handlung und ihrem Charakter gibt. Noch ein Beispiel: Du gehst die Straße entlang und triffst einen Bekannten, der mit finsterer Miene an dir vorbeigeht, ohne dich anzusehen. In Wirklichkeit ist er nach einem Streit mit seinem Chef schlecht gelaunt und in Gedanken versunken, doch du glaubst, dass er dich ignoriert, weil er sauer auf dich ist. Wenn ihr euch das nächste Mal begegnet, wird deine falsche Assoziation euer Treffen unnötig belasten.

Der Kausale Körper braucht und schafft Zusammenhänge, er sieht Ursache-Wirkungs-Ketten auch dort, wo sie gar nicht vorhanden sind. Vielleicht hast du dich am Abend mit deiner Frau gestritten, und am nächsten Morgen lässt sie deinen Toast anbrennen, weil plötzlich ihr Telefon klingelt, als sie das Frühstück vorbereitet. Als du dich an den Tisch setzt und das verbrannte Toastbrot bemerkst, reagierst du mit Wut und bildest dir ein, dass sie ihn hat anbrennen lassen, weil sie dich nicht mehr liebt. Tatsächlich gibt es keinen Zusammenhang zwischen dem angebrannten Toast und Liebe oder Wut. Die Wut war in dir, und der Toast lieferte nur einen Vorwand, sie herauszulassen.

Ohne weiter ins Detail zu gehen, listen wir hier noch eine Reihe weiterer Funktionen des Kausalen Körpers, die wir Kahnemanns Forschungen entnehmen. Der Kausale Körper (1) verknüpft ein Empfinden kognitiver Erleichterung mit einem Anschein von Wahrheit, angenehmen Gefühlen und reduzierter Wachsamkeit *(tamas)*; (2) verleugnet Vieldeutigkeit und unterdrückt Zweifel *(tamas)*; (3) neigt zu Glauben und Bestätigung *(tamas)*; (4) übertreibt emotionale Konstanz *(rajas)*; (5) fokussiert auf bekannte

Indizien und ignoriert die unbekannten *(tamas)*; (6) denkt mehr als nötig *(rajas)*; (7) ersetzt komplexe Fragestellungen durch einfachere *(tamas)*; (8) übertreibt Erfolgsaussichten *(tamas)*; (9) reagiert stärker auf Verluste als auf Gewinne *(tamas)*; (10) entwirft kein Gesamtbild, sondern verengt den Blick auf isolierte Probleme *(tamas)*; (11) überbewertet die Konsistenz und den Zusammenhang seiner Erfahrungen *(rajas)*; (12) ignoriert die Unbestimmtheit der Resultate von Handlung *(tamas)*; (13) sieht Muster, wo keine sind (*rajas*), und (14) neigt zu Stereotypen und Schubladendenken *(tamas)*.

Die Vielzahl der Mechanismen, die laut der Kognitionspsychologie systematisch Einfluss auf unsere Entscheidungsfindung, unser Handeln, unser Sozialverhalten und unser Gedächtnis nehmen, flößt Respekt ein. All diesen Fallstricken müssen wir aus dem Weg gehen, wenn wir einen Sachverhalt erfolgreich, d.h. auf der Grundlage der tatsächlichen Fakten, untersuchen und bewerten wollen. Doch es gibt – im Hinblick auf Selbst-Erforschung – auch eine gute Nachricht: Der Kausale Körper kann durch den Feinstofflichen Körper umprogrammiert werden, oder, in Kahnemanns Worten, „System 2 kann System 1 neu justieren." Ab Kapitel 8 werden wir Vedantas Methoden für diese Neuausrichtung beschreiben.

Zweifelsohne ist dir inzwischen klar geworden, warum es wichtig ist, die Funktionsweise des Kausalen Körpers zu beleuchten, wenn es um auf Unterscheidung beruhender Weisheit geht, um die Fähigkeit, die Wahrheit von den Erscheinungen zu trennen. Selbst-Erforschung ist eine wohlüberlegte, vernunftgeleitete Funktion des Feinstofflichen

Körpers. Unerkannte Tendenzen behindern diese Funktion, sie verursachen kognitive Dissonanzen und führen zu Leiden. Die Essenz der Erforschung besteht darin, auch im Angesicht von Vorurteilen und Verzerrungstendenzen, die unerbittlich vom Kausalen Körper heranströmen, allzeit klar und wachsam zu bleiben. Sobald es gelingt, dir einer bestimmten Tendenz bewusst zu werden, bist du bereits auf gutem Wege, sie zu neutralisieren. Selbst-Erforschung bedeutet, all diese Tendenzen mit der Logik der Lehre so lange zu bekämpfen, bis der Feinstoffliche Körper aufhört, zu projizieren und zu leugnen, bzw. mindestens, bis du dir der Wirkung dieser Tendenzen auf deinen Geist bewusst bist und nicht länger reflexartig darauf antwortest. Auf diese Weise verwandelst du den Feinstofflichen Körper Schritt für Schritt in ein rationales und wohldurchdacht agierendes, zur Selbst-Erforschung geeignetes Instrument.

Kapitel 7

Das gewöhnliche Individuum

Das Individuum und das grosse Ganze

Im letzten Kapitel haben wir den Makrokosmos, *maya* und *Ishvara* diskutiert. *Ishvara* ist der Schöpfer des Feldes, in dem Gewahrsein in der Form von Objekten erscheint. In diesem Kapitel betrachten wir den Mikrokosmos, *jiva*, das Individuum, und seine Beziehung zu *Ishvara*.

Definition von *jiva*

Der *jiva* ist Gewahrsein mit einem Feinstofflichen Körper. *Jiva* ist tatsächlich keine spezifische Person, sondern ein ewiges kosmisches Prinzip. Es ist reines Gewahrsein, *Paramatma*.

In Abhängigkeit vom Grad der Erkenntnis kann sich dieses ewige *jiva*-Prinzip unterschiedlich manifestieren: (1) als der *jiva*, der glaubt, eine individuelle Person zu sein.

Er wird häufig der Handelnde oder das menschliche Wesen genannt, er ist derjenige, der sich mit Objekten identifiziert. Wir nennen Personen, die nicht wissen, dass sie Gewahrsein sind, *samsaris*, weil sie vollkommen im Netz des *samsara*, der scheinbaren Realität, gefangen sind; (2) als der *jiva*, der um Gewahrsein weiß, aber nicht verstanden hat, was es bedeutet, Gewahrsein zu *sein*, und der daher immer noch von seinen *vasanas* kontrolliert wird. Dieser *jiva* wird manchmal ‚selbst-realisiert"genannt. Vedanta spricht von ‚indirekter' Selbst-Erkenntnis; (3) als der *jiva*, der weiß, dass er Gewahrsein *ist* und was es bedeutet, Gewahrsein zu sein, und dessen *vasanas* durch Selbst-Erkenntnis neutralisiert wurden. Diesen *jiva* bezeichnen wir als befreiten oder erleuchteten *jiva (jivanmukta)*, wir sprechen von ‚direkter' Selbst-Erkenntnis. In der *Bhagavad Gita* wird das erleuchtete Individuum als eine Person mit beständiger Weisheit beschrieben. Ich nenne eine solche Person auch ‚selbst-verwirklicht'. Im Kapitel 14 werden wir diese Person genauer beschreiben.

Die drei Zustände

Der eine ewige *jiva* manifestiert sich im Wechsel als drei verschiedene *jivas*, die unterschiedlichen Erfahrungszuständen entsprechen. Diese Manifestationen sind der Wache, der Träumer und der Schlafende[17].

1) Der Geist des *jivas* im Wachzustand ist vollkommen nach außen gerichtet, er ist hypnotisiert von der Dualität. Der *jiva* ist in diesem Zustand von seinen *vasanas* dominiert, er jagt und konsumiert Erfahrungen.

17 Eine detailliertere Darstellung der drei Zustände findet sich in Kapitel 11.

2) Im Traumzustand ist der feinstoffliche Körper nach innen gerichtet. Der Träumer wird auch der ‚Leuchtende' genannt, da Gewahrsein den Traumzustand beleuchtet. Die *jivas* sind sowohl im Wach- als auch im Traumzustand erfahrende Wesen; die Erfahrungen im Traum sind Manifestationen von *vasanas*, die aus Ereignissen im Wachzustand gebildet wurden. Die Identifizierung mit dem Handelnden findet sowohl im Wach- als auch im Traumzustand statt. Neben vielen Parallelen gibt es auch wichtige Unterschiede zwischen dem Träumer und dem Wachen. Die Besonderheiten des Traumzustands sind diesem Zustand inhärent und gehören nicht dem Träumer.

3) Der dritte Zustand ist der des Tiefschlafs. Der Schläfer ist ‚nahezu erleuchtet', denn er erfährt die Grenzenlosigkeit und die Glückseligkeit des Gewahrseins, doch da sein Intellekt nicht präsent ist, ist er vollkommen unwissend über das, was er erfährt. Der Feinstoffliche Körper ist im Tiefschlaf ebenso verschwunden wie der mikrokosmische Kausale Körper, das persönliche Unbewusste, welches dem *jiva* gehört und sein *karma* produziert. Der Zustand des Tiefschlafs ist dadurch definiert, dass keine mentalen Aktivitäten stattfinden. Wenn der wache *jiva* schläft, hat sich das persönliche Unbewusste in den makrokosmischen Kausalen Körper aufgelöst, daher ist dieser Zustand bei jedem gleich. Tiefschlaf ist die Präsenz von reinem *tamas*, denn *rajas* und *sattva* sind nicht aktiv. Mit dem Feinstofflichen Körper ist im Tiefschlaf auch jedes Empfinden von Individualität verschwunden. Der makrokosmische Tiefschlaf-Zustand wird auch als Makrokosmischer Kausaler

Körper bezeichnet. Er enthält die *vasanas* aller Lebewesen und ist daher eine andere Beschreibung für *Ishvara*.

Gewahrsein ist die Natur von *jiva* und *Ishvara*, jedoch sind diese, anders als Gewahrsein, Veränderungen unterworfen. *Jiva* ist veränderlich, weil er sich von Zustand zu Zustand bewegt und weil Selbst-Erkenntnis die Vorstellung beseitigt, er sei ein begrenztes Wesen, und ihm seine Natur als reines Gewahrsein enthüllt. *Ishvara* in der Rolle des Schöpfers ist veränderlich, weil uns Logik und die Vedanta-Schriften, deren Weisheit wir anerkennen, zeigen, dass Er am Ende des Schöpfungszyklus vergeht. Alles, was geschaffen wurde, wird zerstört. *Ishvara* in der Rolle des Schöpfers ist ewig im Verhältnis zum *jiva*, aber nicht im Verhältnis zu reinem Gewahrsein, dem einzig konstanten Faktor.

Der Traumzustand hat zwei Aspekte, Wachttraum und Schlaftraum. Er wird in Sanskrit *pratibasika*-Zustand genannt, der subjektive Zustand der Realität. Der Traumzustand ist nicht die Schöpfung *Ishvaras*, sondern die Schöpfung des *jiva*, eine *vasana*-induzierte Interpretation der Realität. Doch da sowohl das Rohmaterial dieser Schöpfung, die materiellen Elemente und die anderen *jivas*, als auch *jivas* Schöpfung *Ishvara* gehören, ist auch der Traumzustand letztlich *Ishvara*. Um zu dieser Erkenntnis zu gelangen, die gleichbedeutend ist mit Befreiung, muss der *jiva* verstehen, was zu ihm und was zu *Ishvara* gehört, und sich auf diese Weise von sich selbst und von *Ishvara* befreien.

Deformation des Feinstofflichen Körpers

Der Feinstoffliche Körper ist das Instrument von Erfahrung und Wissen. Gewahrsein ist frei von Erfahrung und Wissen, es wird erst durch die Verbindung mit dem Feinstofflichen Körper zu einer erfahrenden und wissenden Entität. Der *jiva* weiß nicht, wer er ist, da durch *maya*-Wolken hervorgerufene Ignoranz und innere Unruhe verhindern, dass sich wahres Wissen im Feinstofflichen Körper etabliert. Aus diesem Grund muss er darauf vorbereitet werden, das Wissen aufzunehmen und zu verinnerlichen.

Wie wir gesehen haben, ist ein zerstreuter oder träger Geist das fundamentale Problem des *jiva*. Die nach außen gerichteten *vasanas* verengen das offene panoramische Gewahrsein zu einem schmalen Aufmerksamkeits-Strahl und bewirken, dass es nahezu unkontrolliert von einem Objekt zum nächsten springt. Wenn unser Geist nach außen gerichtet ist, erleben wir unbefriedigende Erfahrungs-Fragmente und eine bunte Mischung zersplitterten Wissens, doch da es uns an einer integrierend wirkenden Vision mangelt, findet der Geist keinen Frieden.

Wenn ein Individuum lange Zeit in Unwissenheit über das Licht des Gewahrseins gelebt hat, entwickelt sich ein weiteres Problem. Die natürlicherweise harmonische Geometrie des Feinstofflichen Körpers wird durch eine strukturelle Verzerrung entstellt. Ein gesunder Feinstofflicher Körper ist frei von Konflikten, da seine drei inneren Zentren Intellekt, Ego und Gemüt vereint sind in ihrem

Streben nach bestimmten gemeinsamen Zielen. Wenn aber der Druck der nach außen gerichteten *vasanas* über längere Zeit zu stark ist, entstehen innere Konflikte.

Stufe 1 – Ignoranz

Wenn du feststellst, dass du eine Sache denkst, etwas anderes sagst und wieder etwas anderes tust, dann kannst du davon ausgehen, dass deine innere Einheit gestört ist. Du bist nicht ‚in deiner Mitte', wie man neuerdings sagt. Auch wenn du etwas tust, obwohl du weißt, dass es falsch ist, ist die Einheit gestört. In einem gesunden Feinstofflichen Körper gibt der Intellekt den Ton an. Er ist der neutrale Beobachter, der sich nicht mit ungesunden Emotionen identifiziert und der das handelnde Ego weise berät. Doch stattdessen beobachten wir, wie der Intellekt sich als Erfüllungsgehilfe des Ego oder der Gefühle verdingt und sie mit cleveren Rationalisierungen und Rechtfertigungen für ihr zwielichtiges Verhalten versorgt.

Auch wenn der Intellekt im Glauben, Gefühle seien das Problem, alles über-analysiert oder sich bis zur Erschöpfung in immer neuen Abstraktions-Ebenen verliert, unfähig, Entscheidungen zu treffen, ist der Feinstoffliche Körper nicht gesund. Dies gilt auch, wenn du glaubst, Gefühle seien wertvoller als intellektuelle Maßstäbe, und dich ständig nach Liebe oder nach ‚sinnvollen' und ‚berührenden' Erfahrungen sehnst. Die Neigung zu impulsivem Handeln ohne Rücksicht auf die eigenen Gefühle und die Gefühle anderer, die starrsinnige Weigerung, das eigene Schicksal zu akzeptieren, ein andauernder Konflikt zwischen deinen spirituellen und deinen materiellen Bedürfnissen oder das ständige Bemühen, dich mit anderen Menschen oder deinem Tun ‚zu verbinden': All diese Dinge weisen auf ein gestörtes inneres System hin und darauf, dass an der Harmonie des Feinstofflichen Körpers gearbeitet werden muss.

Vedanta erfindet keine ausgefallenen psychologischen Begriffe, um gestörtes Verhalten zu beschreiben und dir zusätzlich zu deinen Problemen noch einen Komplex zu verschaffen. Wir versuchen dich auch nicht loszuwerden, indem wir dir ein paar Tabletten verschreiben. Wir verschreiben *yoga*. *Yoga* heißt, die drei inneren Zentren mit dem Selbst zu verbinden. Aber Achtung: *Yoga* ist nicht geeignet für Menschen mit ernsten psychischen Problemen wie z. B. Schizophrenie oder bipolarer affektiver Störung. Spirituell auf der Suche zu sein ist eine eher harmlose Neurose und *yoga* die dafür geeignete Medizin.

Die konventionelle Psychologie sucht in den Ereignissen deiner Vergangenheit nach Hinweisen auf deine unangenehmen Gefühle und postuliert, dass deine Probleme geheilt werden können, wenn es gelingt, die Ursachen zu entdecken. Wir hingegen sagen, dass alle negativen Emotionen im Kern auf eine einzige Ursache zurückgeführt werden können: Du bekommst nicht, was du möchtest. Die offensichtliche Logik dieser Aussage liegt darin begründet, dass, wenn du bekommst, was du möchtest, du dich gut fühlst und zu suchen aufhörst. Wenn wir uns gut fühlen, jagen wir keinen Objekten hinterher, sondern genießen die Dinge, die wir haben. Bitte erinnere dich daran, dass ‚Objekte/Dinge' Menschen sein können, Situationen, Gefühle, Gedanken oder physische Objekte – all das, was nicht du bist.

Wenn die drei inneren Zentren, Gemüt (Emotionen und Gefühle), Intellekt und das Ego, aus dem Gleichgewicht gekommen sind, scheint es vernünftig, für jedes der drei Zentren ein spezifisches *yoga* zu nutzen. Daraus entwickelte sich die Vorstellung der drei verschiedenen *yogas*: des *yogas* der Hingabe, das emotionale Probleme korrigiert, indem es Emotionen in Hingabe an Gott verwandelt; des *yogas* der Erkenntnis, das fehlerhaftes Denken korrigiert, indem es dem Intellekt beibringt, wie er zwischen dem Selbst und den in ihm auftauchenden Objekten unterscheiden kann; des *karma yogas*, das sich um das Ego kümmert, um den Handelnden, indem es die wahre Natur des Handelns enthüllt und das Individuum von einer subjektiven zu einer objektiven Sicht auf das Leben geleitet. Die Originaltexte des Vedanta kennen jedoch nur zwei *yogas* bzw. Pfade: Handlung (Erfahrung) und Erkenntnis. Die Thematik der Hingabe wird sehr ausführlich behandelt, aber nie als eigener Pfad betrachtet. Hingabe ist in jeder Bemühung präsent und gehört damit ebenso wie alle religiösen Rituale (einschließlich der mentalen Rituale, die Hingabe erwecken) zum Feld des *karma*.

Karma yoga ist **das** Basis-*yoga*, das *yoga*, ohne das alle anderen *yogas* keinen Pfifferling wert sind. Es nimmt sich deiner unangenehmen Gefühle an, indem es die *vasanas* läutert, die den Geist nach außen orientieren und nach Objekten streben lassen. Der angenehmen Gefühle muss sich *karma yoga* nicht annehmen, da diese kein Hindernis für Selbst-Erforschung darstellen. Wir dürfen nur nicht den Fehler machen, zu glauben, dass die angenehmen Gefühle mit Objekten verknüpft sind.

Karma yoga wirkt auf das Ego. Wenn eine nichterleuchtete Person ‚ich' sagt, dann meint sie das Ego, den Handelnden. Der Handelnde spielt gegen ein verdecktes Blatt; er weiß nie, welche Karte als nächste aufgedeckt wird. Er hält sich für ungenügend, unvollkommen, begrenzt und getrennt von den Objekten, die sich ihm präsentieren, und versucht sich durch Objekte zu vervollkommnen. Wie wir schon mehrfach besprochen haben, fühlt sich das Ego bestätigt und vollkommen, wenn es bekommt, was es möchte. Sein Streben nach Objekten erfolgt durch Tun, was Gedanken und Gefühle einschließt. *Karma* beinhaltet alles, was sich bewegt oder sich verändert.

Die fundamentale Psychologie des Handelnden ist erfreulich schlicht: Ich handle, um zu genießen. Wenn das begehrte Objekt gewonnen ist, wechselt der Handelnde in den Genießer-Modus. Leider ist es immer nur eine Frage der Zeit, bis der Genuss sich verbraucht hat. Dann wechselt das Ego wieder in den Handlungs-Modus und strebt erneut nach Dingen, die – so hofft es – Vergnügen schenken und seine Befriedigung wiederherstellen werden. Der Handelnde ist, unabhängig vom körperlichen Alter, ein ewiges Kind. Er möchte, was er möchte, wann er es möchte und so, wie er es möchte – sonst ist er verstimmt und verärgert.

In der besten aller Welten würde diese Herangehensweise an das Leben vielleicht sogar funktionieren, doch leider ist *samsara*, die scheinbare Realität, nicht diese beste Welt. Selbst ein kleines Kind, das eigentlich ideale Voraussetzungen vorfindet, da seine liebenden Eltern ununterbrochen jedes seiner Bedürfnisse zu befriedigen suchen (häufig im Bestreben, ihr eigenes Empfinden von Unvollkommenheit zu überwinden), wird schnell lernen, dass die Welt nicht in der Lage ist, die begehrten Dinge immer auf Abruf zur Verfügung zu stellen. Das Verhalten des Kindes wird sich darauf einstellen und den Weg für emotionale Muster bereiten, die es ein Leben lang begleiten.

In der Psychologie des Vedanta wird das Leiden entpersonalisiert. Wir sollten nicht so tun, als wären wir psychologisch einzigartig. Einzigartigkeit ist schon aufgrund der Struktur ausgeschlossen, in der *maya* die Realität erschafft. Es gibt nur einen Materiellen, Feinstofflichen und Kausalen Körper, und er wirkt in jedem von uns auf die gleiche Weise. Unsere Psychologie funktioniert, weil sie auf jede Person zutrifft. Es ist natürlich mühsam, das Ego von der Tatsache zu überzeugen, dass es nicht einzigartig ist. Wenn wir überhaupt von Einzigartigkeit sprechen können, dann nur in engem Rahmen. Es ist die Einzigartigkeit der Schneeflocke: Keine zwei Flocken sind völlig gleich, aber sie alle sind Schneeflocken. Mit der Idee der Einzigartigkeit kommst du nicht weit. Es hat keine Bedeutung, es ist reine Eitelkeit. Vedanta sagt der Flocke, dass sie einfach nur Schnee ist.

Das Ego ist wenig mehr als seine Begierden und Ängste. Das ist weder richtig noch falsch und (allem Anschein nach) ist es auch nicht zu ändern. Doch Begehren ist ein unangenehmes Gefühl. Es ist ein Ausdruck von Mangel. Vergiss die Romantik, mit der es häufig glorifiziert wird; es ist nichts Romantisches am Haben-Wollen. Es ist die langweiligste und banalste aller Emotionen. Begehren ist Leiden. Die gesamte Lehre des Buddha fußt auf dieser Erkenntnis.

Stufe 2 – Begehren

Begehren geschieht unbewusst. Du erwachst nicht morgens und denkst: „Ich sollte etwas haben wollen." Wenn du erwachst, ist das Wollen schon da. Du strukturierst dein Handeln – deinen Tag – gemäß dem, was du anstrebst und was du vermeiden möchtest. Vielleicht strukturierst du deinen Tag auch gar nicht, vielleicht bist du, ohne darüber nachzudenken, zum Handeln getrieben. Dein Begehren ist mit deinen Werten verknüpft; was du begehrst, ist das, was du wertschätzt.

Begehren und Furcht sind zwei Seiten derselben Medaille. Sie sind das Werk der Ignoranz. Meine Frau nennt sie die ‚schrecklichen Zwillinge'. Ich nenne sie ‚inzestuöse Bettgenossen'. Sie sind immer eng umschlungen. Wenn ich etwas fürchte, möchte ich es vermeiden, Wenn ich etwas begehre, fürchte ich, es nicht zu bekommen. Die Angst vor dem Sterben, zum Beispiel, ist das Begehren zu leben. Begehren ist ein Energiestrom, der uns immer begleitet. Von der einen Seite aus betrachtet, ist es positiv, von der anderen aus negativ. Angst ist ein negatives Begehren und Begehren eine positive Angst. Die entscheidende Frage ist, wie wir mit Begehren/Angst umgehen. *Karma yoga* liefert dafür den Leitfaden. Der scheinbar unbezwingbare Gegner lässt sich bezwingen!

Das von seinen Begierden gesteuerte Ego sieht sich vielen unangenehmen Wahrheiten gebenüber, von denen zwei besonders herausragen. Zum einen muss das Ego erkennen, dass es ein Begehren auch überwinden kann, ohne im *dharma*-Feld auf Beutezug nach dem begehrten Objekt zu gehen. Wie begehrenswert ist das Begehren? Wenn du darüber irgendwelche Zweifel hegst, weist Vedanta dich auf die Tatsache hin, dass du ein Objekt nicht um des Objekt willens begehrst, sondern weil es das Begehren beseitigt. Die zweite Wahrheit betrifft das *dharma*-Feld. Es soll zwar das begehrte Objekte liefern, aber es ist nicht übermäßig daran interessiert, ob das Ego bekommt, was es möchte, wann es das möchte und wie es das möchte – oder ob es nicht bekommt, was es möchte. Das *dharma*-Feld ist nicht gerade wild darauf, dich zu befriedigen, es ist sehr launisch. Es kann dein Begehren erfüllen, aber es auch völlig ignorieren oder dir zusätzlich sogar noch eine Tracht Prügel verpassen. Langfristig gibt dir das *dharma*-Feld schon mehr oder weniger, was du möchtest, sofern du angemessen vorgehst. Aber ‚langfristig' und ‚mehr oder weniger' sind nicht die Konzepte, die das begehrende Ego besonders wertschätzt. Es möchte es, und es möchte es jetzt!

Dies ist die Ausgangslage, die den Boden für eine gestörte Persönlichkeit bereitet. Es gibt noch etwas, das wir über das Begehren wissen sollten: Begehren reicht nicht aus, um ein ersehntes Objekt zu manifestieren. Besonders spirituelle Typen erkennen diese Tatsache nur ungern an. Das Wollen ist nicht in der Lage, das Objekt zu produzieren, auch wenn es manchmal so ausschauen mag. Der Zusammenhang besteht nur indirekt, indem das Wollen dich motiviert, angemessen zu handeln. Aus dem Begehren heraus getätigte Handlungen winden sich durch das *dharma*-Feld und entfalten dort in der Interaktion mit anderen Objekten – hauptsächlich anderen Menschen – eine Wirkung. Wenn das Feld ein Resultat produziert, mag es den Anschein haben, als ob du eine ‚magische' Verbindung mit dem Feld hättest, obwohl du sie nicht hast. Du hast eine Verbindung, aber sie ist nicht magisch. Sie ist logisch. Traurig, aber wahr, das Feld ist nur insofern an dir interessiert, als deine Handlungen zu dem Begehren des Feldes beitragen oder ihm widersprechen. Und was ist dieses Begehren? Es hält die Integrität des Feldes selbst aufrecht. Der Glaube an magisches Denken ist in der spirituellen Welt weit verbreitet, aber er ist ein großes Hemmnis auf dem Weg zur Selbst-Erkenntnis. Er wird durch *tamas* hervorgerufen, Ignoranz, und manifestiert sich als Trägheit. Du möchtest den erforderlichen Aufwand vermeiden und lieber das System überlisten. Dahinter steckt die Phantasie eines Ego, das sich für etwas Besonderes hält und das überzeugt davon ist, seine Ansprüche seien berechtigt.

Damit *karma yoga* funktionieren kann, muss das Ego das Prinzip verstehen, nach dem das Feld Resultate liefert. Es folgt nicht dem willkürlichen individuellen Begehren nach bestimmten Ergebnissen, sondern den Bedürfnissen des großen Ganzen. Wenn also individuelle Handlungen im Einklang mit diesen Bedürfnissen stehen, werden sie gewünschte Resultate hervorrufen; wenn sie den Bedürfnissen des Feldes entgegenstehen, werden diese Handlungen unerwünschte Ergebnisse liefern. Da sich die Bedürfnisse des Feldes ständig verändern, ist stetige Wachsamkeit geboten, um im Leben Erfolg zu haben. Die Bedürfnisse anderer nicht in Betracht zu ziehen ist ein Garant für Leiden. Die Essenz von *karma yoga* ist die Rücksichtnahme auf die Bedürfnisse des Feldes, womit konkret deine physische und psychische Umgebung gemeint ist.

Eines der Symptome exzessiven Begehrens ist Impulsivität. Da Vielschichtigkeit und Ungewissheit wesentliche Eigenschaften des *dharma*-Feldes sind, agiert ein gesunder Feinstofflicher Körper bedacht und zurückhaltend. Wenn aber aus einem akuten Gefühl von Unsicherheit heraus exzessives Begehren präsent ist, wird man impulsiv und unvorbereitet agieren. Man entdeckt im Supermarkt, dass man vergessen hat, sein Portemonnaie mitzunehmen, oder bei der Beantragung eines Reisepasses die benötigten Fotos. Du warst so begierig darauf, diese Dinge von deiner endlos langen To-do-Liste zu streichen (eine Liste, die, egal wie schnell du die Aufgaben erledigst, niemals schrumpft), dass du ohne angemessene Vorbereitung aus dem Haus gerannt bist.

Ein anderes Symptom ist ein übertrieben ausgeprägtes Empfinden von Verpflichtung. Auch dieses Symptom weist darauf hin, dass du *yoga* benötigst. Natürlich ist es wichtig, seinen Pflichten rechtzeitig und in angemessener Weise nachzukommen. Wenn du aber feststellst, dass du ständig meinst, Dinge tun zu müssen, die in keiner Weise für den Fortbestand deines Lebens erforderlich sind, zeigt dies, dass etwas im Argen liegt. Dieses Symptom ist sehr verbreitet in sogenannten ‚entwickelten' Gesellschaften, in denen Luxusartikel zu lebensnotwendigen Gütern geworden sind. Du hast z. B. das Gefühl, unbedingt eine neue Festplatte kaufen zu müssen, um ein Back-up deiner Back-up-Festplatte erstellen zu können, aus Sorge, einen deiner dämlichen Video-Clips zu verlieren, die du ohnehin nie mehr ansehen wirst. Oder du bist unfähig, selbst kaputte oder nutzlose Dinge wegzuwerfen. Deine Abstellkammern,

Schränkfächer und Schubladen quellen über vor all dem Strandgut der Konsumgesellschaft, und in deiner Wohnung kannst du dich vor lauter ‚Zeugs' kaum mehr bewegen. Wenn du einkaufen gehst, kannst du dich nicht an deinen Einkaufszettel halten, an jeder Ecke des Supermarktes springen dir verlockend präsentierte Waren förmlich in den Einkaufswagen. Du denkst: „Ich sollte mich verwöhnen, das Leben ist hart, ich bin es mir wert." Oder du denkst überhaupt nicht, deine Hand greift einfach automatisch nach der Packung. Wenn du dich schlecht fühlst, weil du auf dem Heimweg die Gelegenheit nicht genutzt hast, beim Schlussverkauf ein T-Shirt mitzunehmen, obwohl du bereits 30 T-Shirts besitzt, dann mach dir klar, dass du an dir arbeiten musst. Sich verpflichtet zu fühlen, ist nur die sozial akzeptierte Formulierung, die eine innerlich unsichere Person nutzt, um ihr Begehren zu tarnen.

Stufe 3 – Furcht und Kontrolle

Furcht ist eine andere Form von Begehren. Weil die Resultate seiner Handlungen nicht in seiner Hand liegen, ist sie die ständige Begleiterin des Ego. Die Tatsache, dass das Ego der Angst unterworfen ist, zeigt auch, dass Begehren unnatürlich ist. Wenn sie natürlich wäre, wäre die Furcht willkommen. Etwas Unnatürliches ist kein gern gesehener Gast. Dass Glückseligkeit die Natur des Selbst ist, erkennen wir auch daran, dass wir sie nicht loswerden wollen. Wir klammern uns mit Händen und Füßen und Zähnen an ihr fest, wenn wir Glückseligkeit genießen dürfen. Sobald aber Leiden auftaucht oder auch nur die kleinste

Irritation, möchtest du sie sofort eliminieren. Leiden ist unnatürlich, Glück ist natürlich. Wenn du leidest, dann weil du etwas Wichtiges über dich nicht weißt.

Wir sind ängstlich, weil unser Leiden zunimmt, je länger das Feld damit wartet, uns zu geben, was wir möchten. Wenn wir uns unsicher fühlen und uns wünschen, dass unser Partner uns sagt, dass er uns liebt, wird uns die Angst quälen. Wenn sich die Rechnungen stapeln und wir einen weiteren Monat auf unser Gehalt warten müssen, wird uns ebenfalls die Angst heimsuchen, es sei denn (solche Menschen gibt es), es ist uns egal, ob die Rechnungen bezahlt sind. Spirituelle Typen haben sogar Angst vor der Vorstellung, Angst zu haben. Sie befürchten, dass Angst ihrer Erleuchtung im Weg steht.

Die Furcht bringt ein ausgeprägtes Kontrollbedürfnis hervor. Dies ist eines der deutlichsten Symptome auf dieser Stufe der Deformation des Feinstofflichen Körpers. Tatsächlich haben alle negativen Gefühle eine manipulative Tendenz, ganz besonders Wut oder Zorn. Niemand mag Konflikte. Angst und Wut sind besonders dominante Energien, die weit über die Begrenzungen des physischen Körpers hinausstrahlen. Menschen im nahen Umfeld einer zornigen Person tendieren dazu, deren Forderungen nachzugeben, besonders, wenn sie konfliktscheu oder wenig selbstbewusst sind. Mit einem wütenden Menschen in einer Beziehung zu sein ist wie in einem Minenfeld zu leben. Ein kleiner Fehler, und das ganze Feld explodiert in einem Wutausbruch. Wenn eine Person den Nutzen dieser Emotionen erkennt, kann es sein, dass sie daraus Vorteile ziehen möchte und bewusst manipulativ wird. Die bewusste Manipulation anderer Menschen ist ein Zeichen, dass die natürliche Struktur des Feinstofflichen Körpers ernstlich beschädigt ist.

Stufe 4 – Wut

Wut erwächst auf logische Weise aus den vorherigen Stufen. Du wirst erfreut sein zu hören, dass du aufhören kannst, Mutter und Vater, die Kirche und den Staat, die Medien, deine zu große Nase etc. für deine Wut verantwortlich zu machen. Die Ursache ist ganz einfach: Das *dharma*-Feld gibt dir nicht, was du haben möchtest. Wenn Begehren unerfüllt bleibt, wird es zu Wut. Es muss nicht unbedingt ein bedeutsames Ereignis sein (dein Ehemann verlässt dich wegen seiner Sekretärin), es kann eine Kleinigkeit sein (der Fahrer vor dir reagiert langsam auf die grüne Ampel) oder einfach nur die Idee, dass du nicht bekommst, was du möchtest. Wut ist eine sehr destruktive Emotion, obwohl sie auch ihre nützlichen Aspekte hat. Geschickt im richtigen Moment eingesetzt, kann sie dir helfen, deine Ziele zu erreichen. Allerdings ist es nicht ratsam, Wut auf diese Weise zu nutzen. Langfristig wird diese Emotion deiner Gesundheit schaden, ganz zu schweigen von den Auswirkungen auf deine Beziehungen.

Wie du inzwischen sicher erkannt hast, kommt alles im Leben durch andere. Daher zahlt es sich aus, liebevolle, positive Beziehungen zu entwickeln, mindestens zu den Menschen, mit denen wir verbunden sind. Wenn aber Wut da ist, muss sie gemanagt werden. Wenn das nicht in geeigneter Weise geschieht, wird sie dich zerstören. *Karma yoga* ist das geeignete Instrument, die Wut zu bewältigen.

Wut ist gesellschaftlich nicht akzeptiert, sie stellt eine Verletzung des *dharma* dar, das auf universellen Erwartungen und Werten basiert. Du möchtest dich nicht mit wütenden Menschen auseinandersetzen müssen, und andere Menschen möchten sich nicht mit deiner Wut beschäftigen. Wut stellt einen Verstoß gegen das grundlegendste *dharma* dar, Nicht-Verletzen. Man mag Gewalt so definieren, dass sie sich nur auf physische Gewalt bezieht, aber auch Wut verletzt andere und einen selbst. ‚Nicht-Verletzen' wird von Vedanta so definiert, dass es nicht nur Taten, sondern auch Worte und Gedanken einschließt. Zu glauben, man sei irgendwie spirituell, nur weil man kein Fleisch isst und seine Kinder nicht schlägt, ist scheinheilig, wenn man gleichzeitig voll zorniger Gedanken ist oder sogar seiner Wut auf andere freien Lauf lässt. Ich finde es sehr befremdlich, wenn zornige Menschen sich rücksichtsvoll gegenüber Fremden verhalten, bei ihrer Familie und ihren Freunde aber, bei den Menschen, mit denen sie im täglichen Austausch stehen, ihre Wut abladen.

Verleugnung

Wut ist auch nicht akzeptabel für das eigene Ego, denn es widerspricht der guten Meinung, die es über sich selbst hegt. Was also tun mit ihr? Entweder lädst du sie bei anderen ab, was nicht funktioniert, oder du unterdrückst sie, was nur für gewisse Zeit funktioniert. Wenn eine unangenehme Emotion unterdrückt wird, wird sie Teil deines ‚Schattens', um einen Ausdruck zu nutzen, der seit den Tagen C.G. Jungs in Mode ist. In unserer Vedanta-Terminologie geht die Emotion zurück in den Kausalen Körper, das Unterbewusstsein. Das Unbewusste – die makroskopischen *vasanas* – gehören zu *Ishvara*. Das Unterbewusstsein hingegen ist dein eigener Kausaler Körper, eine winzige Teilmenge von *Ishvaras* Kausalem Körper, in der dein persönliches *karma* gespeichert ist. *Ishvara* ist wirklich ein Wunder! Es ist erstaunlich, wie Er die Übersicht über deine Handlungen behält und die Resultate deiner Handlungen genau auf dich zuschneidet. Niemals verwechselt Er dein *karma* mit den *karmas* der anderen sieben Milliarden Individuen, die er ebenfalls verwaltet. ‚Schatten' ist ein gut geeignetes Wort, denn der Schatten verbirgt, so wie auch Unterdrückung die Wut vor dir verbirgt. Es ist ‚unter'-bewusst, nicht bekannt. Wut ist *rajas* und Unterdrückung ist *rajas*, aber *tamas* steht hinter beiden. Unterdrückung ist *rajas*, da es Energie braucht, um die Wut aus deinem Leben fernzuhalten, damit sie kein Chaos anrichtet. *Tamas* ist Verleugnung. Du magst den Gedanken nicht, eine zornige Person zu sein, daher musst du diese Tatsache vor dir verstecken.

Was wir für ein kompliziertes Durcheinander erkennen, wenn wir nur ein paar Schritte tief in die verschlungene Psychologie des Ego hineinblicken. Obwohl der Kausale Körper alle guten und schlechten *vasanas* ‚enthält', ist er doch kein Gefäß im üblichen Sinne. Wenn man einen Krug hat, kann man Wertsachen hineinlegen und ihn in der Erde vergraben, und nichts wird hinauskommen, bevor man ihn wieder ausgräbt und den Deckel öffnet. Aber das Unbewusste ist eine andere Art von Gefäß. Es ist ein poröser Behälter, und alles, was hineingeht, kommt wieder heraus. Nichts von dir ist wirklich verborgen, weder vor Gewahrsein noch vor der Welt. Andere können z. B. deine Wut wahrnehmen. Vor deinem Feinstofflichen Körper jedoch, vor der Person, die du zu sein glaubst, können Wahrheiten über dich verborgen werden. Der Grund hierfür ist *tamas*, Verleugnung.

Dein Unterbewusstsein hat außerdem die Eigenschaft, dass sich negative Emotionen akkumulieren. Jedes Mal, wenn du eine Emotion – im Glauben, du befreitest sie – ausdrückst, ‚drückt' sie sich wieder ‚hinein'. Das *vasana* verfestigt sich. Die Tendenz zur Wut bleibt erhalten und verstärkt sich sogar.

Projektion

Wie gelingt es dir, zu verbergen, dass du eine gestörte Person bist? *Tamas* hilft dir, es zu verschleiern, und verbündet sich dann mit *rajas*. *Rajas* projiziert. Also wirst du jemanden oder etwas suchen, um ihn oder es zu beschuldigen. Es ist nicht wichtig, was es ist. Es kommt nur darauf an, dass du glauben kannst, etwas anderes als du trage die Schuld dafür, dass du so bist, wie du bist. Auf diese Weise vermeidest du, die Verantwortung für dich zu übernehmen.

Jetzt ist der Moment, an dem das Opfer die Theaterbühne betritt. Sieh nur, wie weit wir uns schon von unserem Selbst entfernt haben – und dabei sind wir gerade mal im mittleren Teil der Tragödie angekommen, die die größte Dichterin aller Zeiten verfasst hat, Madame Ignoranz. Meister Flammende Schnauze ist inzwischen zu Herrn Ich Ärmster geworden, ein Opfer von was auch immer. In jedem Akt dieser Tragikomödie muss unser Selbstwertgefühl einen weiteren Schlag einstecken.

Wenn wir über Wut sprechen, meinen wir die strukturelle Deformation des Feinstofflichen Körpers, die ein mehr oder weniger durchgängiges existenzielles Leiden hervorruft.

Gelegentliche kleine Ausbrüche von Zorn in gewissen Umständen sind verständlich und disqualifizieren ein Individuum nicht für Selbst-Erforschung. Wenn aber bestimmte Umstände immer wieder deine Wut hervorrufen und du statt *karma yoga* zu praktizieren, von deiner Umgebung erwartest, dass sie sich genau nach deinen Vorstellungen verhält, damit du deine Wut im Zaum halten kannst, dann hast du ein Problem. *Karma yoga* – das wir noch detailliert vorstellen werden – bietet keine spezielle Wut-Management-Technik an. Wie wir im nächsten Kapitel sehen werden, ist es eine allgemeingültige Herangehensweise.

Ein weiteres Symptom dieser Stufe ist extremes Beschäftigt-Sein, das unverkennbare Kennzeichen des modernen Lebens. Es wird kaum als psychologisches Problem wahrgenommen, weil es von der Gesellschaft als Tugend angesehen wird. Alkohol, Drogen, Süßigkeiten und mit Fett überfrachtete Nahrung sind die Medikationen der Wahl in diesem von *rajas* dominierten Zustand. Reizbarkeit, Schlafstörungen und übersteigerte Selbstgerechtigkeit in Bezug auf das eigene Handeln sind weitere Kennzeichen dieses Zustands. Wenn du glaubst, Dinge sollten auf eine bestimmte Art getan werden, und deine Art, sie zu tun, sei die beste, kannst du sicher sein, dass dein Feinstofflicher Körper fest in der Hand von *rajas* ist. Wenn du denkst, dass all das nicht auf dich zutrifft, denke noch einmal nach. *Rajas* wird immer begleitet von *tamas*, Verleugnung.

Vergleich – *matsarya*

Bewusstsein erschien in der Form (scheinbar) bewusster Wesen und brachte den Intellekt hervor, als diese Wesen komplexer wurden, um sie zu befähigen, Entscheidungen zu treffen. Es ist ein Zeichen von Weisheit, sorgfältig alle Alternativen zu prüfen, bevor man handelt. Diese Fähigkeit der Unterscheidung ist jedoch stark beeinträchtigt, wenn der Feinstoffliche Körper deformiert ist. *Rajas* (Unruhe und Stress) und *tamas* (Unachtsamkeit und Trägheit) hilflos ausgeliefert, lässt er sich immer tiefer in den Sumpf der Dualität hinabziehen. Die meisten Tierarten besitzen eine auf Macht gegründete Hackordnung. In einem solchen System bestimmen körperliche Stärke und Aggressivität die Position in einer Gruppe. Die Menschen haben das Status-Konzept kultiviert und zu einer Kunst erhoben. Als ich jung war, lebte ich einige Zeit auf den Philippinen. Für mich spielte Hautfarbe keine Rolle, und ich ging davon aus, dass dies auch für die Filipinos so war. Doch nach einer Weile erkannte ich, dass die Hautfarbe dort eines der wichtigsten Kriterien war, um eine Person von einer anderen zu unterscheiden, und ich erkannte, dass Filipinos – und wie mir später bewusst wurde, Menschen weltweit – die Farbe der Haut in kleinsten Nuancen bemessen.

Wenn dein Haus wochenlang eine Baustelle ist, weil du dich während einer Renovierung nicht für den exakten Pfirsichton des neuen Anstrichs im Esszimmer entscheiden kannst, oder wenn du im Supermarkt eine halbe Stunde vor dem Regal mit den 80 Shampoos stehst, um dasjenige auszuwählen, das für dein Haar am geeignetsten ist, dann weißt du, dass dein Feinstofflicher Körper *yoga* benötigt. Auch wenn du täglich deinen Fortschritt in Bezug auf ein bestimmtes körperliches, finanzielles oder spirituelles Ziel bewertest („Bin ich schon rein genug?“), ist *yoga* angezeigt.

Die Fähigkeit zu vergleichen ist eine nützliche Funktion des Feinstofflichen Körpers, aber sie kann sich leicht in eine weniger gutartige Form verwandeln. Neid, eine besonders dualistische und primitive Emotion, kennzeichnet Unsicherheit und einen geringen Selbstwert. Es heißt: „Ich möchte das, was du hast." Eine weniger ehrliche, eher versteckte und hinterlistige Form dualistischen Denkens ist: „Ich möchte so sein wie du." Wenn diese Tendenz heranwächst und zunehmend gestörtes Verhalten produziert, wird es unübersehbar. Unter dem Einfluss von *rajas* entwickelt es sich zu Rivalität: „Ich möchte dich besiegen." In seiner gereiften Form erreicht es, von *tamas* dominiert, die letzte Stufe: „Ich möchte dich zerstören."

Stufe 5 – Verblendung

Da Wut viel Energie benötigt, kann sie nur schwer lange aufrechterhalten werden. Doch ohne sie fühlst du dich leer, wenn du auf Wut konditioniert bist. Wut ist zweifelsohne eine unangenehme Energie, aber es fühlt sich trotzdem besser an als gar keine Energie. Wenn Wut kollabiert, mag es sich anfühlen, als hättest du deinen besten Freund verloren. Dies zeigt, dass die durch *rajas* gesteuerte Reaktion ein bindendes *vasana* geworden ist. Die bipolare affektive Störung ist wohl das beste Beispiel dieser psychologischen Tatsache. Es ist wie gedopte *rajas* und *tamas*. Ich bevorzuge die alte Bezeichnung manisch-depressiv. Es ist ehrlicher, keine beschönigende Umschreibung. Manie ist *rajas*, und Depression ist *tamas*. Sie treten immer gemeinsam auf. Um das zu verstehen, muss man sich nur die Erschöpfung ansehen, die nach harter Arbeit auftritt. Geist und Körper können nur eine bestimmte Menge an Stress verkraften – *rajas* ist Stress. Dann bekommt *tamas* die Oberhand. Eine manische Person kann wochenlang aktiv sein und quasi ohne Schlaf auskommen, aber wenn *rajas* sich verbraucht hat, liegt sie tage- oder wochenlang in einem dunklen Raum. Manische Depression ist ein gutes Beispiel einer extremen strukturellen Deformation des Feinstofflichen Körpers. Sie kann nicht mit *karma yoga* behandelt werden.

Eine erfolgreiche Person ist eine zur Unterscheidung fähige Person, die rationale Entscheidungen auf der Basis eines klaren Verständnisses ihrer Werte und deren Beziehung zur Welt, dem *dharma*-Feld, treffen kann. Um effektiv unterscheiden zu können, muss der Geist von *sattva* dominiert sein. Du wirst dich daran erinnern, dass *maya* drei Kräfte besitzt: Verbergen, Projizieren und Offenbaren. *Sattva* ist die offenbarende Kraft, die Energie des Wissens. Sie kann Erfahrung so aufnehmen, wie sie ist, sie sorgfältig bewerten und Entscheidungen treffen, die die Agenda des Ego voranbringen. Aber all dies ist in Stufe 5 nicht mehr möglich.

Wenn *rajas* sich verbraucht hat, übernimmt *tamas*. *Tamas* ist eine verschleiernde, verbergende Energie. Sie verdeckt das Licht des Gewahrseins, das sich am Feinstofflichen Körper bricht. *Tamas* ist verantwortlich für Konfusion und Verblendung. Wir sprechen hier nicht über die gelegentliche Dumpfheit, die uns im Laufe des Tages überkommt, diese helle Wolke, die den Geist verschattet und für eine kurze Weile die Energie lähmt. Wir sprechen von einem hartnäckigen Gefühl lustloser, apathischer Schwerfälligkeit, von der Unfähigkeit, Entscheidungen zu treffen und alltägliche Pflichten zu erledigen. Selbstmordgedanken tauchen auf, wenn *tamas* den Feinstofflichen Körper im Griff hat. Wenn ein *jiva* sich in diesem Zustand befindet (wir halten die Tatsache im Gedächtnis, dass das Selbst niemals in einem Zustand ist) kommt dir dein Leben vor, als hätte es allen Sinn verloren. Dieser Zustand wird häufig als ‚die dunkle Nacht der Seele' beschrieben; er kann einen Wendepunkt der Lebensreise und den Beginn der Selbst-Erforschung darstellen.

Einige weitere Beispiele für Symptome dieses Zustands sind Hilflosigkeit, Langeweile, Apathie, Misstrauen, Aufsässigkeit, Verteidigungshaltung, Eitelkeit oder ein Gefühl, dass nichts von dem, was du tust, funktioniert. Wir brauchen diese Symptome nicht einzeln zu diskutieren, können aber festhalten, dass du in einer Sackgasse steckst, wenn der Stillstand sich zum Grundgefühl deines Lebens entwickelt hat. Deine Gewohnheiten sind zu Ketten geworden, und dein Geist ist rigide und starrsinnig. Du hast das Vertrauen in Veränderung verloren, bremst, wo du kannst, und bist für die Logik des gesunden Menschenverstands nicht mehr erreichbar. Auch wenn eine Angewohnheit, die dir lange Freude bereitet hat, jetzt Leiden bringt, hältst du stur an ihr fest, statt etwas anderes auszuprobieren. Du missachtest unbekümmert die Aufforderungen zur Veränderung, die das Leben dir sendet, und reagierst negativ auf alles, was eine Bedrohung für dein Weltbild sein könnte. Du bist an einem Tiefpunkt deines Lebens angekommen, und es ist allerhöchste Zeit, mit *karma yoga* zu beginnen. Es ist der Weg[18], auf dem du diese Emotionen beherrschen und reinigen kannst.

---

18 Wir weisen noch einmal darauf hin, dass die besonders ausgeprägten psychischen Störungen nicht mit *karma yoga* behandelt werden können.

Kapitel 8

KARMA YOGA

Damit Vedanta funktionieren kann, musst du die Art deines Denkens verändern. Dir mag ein Licht aufgehen, wenn du diese Lehren das erste Mal hörst, doch um deine Denkmuster wirklich zu transformieren, muss die Lehre Teil deines Lebens werden. Sie sollte dich in jeder Minute deines Tages begleiten. Dafür benötigst du ein vollständiges Verständnis der übergeordneten Logik. Die kannst du dann, wenn du stecken geblieben bist, wie eine Landkarte heranziehen, um herauszufinden, wo du bist und wo du sein solltest.

EINE KURZE ZUSAMMENFASSUNG

Wir haben mit der Aussage begonnen, dass das Glück, das wir in den Dingen suchen, in Wirklichkeit zum Selbst gehört, und der Versuch, Glück mit Dingen zu erlangen, daher ein Nullsummenspiel ist. Die Lehre über *maya* offenbarte uns die Psychologie, die uns dazu drängt, nach Glück in Objekten zu suchen. Objekte, wir erinnern uns, sind alles andere als das Selbst. *Maya* verführt das vollkommene Selbst, zu glauben, es sei unvollkommen und

Objekte könnten es erfüllen. Dieser Irrtum begründet die grundlegende Logik von *samsara*, der scheinbaren Realität. Wenn du diese Logik nicht erkennst, bist du nicht bereit für Vedanta. Du kannst gern weiter den Dingen nachjagen, doch auch dann wird früher oder später der Tag kommen, an dem du die Logik einsiehst, denn *samsara* wird dich mahlen und schleifen, bis du endlich aufgibst. Der einzig mögliche Gewinn in *samsara* ist die Flucht aus *samsara*. Jeder Sieg im Streben nach Objekten, jedes erfolgreiche Bemühen ist eigentlich eine Niederlage, denn es schiebt nur das Unvermeidliche hinaus, die Einsicht, dass die Welt ein Traum ist. Doch dass sie ein Traum ist, ist schwer zu durchschauen, denn wie ein hochauflösender Großbild-Fernseher projiziert *maya* ständig verlockende, sehr real erscheinende Bilder, die unsere Phantasie befeuern. Du kannst die Bilder schmecken, berühren und riechen, und also ziehst du los, jagst nach Erfahrungen und akkumulierst *vasanas*. Und deine Aufmerksamkeit, die nichts anderes ist, als das von *maya* auf einen kleinen schmalen Strahl reduzierte panoramische Gewahrsein, richtet sich nach außen und heftet sich an Objekte. Die Ironie ist kaum zu übersehen. Du, das Selbst, suchst dich selbst in Objekten, die keine Selbst-Natur besitzen. Was könnte absurder sein?

Wir müssen dich immer wieder auf diese unerfreuliche Tatsache aufmerksam machen, weil die grundlegende Wahrheit über die scheinbare Realität so völlig unserer Intuition widerspricht. Es klingt ‚falsch' und ist daher so schwer zu akzeptieren. Doch das Leben ist kaum mehr als ein unbewusster Prozess von Reiz und Reaktion. Ganz einfach ausgedrückt, besteht dieser Prozess darin, dass du darauf reagierst, wie die Welt auf deine Reaktion auf die Welt reagiert. Wir nennen dieses ständige Sich-im-Kreis-Drehen von Begehren zu Handlung und von Handlung zu Begehren das *samsara chakra*. Du bist wie im Treibsand gefangen: Je mehr du kämpfst, um dich zu befreien, desto tiefer sinkst du ein. Eine der Bedeutungen von *samsara* ist ‚Strudel'. Wenn du darin gefangen wirst, kommst du nicht mehr heraus. Der Impuls deiner vergangenen Handlungen fesselt dich an dieses *chakra*, dieses Rad. Wenn es nach oben geht, gehst du nach oben, und wenn es hinuntergeht, gehst du hinunter. Du bist vollkommen damit beschäftigt, zu bekommen, was du möchtest, und zu vermeiden, was du nicht möchtest. Auch mir ist es früher so ergangen. Ich war wie ein lebendiger Toter, ein Automat, wie eine Marionette an der Schnur meiner Ängste und Begierden, die ohne Verstand auf und ab hüpfte.

Bevor wir dir zeigen, wie du dich aus dem Strudel befreien und das Wissen über das Selbst in dein Leben bringen kannst, müssen wir dir noch eine weitere unerfreuliche Tatsache offenbaren. Im letzten Kapitel haben wir dargestellt, wie sich im Feinstofflichen Körper durch die Akkumulation der *vasanas* im Laufe der Zeit eine strukturelle Deformation ausbildet. Bei einer gesunden und integrierten Person sind die drei inneren Zentren miteinander verbunden und wirken zusammen, damit das Individuum, der *jiva*, seine Ziele erreichen kann. Wenn die *vasana*-Last aber zu groß wird, zerbricht ihre Verbindung, und es entstehen schwere innere Konflikte.

Damit das Selbst in unser Blickfeld rücken kann, benötigen wir *yoga*. Wir müssen unsere Konditionierung hinterfragen, denn sie verhindert unsere Anerkennung und Wertschätzung des Selbst. Die modernen Advaita-Lehrer haben ja Recht, wenn sie sagen, dass wir nicht die Handelnden sind, aber ich kann wirklich nicht verstehen, wie sie behaupten können, es gebe nichts zu tun. Diese Aussage ist natürlich gut fürs Geschäft, denn das Ego hört es gerne; aber es ist ein irreführender Rat. Dass du nicht glücklich bist, hat einen Grund, und der Grund ist, dass deine Konditionierung dich an die Welt der Objekte kettet. Daher musst du *yoga* praktizieren.

Wie wirkt *yoga*? Es beseitigt die *vasanas*, die den Geist nach außen lenken, und fördert jene, die den Geist auf das Selbst richten. Auf diese Weise kann deine Erforschung Früchte tragen.

Karma yoga – Keine unerwünschten Resultate

Wenn du weißt, wer du wirklich bist, wirst du automatisch im Geiste des *karma yoga* handeln, denn dann hast du eine klare Vorstellung davon, was deine Handlungen und ihre Resultate für dich tun können und was nicht. Als Praxis ist *karma yoga* für alle Menschen mit spirituellen *vasanas* gedacht, auch für diejenigen, die eigentlich schon wissen, dass sie Gewahrsein sind, denen es aber noch an Vertrauen in dieses Wissen mangelt. Dieser Mangel an Vertrauen resultiert aus den verschleiernden und projizierenden *gunas*, *rajas* und *tamas*, die den Geist derart eintrüben und verwirren, dass er die Freiheit nicht genießen kann, die eine unerschütterliche Erkenntnis verleiht.

Zwar erschließt sich der Nutzen von *karma yoga* schon dem gesunden Menschenverstand, doch der Ursprung dieses Konzeptes entstammt der *Bhagavad Gita*, eine der wichtigsten Schriften des Vedanta[19]. In der *Gita* wird ein extravertierter Mensch, der inmitten einer Krise seine Pflicht nicht tun möchte, von einem erleuchteten Freund in Selbst-Erkenntnis unterwiesen. Da sein Geist aber zu aufgewühlt ist, um dieses Wissen aufzunehmen, wird er ermutigt, *karma yoga* zu praktizieren.

Es ist essentiell wichtig, zu verstehen, dass Selbst-Erkenntnis ohne *karma yoga*, nicht haften bleibt. Du kannst nicht-duale Offenbarungen haben und dich erleuchtet fühlen, aber ohne *karma yoga* wird dieses Gefühl wieder vergehen, und du musst dich erneut aufmachen, deine ‚Erleuchtung' zurückzuerlangen.

Karma yoga wird dir ein glücklicheres Leben schenken, **ganz egal ob du nach Befreiung suchst oder nicht**. Menschen, die in Harmonie mit dem Geist der Schöpfung leben, praktizieren und kultivieren *karma yoga*, ohne zu wissen, was es ist. *Karma yoga* ist kein selbstloses Dienen. Diesen in der spirituellen Welt weit verbreiteten Mythos müssen wir entzaubern. Es gibt nur ein Selbst, und sofern es überhaupt etwas tut, dient es sich selbst. Das *karma yoga*, das Westler kennen, die mit der spirituellen Kultur Indiens vertraut sind, ist wenig mehr als ein cleverer Trick, mit dem Gurus und ihre Organisationen kostenlose Arbeitskraft von ahnungslosen spirituellen Anfängern erbeuten.

19 In Bezug auf die Quelltexte des Vedanta spricht man auch von den drei Säulen: der *Bhagavad Gita*, den *Upanischaden* und den *Brahma Sutras*.

Wenn wir unsere *vasana*-Last reduzieren und den Geist auf das Selbst ausrichten wollen, müssen wir den Geist des *karma yoga* verinnerlichen und dafür die Logik dieser inneren Haltung verstehen. *Karma yoga* wirkt auf das Ego, den Handelnden. Das Ego ist der Teil des Feinstofflichen Körpers, der handelt, um die Resultate zu genießen. Es ist auch der Teil, der Handlungen und Resultate als ‚mein' beansprucht. Worte wie „ich tue, ich genieße, das gehört mir" entspringen dem handelnden Ego. Sie schaffen negative *vasanas*, blockieren Erkenntnis und behindern das Streben nach Befreiung.

Menschen lieben es, ihre Kindheit und die Umstände ihres Lebens für ihre unangenehmen Gefühle verantwortlich zu machen. Es ist ein gutes Geschäft für die Psychologen. Die Erwartung ist wohl, dass sie von den unerwünschten Gefühlen befreit werden, sobald sie verstehen, was ihnen geschehen ist und welche Auswirkungen dies auf sie hatte. Aber Vedanta sagt, dass man nicht in die Ferne schweifen muss, um die Quelle seiner emotionalen Schwierigkeiten zu finden. Wie wir schon im letzten Kapitel gesehen haben, besteht deren Ursache schlicht und einfach darin, dass du nicht bekommst, was du möchtest. Du tust, was du tust, in der Erwartung, dass dich die Resultate deines Tuns befriedigen. Wenn das erwünschte Resultat nicht eintritt, fühlst du eine Art Wut (*rajas*) oder eine Enttäuschung, die zu einer Depression (*tamas*) führen kann. Es ist schwer, an dieser Logik zu rütteln, denn wenn du bekommst, was du möchtest, fühlst du dich großartig. Immer das zu bekommen, was es möchte, ist die ultimative Glücks-Vorstellung des Egos.

Wir sagen nicht, dass du nicht bekommen sollst, was du begehrst. Genau deshalb tust du schließlich, was du tust. Es gibt in der spirituellen Welt diese eigenartige Auffassung – populär geworden durch Buddhas Lehre, dass Begehren der Grund allen Leidens sei – dass man nichts wollen solle. Aber es ist unmöglich, nichts zu wollen. Du kommst voller Begierden auf diese Welt, und diese Begierden treiben dich dein ganzes Leben an, von morgens bis abends, jeden Tag, solange dein Herz schlägt. Ein menschliches Wesen ist kaum mehr als das, was es möchte. Aus diesem Grund sind wir absolut dafür, dass du bekommst, was du begehrst. Wir betonen allerdings auch, dass es wichtig ist, die Ziele seines Wollens und Strebens zu prüfen.

Karma yoga besiegt den Stress

Die Sorge um die Resultate der eigenen Handlungen ist eine raffinierte Umschreibung für Stress. Wenn man hundert Menschen fragt, warum sie meditieren, werden die meisten antworten: „Um Stress abzubauen." Meditation beseitigt Stress, aber sie beseitigt nicht die Wurzeln des Stresses. Aus diesem Grund meditieren Menschen viele Jahre erfolglos. Und aus diesem Grund geben so viele es enttäuscht wieder auf und versuchen etwas anderes. *Karma yoga* beseitigt die Wurzel des Stresses, indem es die Ängste und Begierden erschöpft, die Stress verursachen.

Die Resultate liegen nicht in deiner Hand

Wir werden nicht müde zu sagen, dass die Resultate deiner Handlungen nicht in deiner Hand liegen. Doch da du möchtest, was du möchtest, ist diese Botschaft nicht sehr beliebt. Deshalb hat der spirituelle Materialismus auch so viele Anhänger und gebiert immer wieder neue populäre Konzepte, die das Gegenteil behaupten. ‚The Secret' zum Beispiel ist so eine Lehre, die dem Ego Hoffnung macht, es gebe einen speziellen Weg, eine geheime Technik, die es erlaubt, die Ergebnisse seiner Handlungen zu beeinflussen und das *dharma*-Feld zu überlisten. Diese Phantasie ist – nicht nur für spirituelle Menschen – sehr verlockend, denn niemand mag die Vorstellung, dass es etwas gibt, was wir nicht kontrollieren. Erst wenn du diese naive Phantasie überwunden hast, bist du bereit, auf die Vernunft zu hören.

Wenn die Resultate in deiner Hand lägen, hättest du bereits alles, was du begehrst. Also wer bestimmt die Resultate? Das Gesetz des *karma* und das *dharma*-Feld.

In Kapitel 6 haben wir das *dharma*-Feld grob umrissen. Ich nannte es das ‚*mandala* der Existenz'. Es ist ein riesengroßes Feld. Es umfasst alles Materielle (einschließlich der Materiellen Körper) und alle Kräfte und Regeln, die die materielle Welt kontrollieren. Das Feld schließt die Feinstofflichen Körper und all die Kräfte und Regeln mit ein, die die physischen, psychischen und moralischen Aspekte des Feldes kontrollieren (der makrokosmische Geist). Die höchste Kontrollinstanz des Feldes schließlich sind der Kausale Körper und das Gesetz des *karmas*.

Und wer bin ich? Als Person bin ich nur ein winziger Fleck begrenzten Bewusstseins in diesem riesigen komplexen Ozean. Als Teil des Feldes scheine ich Handlungen auszuführen, winzige Kräuselungen an der Oberfläche des Lebens. Meine Handlungen entschwinden nicht in ein anderes Universum, um dort zu fruchten. Sie fruchten im Feld. Das Feld verhält sich, als wäre es Bewusstsein, denn es befindet sich im Bewusstsein, so wie die Schlange aus unserer früheren Analogie sich im Seil befindet und lebendig zu sein scheint, wenn sie in einem bestimmten Kontext wahrgenommen wird. Das Feld wird antworten, und zwar in der Form von *karma*; d.h., etwas wird geschehen. Das *karma* fällt auf den Handelnden zurück, häufig in einer Weise, die keinen Zusammenhang mit der Handlung mehr erkennen lässt. In der Bibel heißt das: „Denn was der Mensch sät, das wird er ernten", und wir alle kennen den Spruch „Wie man in den Wald hineinruft, so schallt es heraus". Jeder weiß um *karma*, aber kaum jemand versteht es.

Die entscheidende Frage lautet: Auf welcher Basis sendet das Feld die Antwort auf meine Handlungen an mich zurück? Man kann nicht sagen, dass es sie nicht zurücksendet, denn mein Leben ist ja nichts anderes als das, was das Feld des Lebens mir bringt. Das Feld muss auf irgendeine Weise intelligent sein, denn es bringt nicht zu mir, was zu dir gehört. Wenn du deinen Gatten umbringst, wird die Polizei an deine Tür klopfen, nicht an meine. Wenn du Alkoholiker bist, werde ich keine Leberzirrhose bekommen. Aber welches Prinzip bestimmt die Resultate? Es sind die Bedürfnisse des Feldes, die die Resultate festlegen.

Missachtung des *dharma*-Feldes erfolgt auf eigenes Risiko

Für das Ego ist dies eine nur schwer zu akzeptierende Tatsache, denn es ist nur – wenn überhaupt – an dem winzigen Teil des Feldes interessiert, das es direkt betrifft. Viele Individuen sind so egozentrisch, dass sie nicht einmal mit ihren Familien, Nachbarn, Vorgesetzten etc. klarkommen, ganz zu schweigen von einem größeren Umfeld. Dies ist sehr kurzsichtig, denn schließlich kommt alles, was wir erhalten, von anderen. Doch selbst wer sich um sein direktes Umfeld bemüht, kann nicht kontrollieren, was in diesem Umfeld geschieht. Denn dieses direkte Umfeld wird wiederum von einem noch größeren Umfeld beeinflusst. Diesem Prinzip folgend, öffnet sich das Umfeld immer weiter, bis es schließlich ‚alles' umfasst. Dieses ‚alles' ist *Ishvara*, Gott. Es gibt einen Geist, eine Intelligenz, die sich im Feld befindet und die sich um die Bedürfnisse des Feldes kümmert. Aus dieser Perspektive ist kein Objekt im Feld mehr oder weniger wert als ein anderes. Für jemanden, der begehrt, was nicht dem großen Ganzen dient, sind das schlechte Nachrichten.

Mit dieser Tatsache ist jeder mehr oder weniger vertraut. Die religiösen Menschen nennen es ‚Gott'. Für sie entspringt alles der Gnade Gottes. Wir sind weitgehend einverstanden, allerdings vermeiden wir, Gott zu personfizieren. Wir statten Gott nicht mit menschlichen oder göttlichen Qualitäten aus und verorten Ihn nicht außerhalb des *dharma*-Feldes. Das Feld selbst ist Gott. Wir sagen nicht, nur das gute *karma* komme von Gott, wir schließen auch das schlechte *karma* mit ein, denn wir wissen, dass die Realität nicht-dual ist. Es gibt im *dharma*-Feld nicht zwei getrennte Prinzipien, auch wenn *maya* es so erscheinen lässt.

Das Geheimnis des Handelns

Ich verstehe, dass das Feld, was mein Glück anbelangt, allmächtig ist, und ich erkenne an, dass diese Abhängigkeit Leiden verursacht. Ich verstehe auch, dass ich dem Feld nicht einfach den Rücken kehren kann. Das Begehren in mir verlangt nach Handlung, und Handlung bewirkt Begehren. Auch wenn ich davonliefe, nach Indien, in eine Höhle, wäre mein Problem nicht gelöst. Meine *vasanas* und mein unruhiger Geist würden mich begleiten.

Vasanas rufen Handlungen hervor, die wiederum *vasanas* hervorrufen oder verstärken. Es ist wichtig zu verstehen, dass die *vasanas* durch die innere Haltung verursacht werden, in der ich handle. Was ist diese Haltung? Begehren und Angst: „Ich möchte. Ich möchte nicht." Es gibt gute Gründe anzunehmen, dass eine veränderte Haltung auch andere – positivere – *vasanas* produzieren kann als die, die mich an Handlungen und deren Resultate binden. Doch wie könnte eine solche Haltung aussehen?

Erwachsene sind in der Regel keine guten Beispiele, aber spielende Kinder können uns einen Hinweis geben. Am Strand habe ich vor einiger Zeit eine Gruppe von Kindern gesehen, die eine Sandburg bauten. Eine Stunde lang arbeiteten sie mit ihren kleinen Eimern und Schaufeln freudig an der Burg, bevor sie sie ebenso freudig zerstörten und ins Meer liefen, um zu baden. Vor einigen Jahren war ich in London im National Museum und beobachtete tibetische Mönche dabei, wie sie ein komplexes, sehr fein gearbeitetes Mandala aus farbigem Sand herstellten. Wochenlang hatten sie daran gearbeitet, und einige Tage nach der Fertigstellung bliesen sie es fort. Was mögen sie dabei gedacht haben? Offensichtlich waren sie nicht daran interessiert, das Mandala noch länger zu genießen. In beiden Fällen werden durch die Handlungen keine bindenden *vasanas* produziert, dies scheinen Kinder intuitiv und Mönche bewusst zu verstehen. Handlungen, die in einem bestimmten Geist vollzogen werden, wirken nicht bindend, sondern befreiend.

Wenn du ehrlich bist, möchtest du nicht sterben. Die Menschen lieben das Leben. Ein Verwandter meiner Frau, der an einer Krebserkrankung litt, ertrug drei Chemotherapien und Bestrahlungen, bevor er dem Krebs erlag. Wir wollen leben, weil das Leben so schön ist. Es ist eine große Freude und ein Privileg, hier und lebendig zu sein. Um für ein paar Momente in die Schönheit des Lebens und die Umarmung der Liebe eintauchen zu können, sind wir bereit, großes Leid zu ertragen.

Du hast dir das Leben nicht selbst geschenkt. Um das zu erkennen, musst du kein Genie sein. Du hast auch nicht die Welt geschaffen, die dich umgibt, nicht deinen Körper oder deinen Geist. All die unzähligen, unsichtbaren Tätigkeiten, die in deinem Körper ausgeführt werden müssen, funktionieren ohne dein Zutun. Ehrlicherweise musst du einräumen, dass es nichts gibt, was du hervorgebracht hast. Eines schönen Tages hast du das Licht dieser Welt erblickt, und alles war vorbereitet, maßgeschneidert nach deinen Bedürfnissen. Wer oder was hat das getan? *Ishvara*, Gott, das *dharma*-Feld hat es getan. Es gibt keine andere Erklärung.

DHARMA IST ANGEMESSENE REAKTION

Was ist die angemessene Reaktion, wenn dir jemand ein Geschenk überreicht? Wenn du kultiviert bist, wirst du dich bedanken, nicht nur aus Höflichkeit, sondern weil du wirklich Dankbarkeit empfindest. Der Körper und der Geist, mit denen du deine Ziele verfolgen kannst, können nur agieren, weil ihnen das Leben geschenkt wurde. Milliarden Hände und Füße werden benötigt, um diesen erstaunlichen Traum am Laufen zu halten. Sie alle gehören zum Bewusstsein und arbeiten für dich. Es gibt einen Grund dafür, dass du hier bist. Dir wurden all die Fähigkeiten mitgegeben, die du brauchst, um dein *dharma*, deine Pflicht, zu erfüllen. Du bist aufgefordert, diesem *dharma* gemäß zu handeln. Es kommt nicht darauf an, was dein *dharma* ist, es kommt nur darauf an, dass du es in deiner Interaktion mit der Welt erfüllst. Wie unvorstellbar großzügig, wie großherzig ist Gott, dass er mir dieses Leben und die Möglichkeit, zu handeln und zu reagieren, geschenkt hat. Welch ein Glück, hier zu sein!

Wenn du jede einzelne deiner Handlungen mit diesem Verständnis und in diesem Geist ausführst, wird kein *vasana* erzeugt. Auf diese Weise ist es möglich, dich zu dekonditionieren. Es ist sogar möglich, dich neu zu konditionieren, wie wir später noch sehen werden.

Wenn man erleuchtete Menschen studiert, wird man herausfinden, dass sie kein *karma* produzieren und den Dingen nicht anhaften. Sie verursachen keine bindenden *vasanas*, da sie wissen, dass sie keine Objekte benötigen, um glücklich zu sein. Sie wissen, dass sie vollkommen und vollständig sind, eins mit Bewusstsein – eins mit allem Leben. Vom Selbst erfüllt, sind sie zufrieden mit den Dingen, die sie haben oder nicht haben. Auch sie handeln, keine Frage (denn kein Mensch hat die Freiheit, gar nicht zu handeln), doch sie wissen, dass sie nicht der Handelnde sind. Erleuchtete handeln nicht aus einem Mangel heraus, sondern aus Fülle und Glückseligkeit.

Man braucht nicht erleuchtet zu sein, um sich weitgehend von *karma* und *vasanas* zu befreien. Es muss keine große Erleuchtungserfahrung stattfinden, damit man seine Begierden überwindet. Im Gegenteil, das Begehren nach Dingen überlebt alle Erleuchtungserfahrungen. Selbst wenn eine Erfahrung alle alltäglichen Begierden auslöscht, erzeugt sie sogleich ein neues bindendes *vasana*. Die Erfahrung ist so wundervoll, dass du sie, sobald sie – wie jede Erfahrung in *samsara* – endet, sofort noch einmal machen möchtest. Nicht-duale Erfahrungen haben ein hohes Suchtpotential.

Um dich von bindenden *vasanas* zu befreien, musst du lediglich die Haltung verändern, die deine Handlungen motiviert, und *karma yoga* zu derjenigen Haltung machen, die du in Bezug auf deine Handlungen und deren Resultate einnimmst. Diese Haltung erzeugt keine *vasanas*, sondern verbrennt sie. Das einzige *vasana*, das durch sie erzeugt wird, ist sehr hilfreich – es ist das *vasana* für *karma yoga*. Unser Ziel ist es, das Verstehen zu schaffen, das dich motiviert, *karma yoga* zu praktizieren, davon ausgehend, dass du nach Freiheit strebst.

Wenn wir sagen, dass du lediglich deine Haltung verändern musst, dann klingt das, als wäre es leicht. Doch es ist nicht leicht, denn die Vorstellung, dass das Glück, das wir suchen, in den Dingen liege, hat sich zu einem bindenden *vasana* verfestigt. Die Implementierung von *karma yoga* wird also auf Widerstand von genau der Person treffen, die durch *karma yoga* befreit werden soll – dem Ego.

Intelligente Ignoranz

Von den drei inneren Zentren ist das Ego wohl am stärksten von *tamas* dominiert. Es wehrt sich sozusagen mit Händen und Füßen gegen jede unerwünschte Veränderung. Daher kann das Ego auch nicht zu *karma yoga* gezwungen werden. Es ist, wie sich selbst auf Diät zu setzen. Es erfordert ständige Wachsamkeit. Wenn du eine Diät beginnst, mag dein Wille stark und das Ziel klar sein. Aber die übergewichtige Person in dir ist nicht dein Freund, sie wird alles tun, um deine Bemühungen zu sabotieren. Du sitzt zum Beispiel im Café und schlürfst genussvoll deinen Kaffee. Auf einmal erblickst du ein leckeres Gebäck in der Auslage am Tresen. Du weißt sehr wohl, dass dieses Gebäck nicht Teil deiner Diät ist, also sagst du der übergewichtigen Person in dir, dass sie es nicht essen kann. Doch diese Person ist weitaus cleverer, als du denkst. Sie überzeugt den Intellekt, dass dieses Teilchen viel weniger Kalorien hat, als du denkst, dass es aus Biomehl gebacken ist und nur mit Honig gesüßt, was weitaus besser ist als dieser fürchterliche weiße Zucker, dass du überhaupt, weil du so tapfer warst, eine kleine Belohnung verdient hast etc. Und ehe du dich versiehst, leistet das klebrige süße Gebäck deiner Kaffeetasse Gesellschaft. Ignoranz ist sehr intelligent. Sie versteht es, ihren Willen durchzusetzen.

Der beste Weg, mit dem Ego umzugehen, ist, es zu belehren. Dies ist einer der Gründe dafür, dass Vedanta – ein pfadloser Pfad – besser ist als andere Pfade. Es sagt dir niemals, was du tun sollst. Stattdessen belehrt es dich und führt dich aus der Ignoranz heraus. Wenn die Logik verstanden ist, wird es ziemlich leicht sein, zu tun, was getan werden muss. *Karma yoga* ist *dharma yoga*, angemessene Reaktion.

Arbeit ist Hingabe

Wir haben bereits die Idee und die Logik von *karma yoga* erklärt. Aber die Logik ist nur der Anfang, *karma yoga* muss auch Zähne bekommen. Vorher wollen wir aber noch eine irreführende, im *yoga* weit verbreitete Vorstellung hinterfragen: Es ist naheliegend, zu glauben, dass unterschiedliche Arten von *yoga* für unterschiedliche Persönlichkeitstypen gedacht sind. Diese Vorstellung wurde vor mehr als einhundert Jahren von Swami Vivekananda eingeführt, den man als Vater des ‚Neuen' oder ‚Modernen' Vedanta[20] bezeich-

20 Diese sind Vorläufer des Neo-Advaita, der aktuell populärsten – und ich wage zu behaupten korrumpierendsten – Iteration des traditionellen Vedanta.

nen könnte. Dieser Trugschluss wird auch Multi-Pfad-Konfusion genannt; er verweist auf ein grundlegendes Missverständnis über die Natur des Selbst.

Zu glauben, Vedanta und *yoga* sollten mit der Zeit gehen, ist ein Irrtum. Die Menschen sind im Kern genau so, wie sie immer waren, Gewahrsein plus die drei Körper. Vedanta spricht den Kern der Person an, die universelle Person, nicht die konditionierte Person. Wir haben zwar iPads, jetten um die Welt und leben in hochkomplexen Gesellschaften, aber ein menschliches Wesen ist immer noch ein menschliches Wesen. Es ist nicht hilfreich, der zentralen Logik der Lehre etwas hinzuzufügen oder etwas davon wegzunehmen, um sie der Erfahrung einer bestimmten Person oder dem Zeitgeist anzupassen.

Das sogenannte Moderne Vedanta empfiehlt – grob gesagt – *karma yoga* für aktive physisch orientierte Menschen, das *yoga* der Hingabe (auch bekannt als der Pfad der Liebe) für emotionale und *jnana yoga* (das *yoga* der Erkenntnis) für intellektuelle Menschen. Ohne tiefer auf die Kritik an dieser Lehre einzugehen, können wir doch ihren offenkundigen Mangel benennen: Jeder Mensch besitzt ein Ego, Emotionen und einen Intellekt. Ein *yoga* auf Kosten der anderen *yogas* zu praktizieren würde nur die strukturelle Störung im Feinstofflichen Körper verstärken. Alle drei inneren Zentren sollten harmonisch entwickelt werden, vereint hinter der gemeinsamen Idee: Ich bin vollständiges und vollkommenes, nicht-duales, nicht-handelndes, gewöhnliches Gewahrsein. Wenn du die wahre Natur des Selbst verstehst, kannst du keinen Unterscheid zwischen Handeln, Liebe und Wissen mehr finden. Doch unglücklicherweise identifizieren sich die meisten Menschen mit unterschiedlichen Aspekten des Feinstofflichen Körpers und entwickeln begrenzte Identitäten auf der Basis der Aktivitäten, die ihre Ignoranz sie bevorzugen lässt.

Karma yoga ist auch eine Form der Liebe. Es ist die Liebe zu sich selbst in der Form der Schöpfung. Du liebst das Leben, doch diese Liebe wurde nicht von dir geschaffen. Es ist nicht ‚deine' Liebe. Es ist Bewusstsein, in Form von Liebe; liebend in dir, durch dich, als dich. *Karma yoga* bedeutet, die Aufmerksamkeit im Handeln nicht auf die Objekte zu richten, sondern auf die Haltung, in der die Handlungen ausgeführt werden. Wir praktizieren eine Haltung von Liebe und Dankbarkeit und lassen uns in unseren Handlungen von dem Wunsch leiten, zurückzugeben, was die Schöpfung uns geschenkt hat. So vollenden wir den kosmischen Zyklus.

Geweihtes Handeln

Karma yoga ist auch *jnana yoga*, denn um das Leben in meinen Handlungen auf sinnvolle Weise würdigen und ehren zu können, muss ich die Nicht-Dualität der Realität anerkennen. Die Liebe, die sich in mir auf Objekte richtet, ist nichts anderes als das irregeleitete, sich in mir als Liebe manifestierende Selbst. Aber ist es wirklich fehlgeleitet? Wenn ich verstehe, dass die Realität nicht-dual ist, sind dann nicht all die Dinge, die in mir erscheinen, mein Leben und alles, was dazugehört, nichts anderes als ich selbst? Sind daher nicht alle Objekte wert, in mein Gebet eingeschlossen zu werden und den Segen meiner

Verehrung zu empfangen? Diese segnende Verehrung ist kein Bittgesuch. Es ist würdigende Liebe. Ich bin dankbar für das, was mir gegeben wurde (ich selbst in der Form der Schöpfung), und mit dieser Haltung von Dankbarkeit weihe ich mein Handeln.

Karma yoga vermag die vollkommen unbewusste, habgierig-ängstliche Haltung des Feinstofflichen Körpers aufzulösen. Diese Grundhaltung ist schon präsent, wenn der Impuls zu handeln aufsteigt. Sie ist präsent in jedem Gedanken, jedem Gefühl, jeder Handlung. Auch während das Handeln Früchte trägt, ist sie ein ständiger stiller Begleiter. Zu sagen, eine lebenslange Ausrichtung in ihr Gegenteil zu verkehren, sei harte Arbeit, ist untertrieben. Es ist ein Krieg mit dem Ego. Es erfordert vollständige Hingabe. Indem wir in jeder Handlung den Gedanken an das Selbst und den Wunsch nach Befreiung im Herzen tragen und aus einer Haltung tiefer Dankbarkeit heraus tun, was getan werden muss, ohne Anhaftung an die Resultate, weihen wir all unsere Gedanken und Aktivitäten. Wenn wir den Impuls zu handeln auf diese Weise achtsam begleiten, wird es unmöglich sein, Handlungen auszuführen, die uns selbst verletzen oder anderen schaden. Verletzung entsteht nur, wenn wir in unserem Tun unachtsam sind und uns von einer begrenzenden Einstellung leiten lassen.

Auch die Anhänger einer erfahrungsbasierten Erleuchtung (eine Vorstellung, deren Logik wir bereits widerlegt haben) würden sehr von *karma yoga* profitieren. Erfahrungsbasierte (und daher nicht dauerhafte) Erleuchtung ist nichts anderes als die Erfahrung der Reflexion des Selbst im Feinstofflichen Körper. Diese Erfahrung kann heller, intensiver und mehr oder weniger dauerhaft gemacht werden, wenn der Feinstoffliche Körper durch *karma yoga* von *rajas* und *tamas* gereinigt wird. Je mehr *karma yoga* praktiziert wird, umso reiner wird der Geist und umso mehr Offenbarungen können sich in ihm manifestieren. Offenbarungen sind nicht unser Ziel, aber richtig interpretiert können sie das Vertrauen in den Weg verstärken.

Ein Geschenk Gottes

Das Leben ist nichts anderes als die Früchte unserer Handlungen, nachdem sie sich ihren Weg durch das *dharma*-Feld gebahnt haben. Um unser Verständnis der *karma yoga*-Haltung zu vervollständigen, müssen wir das, was uns geschieht als Geschenk Gottes annehmen. Ein wunderschönes Vorbild für dieses Konzept ist der Gottesdienst in indischen Tempeln. Der Gläubige bringt eine Opfergabe in den Tempel und übergibt sie dem Priester, der sie der Gottheit darbringt und dann gesegnet an den Besucher zurückreicht. Der Gläubige kann nun frei entscheiden, was er mit dieser gesegneten Opfergabe machen möchte. Üblicherweise verteilt er sie an die Bettler, die vor dem Tempel warten.

Geistesfrieden

Solange das, was geschieht, dem entspricht, was ich möchte, ist es leicht, es als Geschenk zu empfangen. Aber wie reagiere ich, wenn mir das *dharma*-Feld etwas gibt, was ich nicht möchte? Soll ich wütend werden und es ablehnen? Nein, ich empfange es ebenfalls wie ein Geschenk. Menschen mit weltlichen Zielen sind glücklich, wenn sie bekommen, was sie möchten, und unzufrieden, wenn nicht. *Karma yogis* sind glücklich, unabhängig davon, ob ihre Wünsche erfüllt werden. Ihr Ziel ist der Frieden des Geistes, nicht die vergänglichen Freuden, die von den Dingen kommen.

Die *vasanas* erscheinen im Feinstofflichen Körper als Vorlieben und Abneigungen. Vorliebe und Abneigung, Verlockung und Widerwille, Begehren und Angst sind die Feinde des *karma yogis*. Sie beunruhigen ständig den Geist und beinträchtigen dessen Fähigkeit zur unterscheidenden Untersuchung. *Karma yoga* ist dazu da, die *vasanas* zu neutralisieren. Das *dharma*-Feld kann man sich als Hochschule vorstellen, die dafür gedacht ist, uns zu lehren, wer wir sind. Die Unterweisung erfolgt, indem es uns die Früchte unserer Handlungen präsentiert. Wir können keinen Abschluss machen, solange wir unsere Lektionen nicht gelernt haben. Meine Frau Sundari drückt diese Tatsache folgendermaßen aus: „Ein *karma yogi* weiß, dass Erfahrung nur eine sich auflösende Zeit-Kapsel ist, die nur dem Zweck dient, Erkenntnis zu liefern." Resultate vergehen, aber das in Erfahrung verborgene Wissen führt uns zum Selbst. Wenn also etwas geschieht, egal ob erwünscht oder nicht, sollen wir es willkommen heißen und daraus lernen. Auf diese Weise werden unsere Vorlieben und Abneigungen neutralisiert und der Gleichmut entwickelt, den wir für unsere Erforschung benötigen.

Geisteszustände

Bisher habe ich *karma yoga* als eine Antwort auf äußere Ereignisse präsentiert, doch es findet auch auf Geisteszustände Anwendung. Kürzlich empfahl mir ein Freund einen Film, der sich jedoch als sehr verstörend erwies, da er Szenen völlig sinnloser, extremer Gewalt zeigte, auch wenn sich am Ende ‚das Gute' in der Gestalt eines ziemlich kaputten Typen durchsetzte. Ich schlief danach schlecht, und die Verstörung des Feinstofflichen Körpers hielt sich bis zum nächsten Tag. Die durch den Film ausgelösten Gefühle waren die unerwünschten Resultate meines Handelns. Ich konnte nicht wissen, wie mein Unterbewusstsein auf den Film reagieren würde. Sollte ich mich jetzt über mich selbst ärgern, weil ich dem Rat meines Freundes gefolgt und ins Kino gegangen bin? Damit würde ich doch nur der existierenden Leidensschicht eine weitere hinzufügen. Oder sollte ich den Film und meine Reaktion darauf aus *Ishvaras* Blickwinkel betrachten und bereitwillig akzeptieren, was geschehen ist? Ich habe die Wahl. *Karma yoga* ist Besonnenheit und Umsicht in Bezug auf Handlung und ihre Resultate. Es sollte sowohl die guten und schlechten Gefühle umfassen, die in mir erscheinen, als auch die äußeren Ereignisse, aus denen sie resultieren.

Hilfreiches Handeln

Karma yoga ist nicht nur die rechte innere Haltung, es ist auch rechte Handlung. Handlungen (*karmas*) können im Hinblick auf ihre Eignung, den Geist für Selbst-Erforschung zu befördern, klassifiziert werden. (1) In *sattva* verwurzelte Handlungen sind diejenigen Handlungen, die den maximalen spirituellen Nutzen bringen, (2) durch *rajas* motivierte Handlungen sind weder förderlich noch schädlich, und (3) aus *tamas* geborene Handlungen sind schädlich und kontraproduktiv. Letztere werden auch *adharma karmas* genannt, sie sollten vermieden werden, ganz besonders von einem *karma yogi*. Sie mögen zwar einen materiellen oder psychologischen Vorteil bringen, doch sie schaden anderen Lebewesen oder Dingen und haben einen negativen spirituellen Effekt. *Rajas*-Handlungen sind nicht unbedingt *adharmisch*. Sie sind zwar selbstbezogen und blenden die Bedürfnisse anderer Lebewesen aus, doch sie sind nicht absichtlich verletzend. Da sie auf materielle Ziele gerichtet sind, haben sie kaum einen spirituellen Nutzen, müssen aber auch nicht schaden.

Wenn *karma yoga* wirklich Früchte tragen soll, sind die Handlungen der ersten Gruppe, *sattvika karmas*, von entscheidender Bedeutung. Es sind gebende Handlungen, keine nehmenden. Du wirst dich daran erinnern, dass wir gesagt haben, dass *vasanas* einer nehmenden Haltung entstammen. Vereinfacht können wir sagen, dass *vasanas* sich auflösen, wenn die entgegengesetzte Haltung am Werk ist. Swami Paramarthananda, ein hochverehrter Vedanta-Lehrer, sagt: „Je stärker das Geben, desto stärker das Wachsen." *Karma yogas* sind Handlungen, die Situationen aufwerten und zum Wohlergehen des *dharma*-Feldes beitragen. In der vedischen Kultur werden sie *yagnas* genannt, gebende Handlungen, die unsere Dankbarkeit ausdrücken. Wir werden im nächsten Kapitel darauf zurückkommen.

Die Absicht eines *karma yogis* besteht darin, *sattvika karmas* im Fokus zu halten, ihnen die durch *rajas* motivierten Handlungen unterzuordnen und *tamas karmas* zu eliminieren. Natürlich ist dies nicht immer möglich. Gewisse Situationen, in denen Handelnde sich oder andere verletzen, lassen sich nicht immer vermeiden. Doch das Streben gilt den aus *sattva* geborenen Handlungen, denn nur sie bringen Reife und spirituelles Wachstum. Unangenehme Situationen oder Begegnungen mit schwierigen Personen sind unvermeidlich; die durch sie ausgelöste Unruhe wird durch *sattvika karmas* neutralisiert.

Kapitel 9

DHARMA

Die Realität ist eine scheinbare Dualität, daher ist es legitim, das Selbst sowohl aus absoluter als auch aus relativer Perspektive zu betrachten. Die absolute Perspektive – unbegrenztes, nicht-duales, unberührtes, gewöhnliches Gewahrsein – ist deine ‚wahre' oder ‚höchste' Natur. *Karma yoga* bedeutet, im Einklang mit deinem persönlichen *svadharma* zu handeln und die Realisierung deiner wahren Natur im Blick zu behalten. Wenn dein Wissen über Gewahrsein als deine wahre Natur über jeden Zweifel erhaben ist, wirst du kein *karma yoga* mehr praktizieren, denn all deine Handlungen werden natürlicherweise im Einklang mit dem *dharma*-Feld stehen. Wenn aber deine Selbst-Erkenntnis noch zweifelnd und schwankend ist, solltest du in Bezug auf dein Tun den Standpunkt deiner wahren Natur einnehmen und entsprechend handeln. Du täuschst diesen Standpunkt gewissermaßen vor, bis du ihn wirklich einnehmen kannst. Doch so zu tun, als wärest du das Selbst, ist nicht wirklich falsch, weil du ja das Selbst bist! Trotzdem kann es sich etwas ‚unaufrichtig' anfühlen, wenn du mit *karma yoga* beginnst. Dieses Gefühl wird sich aber schnell auflösen, wenn dieses *yoga* allmählich seine Wirkung entfaltet und sich eine vorher unvorstellbare Leichtigkeit des Seins einstellt.

Du bist aber auch mit einer relativen Natur gesegnet (oder verflucht – je nachdem, wie man es betrachtet), was bedeutet, dass deine *samskaras* bestimmte Tendenzen und Fähigkeiten hervorbringen. Von frühester Jugend an habe ich Bücher geliebt, weil Wissen mich schon immer stark angezogen hat. Ich erinnere mich, wie ich nachts heimlich bis drei oder vier Uhr morgens gelesen habe, unter der Bettdecke, damit meine Eltern denken konnten, ich schliefe. Ich habe tausende von Büchern gelesen, und jetzt schreibe ich selbst sehr viel. In der Terminologie unserer Tradition würde man mich einen *jijnasu* nennen, einen Wissens-Sucher. Andere Menschen haben völlig andere *samskaras*. Als ich aufwuchs, war einer meiner besten Freunde besessen von Geld. Jeden Sommer sammelte er die leeren Cola-Flaschen am Straßenrand auf und löste sie gegen zwei Cent das Stück in dem Laden an der Ecke ein. Wenn es heiß war, saß er an der Straße und verkaufte Limonade. Er bewahrte das Geld in Kaffeedosen auf und vergrub diese in einer Schlucht in der Nähe seines Hauses. Er starb vor Kurzem und hatte es in seinem Leben zu einigem Wohlstand gebracht. Manche Menschen wollen Geschäfte machen, andere neigen zu Kunst, zu Bildung, zu Sport etc. Dein vorherrschendes *samskara* bestimmt deine relative Natur, dein *svadharma*.

Wir müssen verstehen, dass *svadharma* in *samsara* existiert und dass es Veränderungen unterworfen ist. Der Lebensstil, dem du gestern gefolgt bist, muss nicht der sein, dem du morgen folgst. Wenn du dein vorherrschendes *samskara* zu *Ishvaras* Befriedigung ausagiert hast, wird Er dich mit einem neuen *svadharma* versorgen. Einige Menschen wissen schon als Kind, was sie werden wollen, und werden es auch – Musikerin, zum Beispiel – und halten dann ihr ganzes Leben lang daran fest. Andere wiederum verwirklichen innerhalb einer Lebensspanne sehr unterschiedliche Rollen und Lebensweisen. Wieder andere scheinen ihr ganzes Leben lang nicht zu wissen, was sie eigentlich tun oder werden ‚sollten'. Wenn Letzeres bei dir der Fall ist, dann schenke dem *dharma*-Feld dein Handeln im Geiste des *karma yoga* und nimm, was immer kommen mag, mit einem frohen Herzen. Es bringt nichts, dir den Kopf darüber zu zerbrechen, wer du auf der relativen Ebene sein oder was du tun solltest.

In meinem Fall war es so, dass ich nie etwas ‚sein' wollte. Ich war von Anfang an davon überzeugt davon, wundervoll zu sein, und habe nie auf jemanden gehört, der das anders sah. Als ich jung war, wollte ich viel Geld verdienen, bei den Frauen Erfolg haben und viel reisen. Aufgrund dieses *vasanas* versorgte *Ishvara* mich mit dem *samskara*, das ich zur Realisierung dieses Traumes benötigte – dem Archetypen des Entrepreneurs. Erstaunlicherweise, denn in unserer Familie gab es eigentlich keine Geschäftsleute. Aber nachdem ich viel Geld verdient und dieses *samskara* sich ausgelebt hatte, erkannte ich die Begrenzungen dieser Lebensweise, und das *samskara* fiel zurück in den Kausalen Körper, wo es auch heute noch sitzt, mehr oder weniger unbeachtet. Meine nächste begrenzte Identität war die eines spirituellen Suchers. Ich war kein Sucher, der ein Sucher sein oder bleiben wollte; diese Identität wurde mir durch mein Leiden förmlich aufgedrängt. Eine Offenbarung aktivierte das entsprechende *samskara*, und von ganzem Herzen umarmte ich dieses *dharma*. Als ich nach Indien kam, wurde mir klar, dass man Spiritualität tatsächlich ‚ausüben' konnte; denn dort war eine Infrastruktur vorhanden, die diesem Archetyp diente. Als ich ein Findender wurde, aktivierte sich in mir ein neues *samskara*, und als auch dieses zu *Ishvaras* Zufriedenheit verbraucht war, lieferte Er ein neues. Identitäten, *dharmas*, *samskaras*, Rollen und Lebensweisen kommen und gehen. Auf ein Zeichen *Ishvaras* treten sie in den Vordergrund, und sie entschwinden wieder, wenn sie ausgelebt wurden bzw. sich ausgelebt haben.

Das Selbst ist völlig unkompliziert. Es ist das Eine Einzige. Es ist schlicht, gewöhnlich und immer präsent. Es ist nicht das Resultat einer Handlung. Es war schon immer vollbracht, und wird es immer sein. *Karma* hingegen ist komplex, weil so viele verschiedene Faktoren in die Erzeugung eines Resultats einfließen. Es als diffizil zu beschreiben wäre eine Untertreibung. Es ist eine vieldimensionale Matrix von Gesetzen und Regeln, die niemand überblicken kann. Es zu kennen würde bedeuten, den Geist Gottes zu kennen. Trotzdem muss ich in meinem Handeln dieses Feld in Betracht ziehen und zusätzlich mein *svadharma* berücksichtigen. Wenn mein eigenes Handeln nicht im Einklang mit dem *dharma*-Feld und mit meinem *svadharma* steht, werde ich Konflikte ernten.

Wer bin ich auf der relativen Ebene? Was für ein Handelnder bin ich? *Ishvara* produziert Rollen, *dharmas*, gemäß der jeweiligen Natur des *dharma*-Feldes. Vor langer Zeit waren wir Jäger und Sammler. *Ishvara* benötigte damals keine Finanzberater, keine Immobilienmakler oder Wissenschaftler. Alles, was uns abverlangt wurde, war, den Speer zu werfen, einen Fisch zu fangen oder auf einen Baum zu klettern und die Früchte zu pflücken. Zwar gab es schon Individuen mit spirituellen (Hexen, Schamanen, Priester) oder künstlerischen *samskaras* (Geschichtenerzähler, Höhlenmaler), und es gab Denker – die Seher, denen dieses Wissen enthüllt wurde, lebten lange vor dem Zeitalter des Ackerbaus. Doch im Grunde waren die Menschen in Bezug auf ihre Tätigkeiten sehr gleichmäßig geprägt. Die Myriaden von Veranlagungen, die sich heutzutage ausdrücken, waren damals noch nicht manifest. Es gab Visionäre, Genies und Mystiker, die der Menschheit neue Möglichkeiten eröffneten, aber wohl kaum Individuen, die vor lauter Angst nicht wussten, was sie mit ihrem Leben anfangen sollen. Was zu tun war, diktierten die Umstände.

Im Zuge des „Fortschritts" der Menschheit entwickelten sich Ackerbau und Viehzucht, neue Fähigkeiten wurden benötigt, und *Ishvara* lieferte sie. Ein Mensch, der in diese Zeit hineingeboren wurde, hatte mehr Optionen, da das Leben komplexer geworden war. Seit der industriellen Revolution hat die Komplexität weiter zugenommen, und diese Entwicklung wird wohl anhalten. Losgelöst von der physischen Ebene, konnten die Früchte des menschlichen Handelns astronomische Mengen erreichen, z. B. in der Form von unvorstellbarem, manche sagen obszönem, Reichtum. Mit dem Aufstieg der Nationalstaaten konnte dieser Reichtum – konzentriert in den Händen eines bedeutenden Anteils der Weltbevölkerung und verwaltet durch demokratische Regierungen – Hunger und physische Unsicherheit in diesen Ländern weitgehend beseitigen. Welcher junge Mensch, der in einem ‚entwickelten' Land aufwächst, muss sich darum sorgen, woher seine nächste Mahlzeit kommt? Diese Entwicklung von Frieden und Wohlstand hat aber auch ihre Schattenseiten. Der Einzelne ist nicht mehr zur Eigeninitiative gezwungen, um sich zu versorgen, und wenn er handeln möchte, steht er einer verwirrend großen Zahl von Möglichkeiten gegenüber – sei es bei der Auswahl einer Müsli-Packung im Supermarktregal oder bei der Frage, was er werden möchte. Und da in unseren von *rajas* geprägten materialistischen Gesellschaften ‚Sein' mit ‚Tun' gleichgesetzt wird, befindet sich die moderne Welt in einer Identitätskrise ungeahnten Ausmaßes.

Die modernen Zeiten haben auch eine neue Profession hervorgebracht, den spirituellen Sucher. Diese spirituelle ‚Welt' hat ihr Fußvolk und ihre Superstars, und sie hat, wie jede andere, ihr *dharma*, ihre Regeln. Das Problem mit dem Suchen als Profession besteht darin, dass es mit dem Finden abrupt endet. Finden bedeutet, zu verstehen, dass das Sein nicht mit Handeln in Beziehung steht. Kurz gesagt, ‚Sein' ist keine Beschäftigung, es ist nichts anderes als reine Zufriedenheit. Dies wird für den Handelnden – vorausgesetzt, er hat das Finden überlebt – ein reales Problem. Er braucht jetzt eine neue Aufgabe.

Wie auch immer, die Pflicht (*dharma*) eines Suchers ist es, das Wissen um das Selbst auf seinen Geist anzuwenden. Aber es gibt sehr unterschiedliche Arten des Suchens. Wenn du dich am oberen Ende der evolutionären Skala befindest, was bedeutet, dass dein Wunsch nach Befreiung brennend ist, du die erforderlichen Qualifikationen besitzt, dir ein geeignetes Mittel der Erkenntnis zur Verfügung steht und du mit einem qualifizierten Lehrer gesegnet bist, dann wird dein Suchen klug und zielführend sein. Dann wird dich auch die innere Stimme nicht quälen, die fragt, wann du endlich wieder vernünftig wirst und dir eine ehrbare Arbeit suchst. Dein Suchen steht – wie es sich für einen *karma yogi* gehört – mit deinem *svadharma* in Einklang.

Wenn die Erleuchtungssuche deinem *svadharma* entspricht, musst du dich ihr zu hundert Prozent verpflichten, sonst wirst du Konflikte erleben. Höre nicht auf die innere Stimme, die sich über deine spirituellen Impulse lustig macht. Es ist nicht ungewöhnlich, zwischen spirituellen und weltlichen Zielen hin- und hergerissen zu sein, denn im Gegensatz zum Erfolg in der ‚realen' Welt, verspricht der spirituelle Erfolg nicht unbedingt, dir deine Rechnungen zu bezahlen. Ich erinnere mich an eine Diskussion, die ich vor vielen Jahren mit meiner Mutter führte, die für mich damals die ‚reale' Welt verkörperte. Um die Dinge einfach zu halten, erklärte ich ihr, dass ich mich Gott widme. Sie zog die Brauen hoch und sagte: „Weißt du James, das ist ja alles gut und schön, aber leider sorgt der Herr nicht dafür, dass das Fleisch auf den Tisch kommt." Ich sagte ihr, dass ‚der Herr' das Fleisch **ist**, aber das überstieg ganz offensichtlich ihren Horizont.

Wenn sich dein Handeln im Einklang mit deinem *svadharma* befindet (vorausgesetzt, du weißt, was es ist), wirst du ein Konfliktfeld beseitigt haben. Du erkennst das daran, dass sich das, was du in deinem Leben tust, richtig ‚anfühlt'. Wenn du deinem *svadharma* zuwiderhandelst, wirst du unglücklich sein. Allerdings wirst du die wahre Ursache nicht erkennen. Wenn du nicht klar sehen kannst, was für eine Person du bist, und wenn du nicht weißt, dass du das Selbst bist, wirst du versuchen jemand zu ‚sein', den du interessant und attraktiv findest. Menschen handeln unauthentisch, weil ihnen ihr *svadharma* verborgen ist, nicht weil sie Schwindler sein wollen. Das Bedürfnis nach Identität ist eines der stärksten im menschlichen Geist. Es wird sich in irgendeiner Form Bahn brechen.

Im Vedanta weisen wir darauf hin, dass es zu den Qualifikationen für den Befreiungsweg gehört, zu erkennen, wer man als Person ist, und mit dieser relativen Identität im Frieden zu sein. In Kapitel 4 haben wir ausführlich über die Qualifikationen gesprochen. Vedanta sagt, du sollst als die Person, die du bist, in der Welt bleiben und dein *svadharma* mit der *karma yoga*-Haltung ausagieren.

Was aber, wenn du dein *svadharma* nicht kennst? Wenn du von einer Sache zur nächsten springst, merkwürdige Jobs annimmst, dich nie wirklich niederlässt, immer älter wirst, aber niemals weiser? Wie ist es möglich, das eigene *svadharma* nicht zu erkennen? Es ist möglich, weil es von Ängsten und Begierden verdeckt werden kann. Diese lenken die ganze Aufmerksamkeit nach außen und verhindern, jemals wirklich mit dir selbst in Kontakt zu kommen. So bleibt deine wahre Natur (auf der Ebene der Person) vor dir verborgen. Deine Ängste und Begierden lassen dich ständig nach etwas in der Welt suchen. Sie untergraben dein Selbstvertrauen, wodurch dir der Mut fehlt, deinen eigenen Weg zu gehen. Stattdessen hältst du an der Überzeugung fest, Sicherheit und Liebe kämen von außen.

Vielleicht gehörst du zu den Menschen, die schon in ‚früheren Leben' alles ausagiert haben und irgendwie ahnen, dass sie auf der relativen Ebene in Wirklichkeit ‚niemand' sind. Diese Konstellation kommt heutzutage häufig vor. In der spirituellen Welt werden diese Menschen ‚alte Seelen' genannt. Alles, was ihnen noch zu tun bleibt, ist herauszufinden, wer sie in Wahrheit sind. Wenn du dich in dieser Situation befindest, solltest du dich angesichts der hier im Westen völlig unterentwickelten spirituellen Infrastruktur auf einen schwierigen Weg einstellen. Die westliche spirituelle Welt kratzt nur ein wenig an der Oberfläche der Selbst-Erforschung, sie ist noch dabei, überhaupt zu verstehen, worum genau geht. Als wäre das nicht schon schlimm genug, tut sie aber auch noch so, als ob sie schon alles wüsste.

Obwohl du heutzutage häufig den Begriff «Vedanta» hörst, den viele leichtfertig in den Mund nehmen, hat eigentlich niemand eine Ahnung, worum es dabei wirklich geht, abgesehen von denen, die mit Swami Dayananda oder der Chinmaya-Mission verbunden sind, oder den wenigen, die meine Website oder meine Bücher kennen. Es ist eine Schande, denn Vedanta kann dir eine provisorische Identität geben – als *karma yogi* – und die Lücke füllen, bis du deine wahre Natur verstanden hast. Und wenn du deine wahre Natur erkannt hast, ist es kein Thema mehr, wer du auf der relativen Ebene bist. Wie auch immer dein *svadharma* aussehen mag, du weiß genau, dass du kein Handelnder bist. *Ishvara* ermöglicht uns eine Vielzahl von Identitäten auf der relativen Ebene. Indem wir uns als *karma yogi* identifizieren, wählen wir daraus eine der bestmöglichen. Die Schönheit dieser Identität besteht darin, dass deine Aufgabe klar und einfach ist: Weihe in einer Haltung von Dankbarkeit deine Handlungen dem Feld und empfange die Resultate als Geschenk. Die Praxis des *karma yoga* wird unweigerlich dazu führen, dass deine Vorlieben und Abneigungen neutralisiert werden und du dich zunehmend besser fühlst.

Für einen *karma yogi* ist die Wahl seiner Handlungen nur dadurch eingeschränkt, dass sie keinen Verstoß gegen das *dharma* darstellen sollten. Das vorrangige allgemeingültige *dharma* ist ‚Nicht-Verletzen', also sind alle Handlungen in Ordnung, die niemanden verletzen. In der Realität werden wir jedoch feststellen, dass eine klare Unterscheidung zwischen Verletzen und Nicht-Verletzen nicht möglich ist. Alles im *dharma*-Feld kann sowohl hilfreich als auch verletzend sein. Nehmen wir folgendes Beispiel: Ich bekomme Arbeit als Maler, weil ich über die entsprechenden Fähigkeiten verfüge und diese Arbeit mag. Nun stellt sich aber heraus, dass die Farbe, die mein Auftraggeber wünscht, giftig ist und die Umwelt belastet und Krebs oder andere Krankheiten auslöst. Wie soll ich mich jetzt verhalten? In solchen Fällen gibt es aufgrund der komplexen Natur des *dharma*-Feldes keine einfache Antwort. Ich muss mein Unterscheidungsvermögen nutzen um herauszufinden, wie ich mich verhalte.

Sogar was das Töten anderer Lebewesen anbelangt, gibt es Ausnahmen. Zum einen scheint es so zu sein, dass

Ishvara Menschen benötigt, die töten, denn sie waren immer da und werden immer da sein – obwohl *dharma* das Töten eindeutig untersagt. Zum anderen gibt es Situationen oder Umstände, unter denen sich das Töten nicht vermeiden lässt. Wenn du zum Beispiel nördlich des Polarkreises lebst, wo kein Gemüse wächst und es keine Supermärkte gibt, bist du gezwungen, dich von Tieren zu ernähren, um zu überleben. Hier kommt wiederum *karma yoga* zur Anwendung. Weihe deine Handlung, führe sie auf möglichst achtsame und liebevolle Weise aus und empfange die Resultate als Geschenk. Unsere Schriften sind voll von Beispielen von Menschen, die sehr weltlichen Tätigkeiten nachgingen, die sie aber im Geiste des *karma yoga* ausführten und das Selbst realisierten.

Karma Yogis werden insbesondere fünf Handlungsfelder empfohlen:

1. Verehrung Gottes in jeder Form: Seht die Schönheit von Vedanta! Es ist keine Religion, aber es würdigt den religiösen Impuls. Du kannst Muslim, Christ oder Jude sein und *karma yoga* praktizieren. Einer der größten Fehler der westlichen Nicht-Dualitäts-Szene ist ihre Geringschätzung der Religion. Aufgrund der großen Leiden, welche im Namen der Religionen über die Menschen gebracht wurden, ist dies in gewisser Weise verständlich. Aber den religiösen Impuls preiszugeben, welcher doch das sich selbst liebende Selbst ist, nur weil die Kirchen den religiösen Geist von Zeit zu Zeit aus den Augen verlieren, heißt, das Kind mit dem Bade auszuschütten. Das Bedürfnis nach Verehrung sitzt ebenso tief wie das Bedürfnis nach

Identität. Also wähle ein für dich attraktives Symbol des Selbst und verehre es regelmäßig. Verehrung in jeder dir gemäßen Form ist eine Anrufung des Selbst und bewirkt einen reinen, von *sattva* geprägten Feinstofflichen Körper.

Hier ist die Übersetzung zweier sehr bekannter Gebete:

> Mögen alle Menschen glücklich und wohl sein.
> Mögen die Herrscher der Erde den Pfad der
> Tugend beschreiten.
> Möge denen, die ihre wahre Natur erkennen,
> immerwährende Freude geschenkt sein.
> Mögen alle Welten glücklich und wohl sein.
> (*Mangala Mantra aus dem Rig Veda*)

> Mögen alle Lebewesen glücklich sein,
> Mögen alle Lebewesen frei sein von Leiden,
> Möge alle Lebewesen unbeschwert leben,
> Möge niemand vom rechten Pfad abkommen.
> (*Universelles Gebet von Adi Shankara*)

Ein solches, täglich mit aufrichtiger Hingabe gesprochenes Gebet vermag über das allumfassende Bewusstsein alle Dimensionen der Schöpfung zu erreichen und zu segnen.

2. Vorbehaltlose Verehrung der Eltern: Seht die Weisheit! Das meiste von dem, was uns geprägt hat, positiv und negativ, kommt von unseren Eltern. Aber du kannst ihnen keinen Vorwurf machen, denn auch sie haben das, was sie an dich weitergaben, bei ihren Eltern abgeschaut, ohne es zu prüfen. Du musst selbst die Verantwortung für dein Tun übernehmen. Hierzu ist es erforderlich, dass du deinen Eltern gegenüber keine Ressentiments mehr empfindest, dass du sehen kannst, dass sie entsprechend ihren Fähigkeiten ihr Bestes gegeben haben, dass du die Gaben erkennen kannst, die du ihnen verdankst, und dass du sie täglich in deinem Denken würdigst.

3. Verehrung der Schriften: Das Ziel von *karma yoga* ist ein kontemplatives, von *sattva* geprägtes Gemüt. Ohne es kannst du die Bedeutung der Vedanta-Lehren nicht erforschen und verinnerlichen. Aber du solltest mit der Erforschung nicht warten, bis du kontemplativ geworden bist. Du solltest dir täglich mindestens eine halbe oder eine ganze Stunde Zeit für das Vedanta-Studium freihalten. Du wirst nicht auf einen Schlag kontemplativ. Du hast über den Tag verteilt immer wieder kontemplative Momente. Immer wieder wirst du Einsichten haben. Der Fortschritt von einem nach außen gerichteten zu einem nach innen gerichteten Geist vollzieht sich allmählich. Eines Tages wirst du feststellen, wie klar und friedvoll dein Geist geworden ist, selbst inmitten eines bewegten Lebens. *Karma yoga* ist für Handelnde, die ein starkes Verlangen nach Freiheit verspüren und die Erkenntnis wertschätzen.

4. Der Menschheit dienen: Wenn jemand etwas von dir möchte, sei wohlwollend und gehe davon aus, dass es ein vernünftiges Begehren ist. Wenn du anderen hilfst, verschwendest du wenigstens keine Zeit mit von *tamas* oder *rajas* geprägten Gewohnheiten. Dienen kultiviert *sattva*, das macht es so wertvoll. Doch hüte dich davor, dein Dienen als Rechtfertigung zu nutzen, dich innerlich gegenüber anderen zu erhöhen, die – scheinbar – nur an sich denken. Halte das Dienen einfach, verliere dich nicht in, Ich-rette-die-Welt-Phantasien. *Ishvara* konfrontiert uns jeden Tag mit Möglichkeiten, anderen zu dienen. Dienen bedeutet nicht unbedingt, das zu tun, was andere von dir erwarten. Es bedeutet, offen zu sein für andere, sie nicht auszuschließen. Anderen zu dienen erfordert Achtsamkeit, da das Ego, aus einem Empfinden von Unzulänglichkeit und Minderwertigkeit heraus, nach Möglichkeiten sucht, sich besonders und tugendhaft zu fühlen. Stattdessen sollte das Dienen auf der Anerkenntnis beruhen, dass wir alle im Grunde eins sind. Dies ist auch deshalb weise, weil alles, was wir benötigen, von anderen kommt. Menschen, die dem Dienen verpflichtet sind, sind in der Regel auch selbst gut versorgt.

5. Verehrung aller Lebewesen: Die Würdigung des Eins-Seins von allem sollte alle Lebensformen einschließen. Praktiziere es, indem du deine Umwelt respektierst. Gehe sparsam mit den Ressourcen um. Beschränke deinen ökologischen Fußabdruck. Lebe umweltbewusst. Auch die vegetarische oder vegane Ernährung ist ein guter Weg, alles Leben zu ehren.

ZWEI WEITERE *DHARMAS*

Wie du sehen kannst, ist *dharma* eine sehr komplexe Thematik. Angemessene Reaktion, Regeln, Pflicht, wahre Selbst-Natur, reflektierte Selbst-Natur – all das sind Aspekte von *dharma*. Und jetzt kommen noch zwei weitere *dharmas* hinzu: *samanya dharma* und *vishesha dharma*.

In Bezug auf das, was mein Leben betrifft: Weiß ich am besten, was zu tun ist, oder weiß *Ishvara* es am besten? In unseren Schriften gibt es eine wunderschöne Geschichte über einen Krieger namens Ram, eine Inkarnation des Selbst. Er ist in jeder Hinsicht ein außergewöhnlicher Mensch, freundlich, intelligent, integer und sehr beliebt. Immer hat er das Wohle aller im Sinn, und weise erwägt er jede seiner Handlungen. Seinem *svadharma* ist er treu ergeben. Trotz all dem läuft in Rams Leben nichts nach Plan. Üblicherweise machen wir uns selbst Vorwürfe und rechtfertigen uns, wenn etwas schiefläuft. Allzu oft treffen wir törichte Entscheidungen, die ungewolltes *karma* produzieren. Doch Ram handelt in jeder Situation umsichtig und im Einklang mit *dharma*, und trotzdem laufen die Dinge ‚schief'. Wenige Tage bevor er zum König gekrönt werden soll (ein Ereignis, welches er, seine Frau, seine Familie und das gesamte Königreich herbeisehnen), erfährt er, dass er, statt König zu werden, in die Wälder ins Exil geschickt wird. Grund hierfür ist ein Versprechen, das sein Vater, der jetzige König, seiner zweiten Frau, Rams Stiefmutter, vor langer Zeit gegeben hat, und dessen Einlösung sie nun verlangt. Als Ram die ‚schlechte' Nachricht erreicht, reagiert er weder enttäuscht noch wütend.

Vollkommen unbeeindruckt sagt er: „Es ist die Pflicht eines Sohnes, den Wünschen der Eltern zu gehorchen" und geht zufrieden ins Exil.

Seinem Verhalten liegt die Vorstellung einer bestimmten sozialen Ordnung zugrunde, eine durch *Ishvara* (die Bedürfnisse des großen Ganzen) etablierte universelle Ordnung. Die Familie, als Basis der Gesellschaft, funktioniert, wenn Kinder die Wünsche ihrer Eltern respektieren, vorausgesetzt, auch die Eltern folgen der sozialen Ordnung. Die soziale Ordnung basiert auf der psychologischen Ordnung, die wiederum aus der zugrundeliegenden *guna*-Struktur hervorgeht. Die Aufgabe dieser Ordnung ist es, all die scheinbar widerstreitenden Begehren und Ängste von Individuen in Einklang zu bringen, um die Funktionsfähigkeit des großen Ganzen zu gewährleisten. Wenn Konflikte entstehen, leiden alle. Die psychologische Ordnung basiert auf der nicht-dualen Natur der Realität, dem einen Prinzip – Bewusstsein-Liebe – hinter allem. Wenn die Realität nicht-dual ist, erscheint es naheliegend, dass ‚Nicht-Verletzen' der höchste Wert für alle Lebewesen ist.

Da die Dualität – die Idee, dass mein Gewinn dein Verlust ist – so tief in uns verankert ist, sorgen wir uns alle um unsere Sicherheit, unseren Lebensunterhalt usw. Diese Ängste können zu einem Verhalten führen, das andere verletzt. Nicht-Verletzen erstreckt sich in unserer Tradition nicht nur auf Taten, sondern auch auf Worte und Gedanken. Indem wir dem Prinzip des Nicht-Verletzens – dem moralischen Gesetz – folgen, bringen wir unser Leben in Einklang mit *Ishvara*, der Quelle dieses Gesetzes. Alle universellen Werte – Wahrhaftigkeit, Nächstenliebe, Freiheit,

Ehrlichkeit usw. – gründen auf dem Prinzip des Nicht-Verletzens. Ich bestehle dich nicht, weil ich verstehe, dass du an deinem Besitz hängst und leidest, wenn ich ihn dir nehme. Ich wertschätze deine Gefühle, weil ich weiß, dass wir tatsächlich eins sind; mir erginge es genauso, wenn du mich bestöhlest. Auch wenn es den Anschein hat, dass wir verschieden sind, sind wir tatsächlich eins: das nicht-duale Selbst. Ich belüge dich nicht, weil es dich schmerzen würde. Es sollte auch nicht vergessen werden, dass Lügen auch beim Lügner Schmerzen auslöst, weil *dharma* in jedes Lebewesen eingraviert ist. Wir nennen es ‚Gewissen'. Ich beraube dich nicht deiner Freiheit, weil Freiheit auch für mich das höchste Gut ist. Freiheit ist in der Tat der höchste aller nicht-dualen Werte. Selbst wenn ich körperlich, sozial und politisch frei bin, suche ich immer noch nach innerer Freiheit.

DHARMA YOGA

Universelle Werte werden *samanya dharma* genannt. Das Problem mit universellen Werten ist ihre Universalität. Abstrahiert von den Erfordernissen unseres Alltags, beschreiben sie eine ideale Welt. Sie bekommen erst dann eine reale Bedeutung, wenn Individuen sie interpretieren und zur Grundlage ihres Handelns machen. Interpretierte Werte werden *vishesha dharma* genannt. Im *dharma yoga* versuchen wir, unser Leben mit den universellen Werten in Übereinstimmung zu bringen. Wir verbinden unsere Handlungen mit dem Willen des großen Ganzen. Wir akzeptieren, dass *Ishvara* es am besten weiß.

Für das Ego ist diese Haltung kein besonders attraktives Szenario, denn allzu oft steht das, was ich möchte, nicht im Einklang mit den Bedürfnissen der Allgemeinheit. Der Praxis des *dharma yoga* steht die ausgeprägte individuelle Anspruchshaltung unserer liberalen, materialistischen und konsumorientierten Gesellschaft entgegen. Wir verehren eher den Archetypen des regelverachtenden Rebellen, statt uns für die Vorstellung zu begeistern, unseren Willen dem Willen *Ishvaras* zu opfern. Zu der Vorstellung, dass die Bedürfnisse des großen Ganzen im Vordergrund stehen sollten, haben wir kaum Bezug. Diese Verwirrung ist teilweise verständlich, denn wenn sich der Teil des *dharma*-Feldes, in dem ich mich befinde, unter dem Einfluss von *adharma* befindet, scheint es, als wären die Bedürfnisse der Allgemeinheit böse. So konnte zum Beispiel ein gesetzestreuer Mensch, der nach dem Ersten Weltkrieg in Deutschland aufwuchs, die Invasion anderer Länder und die Einrichtung der Konzentrationslager als ‚Bedürfnisse der Allgemeinheit' ansehen. Und tatsächlich wurde dieses Argument zur Verteidigung derjenigen verwendet, die in einem Konzentrationslager Dienst taten und die darauf konditioniert waren, ohne nachzudenken, den Regeln und Befehlen zu folgen. Unter gewissen Umständen ist es wichtig, nicht den Bedürfnissen der unmittelbaren Umgebung zu folgen, dann nämlich, wenn die Bedürfnisse dieser Umgebung dem *dharma* und dem Bedürfnis des großen Ganzen entgegenstehen. Das Ego, der Teil in dir, der unter dem Einfluss der Ignoranz steht, wird clevere Argumente finden, um dich davon abzuhalten, *dharma yoga* zu praktizieren. Daher muss genauer definiert werden, was unter ‚Bedürfnisse des großen Ganzen' zu verstehen ist.

SCHULD

Die Bedürfnisse der Allgemeinheit sind in meiner unmittelbaren Umgebung manifest. Ich befinde mich in einer Welt, die aus scheinbar lebendigen Objekten – *jivas* – und offensichtlich empfindungslosen Objekten – Materie – besteht. Ich nutze diese Umgebung, um zu bekommen, was ich möchte. Doch gleichzeitig hat die Umgebung ihre eigenen Bedürfnisse. Wenn ich Ehemann und Vater bin, repräsentiert meine Familie einen Teil meiner Umgebung. Sie ist ein Abbild des universellen Verlangens, zu leben und glücklich zu sein. Wenn ich nach der Arbeit nach Hause komme und mich vor den Fernseher setze, um abzuschalten, und meine Kinder ignoriere, stelle ich meine Bedürfnisse über die Bedürfnisse meiner Kinder. Damit verletze ich *dharma*. Das Ego wird mein Verhalten auf unterschiedliche Weisen rechtfertigen („Ich habe den ganzen Tag wie ein Sklave geschuftet, um meine Familie zu ernähren, und jetzt habe ich es verdient, mich zu entspannen"), aber ich werde mich nicht wirklich entspannen können. Weil das Wissen um *dharma* in mir verankert ist, werde ich mich schuldig fühlen. Schuld ist eine der unangenehmsten Emotionen, ich muss mich von ihr reinigen, wenn der Feinstoffliche Körper zur Selbst-Erforschung befähigt werden soll. Schuld entsteht, wenn *dharma* verletzt wird.

Vishesha dharma ist ein vielschichtiges Thema. Wir müssen den Begriff des ‚großen Ganzen' in diesem Zusammenhang genauer betrachten, denn er ist relativ. Für ein Individuum im Deutschland der Nazi-Zeit war die Gesellschaft das ‚große Ganze'. Doch die deutsche Gesellschaft war nur eine unter vielen Gesellschaften in der von *Ishvara* regierten sozialen Ordnung der Welt. Als das große Ganze der Deutschen sich gegen das ‚große' große Ganze richtete, triumphierte schließlich das Freiheits-Bedürfnis des *dharma*-Feldes über das Streben der Deutschen nach Macht und Kontrolle. Wenn das *dharma* der Familie in Konflikt gerät mit dem *dharma* der Gesellschaft, wird das Erstere in die Schranken gewiesen, denn die Bedürfnisse der Allgemeinheit haben Vorrang. Ein Beispiel hierfür sind Enteignungen oder das Verbot der Polygamie.

An welchem ‚großen Ganzen' sollte sich mein Verhalten ausrichten? Die amerikanische Regierung zum Beispiel scheint zu regelmäßigen Kriegen zu neigen. Sollte ich als Amerikaner meine Steuern zahlen und diese Kriege unterstützen? Welche Kriege sind *dharmisch* und welche nicht? Wenn *adharma* ein bestimmtes Ausmaß erreicht hat, wird es immer mit *dharma* in Konflikt geraten. Es ist daher falsch, zu sagen, alle seien Kriege seien *adharmisch*. Wenn *adharmische* Kräfte in der Weltzivilisation eine bestimmte Machtfülle erlangt haben, sind kriegerische Auseinandersetzungen unausweichlich, damit wieder ein sinnvolles Gleichgewicht zwischen *dharma* und *adharma* hergestellt werden kann. Das *dharma*-Feld währt ewig und mit ihm die Kräfte von *dharma* und *adharma*, die sich in einem ständigen Konflikt befinden – in der Welt wie auch im menschlichen Geist. Für Lebewesen, die bedingungslos nur ihrem Programm folgen, gibt es kein *dharma/adharma*-Problem. Menschliche Wesen besitzen jedoch einen freien Willen und die Fähigkeit zu wählen, für sie sind *dharma* und *adharma* äußerst relevant.

Dharma und *karma* im Detail zu verstehen und voneinander abzugrenzen ist eine große Herausforderung, und es bleibt immer ein Rest an Unklarheit. Manchmal produzieren positive Handlungen negative Resultate und manchmal negative Handlungen positive Resultate. Aus der Perspektive von Gewahrsein gibt es kein Gut oder Schlecht, sondern nur das ewige Spiel der Dualitäten.

Vishesha dharma, die Anwendung von *samanya dharma* auf das tägliche Leben, ist komplex und schwierig. Was in einer Situation *adharmisch* ist, muss nicht in jeder Situation *adharmisch* sein. Ein Räuber, der einem Fremden ein Messer in den Unterleib stößt, macht sich eines Verstoßes gegen *dharma* schuldig. Ein Chirurg aber, der mit einem Messer versucht, seinem Patienten einen entzündeten Blinddarm zu entfernen, handelt selbst dann *dharmisch*, wenn der Patient sterben sollte. Sowohl der Arzt als auch der Räuber folgen ihrem jeweiligen *svadharma*. Es entspricht der Natur von Menschen mit kriminellen *samskaras*, zu rauben, und der Natur von Menschen mit heilenden *samskaras*, zu heilen. Der Wert einer Handlung hängt vom Kontext ab. Man könnte argumentieren, dass das Töten die Bedürfnisse des Räubers nach seiner nächsten Mahlzeit befriedigt, aber er nimmt dafür den Tod eines anderen Menschen in Kauf. Es ist unschwer zu erkennen, dass der Wert des Lebens höher wiegt als der Wert einer

Mahlzeit, doch diese Diskussion hilft uns, die Tatsache anzuerkennen, dass es in Bezug auf unser Verlangen eine ständige Spannung zwischen *dharma* und *adharma* gibt. Diese Spannung wird durch die Praxis des *dharma / karma yoga* aufgelöst.

Dharma ist aufs Engste mit *karma* verknüpft, denn erst durch die Handlungen, die es unterstützen oder die zu ihm im Widerspruch stehen, erhält es seine Bedeutung. Um *dharma* lebendig zu halten, ist Handlung vonnöten. Und – wie wir gesehen haben – ist nicht immer eindeutig, wie eine *dharmische* Reaktion in einer bestimmten Situation ausschaut. Soll ich die Wahrheit sagen und damit die Gefühle einer anderen Person verletzen oder soll ich eher eine kleine Lüge nutzen und mich schlecht fühlen, weil ich damit gegen das hohe Gut der Ehrlichkeit verstoße? Auch ob ich meine Gefühle ausdrücke, kann je nach Kontext dharmisch sein oder auch nicht. Unsensible Personen mit einem starken Sinn für Moral geraten häufig in unangenehme Situationen, da es sie drängt, ‚die Wahrheit zu sagen'. Doch was ich fühle, ist nur eine Wahrheit. Es ist nicht **die** Wahrheit.

Menschen, deren Geist unter dem Einfluss von *tamas* steht, sehnen sich häufig nach einer ‚Lebensformel'. Der Vielschichtigkeit des Lebens und der Situationen, die es uns präsentiert, versuchen sie mit einfachen Schwarzweiß-Analysen und Lösungen zu begegnen. Da ihr Intellekt eingetrübt ist, mangelt es ihnen an Unterscheidungsvermögen, was ihre Fähigkeit einschränkt, erfolgreich im *dharma*-Feld zu bestehen. Immer bleibt eine gewisse Unsicherheit darüber, welche Handlungen richtig und welche falsch sind – sowohl im Hinblick auf *svadharma* als auch im Hinblick auf *vishesha dharma*. Wenn wir in unserer spirituellen Erforschung erfolgreich sein wollen, ist es unerlässlich, *dharma* in unserem Tun zu berücksichtigen und diejenigen Handlungen zu wählen, die möglichst positiv auf den Feinstofflichen Körper wirken (oder negativ ausgedrückt: diejenigen, die möglichst wenig abträglich sind). Wenn es um unsere Handlungen geht, ist permanentes Unterscheidungsvermögen gefordert.

Dharma yoga bedeutet, kurz gesagt, die Befriedigung der eigenen Bedürfnisse für *Ishvara* zu opfern, für die Befriedigung der Bedürfnisse des großen Ganzen. Doch dies ist nur gefordert, wenn es einen Konflikt gibt. *Dharma yoga* ist eine großartige Praxis, um das Ego gefügig zu machen und das Gefühl von Getrenntsein zu überwinden. Gutmenschentum ist kein Kennzeichen von *dharma yoga*, denn häufig erfolgt es aus einem Gefühl moralischer Unzulänglichkeit oder aus Unsicherheit heraus und dient damit vor allem der Stärkung des eigenen Ego. Daher sind Menschen, die ständig nach Gelegenheiten Ausschau halten, sich aufzuopfern, auch nicht unsere Vorbilder. Dies soll nicht heißen, dass du anderen nicht helfen solltest. Wenn zu helfen deiner Natur entspricht, dann musst du deiner Natur folgen.

Eine reife und kultivierte Person ist jemand, der sich seiner eigenen Bedürfnisse bewusst ist, der aber auch die Notwendigkeit, *dharma* zu bewahren, als einen Dienst am großen Ganzen versteht. Die Weltliteratur ist voller grandioser Darstellungen der Bedeutung von *dharma*, häufig porträtiert als epischer Kampf zwischen mythischen, übernatürlichen Kräften. Doch das Leben ist kein Drama, es ist einfach das Leben. Die tägliche Praxis des *dharma yoga* ist nicht viel mehr als die Fortführung der Traditionen von Anstand und Höflichkeit oder – um es prosaischer auszudrücken – die Beachtung guter Umgangsformen.

Spirituelle Praxis ist im Kern nichts anderes als die Bereinigung der anhaltenden inneren Konflikte, die den Feinstofflichen Körper belasten. Diese Konflikte entstehen aus der Missachtung unseres *svadharmas*, aus der fehlerhaften Interpretation von *samanya dharma* und aus der Sorge um die Früchte unserer Handlungen. *Karma/dharma yoga* löst diese Konflikte auf. Je mehr unsere Praxis reift, umso mehr wendet sich unser Geist nach innen. Er wird friedvoll und etabliert sich in *sattva*. Das Licht des Gewahrseins strahlt in ihm, und wir werden dieses ‚Licht' als unser eigenes Selbst erkennen.

Kapitel 10

DIE *GUNAS*

Die Schöpfung verhält sich gemäß bestimmten Gesetzen und Prinzipien. Alles ist intelligent geplant und gestaltet, um den Bedürfnissen des großen Ganzen zu dienen. Die Schöpfung scheint sich ihrer selbst bewusst zu sein, doch in Wirklichkeit ist sie es nicht. Zum Wohle derjenigen Wesen, die die Schöpfung für real halten und sich von ihr befreien wollen, werden wir nun die Lehre von den drei *gunas* vorstellen. Auf makrokosmischer Ebene haben wir die *gunas* bereits in Kapitel 6 behandelt. Jetzt werden wir erklären, wie sie im menschlichen Geist arbeiten und wirken.

Bevor die Schöpfung existierte, existierte Gewahrsein. Eine Kraft im Gewahrsein, *maya* genannt, schuf das Universum aus Gewahrsein. *Maya* ist sowohl die materielle als auch die intelligente Ursache der Schöpfung. Die Schöpfung ist aus Energie gemacht. Obwohl Energie eins ist, manifestiert sie sich in drei Formen, die in Sanskrit *gunas* genannt werden. Jedes Objekt, fein- oder grobstofflich, wird aus diesen drei Energien erschaffen. Um die Welt und die Natur unserer Erfahrungen zu verstehen, müssen wir die *gunas* verstehen.

Es tut mir leid, einen weiteren Sanskrit-Begriff einführen zu müssen, doch es gibt in keiner anderen Sprache ein Wort, das die *gunas* angemessen beschriebe. Im Deutschen kommt der Begriff ‚Qualitäten' der Bedeutung am nächsten, doch er ist bei Weitem nicht ausreichend. Die *gunas* verursachen Erfahrung. Tatsächlich sind sie die Essenz von Erfahrung. Sie verursachen Leiden, und sie verursachen Freude. Wer sie kennt und versteht, hält den Schlüssel zur Lösung des Leidens in der Hand.

Eine Person, die weiß, dass sie Gewahrsein ist, wird nicht besonders daran interessiert sein, ihre weltlichen Erfahrungen zu verändern. Sie erkennt Erfahrung als das Spiel der *gunas* und genießt die Glückseligkeit des Gewahrseins, während sie gleichmütig und unberührt das Geschehen betrachtet. Wenn du aber mit deinem Leben unzufrieden bist, wirst du sehr wohl am Was und Wie deiner Erfahrung interessiert sein. Die Unzufriedenheit mit unserer Erfahrung lässt uns nach Erleuchtung suchen.

Erleuchtung, Befreiung, ist für den Geist. Du, Gewahrsein, bist bereits frei. Die Unfreiheit, die du erlebst, existiert nur in dem Teil von dir, den wir in der Terminologie von Vedanta ‚Feinstofflicher Körper' nennen. Der Feinstoffliche Körper ist der erfahrende und erkennende Teil des Selbst. In ihm wohnen Ignoranz und Erkenntnis. Ignoranz ist der Glaube, dass das Selbst ein begrenztes, unvollständiges und unzulängliches Gebilde ist, ein Denker, Wahrnehmender, Handelnder. Erkenntnis ist das Wissen, „Ich bin unbegrenztes, nicht-duales, gewöhnliches Gewahrsein".

Direkte und indirekte Ursache

Sofern es um Befreiung geht, brauchen wir uns um den Materiellen und den Kausalen Körper keine Gedanken zu machen. Der physische Körper sollte gesund und kräftig sein, das Lebensumfeld freundlich, sauber, ruhig und sicher. Der Kausale Körper ist der Schlüssel für das Rätsel des Lebens, aber da er subtiler ist, als der Erfahrende/Handelnde, können wir ihn nicht direkt beeinflussen. Unser Wissen über ihn beziehen wir aus Inferenz, und Einfluss auf ihn nehmen wir indirekt über die Bemühungen des Feinstofflichen Körpers. Diese auf die Reinigung und Transformation des Kausalen Körpers gerichtete spirituelle Arbeit wird *sadhana* genannt, „Mittel der Zielerreichung". Selbst-Erkenntnis ist die direkte Ursache der Befreiung, während *sadhana* die indirekte Ursache ist; es breitet den Geist auf Selbst-Erkenntnis vor.

Es gibt in der spirituellen Welt diese seltsame Vorstellung, ein Sucher habe die Wahl, einem direkten oder einem indirekten Pfad zu folgen. Der direkte Weg ist in dieser Vorstellung sehr einfach, der indirekte viel harte Arbeit. Also wollen alle dem direkten Weg folgen. Doch der direkte Pfad ist nur dann einfach, wenn der Schüler qualifiziert ist. Wenn du qualifiziert bist, wird *Ishvara* dich zu einem Lehrer des direkten Pfads führen. Wenn du aber nicht qualifiziert bist, wirst du diesen Lehrer nicht verstehen oder dir aus Unkenntnis einen inkompetenten Lehrer wählen. Tatsächlich hast du nicht die Wahl zwischen dem direkten und dem indirekten Pfad;

es sind deine Qualifikationen, die deinen Pfad bestimmen.

Die Sorge, keine Erleuchtung zu erlangen, oder die Erleuchtung, nachdem sie erlangt wurde, wieder zu verlieren, entspringt der Tatsache, dass der Feinstoffliche Körper nicht ausreichend qualifiziert ist. Diese Qualifizierung wird durch Bewältigung und Neutralisierung bindender *vasanas* erreicht, die im Feinstofflichen Körper in der Form von Vorlieben und Abneigungen auftauchen. Ohne diese Qualifizierung können weder Selbst-Erkenntnis noch Selbst-Erfahrung Bestand haben.

Ein Geist, in dem sich eine solide Selbst-Erkenntnis verankert hat, ist beständig. Er genießt die dauerhafte Erfahrung der Glückseligkeit des Gewahrseins, welches sich im Feinstofflichen Körper reflektiert. Solange die Selbst-Erkenntnis noch schwankt, kommt es zum sogenannten ‚Glühwürmchen'-Phänomen: Abhängig vom Zustand des Geistes leuchtet das Wissen, wer du bist, immer wieder in dir auf, und immer wieder vergeht es auch – eine frustrierende und destabilisierende Situation. Dieses Flackern entsteht, weil der Feinstoffliche Körper nicht im *sattva guna* gefestigt ist. Wer die Erfahrung von Vollkommenheit und Frieden gemacht hat, versucht unablässig, diese Erfahrung zurückzugewinnen. Doch es ist nicht das Ego, das die Erfahrungen steuert, es sind die *gunas*. Wenn sich das *guna* verändert, verändert sich auch die Erfahrung. Wenn man nach Befreiung strebt, ist das Verstehen der *gunas* daher wesentlich.

Kurz gefasst: Man fühlt sich glücklich, wenn das *sattva guna* dominiert, und unglücklich, wenn *rajas* oder *tamas* vorherrschen. Eine der Bedeutungen von *guna* ist ‚Strick'. Es deutet darauf hin, dass uns die *gunas* wie Stricke oder Ketten festbinden. An was binden sie uns? An Erfahrung.

Es hört nicht auf mich zu verwundern, wieso die Verfechter der erfahrungsbasierten Erleuchtung weder *karma yoga* noch *dharma yoga* oder das *yoga* der drei *gunas* lehren. Es kann nur an ihrer Ignoranz und Unkenntnis liegen, denn wenn Erleuchtung erfahrungsbasiert wäre (was sie nicht ist!), sollte doch das Verstehen von Erfahrung und das Wissen, wie Erfahrung gesteuert werden kann, unverzichtbar sein.

Wenn Gewahrsein durch einen Geist reflektiert wird, der in *sattva* ruht, kann es eine Anzahl spezieller Erfahrungen produzieren, die als mystisch, transzendent, außerkörperlich, nicht-dual, todesnah etc. beschrieben werden. Diese Offenbarungen können sich völlig von alltäglichen Erfahrungen unterscheiden. Sie sind verwirrend, häufig aber auch so begeisternd und befriedigend, dass sie üblicherweise ein *vasana* kreieren, einen Wunsch, mehr davon zu erleben. Das Problem mit dieser Art von Offenbarungen besteht unter anderem darin, dass Erfahrende glauben, sie erführen etwas jenseits von *samsara*, ein wundervolles Etwas, das keinem Wandel unterworfen ist. Und so entsteht das Verlangen, ‚dorthin' zu gehen, um ‚es' dauerhaft zu erfahren. Doch jede Erfahrung ist in *samsara* und unausweichlich der Veränderung unterworfen.

Nicht im Streit mit Erfahrung

Wir haben immer wieder betont, dass Erleuchtung nicht erfahrungsbasiert ist, doch bedeutet dies nicht, dass Vedanta im Widerstreit mit Erfahrung liegt. Vedanta ist die Wissenschaft des Selbst, und das Leben ist das Selbst in der Form von Erfahrung, daher sind Vedanta und Erfahrung keine Gegner. Aus der Perspektive der scheinbaren Realität ist alles Erfahrung, wie könnte man da für oder gegen Erfahrung sein? Auch dass wir unser Leben genießen wollen, ist eine Selbstverständlichkeit. Vedanta möchte dir keine spezielle ‚erfahrungsfreie' Erfahrung geben. Sein ganzer Zweck ist es, deine alltägliche Erfahrung von Leiden zu befreien, damit das Selbst – in der Form des Feinstofflichen Körpers – sein Leben genießen kann. Wir erinnern uns: Das Ego, der Handelnde/Erfahrende, ist das Selbst im Bann der Ignoranz.

Wir liegen allerdings im Widerstreit mit jenen, die behaupten, Erleuchtung sei eine besondere Art von Erfahrung, die sich von der alltäglichen Erfahrung unterscheide. Die Logik unserer Argumentation haben wir in Kapitel 2 präsentiert. Vedanta sagt, dass die Wirklichkeit nicht-dual ist, was bedeutet, dass alles Erfahrene und alles Erkannte nichts anderes ist als Gewahrsein. All das, was wir in jedem Moment erfahren, ist das Selbst. Wenn dir deine Erfahrung also nicht gefällt, wird dir Erleuchtung kaum helfen. Wenn du dir eine andere Erfahrung wünschst, dann musst du die zu dieser Änderung führenden Schritte unternehmen. Hierzu solltest du verstanden haben, was Erfahrung ist, und dafür musst du die *gunas* verstehen, denn die Qualität jeder Erfahrung wird durch das jeweilige Verhältnis der *gunas* im Feinstofflichen Körper bestimmt.

Fliessen, Stagnation und Bewegungslosigkeit

Bevor wir auf die technischen Aspekte der drei *gunas* eingehen, sollten wir drei fundamentale Arten von Erfahrung betrachten, die wir alle gut kennen: das Gefühl des Fließens, das Gefühl der Stagnation und das Gefühl absoluter Bewegungslosigkeit. Das Empfinden, dass das Leben fließt, ist offensichtlich für jeden erstrebenswert, ganz besonders aber für Personen, deren Natur von *rajas* geprägt ist. *Rajas* ist der Modus der Leidenschaft, der uns zu Aktivitäten treibt. Eine durch *rajas* motivierte Person ist zielorientiert und möchte ihre Ziele unbedingt erreichen; Resultate bestimmen ihre Zufriedenheit. Zu bekommen, wonach man verlangt, ist ein herrliches Gefühl. Doch leider bestimmt *Ishvara* die Resultate unseres Handelns, nicht der Handelnde. Und *Ishvara* gibt uns nicht unbedingt das, was wir verlangen, wann wir es verlangen und auf welche Weise wir es verlangen. Durch *rajas* geprägte Personen sind emotional, im Erfolg berauscht und glücklich und im Misserfolg wütend und deprimiert.

Fliessen – Handeln als Identität

Rajas hat auch die interessante Eigenschaft, dass Aktivität zum Selbstzweck wird, wenn du eine Zeitlang aus diesem *guna* heraus gehandelt hast. Du hast die Vorstellung verinnerlicht, jederzeit etwas tun zu müssen, und du fühlst dich schuldig, wenn du nichts tust. Du hast das Gefühl, dein Leben sei nur dann sinnvoll, wenn du beschäftigt bist, und der Zwang, handeln zu müssen, wird manchmal so stark, dass du beschäftigt bleibst, egal wie trivial oder unsinnig oder sogar peinlich dein Handeln auch sein mag. Eine besonders verbreitete Rechtfertigung für diesen Zustand sinnlosen Handelns ist die Idee, deine Aktivitäten seien für dein Überleben verantwortlich. Dies soll nicht heißen, dass wir nicht handeln sollten, um Befreiung zu erlangen. Aber wir müssen verstehen, dass ein Übermaß an *rajas* den Erfolg unserer Handlungen schmälern wird, da er unsere Fähigkeit untergräbt, die Angemessenheit und den richtigen Zeitpunkt unserer Aktionen zu erkennen. Wenn dein Geist getrieben und unruhig ist, handelst du überhastet und ungeschickt.

„Müßiggang ist aller Laster Anfang“, pflegte meine Mutter zu sagen. Wenn aber Befreiung dein höchstes Ziel ist, dann ist in Wirklichkeit ein geschäftiger Geist aller Laster Anfang – es sei denn, er ist mit spiritueller Erforschung beschäftigt. Durch das *rajas-guna* geprägte Menschen werden häufig von Langeweile geplagt und leiden darunter, sich nicht entspannen zu können. Diese Menschen sind Opfer ihrer Identifizierung mit dem Handelnden. Sie definieren sich über ihr Tun. Das Tun an sich ist dabei nicht das Problem, die Identifizierung ist es. Wir müssen verstehen, dass Tun einfach geschieht und du – anders als du glaubst – nicht der Handelnde bist, weder als *jiva* noch als das Selbst. Es sind die *gunas*, die handeln. Wenn *rajas* in dir dominiert, bewertest du dich über das, was du erreicht oder nicht erreicht hast oder noch erreichen willst. Daraus resultieren – je nach Status der Zielerreichung – Gefühle von Überheblichkeit oder Minderwertigkeit und begründen psychologische Probleme.

Durch *rajas* getriebene Personen halten sich in der Regel für besonders clever, weil sie so viel erreichen, doch sie verschwenden viel Energie, um all ihre Aktivitäten aufrechtzuerhalten. Aus spiritueller Sicht sind es nicht die hellsten Köpfe, denn sie sind so sehr auf das Ausagieren ihrer Begierden bedacht, dass sie versäumen, die Resultate ihrer Handlungen nüchtern zu bewerten und aus ihnen zu lernen. So wiederholen sie immer wieder die gleichen Fehler. Diese Menschen sind häufig stur und defensiv, sie klammern sich an ihr Beschäftigt-Sein und verteidigen ihre Bedürfnisse, egal was passiert. Da sie ihre Bedürfnisse für wichtiger halten als die Bedürfnisse *Ishvaras* (die sich in den Bedürfnissen der anderen manifestieren), befinden sie sich in einem ständigen Konflikt mit ihrer Umgebung. Solange wir bekommen, was wir begehren, haben wir das Gefühl, dass alles ‚im Fluss' ist. Doch wenn uns *Ishvara* das gewünschte Resultat verweigert, stellt sich ein Gefühl von Stagnation ein, *tamas*.

Du kannst deine Identifikation mit dem Handelnden an deiner Sprache erkennen. Wenn du dich sagen hörst, dass du etwas tun ‚solltest' oder ‚müsstest' oder ‚musst', ist diese Identifizierung sehr lebendig. Du bist weder verpflichtet noch gezwungen, überhaupt irgendetwas zu tun. In Wirklichkeit steht es dir frei, dich nicht als Handelnder zu begreifen. Es steht dir frei, das Leben aus der Perspektive dessen zu betrachten, der du wirklich bist. Wenn du das tust, wirst du erkennen, dass das Leben in Wahrheit ein Traum ist. Weder kommst du, noch gehst du; du bist die Grundlage des Seins, auf der alles Handeln stattfindet.

Wenn du deine wahre Natur als Gewahrsein erkennst, hat die Frage, ob alles im Fluss ist oder nicht keine Bedeutung mehr. Es gibt keine Identifizierung mit dem Handelnden, kein Gefühl von ‚Macherschaft'. Doch solange du dich noch mit dem Handelnden/Erfahrenden/Genießenden identifizierst, wirst du weiterhin danach streben, dass dein Leben ‚fließt'. Dies zeigt, dass du die *gunas* und ihre Wirkung noch nicht verstanden hast.

Stagnation

Das Gefühl von Stagnation ist auf *tamas* zurückzuführen. Es ist das Unvermögen zu erkennen, was in einer gegebenen Situation getan werden muss, und die fehlende Entschlusskraft, es umzusetzen. *Tamas* ist Stumpfsinnigkeit. Es ist eine trübe Energie. *Tamas*-Menschen sind träge. Sie bevorzugen den Genuss, für den sie nichts tun müssen. Wenn du stundenlang mit einer großen Tüte fettiger Chips vor dem Fernseher sitzt und Bier trinkst, bist du im Griff von *tamas*. Kriminelle sind häufig träge in ihrem Denken, auch dann, wenn sie physisch eher durch *rajas* motiviert sind. ‚Schnelles Geld' ist das heilige Mantra der Betrüger. Statt für ihren Lebensunterhalt arbeiten zu müssen, suchen sie lieber nach Wegen, das System zu überlisten. Das *tamas-guna* lässt uns zu Wollust und kurzfristigen Freuden tendieren. Alkoholiker, Drogenabhängige und Menschen, die zu viel essen, sind extreme Formen dieser Prägung. Sich zu betrinken kostet keine große Mühe, und im Rausch verschwinden die Probleme. „Aus den Augen, aus dem Sinn." *Tamas*-Menschen wollen nicht nachdenken, es ist ihnen zu anstrengend. Sie bevorzugen einfache Formeln, denen sie folgen können, der Wert von Wissen ist ihnen nicht bewusst.

Menschen, in denen *tamas* vorherrscht, möchten ‚fühlen'; zu fühlen ist leicht. Sie lieben den Schlaf, weil er ihnen erlaubt, unangenehme Aufgaben zu vermeiden. Auch das Vertilgen großer Mengen genussreicher Speisen gehört zu den bevorzugten Aktivitäten der durch *tamas* dominierten Menschen. Sex übt eine große Anziehungskraft auf sie aus, auch wenn es unglücklicherweise eine gewisse Anstrengung erfordert. Sie lieben die postkoitale Narkose, die reines *tamas* ist. Es fühlt sich großartig an! Der große Erfolg des Sex-Gurus Osho in den Siebzigern und Achtzigern wurde erst durch die Macht von *tamas* ermöglicht. *Tamas*-geprägte Personen sind übermäßig loyal. Selbst heute, lange nachdem Osho und sein ‚Pfad' diskreditiert wurden, wird er immer noch von vielen seiner ‚Anhänger' hartnäckig verteidigt und verehrt. Immer noch begeistern sie sich für die durch *tamas* dominierte Lebensweise, die er propagierte.

Wer von *tamas* geleitet wird und sich andauernd verwöhnt, wird kein gutes *karma* ansammeln. Diese Menschen neigen dazu, über ihre Verhältnisse zu leben, häufig haben sie Schulden, und energetisch sind sie ausgebrannt und müde. Das Leben ist ein großer Ballast, ein Mühlstein, der ihnen um den Hals hängt und sie hinabzieht. Wachstum findet nicht statt.

Tamas ist Trägheit. Es ist das destruktivste der drei *gunas*, obwohl *rajas* kaum besser ist. Um *tamas* zu überwinden, musst du handeln. Während es bei *rajas* darum geht, Dinge zu erreichen, geht es bei *tamas* darum, sie zu behalten. Doch selbst das kostet Energie. Du musst deine Parktickets bezahlen, wenn du nicht willst, dass dein Auto abgeschleppt oder konfisziert wird. Wenn du deine Zähne nicht reinigst, werden sie verrotten. Wenn du deine Frau nicht liebst und ihr dienst, wird sie dich für jemand verlassen, der es tut. Alles in *samsara* bewegt sich auf einen Abgrund zu. Aber von *tamas* dominiert, bist du zu träge, um zu bewahren, was du hast. Die Dinge gleiten dir aus den Händen. Nichts in deinem Leben ist von Dauer, also gibt es nichts, worauf du bauen kannst. Das Leben laugt dich aus. Am Ende lebst du von der Hand in den Mund. Du bist völlig erschöpft und empfindest dich als gescheitert und vom Leben besiegt. Dein Selbstwertgefühl liegt am Boden, und Depressionen sind die Folge. Durch *tamas* gesteuerte Personen sind schlampig, vergesslich und anfällig für Unfälle oder Verlust. Sie sind ständig verwirrt. Wenn der Feinstoffliche Körper von *tamas* dominiert wird, empfindet das Ego eine völlige Stagnation.

BEWEGUNGSLOSIGKEIT

Die dritte Art von Erfahrung ist das Empfinden von Bewegungslosigkeit. Es ist eine sehr angenehme Erfahrung. Es kann mit *tamas* verwechselt werden, da scheinbar nichts geschieht. Es ist die Erfahrung von Klarheit und Glückseligkeit, es ist das dritte *guna*, *sattva*. *Rajas* ist der Modus der Leidenschaft, *tamas* der Modus von Trägheit und Stumpfsinnigkeit, und *sattva* ist der Modus von Erkenntnis und Glückseligkeit. *Sattva* ist die enthüllende Kraft, sie enthüllt Gewahrsein. Mit ‚enthüllen' meine ich, dass sie Gewahrsein zugänglich macht als Erkenntnis und Erfahrung. Wenn du dich die ganze Zeit gut fühlen möchtest, dann sorge für einen Geist, der zu hundert Prozent von *sattva* erfüllt ist. Dies ist natürlich nicht möglich, da *sattva* im Zyklus der *gunas* immer wieder von *rajas* und *tamas* verdrängt wird, aber mit einiger Bemühung kann ein spiritueller Erforscher einen Geist entwickeln, der stark von *sattva* dominiert wird.

Sattva ist verbunden mit einem Empfinden von Frieden und Befriedigung. Wenn du zufrieden bist, ist der Geist still. Dieser Zustand ist aus zwei Gründen spirituell wertvoll: Erstens enthüllt er, dass das Selbst nicht-dual ist, und zweitens erlaubt er dir, Objekte als das zu erkennen, was sie sind. Ob du nun die Reflexion des Selbst betrachtest oder weltliche Objekte, Erfahrung geschieht immer durch den Feinstofflichen Körper. Für die spirituelle Untersuchung ist die in ihm vorherrschende Energie daher von höchster Wichtigkeit.

Wenn du dich nur gut fühlen möchtest, brauchst du nicht nach Erleuchtung zu streben. Dafür reicht es, *sattva* zu kultivieren. Ein vollkommen glückliches, ruhig fließendes Leben ist unerreichbar, aber du kannst dem sehr nahe kommen, wenn dein Geist in *sattva* ruht. Ein solcher Geist erlaubt dir, objektiv in Bezug auf die Dinge zu sein, die in dir auftauchen, z. B. deine Gedanken und Gefühle, und in Bezug auf die Dinge, die dir im Außen widerfahren. Wenn du dir klar darüber bist, was in dir geschieht, kannst du damit arbeiten und kreativ die Hindernisse beseitigen, die deinem Glück im Wege stehen.

Wenn Dein Feinstofflicher Körper vorwiegend von *rajas* und *tamas* beherrscht wird, ist es nahezu unmöglich zu erkennen, wer du bist. Und selbst wenn es dir gelingt, wird es nur frustrierend kurze Momente geben, in denen die Einsicht aufblitzt, aber niemals haften bleibt. Auch ein vorwiegend durch *sattva* geprägter Geist gewinnt nicht automatisch Selbst-Erkenntnis. Doch wenn das Verlangen nach Befreiung in ihm brennt, wird er ausreichend qualifiziert dafür sein oder, wenn noch Qualifikationen fehlen, die erforderlichen Maßnahmen ergreifen können. In jedem Fall solltest du dich mit deiner Erfahrung auseinandersetzen, statt sie zu verleugnen oder zu versuchen, sie zu transzendieren. Nutze dafür dein Wissen über die *gunas*, statt den Meinungen und Überzeugungen zu folgen, die deinen unreflektierten Begierden und Ängsten entstammen. Wenn dein Geist von *sattva* dominiert ist, wird es dir leichtfallen, die Vedanta-Lehren zu verinnerlichen. Wenn nicht, dann nicht.

Lass uns die Erfahrung von *sattva* als Erfahrung von Bewegungslosigkeit bezeichnen, da ein ruhiger und klarer

Geist das Selbst als unveränderliches Gewahrsein offenbart. Ein schöner Vers in der *Bhagavad Gita* drückt dies so aus: „Wer Nicht-Handeln im Handeln erkennt, ist wahrlich weise." Du weißt, dass der Wandel, der in dir und um dich herum stattfindet, nur ein scheinbarer Wandel ist. Oder um einen Spruch zu verwenden, der in der spirituellen Welt sehr en vogue ist: „Nichts ist jemals geschehen." Wenn der Feinstoffliche Körper von *sattva* regiert wird, hast du die Freiheit, zu handeln oder nicht zu handeln; du bist weder gezwungen zu handeln noch zu faul dafür.

Wir werden später im Buch, wenn wir über das Thema ‚Werte' sprechen, noch genauer auf die durch *sattva* geprägte Persönlichkeit eingehen. Ansonsten wollen wir aber darauf verzichten, die *gunas* und die durch sie geprägten Persönlichkeiten noch ausführlicher zu beschreiben und zu analysieren. Vedanta ist nicht an der Analyse von Persönlichkeiten interessiert, da der Feinstoffliche Körper nicht das Selbst ist. Wir sind nur daran interessiert, wie diese Energien auf die Rezeption und Interpretation von Erfahrung wirken und wie sie die Selbst-Erforschung und die Verinnerlichung der Lehren beeinflussen.

Die Verinnerlichung von Erfahrung

Erfahrung ist eine kontinuierliche Abfolge innerer und äußerer Ereignisse und die Reaktionen oder Antwort darauf. Während die Reaktion von Tieren vollständig programmiert ist, verfügen Menschen über die Fähigkeit des Denkens. Sie können ihre Erfahrung analysieren, sie mit gewonnen Erkenntnissen verändern und sich dadurch ein Stück weit aus ihrer Programmierung befreien.

Spirituelle Entwicklung basiert auf der gelungenen Verinnerlichung von Erfahrung. Unvollständig oder fehlerhaft verarbeitete Erfahrung hingegen beeinträchtigt das Wachstum des Feinstofflichen Körpers, so wie auch unvollständig verdaute Nahrung die Körperfunktionen belastet. Da das Körper-Geist-Gebilde von Gewahrsein beleuchtet ist, wird es zeit seines Lebens seinem ultimativen Ziel entgegengetrieben: der Realisierung seines Nicht-Getrenntseins von allem. Doch solange einer Person die Sinnhaftigkeit all ihrer Lebenserfahrung nicht bewusst ist, vermag sie ihre Bestimmung nicht zu erfüllen.

Wie ein Tier, so lebt auch ein Kleinkind unwissend seine unterbewussten Neigungen aus. Entwicklung und Wachstum finden nur auf der physischen Ebene statt. Das Kind hat keinerlei Kontrolle über die Richtung seines Lebens, es verfügt nicht über genügend Erfahrung und Wissen, um vernünftige Entscheidungen zu treffen. Erst wenn der Intellekt sich entwickelt und das Kind gewisse Werte verinnerlicht hat, kann es seine Erfahrungen bewerten und beginnen zu reifen.

Je länger eine Erfahrung unverarbeitet bleibt, umso mehr Probleme verursacht sie. Wenn der Vater einer Frau beispielsweise Alkoholiker war und ihre Mutter schlecht behandelte, hat sie wahrscheinlich eine tiefe Abneigung gegen ihn entwickelt, die fortlebt, selbst wenn er längst gestorben ist. Ihre Erfahrung kann ihr ganzes Leben lang auf ihre Beziehungen zu Männern abfärben und sie belasten.

Erfahrung erklärt und verinnerlicht sich nicht von allein, es ist der Intellekt, der Erfahrung interpretiert. Er sitzt ‚hinter' dem Geist und bewertet, was geschieht. Daran ist nichts auszusetzen, genau so sollte es sein. Doch wie der Intellekt Erfahrung interpretiert, wird von seinem Wissen bzw. seiner Ignoranz und von den *gunas* beeinflusst, die üblicherweise außerhalb seiner Kontrolle liegen. *Sattva* fördert das Unterscheidungsvermögen des Intellekts, während die beiden anderen, *rajas* und *tamas*, es behindern.

RAJAS UND DIE ANEIGNUNG VON ERFAHRUNG

Wie wirkt *rajas* auf die Verinnerlichung von Erfahrung? Unabhängig davon, ob die angestrebten Ziele weltlich oder spirituell sind, und egal, ob sie erreicht werden oder nicht: Ein durch *rajas* getriebener Intellekt macht sich keine Gedanken über die Natur von Erfahrung. Er ist nur daran interessiert, wie eine bestimmte Erfahrung zur Erfüllung der Ziele des Ego in Beziehung steht.

Da alles Gewonnene unweigerlich wieder verloren geht, ist *rajas* eine Quelle ständiger Frustration. Ein gewonnenes Objekt verursacht Anhaftung, ein verlorenes Objekt Kummer. Statt die Unbeständigkeit des Lebens als Tatsache zu akzeptieren und mit dem zufrieden zu sein, was ist, treibt *rajas* das Ego ständig dazu, Erfüllung in neuen Erfahrungen zu suchen. *Rajas* kann den Verstand so stark eintrüben, dass man wider besseres Wissen ständig Handlungen wiederholt, die Leiden verursachen. *Rajas* erzeugt oft so viele Aktivitäten in so kurzer Zeit, sodass der Intellekt nie wissen kann, welches Resultat durch welche Handlung verursacht wurde. Aus Erfahrungen zu lernen wird dadurch unmöglich.

Rajas bewirkt Enttäuschung, wenn eine angenehme Erfahrung endet. Obwohl der Intellekt sehr wohl weiß, dass Genuss vergänglich ist, möchte *rajas,* dass der Genuss andauert. Wenn eine Erfahrung uninteressant ist, möchte er, dass sie besser wird. Wenn sie schlecht ist, soll sie sofort enden und nicht wiederkehren. Wenn sich eine bestimmte Erfahrung aufgrund einer Konditionierung dauernd wiederholt, verursacht *rajas* Langeweile und ein starkes Bedürfnis nach Abwechslung. ‚Mehr-Besser-Anders' ist sein heiliges Mantra. *Rajas* produziert ein hyperaktives, zeitlich sehr beengtes Leben, in dem vieles offen und unerledigt bleibt und die To-do-Liste aller Aktivität zum Trotz nie kürzer wird.

Merkmale eines von *rajas* dominierten Lebens sind Abstellkammern, Keller, Dachböden und Garagen, in denen sich ein verwirrendes Sortiment überflüssig gewordener Dinge stapelt. Es sind verspätete Steuererklärungen, vergessene Verabredungen, nicht getätigte Anrufe, hektische Suchen nach den Schlüsseln. *Rajas*' aggressive in die Welt hinaus gerichtete Beutezüge sind unweigerlich begleitet von Müdigkeit und Schlaflosigkeit.

Als ich jung war, pflegte mein Vater, ein in vielerlei Hinsicht weiser Mann, zu sagen: „Man kann nicht gewinnen." Damals verstand ich nicht, was er meinte, aber ein intensiv gelebtes Leben und die Lehren von Vedanta machten es mir klar. Das Leben ist ein Nullsummenspiel, ein ewiger innerer Krieg, in dem keine Seite lange die Oberhand behält. Wenn zum Beispiel *tamas* in einer Person auftaucht, deren primäres *guna rajas* ist, wird eine unangenehme Erfahrung unausweichlich sein. Was immer du gerade erledigen möchtest, dein Geist ist so träge, dass jedes Tun schmerzt. Du bist aufgedreht und gleichzeitig erschöpft, nichts macht dir Freude. Doch weil dein Geist so geschäftig ist, kannst du deinem *tamas* nicht nachgeben und schlafen. Also leidest du.

Die Verinnerlichung von Erfahrung setzt einen wachen und präsenten Geist voraus. Wenn Erfahrung verarbeitet wurde, bleibt die Aufmerksamkeit wach und präsent und kann so auch der nächsten Erfahrung vorurteilsfrei begegnen. In unserem hektischen Zeitalter ist das Leben eine kontinuierliche Abfolge von Erfahrungen, daher ist es wichtig, mit jeder Erfahrung so schnell wie möglich abzuschließen, am besten noch während sie stattfindet. Wenn *rajas* den Feinstofflichen Körper dominiert, wird weder die natürliche Weisheit des Selbst noch der gesunde Menschenverstand zur Verfügung stehen, um Zweifel zu beseitigen und festzustellen, was tatsächlich geschieht. Wenn der Geist vollständig davon absorbiert ist, eine endlose Folge trivialer alltäglicher Begierden zu bewältigen, wird er nicht dazu kommen, sich den wirklich bedeutsamen Themen zu widmen. Diese bleiben stattdessen im Hintergrund und verursachen Leiden.

Weitgehend unbemerkt absorbieren unverarbeitete Erfahrungen einen Teil unserer Aufmerksamkeit. Wenn diese sich anhäufen, erleidet das Individuum schließlich eine Art ‚existentieller Verstopfung'. Es fühlt sich überfordert, gestresst und unfähig, den Anforderungen des Lebens gerecht zu werden. Die mühelose Befriedigung unserer Begierden trägt nicht nur nicht zu innerem Wachstum bei, einer extravertierten Person bleibt zudem auch noch das Wachstum durch Lernen aus unerwünschten Erfahrungen versagt.

TAMAS UND DIE ANEIGNUNG VON ERFAHRUNG

Tamas, die verschleiernde Kraft, behindert die Verarbeitung von Erfahrung genauso effektiv wie *rajas*, jedoch aus anderen Gründen. Unter ihrem Einfluss ist der Feinstoffliche Körper scheinbar ruhig, in Wirklichkeit jedoch ist er dumpf. Eine effiziente Bewertung von Erfahrung setzt mentale Klarheit voraus. Wenn der Feinstoffliche Körper jedoch von einer dumpfen Trägheit verschleiert wird, ist die Wahrnehmung verzerrt und die Verarbeitung beschränkt. Für einen eingetrübten Intellekt ist es schwierig, die Resultate der Handlungen mit den Gedanken in Verbindung zu bringen, die sie ausgelöst haben, was wiederum die Unsicherheit darüber erhöht, was getan und was nicht getan werden sollte. Wenn der Feinstoffliche Körper vorwiegend dumpf und träge ist, navigierst du wie mit einem steuerlosen Boot über den *samsara*-Ozean. „Wohin soll ich gehen? Was soll ich tun? Was geschieht gerade? Ich weiß es nicht. Ich will es nicht wissen“ sind dafür typische Gedanken.

Ein von *tamas* beherrschter Geist arbeitet auf der Grundlage konditionierter Verhaltensmuster, ohne sie zu prüfen. Im Gegensatz zu *rajas* hasst er das Neue. Er empfindet kreatives Denken als mühsam und ist kein Freund sorgfältiger Analysen. Daher kann er Ereignisse auch nicht steuern und wird immer wieder in unangenehme Situationen gezwungen. *Tamas* ist verantwortlich für Empfindungen von Hilflosigkeit und Ausgeliefertsein, die tiefe, lang andauernde Depressionen verursachen. Probleme löst es durch Verdrängung. Wenn sich unerwünschtes *karma* entfaltet, verbündet sich *tamas* mit *rajas* und sucht die Schuld bei anderen.

Der durch *tamas* verursachte Rückstau unverdauter Erfahrungen lässt das Ego zaudern und schwanken. Wenn du einen *rajas*-geprägten Lebensstil pflegst, solltest du wissen, dass *rajas tamas* hervorruft. Wenn *tamas* besonders ausgeprägt ist, werden selbst kleine Handlungen, wie sich die Zähne zu putzen, sich die Haare zu kämmen oder den Müll nach draußen zu tragen, zu mühsamen Unternehmungen. Verdrängung ist eine Folge von *tamas* und weitgehend für die ausufernden emotionalen Störungen verantwortlich, die wir in materiell orientierten Gesellschaften finden. Eltern sind so sehr mit ihren eigenen Leben beschäftigt, dass sie ihre Kinder vernachlässigen. Durch einen Mangel an Liebe entwickeln Kinder kein gesundes Selbstwertgefühl und haben später Schwierigkeiten, ihre Rolle in der Gesellschaft auszufüllen.

Erfolgreiche Selbst-Erforschung setzt keine bestimmten Erfahrungen voraus, nur die richtige Balance der *gunas*. *Samadhis*, *satoris*, *nirvanas* und andere überwältigende nicht-duale Offenbarungen können auf dem spirituellen Weg genauso gut ein Hindernis wie ein Segen sein. Wenn der Geist in *sattva* verwurzelt ist, kann er Informationen sorgfältig aufnehmen und Erfahrungen zügig verarbeiten. Wenn du ein Problem hast, das dich immerzu begleitet (sei es eine unerfüllte Liebe, Sehnsucht nach Anerkennung oder Macht oder eine bestimmte Essgewohnheit), zeigt dies, dass du ein Verarbeitungs-Problem hast und dass dein Geist nicht zur Selbst-Erforschung fähig ist. Unverarbeitete Erfahrung kann dich dein ganzes Leben lang belasten.

Ich habe einen Freund, den seine Mutter, als er noch sehr jung war, zur Adoption durch eine gute Familie freigab. Er wurde geliebt und wuchs unter den besten Bedingungen auf. Doch als er erfuhr, dass er adoptiert worden war, war er nicht in der Lage, diese Information angemessen zu verarbeiten. Er entwickelte einen fürchterlichen Komplex. Weil sein Geist damals keinen von *sattva* regierten Geist hatte, begriff er nicht, wie großartig es von *Ishvara* war, seine überforderte Mutter durch eine gute Adoptivmutter zu ersetzen. Stattdessen interpretierte er es als Beweis seiner Wertlosigkeit. Diese aus *tamas* geborene Interpretation blieb mehr als fünfzig Jahre in seinem Geist und ruinierte mehrere Ehen. Nie fühlte er sich geliebt. Erst als Vedanta in sein Leben kam, konnte er den Gedanken, wertlos zu sein, überwinden.

Die Vorzüge der *gunas*

Es ist wichtig zu verstehen, dass jedes *guna* neben den negativen auch positive Aspekte besitzt. *Tamas* z. B. unterstützt die mentalen Funktionen, wenn es durch ein geeignetes Maß an *sattva* und *rajas* ausbalanciert wird. Es hält sich an Bewährtes und stellt die erforderliche Ausdauer bereit, damit Ideen in der Realität verankert werden können. Nicht zuletzt ist *tamas* auch für den Schlaf verantwortlich. Ein Mangel an *tamas* bewirkt Schlaflosigkeit, was Körper und Geist die benötigte Regeneration versagt und Leiden hervorruft. Ein ruheloser Geist ist nicht in der Lage, das Selbst von den Objekten zu unterscheiden.

Rajas projiziert und *tamas* verwirrt. *Sattva* hingegen enthüllt die Dinge so, wie sie sind. In der Präsenz von *sattva* ist der Intellekt klar, Erfahrung kann als das erkannt werden, was sie ist. Auf diese Weise ist *sattva* (im Gegensatz zu *rajas* und *tamas*) ein indirektes Mittel der Erleuchtung, denn es enthüllt uns das Selbst.

SATTVA UND DIE ANEIGNUNG VON ERFAHRUNG

Wenn *rajas* vorherrscht, wird Erfahrung durch Begehren interpretiert, wenn *tamas* vorherrscht, durch Furcht. Beides verschleiert die Wirklichkeit. Nur wenn *sattva* die Oberhand behält, kann Erfahrung durch Wahrheit gedeutet werden.

Im folgenden Diagramm werden die drei *gunas* im Kausalen Körper durch Gewahrsein beschienen. Die Reflexionen dieses Lichts erzeugen im Feinstofflichen Körper drei unterschiedliche Zustände. Da der Feinstofflichen Körper das Instrument der Erfahrung ist, werden wir uns – wenn wir das Selbst erfahren möchten – einen durch *sattva* geprägten Feinstofflichen Körper wünschen, denn nur in ihm kann die Reflexion des Selbst erkannt werden.

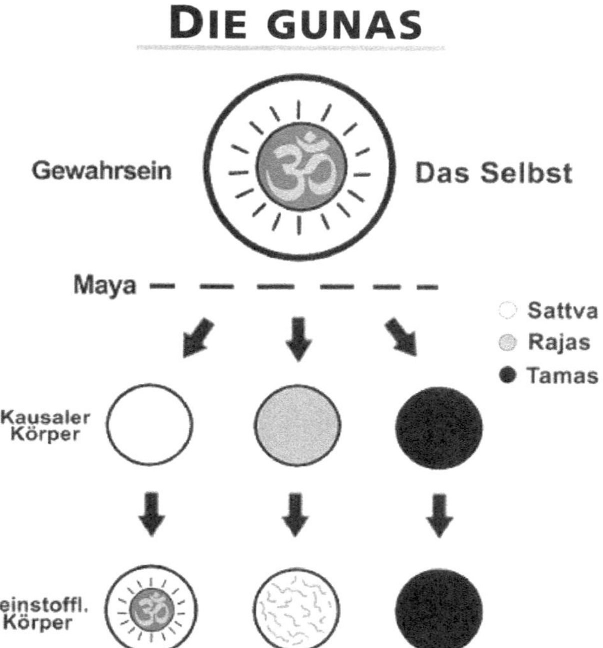

Chitta ist die Substanz des Kausalen Körpers. Es ist Bewusstsein und kann Bewusstsein präzise reflektieren. Wenn es aber durch Tendenzen von *tamas* und *rajas* belastet ist, wird die Reflexion verzerrt und die nach Erkenntnis strebende Untersuchung behindert. Wenn der Kausale Körper durch Tendenzen von *rajas* dominiert wird, scheint das Selbst nicht als strahlendes Licht, sondern als dynamische Energie. Wenn der Kausale Körper im Griff von *tamas* ist, wird er überhaupt keine Vorstellung vom Selbst haben. Wenn wir das Selbst in seiner tatsächlichen Form erfahren möchten, sollten wir also einen von *sattva* geprägten Geist entwickeln. Zwar ist die Erfahrung des Selbst noch keine Erleuchtung. Doch sie kann zur Erleuchtung führen, wenn sich ein von *sattva* dominierter Geist nach innen wendet und die Erkenntnis „Ich bin Gewahrsein" verinnerlicht.

Da die Wirklichkeit nicht-duales Bewusstsein ist, ist auch der Geist Bewusstsein. Damit der Geist über Unterscheidungsvermögen verfügen und Erfahrung zügig verarbeiten kann, muss der Anteil von *sattva* auf Kosten von *rajas* und *tamas* erhöht werden. Dabei sollte nur ein gewisses Mindestmaß an *rajas* bewahrt werden, damit Antrieb und Motivation erhalten bleiben, und ein Mindestmaß an *tamas* für die Erdung der eigenen Ideen in der Realität. Ein in *sattva* gegründeter Geist wird nicht nur spirituell, sondern auch in weltlichen Dingen erfolgreich sein, denn er kann sorgfältig unterscheiden. Erleuchtung – *moksha* – wird definiert als Unterscheidungsvermögen zwischen dem Selbst und dem Nicht-Selbst (*atma-anatma-viveka*). Es kann nur in einem von *sattva* dominierten Geist stattfinden.

WIE DIE *GUNAS* UNS FESSELN

Diese drei Energien, die wir *gunas* nennen, werden auch ‚Fesseln' genannt, denn sie binden die Person, das scheinbar im Körper befindliche Selbst, an gewohnte Gedanken, Gefühle und Handlungen. Jedes *guna* fesselt auf seine Weise. *Rajas* fesselt durch Verlangen und Anhaftung. Das Begehren nach Dingen und die Anhaftung an Dingen zwingt dich dazu, ein Handelnder zu werden, und verknüpft dich mit *karma*. Dein Verlangen wird dich immer wieder dazu verlocken, die Regeln zu brechen, doch wer die Regeln verletzt, den verletzen die Regeln. Das ständige Reagieren auf Ereignisse ist eine Form von Knechtschaft.

Tamas fesselt durch Ignoranz und ihre Effekte. Wenn dein Geist dumpf und träge ist, kannst du nicht klar denken und weißt nicht, was zu tun ist. Du wirst dazu neigen, nicht das zu tun, was du tun solltest, oder das zu tun, was du nicht tun solltest. In der besten aller möglichen Welten würdest du nicht für das bestraft werden, was du nicht tust – nur leider ist das Leben nicht die beste aller möglichen Welten. Wenn du nicht angemessen auf das Leben antwortest, wirst du mit Leiden gesegnet. Versuche nur einmal, deine Steuern oder eine Kreditrate nicht zu bezahlen. Die durch *tamas* induzierte Faulheit wird dich auch dazu verführen, nach Abkürzungen und Schleichwegen zu suchen. Dies alles wird deiner Beziehung zu *dharma* nicht besonders förderlich sein.

Auf dem Weg zur Selbst-Erkenntnis ist die Kultivierung von *sattva* ein wesentlicher Entwicklungsschritt, und doch hat auch *sattva* die Macht, uns zu fesseln. Es fesselt durch Anhaftung an Genuss und Glück. Wenn der Geist in *sattva* ruht, fühlst du dich gut. Du neigst dann dazu, dich mit diesem guten Gefühl zu identifizieren. Obwohl tatsächlich nur ein ‚ich' existiert, welches sich weder gut noch schlecht fühlt, wird es sich in seiner scheinbaren Unwissenheit über seine wahre Natur für den ‚Genießenden' halten. Da aber das Empfinden von Genuss immer mit Dingen verknüpft ist und Dinge im Geist erfahren werden und sich unvermeidlich verändern, wird jeder Genuss schließlich enden, und *rajas* oder *tamas* werden an seine Stelle treten. Indem du dich mit Zufriedenheit identifizierst, rufst du Unzufriedenheit hervor.

Sattva fesselt auch durch Anhaftung an Wissen. Denn da *sattva* für Wissen verantwortlich ist und Wissen für das Überleben, liegt es nahe, sich mit dem zu identifizieren, was man weiß oder nicht weiß. Aber Gewahrsein ist kein ‚Wissender'. Gewahrsein beleuchtet den Wissenden, das Wissen und die Objekte des Wissens. Es beleuchtet sogar die Abwesenheit von Wissen.

Sattva steht der Selbst-Erkenntnis nicht im Weg, lediglich die Anhaftung an *sattva*. Es gibt viele Beispiele, wie uns unsere Ideale im Weg stehen. Die Existenz ist in Wirklichkeit reines Gewahrsein, und Gewahrsein ist wertfrei, doch ein Geist unter dem Einfluss der *gunas* ist nicht wertfrei. *Sattva* verführt das Individuum dazu, die Realität nach ‚höheren' oder ‚spirituellen' Kriterien zu beurteilen, nach Werten wie Tugend, Wahrheit oder Schönheit. Doch *Ishvaras* Schöpfung ist nicht nur Anmut und Licht. Sie umfasst alles zu gleichen Teilen, von reiner Güte bis zu reueloser Bosheit, von erhabenster Schönheit bis zu fürchterlicher Hässlichkeit.

Inzestuöse Bettgenossen – Der psychologische Mechanismus

Die einfache und universelle Psychologie der *gunas* kann, sofern es sich nicht um ernsthafte psychologische Störungen handelt, eine Psychotherapie oder Psychoanalyse überflüssig machen. Dann brauchst du nicht in die Vergangenheit zu blicken, um deine Blockaden und Komplexe zu verstehen. Sie entstammen alle dem gleichen unbewussten Mechanismus: Verdrängung und Projektion. *Tamas* verursacht Verdrängung, und *rajas* projiziert. Wo du den einen findest, wird der andere nicht weit sein. Sie sind dynamische Energien, die ständig unbewusst im Unterbewusstsein wirken. Wenn du die Dynamik der *gunas* verstehst, wird das Spiel von *rajas* und *tamas* in dein Bewusstsein hinaufsteigen und die Macht verlieren, Leiden zu produzieren.

Viele unserer Eigenschaften sprechen gegen die guten Meinung, die wir von uns hegen: Selbstsucht, Arroganz, Grausamkeit, Unehrlichkeit, Neid, Wollust. Wir wollen weder über diese Seiten von uns nachdenken, noch wollen wir mit diesen Seiten wahrgenommen werden. *Tamas* bewirkt, diese Seiten zu verleugnen. Der Kausale Körper ist dynamisch, daher versuchen diese Eigenschaften ständig nach einer Ausdrucksmöglichkeit. Da ich nicht eingestehen kann, dass ich selbstsüchtig oder gierig bin, projiziert *rajas* die Selbstsucht oder die Gier auf etwas anderes oder jemand anderen. Es klagt an.

Verleugnung und Projektion erkennen

Es gibt eine einfache Methode, mit Verleugnung und Projektion umzugehen. Wenn in dir eine Irritation oder ein unangenehmes Gefühl auftaucht und dich in Konflikt bringt mit einem äußeren Objekt – meistens ist es eine andere Person, es kann aber auch die Gesellschaft sein, die Regierung, die Kirche, die Unternehmen, das Wetter, die Liste ist endlos:

Dann frage dich ehrlich, ob das, was du beschuldigst, wirklich für deine Gefühle verantwortlich ist.

Natürlich wird dein Ego sagen, dass es wirklich so ist. Es will die Projektion nicht erkennen, denn das Ego hat ein ureigenes Interesse daran, zu projizieren. Projektionen schützen es, halten es im Geschäft, bewahren seinen Selbstwert und sein Gefühl, im Recht zu sein. Das Ego braucht die Vorstellung der eigenen Unschuld. Tatsächlich ist es unschuldig, denn es ist das Selbst. Da es aber unter dem Einfluss von Maya steht, kennt es die Wahrheit seiner Natur nicht, sondern glaubt, eine Person zu sein, ein Feinstofflicher Körper. Als Person wurde es durch eine Gesellschaft konditioniert, in der Projektion an der Tagesordnung ist. Nirgends sind Projektionen so ausgeprägt wie in Gruppen, wo man die Feindbilder schnell zur Hand hat. Die Nazis hatten die Juden, die Kommunisten die bourgeoisen Kapitalisten, die Christen den Satan, die Weißen die Schwarzen, Ehemänner ihre Frauen und Ehefrauen ihre Männer. Wir brauchen jemanden, den wir beschuldigen können. Ich selbst kann ja schließlich nicht das Problem sein. Doch die Wahrheit lautet: Ich bin das Problem; abgesehen von mir gibt es kein Problem.

Zu fragen: „Ist es wirklich wahr, dass ...“ ist eine Methode, die auf das Ego eingeht. Manchmal scheint sich ja wirklich die ganze Welt gegen dich verschworen zu haben. Du musst also sehr sorgfältig auf die Fakten schauen und prüfen, ob die Annahme vernünftig ist, das Problem dort zu verorten, wo du es vermutest. Wenn es dort liegt, dann musst du es dort auch zu lösen versuchen. Oder du kannst dich entspannen, weil es nicht dein Problem ist.

Du wirst aber feststellen, dass nicht alle Probleme durch die Welt um dich herum verursacht werden. Tatsächlich haben nur wenige Probleme ihre Ursache in Objekten. Und selbst wenn ein Objekt ein Problem verursacht, gibt es dann jenseits des Gedankens, dass da ein Problem ist, wirklich ein Problem? Wenn nicht, dann liegt die Ursache aller Probleme letztlich nur in dir.

Auf der dritten Stufe dieser Methode gehst du noch etwas tiefer. Du untersuchst, warum du dieses Problem hast. Du fragst: „Wer wäre ich ohne diese Vorstellung?" Das ist der schwierige Teil der Übung, denn hier entdeckst du, dass das Problem für deine Identität wesentlich ist. Denn die Antwort wird immer lauten: „Ich wäre glücklich."

Der nächste Schritt wäre, das Problem loszulassen. Das klingt einfach, aber es ist nicht einfach, wenn deine Identität mit dem Problem verknüpft ist. In Treffen der Anonymen Alkoholiker kann man ehemals starke Trinker erleben, die seit Jahrzehnten trocken und nüchtern sind, die sich hinstellen und, ohne eine Miene zu verziehen, sagen: „Hallo, ich bin Tom. Ich bin Alkoholiker." Toms gesamtes erwachsenes Leben drehte sich um sein Alkohol-Problem. Sein Problem verschaffte ihm eine Identität. Doch dieses „Ich bin ein Alkoholiker" ist eine Projektion, eine Vorstellung, die – dank *maya* – entworfen wurde, um ihn davon abzuhalten, seine wahre Natur zu würdigen.

Die Auseinandersetzung mit den eigenen Problemen wird durch die Kraft der Projektion zu einer kniffligen Angelegenheit. Die weit verbreitete Projektion „Ich habe recht", die dem Schutz des Ego dient, ist dafür ein Beispiel.

Wenn du unter dem Einfluss von *rajas* stehst, interessiert dich *dharma* nicht besonders. Das Ego braucht die moralische Überlegenheit, da es seine Identität nicht aufgeben möchte, oder es braucht sie, weil es in Wirklichkeit unter Selbstzweifeln leidet. Also macht dich das Ego ‚richtig' und das Objekt ‚falsch': Dualität ist am Werk. Tatsächlich bist du weder falsch noch richtig, du bist einfach nur gewöhnliches Gewahrsein. Doch *maya* macht dich glauben, du müsstest dein Selbstwertgefühl aufwerten, das – solange du nicht weißt, wer du bist – nie so ist, wie es sein sollte.

Übertreibung ist ein weiteres, durch *rajas* ausgelöstes Problem, welches dich ins Recht und das Objekt ins Unrecht setzt. In jeder engen Beziehung, z.B. in einer Ehe, gibt es ungelöste Probleme, die zu Konflikten führen. Wenn dein Partner gelegentlich vergisst, den Müll rauszubringen, bringt er ‚nie' den Müll raus. Wenn deine Partnerin mal vergisst, dein Hemd von der Reinigung abzuholen, vergisst sie das ‚immer'. Und sollte am Ende jemand – Gott behüte – dir vorwerfen, du projiziertest und/oder verleugnetest, dann wirst du – natürlich – projizieren und leugnen.

Unerschöpflich sind die Irritationen, denen ein *rajas* und *tamas* höriger Geist unterworfen ist. Solange wir die Dynamik dieser unbewusst im Feinstofflichen Körper ablaufenden Prozesse nicht verstehen und zu kontrollieren lernen, so lange wird der Feinstoffliche Körper kein für unsere Erforschung nützliches Instrument sein. Unverdaute Erfahrungen halten ihn beschäftigt und abgelenkt.

KARMA IST UNVERARBEITETE ERFAHRUNG

Karma yoga ist eine innere Haltung in Bezug auf das eigene Handeln. Gemeinsam mit dem Verstehen, welches aus der Analyse der unbewussten kausalen Prozesse erwächst, vermag es die nicht hilfreichen, durch Verleugnung und Projektion verursachten *vasanas* zu neutralisieren. Ohne diese Neutralisierung bleibt der Geist extravertiert und abgelenkt, und er wird fortfahren, nicht verarbeitete Erfahrungen zu wiederholen und unerwünschtes *karma* zu produzieren. *Maya* wird fortfahren, das Selbst zu verschleiern, und *rajas* wird die frustrierende Idee projizieren, dass es für die Sehnsucht nach Vollkommenheit eine Lösung in der Welt der Objekte gibt.

DER SCHMERZKÖRPER

Ein sehr populärer Versuch, diesen Mechanismus zu beschreiben, ist Eckart Tolles ‚Schmerzkörper'. Tolle deutet ihn als organische Einheit, die sich von schmerzhaften Erfahrungen ernährt, was heißt, dass der Schmerz selbst zu einem *vasana* und schließlich zu einem *samskara* wird. Doch es gibt keine Einheit in uns, die dieser Darstellung entspräche. Es gibt nur einen rein unbewussten Prozess, der aufgrund der Nähe zwischen dem Kausalen Körper und dem Selbst bewusst zu sein scheint. Das Selbst ist nicht der Kausale Körper – es ist immer frei von den von *maya* aufgesetzten Strukturen, die in ihm erscheinen. Der Kausale Körper ist das Selbst in seiner subtilsten Manifestation.

Ihn und seine Wirkungen vom Selbst abzugrenzen ist der Inhalt des nächsten Kapitels.

Schmerz hat viele Ausprägungen, aber besonders fundamental ist der Schmerz des zwanghaften Handelns. Wir werden dadurch unseres wertvollsten Gutes beraubt: der Freiheit zu wählen und zu handeln. Der englische Dichter Richard Lovelace drückte dies mit der berühmten Zeile „Die Mauer macht den Kerker nicht, den Käfig nicht das Gatter“ aus. Wie wir im ersten Kapitel gesehen haben, umkreisen alle menschlichen Aktivitäten das Bemühen, Empfindungen von Begrenzung zu überwinden, die durch – aus Ignoranz entstandenen – Begierden und Ängsten ausgelöst wurden. Bei unserer Jagd nach Objekten geht es nicht um die Objekte selbst. Wir jagen nach ihnen, um die Freiheit zu empfinden, die sich Bahn bricht, wenn sich mit dem Gewinn des Objekts das schmerzhafte Begehren auflöst. Wir alle leiden unter dem Syndrom von Verleugnung und Projektion und unter dessen Wirkung. Es bringt die elementarste Dualität des Lebens hervor, das schmerzhafte Empfindens des Getrenntseins von dem, was wir begehren. Wir leiden und lassen zu, dass uns die schlichte Tatsache verborgen bleibt, dass wir bereits sind, was wir begehren. Mit den flüchtigen Freiheiten und Freuden, die wir durch die Objekte erfahren, beladen wir uns mit *vasanas*, die die natürliche Geometrie unseres Feinstofflichen Körpers verzerren und innere Konflikte hervorbringen. So werden wir immer weiter in vergebliche Handlungen getrieben und werden weiteres Leiden ernten.

Es sollte inzwischen klar geworden sein, dass der bunte Strauß erfahrungsbasierter Lösungen, wie sie die moderne spirituelle Welt anbietet, uns nicht helfen wird. Wie könnte eine einzelne Selbst-Erfahrung, eine spezielle Meditationstechnik, das kindische Wiederholen der Frage „Wer bin ich?" diesen tief in uns verankerten Leidens-Mechanismus neutralisieren? Das ist schlichtweg unmöglich. Die Ignoranz ist so tief in die neuralen Netze der Menschen eingeprägt, dass sie nur konsequentes und dauerhaftes, auf Verstehen basiertes Handeln im Laufe der Zeit überwinden kann.

DIE KUNST, *SATTVA* ZU KULTIVIEREN

Der Geist ist der Garten, in den Vedanta den Samen der Selbst-Erkenntnis sät. Dort kann er gedeihen und zu einem starken und schönen Baum heranwachsen. Doch der Garten muss fruchtbar sein, denn der Samen wird nicht in der vergifteten Erde eines auf *samsara* fokussierten Geistes wachsen. Die Logik dieses Kapitels führt uns zu der Einsicht, dass wir einen von *sattva* dominierten Geist benötigen, damit Befreiung möglich ist. Wie können wir einen solchen Geist kultivieren? Wie können wir von *rajas* und *tamas* geprägte *vasanas* in *sattva* transformieren?

Yoga sadhana dient dazu, die relativen Anteile von *rajas* und *tamas* im Verhältnis zu *sattva* so zu beeinflussen, dass sich ein effizienter, leistungsfähiger, klar denkender Geist entwickeln kann. Nur mit einem derart vorbereiteten Geist kann *Vedanta sadhana*, die Unterscheidung zwischen dem Selbst und den in ihm erscheinenden Objekten, Früchte tragen.

Du kultivierst *sattva*, in dem du deine Handlungen mit den Resultaten verknüpfst. Dies ist nicht immer einfach, denn Handlungen haben nicht nur sichtbare, sondern auch unsichtbare Effekte. Wenn du eine Flasche Wein trinkst, wird der Wein dich stimulieren *(rajas)* und vorübergehend beglücken *(sattva)*. Aber er wird auch dazu führen, dass *tamas* am nächsten Morgen deinen Geist regiert und Reue dich erfüllt. Dass du dich so dem Alkohol hingibst, zeigt, dass du unter Schmerzen leidest. Schmerz motiviert dein Verhalten, und Schmerz ist auch das Resultat. Wenn du unter Schmerzen leidest, kannst du nicht klar denken.

Die Unterscheidung ist einfach. Wenn etwas dich aufregt oder abstumpft, solltest du es lassen. Du kannst nicht einfach weitermachen wie bisher und erwarten, dass dein Geist schon irgendwie rein und klar werden wird. Und ohne einen klaren Geist wird sich die Wahrheit nicht in dir verkörpern. Dein *sadhana* besteht also darin, auf unheilsame Aktivitäten zu verzichten und diese durch Handlungen zu ersetzen, die den Geist erheben und harmonisieren.

Aber Verzicht ist nicht leicht, denn das Ego hat sich bestimmte Verhaltensweisen angewöhnt, um mit *rajas* und *tamas* zurechtzukommen. Nimmst du ihm diese Gewohnheiten, wird es schlagartig genau der Energie ausgesetzt, die es eigentlich eliminieren wollte. Das Ego macht sich von Dingen abhängig, die nicht gut für es sind. Es kennt tausend Gründe, aus denen es sie nicht aufgeben kann. Ich habe mal einem Freund einen Vortrag über seine schlechten Gewohnheiten gehalten. Nachdem er mich angehört hatte, sagte er: „Ach weißt du, Jim, es mag ja alles Mist sein, aber es ist behaglich, und es ist meins." Wenn du eigentlich genau weißt, was nicht gut für dich ist, und doch damit weitermachst, wirst du leiden. Dies ist die Art und Weise, auf die *Ishvara* uns belehrt.

Weil wir ein Volk genusssüchtiger Weichlinge geworden sind, können die Verfechter von Neo-Advaita und Tantra ihre Parade abhalten. Sie erzählen dir, dass es nichts zu tun gibt oder dass du fortfahren kannst, das zu tun, was du tust. Aber auch wenn ‚deine' Projektionen dir letztendlich nicht gehören, musst du doch die Verantwortung für sie übernehmen. Wenn du sie ganz und gar annimmst, kann der Geist zur Ruhe kommen und ganz natürlich im Sinne des *dharma* agieren.

SATTVA IST NICHT DAS ZIEL

Aber auch die Kultivierung von *sattva* hat ihre Tücken. Je reiner dein Geist wird, umso größer ist die Gefahr, dass du ein spirituelles Ego entwickelst. Das Ego ist Teil des Feinstofflichen Körpers, des Besitzers der Handlungen und Resultate. Es identifiziert sich mit dem erhebenden Empfinden, welches mit *sattva* einhergeht, und sagt: „Ich bin rein, ich bin heilig, ich bin spirituell." So kann das Ego unerträglich anmaßend und überheblich werden und eine schmierige und unangenehme Großherzigkeit an den Tag legen. *Sadhana* ist nicht dazu gedacht, dich zu erhöhen oder zu einem reinen Wesen zu machen. Du bist bereits vollkommenes Gewahrsein und makellos rein wie fallender Schnee. Ein reiner Geist, ein reines Herz ist nicht unser Ziel. Es ist nur ein Mittel zum Zweck. Es bereitet das Feld, auf dem Vedanta die Vision der Nicht-Dualität zur Reife bringen kann. Diese Vision zerstört das Besitzdenken des Ego und macht Selbst-Erkenntnis zur Basis des Handelns. Nichts reinigt den Geist so sehr wie Selbst-Erkenntnis.

Sattva plus Vedanta

Wenn die Vision der Nicht-Dualität in einem klaren Geist fest gegründet ist, kann Erfahrung verarbeitet werden, während sie erfolgt. Dinge tauchen auf, und du reagierst in angemessener Weise. Du siehst das große Ganze und erkennst, wohin du dort gehörst. Die täglichen Geschehnisse werden abgelegt, und es entsteht Raum für das Alte, hervorzukommen und sich im Feuer der Selbst-Erkenntnis darzubringen. Um dies zu erreichen, müssen wir der Lehre vertrauen und ihr erlauben, unsere Erfahrung zu interpretieren. Nur so kann sie ihre Wirkung entfalten. Wenn du gesehen hat, wie gut es funktioniert, wirst du nicht dahin zurückkehren wollen, die Wirklichkeit von deinem persönlichen Standpunkt aus zu deuten. Wenn der Handelnde zur Seite getreten ist und die Wahrheit die Kontrolle übernehmen durfte, wird sich dein Leben mühelos entfalten. Du schwebst wie auf einem fliegenden Teppich hierhin und dorthin. Wie Wasser umströmst du jedes Hindernis.

Inzwischen sollte die Beziehung zwischen Handlung und Erkenntnis klar geworden sein. Handlung hat die Kraft, dich zu reinigen, und Wissen hat die Macht, dich zu befreien. Man kann argumentieren, Handlung sei wichtiger, denn wenn du die Arbeit nicht getan hast, kann das

Wissen deine Ignoranz nicht besiegen. Im nächsten Kapitel, ‚Die Vision der Nicht-Dualität', werden wir Vedantas zentrale Lehre diskutieren, die Unterscheidung zwischen dem Gewahrsein und den Objekten, die in ihm erscheinen. Auf die Lehre von den drei *gunas* werden wir in einem anderen Kontext noch einmal zurückkommen.

Zielführender Irrtum

Bevor wir fortfahren, wollen wir noch darüber nachdenken, wie es zwar schwierig, aber in seltenen Fällen doch möglich ist, durch *yoga* Erleuchtung zu erlangen. Bislang habe ich das Wort *yoga* so verwendet, dass es eine Handlung oder Handlungen beschreibt, die getan werden, um ein bestimmtes Ergebnis zu erzielen. Wir wissen, dass das Selbst ewig-frei und bereits realisiert ist, sich *yoga* also nicht zur Befreiung eignet. Dennoch kann es zur Befreiung führen. Obwohl *yoga* heutzutage vor allem als körperliche Übung wahrgenommen wird und es mit *hatha yoga* tatsächlich auch eine rein physische *yoga*-Richtung gibt, verweist das Wort *yoga* in der vedischen Welt in der Regel auf *ashtanga yoga*, das *yoga* der acht Stufen[21]. Dieses *yoga* ist ein Meditations-Pfad, der in diverse Versenkungszustände führt.

Hier ist ein Zitat aus dem *Panchandasi*, einem Vedanta-Text des 14. Jahrhunderts: „Eine Person sah einen Lichtstrahl, der von einem Diamanten ausgesandt wurde, eine andere Person sah einen Strahl, der von einer Kerze kam. Beide glaubten jedoch, dass der Strahl von einem Diaman-

21 Wörtlich übersetzt ist *ashtanga yoga* das yoga der acht Glieder.

ten ausgesandt werde, und machten sich auf den Weg, ihn zu erlangen. Obwohl beide den Strahl für einen Diamanten hielten, fand einer einen Diamanten, der andere aber nicht. Den Strahl einer Kerze für einen Diamanten zu halten, wird ein ‚irreführender Irrtum' genannt, ein Fehler, der nicht zum gewünschten Ziel führt. Den Strahl eines Diamanten für einen Diamanten zu halten, wird hingegen ein ‚zielführender' oder ‚aufklärender Irrtum' genannt, da er tatsächlich ans Ziel führt. Wenn jemand, der Nebel für Rauch hält, losgeht, um Kohle zu sammeln, und tatsächlich Kohle findet, dann ist die fehlerhafte Interpretation ein ‚zielführender' Irrtum oder eine glückliche Fügung. Auch die Meditation über das Selbst oder dessen Verehrung kann auf diese Weise zur Befreiung führen."

Meditation

Meditation ist eine Handlung, ein *yoga*. Auch wenn manche Meditationsschulen auf bestimmten Körperhaltungen bestehen, ist es tatsächlich eine geistige Handlung. Wir nennen es ein *manasa karma*. In der spirituellen Literatur wird Erleuchtung üblicherweise als ein ‚Zustand' präsentiert. Wer mit Meditation beginnt, erwartet also, dass diese Technik eine Erfahrung von Erleuchtung hervorrufen kann, einen bestimmten ‚Zustand' wie *samadhi* oder *nirvana*. Diesen ‚Zustand' will er erreichen. Doch wir wissen, dass Erleuchtung kein Zustand ist, denn die Realität ist nicht-duales Gewahrsein. Nicht-Dualität bedeutet, dass es nur einen ‚Zustand' gibt – und dieser Zustand bist du.

Trotzdem kann es sein, dass bestimmte Meditationserfahrungen – so wie der Glanz des Diamanten oder der irrtümlich für Rauch gehaltene Nebel – zur Erleuchtung führen. Eines der besten Beispiele für einen solchen zielführenden Irrtum ist die Erfahrung von Ramana Maharshi, einem der bedeutendsten indischen Heiligen. Hier ist die Beschreibung seiner Erfahrung, die ihm Selbst-Erkenntnis ermöglichte:

„Ich fühlte, dass ich im Begriff war zu sterben und dass ich das Problem selber lösen musste, hier und jetzt. Der Schock der Todesangst lenkte meinen Geist nach innen, und ohne die Worte zu formen, sagte ich zu mir: ‚Das Sterben ist gekommen, doch was bedeutet es? Was ist es, das stirbt? Dieser Körper stirbt.' Und ich begann den Vorgang des Sterbens zu dramatisieren. Ich lag unbewegt mit von mir gestreckten Gliedern, als ob die Todesstarre schon eingesetzt hätte, und ahmte einen Leichnam nach, um dem Objekt meiner Untersuchung eine noch tiefere Realität zu verleihen. Ich hielt den Atem an und presste die Lippen zusammen, damit kein Laut nach außen dringen, weder das Wort ‚ich', noch irgendein anderes Wort ausgesprochen werden konnte. ‚Also gut', sagte ich mir, ‚der Körper ist tot. Er wird steif und zum Verbrennungsplatz getragen werden, wo er eingeäschert wird. Aber werde mit dem Sterben des Körpers auch ich gestorben sein? Ist der Körper ‚ich'? Er ist still und ohne eigene Lebendigkeit, aber ich kann die volle Kraft meiner Persönlichkeit und sogar die Stimme des ‚ich' in mir spüren, jenseits aller Körperlichkeit. Also bin ich die Seele, die den Körper transzendiert. Dieser Körper stirbt, aber die Seele, die ihn transzendiert, kann vom Tod nicht berührt werden.‘ All das waren keine blassen Gedanken; es war kaum ein Denkprozess. Es leuchtete strahlend in mir als lebendige Wahrheit, die sich mir direkt offenbarte.

‚Ich‘ war etwas sehr Reales – das einzig Reale in Bezug auf meinen gegenwärtigen Zustand – und all die Bewusstseins-Aktivität, die mit meinem Körper in Verbindung stand, beruhte auf diesem ‚ich‘. Von diesem Moment an richtete eine kraftvolle Faszination die Aufmerksamkeit des ‚ich‘ oder ‚Selbst‘ auf sich selbst. Die Angst zu sterben verschwand ein für alle Mal, und die Versenkung im Selbst wurde nie mehr unterbrochen. Andere Gedanken mögen kommen und gehen, wie die verschiedenen Töne einer Melodie, aber das ‚ich‘ dauerte an wie der Grundton, von dem die alten Schriften sprechen, der allen anderen Zuständen zugrunde liegt und sich mit ihnen mischt. Ob der Körper mit Reden oder Lesen oder womit auch immer beschäftigt war, immer war ich zentriert auf dieses ‚ich‘. Dabei hatte ich vor dieser Krise kein Interesse daran verspürt und erst recht keine Neigung, mich dauerhaft darin zu versenken.“

Ramana beschreibt eine typische Selbst-„Erfahrung“, wie sie in vergleichbarer Form vielen Menschen widerfährt. Viel ist auch über solche Erfahrungen geschrieben worden. Was uns zuerst auffällt, ist die Aussage: „Der Schock der Todesangst lenkte meinen Geist nach innen.“ Zuvor war der Geist auf die Welt gerichtet, jetzt blickt er nach innen. Ein nach innen gerichteter Geist muss nicht das Ergebnis eines Traumas sein, aber häufig ist er es. In Ramanas Fall führte eine zufällige Offenbarung zu Selbst-Erkenntnis, aber das ist eine absolute Ausnahme. Üblicherweise ist die allmähliche Kultivierung eines nach innen gerichteten Geistes durch die fortdauernde Praxis von *karma yoga* und *jnana yoga* weitaus nutzbringender. Denn ein durch Zufall oder eine drastische Methode introvertierter Geist wird unweigerlich wieder in einen extravertierten Zustand zurückkehren. Er kehrt zurück, da die nach außen gerichteten *vasanas* durch die Offenbarung nur vorübergehend außer Kraft gesetzt, aber nicht zerstört worden sind. Eine einzelne Erfahrung der Reflexion von Gewahrsein in einem klaren Geist ist niemals in der Lage die über Lebzeiten kumulierte Ignoranz aufzulösen.

Erfahrungen sind nur zeitlich begrenzte, sich wieder auflösende Erscheinungen, die dazu dienen, Erkenntnisse zu liefern. Was Ramana aus dieser Erfahrung gelernt hat, ist bedeutsam, denn es offenbart sehr klar die außergewöhnliche Natur seines Geistes. Wenn wir intensive Erfahrungen großen Vergnügens oder großen Schmerzes erleben, werden üblicherweise unsere Gefühle die Oberhand gewinnen und die Würdigung unserer Erfahrung eintrüben. Wir werden entweder ekstatisch oder verängstigt, so dass wir nicht mehr sorgfältig beobachten und berichten können, was geschieht. Aber Ramana blieb ruhig und gelassen. Dieser Gleichmut ist eine der wichtigsten Qualifikationen für Selbst-Erkenntnis. Er sagt: „Das Sterben ist gekommen, doch was bedeutet es? Was ist es, das stirbt? Dieser Körper stirbt."

Vedanta geht es um das Verstehen. Dieses Verstehen ist ‚die Erkenntnis, welche die Suche nach Erkenntnis beendet.' In Ramanas Beispiel haben wir einen untersuchenden

Geist, der nicht von der Erfahrung geblendet wird, sondern versucht, sie zu verstehen. Er bedient sich der Logik und ist dadurch in der Lage, die richtigen Schlüsse zu ziehen: „Dieser Körper stirbt." Wir können hieraus schon folgern, dass er weiß, dass er nicht der Körper ist. Er hat ihn vollständig objektiviert. Dann dramatisiert er diesen Vorgang, „um dem Objekt meiner Untersuchung eine noch tiefere Realität zu verleihen." Der Rest seiner Einsichten, bis hin zu „er ist still und ohne eigene Lebendigkeit" sind weitere Bestätigung seines Verstehens, dass er nicht der Körper ist.

Schließlich kommen wir zu der Realisierung des Selbst. Dies ist die positive Seite, das, was erkannt werden sollte, wenn die Welt negiert wurde. Ramana sagt: „... aber ich kann die volle Kraft meiner Persönlichkeit und selbst die Stimme des ‚ich' in mir spüren, jenseits aller Körperlichkeit." Das Wort «Persönlichkeit» ist sehr interessant. Ich weiß nicht, ob es eine präzise Übersetzung von Ramanas Worten darstellt. Aber er meinte wahrscheinlich den Feinstofflichen Körper, der häufig als das ‚verkörperte Selbst' oder das ‚Individuum' bezeichnet wird. Das Selbst ist immer körperlos, scheint aber verkörpert zu sein, wenn es durch den Körper betrachtet wird.

Jetzt ist er sich also des toten Körpers und des Feinstofflichen Körpers bewusst und kann „sogar die Stimme des ‚ich' in mir spüren, jenseits aller Körperlichkeit." Man kann die gesamte Struktur des Selbst in dieser Erfahrung entdecken. Und so kann Ramana korrekterweise schlussfolgern: „Also bin ich Seele, die den Körper transzendiert." Er hat die Frage „Wer bin ich?" beantwortet, die ihm vor diesem Ereignis noch nicht einmal in den Sinn gekommen war.

Die meisten Meditierenden und Personen, die mit gelegentlichen Offenbarungen gesegnet oder, je nach Sichtweise, geplagt – sind, erfahren die Reflexion von Gewahrsein in einem von *sattva* dominierten Geist. In der Regel fehlt es ihnen jedoch an Unterscheidungsvermögen. Ramana, so scheint es, war hochgradig unterscheidungsfähig, obwohl er, gerade mal siebzehn, vor dieser Erfahrung keine Vorstellung vom Selbst hatte. Unterscheidungsvermögen steht, gemeinsam mit Gleichmut, ganz oben auf der Liste der Qualifikationen. Man beachte die Logik: „Also bin ich die Seele (Gewahrsein), die den Körper transzendiert." Und dann beschreibt er – quasi als Sahnehäubchen – die Qualität seiner Selbst-Erkenntnis: „All das waren keine blassen Gedanken; es war kaum ein Denkprozess. Es leuchtete strahlend in mir als lebendige Wahrheit, die sich mir direkt offenbarte."

Bei jeder Erfahrung steigt das Wissen von dieser Erfahrung im Geiste auf. Dieses Wissen, diese Erkenntnis muss ergriffen, sie muss in Besitz genommen werden. In Ramanas Exempel beobachtete er die Erkenntnis, wie sie „ strahlend in mir als lebendige Wahrheit leuchtete." Dies sollte diejenigen zum Schweigen bringen, die behaupten, für Erleuchtung müsste der Geist tot sein. Ramana sagt, „es war kaum ein Denkprozess." Dies bedeutet, dass Gedanken präsent waren.

Viele Menschen haben diese Art von Erfahrung, aber sie erkennen dabei nicht, dass sie „die den Körper transzendierende Seele" sind. Es ist diese Erkenntnis, die Befreiung genannt wird. Warum ist es Befreiung? Weil das Denken, der Körper zu sein, ein riesiges Problem darstellt. Es führt dazu, dass die Welt und alles in ihr als Wirklichkeit wahrgenommen wird. Aber dem Selbst erscheint die Welt als eine Art Traum, und so können alle Erfahrungen, die du in ihr hast, dich nicht binden. In seiner folgenden Aussage spricht Ramana das Thema Realität an. Er sagt: „‚Ich' war etwas sehr Reales – das einzig Reale in Bezug auf meinen gegenwärtigen Zustand – und all die Bewusstseins-Aktivität, die mit meinem Körper in Verbindung stand, beruhte auf diesem ‚ich'." Das ist Erkenntnis! Das ‚ich' ist real. Das Körper-Geist-Gebilde sollte nicht für real gehalten werden. Dir wird auch aufgefallen sein, dass er von „meinem gegenwärtigen Zustand" spricht. Das bedeutet, dass ‚er' sich nicht ‚in' einem Meditationszustand oder einem *samadhi* befunden hat. Er war das Gewahrsein dieses Zustands. Wir erkennen dies daran, dass es als Objekt erscheint, dessen sich Gewahrsein bewusst ist.

Ob nun die Aufmerksamkeit unbeabsichtigt nach innen gerichtet und die Reflexion des Selbst in einem zufälligen Glücksmoment erfahren wird oder ob es mehr oder weniger gewollt durch Meditation erfahren wird, der 'Strahl des Diamanten' kann seine Bedeutsamkeit nur dann entfalten, wenn er zu Erkenntnis führt. Erfahrungen sind vergänglich, aber Erkenntnis währt ewig.

Wir stellen Ramanas Erleuchtung als Beispiel für einen zielführenden Irrtum vor. Sie taugt jedoch nicht als Vorbild für deinen eigenen Weg. Wir plädieren stattdessen für die schrittweise Kultivierung des Geistes durch die *yogas*, die wir bisher besprochen haben: *Karma/dharma yoga* und das *yoga* der drei *gunas*. Nicht weil wir wollen, dass du für deine Erleuchtung große Mühen auf dich nimmst,

Gott bewahre. Doch die Logik der Existenz, die Art und Weise, wie *vasanas* gebildet und besänftigt werden, erfordert geduldige, harte Arbeit. Wenn du nicht bereit bist, dich diesem Ziel voll und ganz zu verpflichten, dann ist es besser, ein normales Leben mit seinen alltäglichen Enttäuschungen zu führen, statt dich den Frustrationen eines Lebens spiritueller Erforschung auszusetzen.

Wenn du aber schon genug gelitten hast und ein brennendes Verlangen nach Befreiung fühlst, kannst Du dein Leben im Geiste des *karma yoga* leben und das, was passiert, korrekt im Lichte deiner wahren Natur als Gewahrsein interpretieren. Du kannst auf angemessene Weise mit den *gunas* umgehen und einen stillen und reinen Geist entwickeln. Deine Aufmerksamkeit kann sich auf die Reflexion des Selbst fixieren. Du magst noch denken, eine Person zu sein, die über das Selbst meditiert, bist aber in Wirklichkeit das Selbst, das über seine Reflexion im Geist meditiert.

An dieser Stelle ist es wichtig zu wissen, dass die Meditation, indem sie deine Aufmerksamkeit fortdauernd auf die Reflexion des Selbst richtet, *vasanas* schnell und gründlich verbrennt – nicht so schnell wie Selbst-Erkenntnis, aber schneller als *karma yoga*. Die *vasanas* verbrennen, weil sie im klaren Licht der Meditation erkannt werden können, ohne über sie nachzudenken und ohne sie auszuagieren.

Meditation bedeutet nicht, mit den *vasanas* zu kämpfen und darauf zu warten, dass sie sich auflösen, damit du Frieden erfahren kannst. Wenn du nur meditierst, um Frieden zu erfahren oder um dem *vasana*-induzierten Stress zu entkommen, dann verpasst du den wahren Wert der Meditation. Der wahre Wert liegt in der Erkenntnis, die Ramana mit den Worten beschreibt: „Ich bin die Seele (sprich: Gewahrsein), die den Körper transzendiert." Dieses Wissen in der Form eines Gedankens wird im Sanskrit *akhandakara vritti* genannt. Es kann in jeder Sprache erscheinen, und die Worte können variieren, aber das Wissen lautet: ‚Ich bin vollständig und vollkommen; ich bin nicht-duales, gewöhnliches, nicht-handelndes, unberührtes Gewahrsein.' Ramana hat den Wert dieses Wissens ‚intuitiv' verstanden, und es scheint, dass es seine primäre Identität geworden ist. Daher sagt er, im Einklang mit Vedanta: „Durch Erkenntnis allein kann das Selbst gewonnen werden." Durch Meditation erlangt so gut wie niemand Erleuchtung, denn Menschen meditieren, um bestimmte Erfahrungen zu machen, nicht um Erkenntnis zu gewinnen. Sie verstehen nicht den Wert von Selbst-Erkenntnis. Aber Meditation kann – wie wir gesehen haben – ein ‚zielführender Irrtum' sein.

Lass die spirituelle Untersuchung sich entwickeln und vertiefen. Du wirst den Wert des Gedankens ‚Ich bin grenzenloses Gewahrsein' zu schätzen wissen, wenn er auftaucht.

Eine kurze Zusammenfassung

Der Zweck jeden *yogas* ist es, einen extravertierten, verstörten und trägen Geist in einen kontemplativen, nach innen gerichteten Geist zu verwandeln. Ein kontemplativer, in *sattva* ruhender Geist ist nicht völlig frei von *rajas* und *tamas*, doch er wird nicht von ihnen beherrscht.

Diese Umwandlung eines extravertierten in einen kontemplativen Geist, einen Geist, der darauf gerichtet ist, Gewahrsein von den in ihm erscheinenden Objekten zu unterscheiden und sich im Gewahrsein zu verankern, verläuft nicht reibungslos. Zwar mögen sich zu Beginn der Praxis schnell Momente oder sogar Tage oder Wochen von Klarheit und Freude einstellen, in denen der Geist sich an der Reflexion von Gewahrsein erfreut, die die Praxis ermöglicht. Doch dann wird der Geist wieder unruhig und träge, weil alte Muster von *rajas* und *tamas* sich wieder durchsetzen. Du kannst nicht ständig wachsam sein. Mein Lehrer pflegte zu sagen: „Ewige Wachsamkeit ist der Preis der Freiheit."

Die *gunas* sind die periodischen Rhythmen *Ishvaras*. Sie durchlaufen nicht nur ihre täglichen Zyklen, sie sind überall wirksam. Nur weil eine Gewohnheit dich nicht mehr zu fesseln scheint, bedeutet nicht, dass sie auch wirklich entschwunden ist. Sie hat sich in den Kausalen Körper zurückgezogen und kann von dort jederzeit wieder auftauchen und ihr Werk fortsetzen. Du magst für Monate oder Jahre keine Zigaretten mehr angefasst haben und doch eines Tages wieder mit dem Rauchen anfangen.

Wenn *sattva* dominiert, scheinst du dich schnell auf dein Ziel zuzubewegen oder sogar bereits erleuchtet zu sein. Wenn aber *rajas* oder *tamas* im Vordergrund stehen, scheinst du zurückzufallen. Wir streben nach einem Geist, der in *sattva* ruht, aber es ist falsch und frustrierend, zu glauben, Erleuchtung sei ein Zustand fortdauernden *sattvas*. Es gibt keine dauerhaften Zustände. Wenn es deine Gewohnheit ist, deinen Fortschritt jeden Tag oder jede Woche zu evaluieren, wird es dir das Herz brechen. Daher sagen wir, dass Vedanta erst dann hilfreich ist, wenn du ausreichend qualifiziert bist. Eine qualifizierte Person, die das Wissen angemessen verinnerlicht hat, versteht die Natur des Geistes, arbeitet beharrlich und froh an dessen Entwicklung und lässt nicht zu, dass die Schwankungen der *gunas* seine Geduld beeinträchtigen.

Mit der Reifung der Praxis wird der Geist lang andauernde Phasen von *sattva* genießen, ohne sich von dem täglichen auf und ab von *rajas* und *tamas* gestört zu fühlen. Nichts steht dem Glück so sehr im Weg wie die Vorstellung, dass das Ego in der Lage sein sollte, seine Erfahrungen direkt zu kontrollieren. Die enorme Popularität von Drogen, Alkohol, Sex und Extremsport sind der Beweis dafür, wie verbreitet es geworden ist, sich jederzeit den Wunsch erfüllen zu können, sich gut zu fühlen. Wie wir im letzten Kapitel gesehen haben, gibt es lediglich ein gewisses Maß an indirekter Kontrolle über unsere Erfahrungen, nämlich dadurch, dass sich unsere *samskaras* durch die Praxis von *karma yoga* und durch Verhaltensänderungen langsam, aber stetig transformieren.

Die Transformierung des Feinstofflichen Körpers ist unberechenbar. Bei gewissen negativen Mustern dauert es viele Jahre, bis sie neutralisiert sind. Andere verschwinden im Nu. Daher ist Duldsamkeit eine wichtige Qualifikation. An der Auslöschung eines bestimmten *vasanas* habe ich 13 Jahre lang geduldig gearbeitet. In der guten alten Zeit waren die Erwartungen geringer und die Menschen diszipliniert. Doch „Disziplin“ ist im Zeitalter der sofortigen Wunscherfüllung ein ungeliebtes Wort. Wir wollen unsere Erleuchtung und wir wollen sie jetzt!

Hier ein Zitat eines leidgeplagten Suchers: „Ich weiß ja, dass es nichts zu holen oder zu erreichen gibt, dass ich lediglich klar verstehen muss, wer ich wirklich bin. Doch wie kann es trotz dieses Wissens möglich sein, dass ich wieder in meine alten Gewohnheiten zurückfalle? Warum bin ich wieder dieselbe alte traurige Person, die davon getroffen wird, was andere Leute mir sagen oder von mir denken? Warum? Es ist so schwer. Warum kann ich mich selbst nicht als Gewahrsein erkennen? Wo ich doch weiß, dies ist mein wahres ‚ich'!!!"

Wir fühlen mit, aber was können wir sagen? Wenn ein Mensch leidet, ist er für alle möglichen Dummheiten empfänglich. Viele moderne Lehrer nähren sich vom Leiden anderer. „Ich habe genau das Richtige für dich! Kaufe jetzt meine spezielle Mischung von elf magischen yogischen Übungen für strahlende Gesundheit und sofortige Erleuchtung." Oder wie die Neo-Advaita-Lehrer unentwegt verkündet: „Es gibt nichts zu tun, außer mich sagen zu hören, dass es nichts zu tun gibt. Versteh es endlich." Doch die Wahrheit lautet leider: Es gibt keine schnellen Lösungen.

RESPEKTIERE *ISHVARA*

Ishvara – in der Form der *gunas* – kann dein bester Freund oder dein schlimmster Feind sein. Das liegt in deiner Hand. Es ist nicht besonders angenehm, derjenige zu sein, der diese Botschaft verkündet, aber das Leben ist eine fürchterlich konservative Kraft. Es hasst Veränderung. Man betrachte nur, wie lange es dauert, bis eine Tier- oder

Pflanzenart sich veränderten Lebensbedingungen anpasst. Und wenn die Schnelligkeit der Veränderungen die Anpassungsfähigkeit ihres Organismus überfordert, stirbt sie aus. Wird der Eisbär den Klimawandel überstehen? Das Eis wird verschwinden und Menschen werden seinen Lebensraum übernehmen. Kann das Nashorn eine hornfreie Schnauze herausbilden, um der Ausrottung zu entgehen, weil manche Asiaten für sein als Wundermittel gepriesenes Horn jeden Preis zu zahlen bereit sind?

Wir haben nur ein Leben, um uns zu befreien. Befreiung ist gewiss möglich, aber dazu müssen wir uns mit einer wilden Entschlossenheit rüsten und ein klares Verständnis unserer triebhaften Natur und der Gesetze, die unsere Welt regieren, entwickeln. Wenn du bereit bist, deine Anhaftungen an den Status quo aufzugeben und Gleichmut auch im Angesicht des Leidens zu bewahren, wenn du bereit bist, an der Wahrheit deiner grenzenlosen Identität festzuhalten, unabhängig davon, wie du dich gerade fühlst, und wenn du *Ishvara* achtest und anerkennst, dann kannst du dein Ziel erreichen.

Kapitel 11

Die Vision der Nicht-Dualität – Das *Yoga* der Erkenntnis

Wissen ist nicht gleich Wissen. Im Vedanta unterscheiden wir zwischen relativem und absolutem Wissen. Absolutes Wissen ist die Wahrheit, die unabhängig von Ort und Zeit niemals negiert werden kann.

Relatives Wissen

Relatives Wissen kann negiert werden. Nehmen wir z.B. das physikalische Gesetz der Gravitation. Auf unserem Planeten Erde ist es ein unumstößliches Gesetz, dass die Gravitation mit einer gegebenen Naturkonstante auf jedes physische Objekt wirkt. Doch nach unserer Definition ist es kein ‚absolutes' Wissen, denn dieses Gesetz gilt nicht auf einem anderen Planeten. Es wird negiert, wenn wir die Erde verlassen. Daher ist das Gesetz der Gravitation kontextabhängiges, ‚relatives' Wissen.

Das Selbst ist frei von Wissen und frei von Ignoranz. Wenn wir von Selbst-Erkenntnis sprechen, dann meinen wir damit das Wissen über unsere wahre Natur als Bewusstsein. Doch auch das Wissen über die Struktur der scheinbaren Realität ist bedeutsam. Dieses Wissen ist für *maya* das, was die Gravitation für die Erde ist. Es besteht aus 24 *tattvas*, aus 24 unveränderlichen Prinzipien, die in der scheinbaren Realität wirksam sind. Diese *tattvas* sind die Fünf Elemente, die fünf *pranas*[22], die fünf Sinne, die fünf Handlungsorgane, die drei inneren Zentren (Gemüt, Intellekt, Ego) und der Kausale Körper, der manchmal *chitta* genannt wird. Diese 24 Prinzipien sind präsent, solange *maya* manifest ist, und können daher Wissen genannt werden. Wenn wir von Selbst-Erkenntnis sprechen, meinen wir damit nicht nur das Wissen über die Natur von Bewusstsein, wir meinen damit auch das Verstehen dieser Prinzipien und wie sie zueinander und zum Selbst in Beziehung stehen. Wenn du verstehst, wie die scheinbare Realität funktioniert, bist du von ihr befreit. Dieses Wissen ist gleichbedeutend mit der Erkenntnis des reinen Bewusstseins, denn es negiert die scheinbare Realität. Aber offensichtlich negiert es nicht dich. Es enthüllt dich. Das Wissen über die kosmischen Prinzipien ist ebenfalls relatives Wissen, denn es setzt die Schöpfung voraus. Doch im Verhältnis zu der Lebensspanne eines *jivas* ist die Schöpfung ewig – und dieses Wissen daher fast so gut wie Selbst-Erkenntnis.

Information ist die wertloseste Stufe des relativen Wissens. Sie ist sehr kurzlebig und ohne Nutzen für die

22 *Pranas* sind die fundamentalen physiologischen Prozesse.

Erforschung des Selbst. Zum Beispiel ist das Wissen, dass es 16.20 Uhr ist, eine Information, die schon eine Minute später ihren Wert verloren hat.

Absolutes Wissen

Selbst-Erkenntnis ist ‚absolutes' Wissen. Es kann nicht negiert werden. Dies bedeutet, dass es keine Zeit, keinen Ort und keine Umstände gibt, an denen das Selbst nicht präsent und ewig ist. Selbst-Erkenntnis ist kein persönliches Wissen, denn die Person kommt und geht, wird geboren und stirbt. Was ist Selbst-Erkenntnis? Es ist das Wissen über dich selbst. Es ist unmöglich, eine Zeit oder einen Ort zu finden, zu der oder an dem du nicht existierst. Du kannst dich selbst nicht negieren.

Vedanta, *jnana yoga*, besteht sowohl aus relativem als auch aus absolutem Wissen. Es beinhaltet das Wissen, das du benötigst, um dich auf Erleuchtung vorzubereiten, und das Wissen, das dich befreit. Sorgfältig entfaltet die Lehre das vorbereitende Wissen und erklärt die Motivationen, das Wesen der Erleuchtung, die Notwendigkeit eines Mittels der Erkenntnis und wie dieses Mittel aussieht. Die Lehre beschreibt die benötigten Qualifikationen, die Bedeutung einer bewährten Lehre und eines Lehrers, die Natur des reinen Selbst und die Natur des Selbst als *Ishvara*, der Schöpfer, der über die Resultate unserer Handlungen entscheidet. Und schließlich führt sie uns ein in *karma/dharma yoga* und beschreibt die Kräfte, die in der menschlichen Psyche wirken.

Als Vedanta-Lehrer erwarten wir von dir, dass du den Wert des Wissens zu würdigen weißt. Wir sind keine Cheerleader, die dich anfeuern und versuchen, dich in Ekstase zu bringen, oder die dich auffordern zu singen: „Ich will Erleuchtung, und ich will sie jetzt! Hurra, hurra, hurra! Ich rüste mich für den Kampf und schreite auf das Feld der Erleuchtung, um mein Ego zu schlachten!“ Wir erwarten, dass du inspiriert nach Wissen strebst und dich durch nichts davon abbringen lässt.

Es gibt zwei Arten von Selbst-Erkenntnis, direkte und indirekte. Indirekte Erkenntnis ist: „Das Selbst existiert.“ Diese Aussage setzt voraus, dass du es nicht bist und dass das Selbst ein Objekt ist, das du erkennst. Die meisten zeitgenössischen Gurus wollen uns weismachen, dass sie das Selbst erfahren – und alle anderen nicht – und dass diese Erfahrung Erleuchtung ist. Dies zeigt, dass ihr Wissen indirekt ist, denn es trennt den Erfahrenden von dem, was erfahren wird. Dies ist pure Dualität. Indirektes Wissen ist besser als gar kein Wissen, aber es löst die Dualität nicht auf. Dualität verursacht Leiden, denn sie entfacht Verlangen und Handlung und bewirkt, dass du dich auf Resultate konzentrierst, obwohl du doch eigentlich gar keine Resultate benötigst, um glücklich zu sein. Dualität macht uns zu Suchern.

Die direkte Erkenntnis „Ich bin das Selbst“ löst das Problem. Wenn dieses direkte Wissen verinnerlicht wurde, zerstört es Verlangen und befreit dich vom Zwang des Handelns. Das Suchen findet ein Ende.

Wenn die Erkenntnis stabil ist, endet das Suchen

Der einzige Zweck des Suchens ist die Beendigung des Suchens. Das ist leichter gesagt als getan, denn das Suchen hat seinen eigenen Reiz und seine eigene Romantik. Doch der ursprüngliche Zauber geht nach einer Weile verloren; das Suchen wird zu einem *vasana* und beginnt, dich zu erschöpfen. Und je mehr du suchst, desto konfuser wirst du und desto stärker schwindet deine Zuversicht. Du sehnst dich danach, dass diese bedürftige, nach Erleuchtung gierende Stimme endlich verstummt. Du möchtest einfach nur aufwachen, deine Frau küssen, die morgendliche Tasse Kaffee und das Müsli genießen, die Zeitung lesen und grundlos glücklich sein.

Das Suchen endet, wenn die Erkenntnis nicht mehr zu erschüttern ist. Doch es reicht schon, den Wert der Vedanta-Lehren erkannt und sich der Selbst-Erforschung verschrieben zu haben, um sich nicht mehr als Sucher zu empfinden. Du weißt dann, dass du Gewahrsein bist. Wenn es noch ein Problem gibt, dann lediglich mangelndes Vertrauen in diese Erkenntnis. Wenn es dir an Vertrauen mangelt, dann besteht die Lösung darin, dich dem Wissen hinzugeben und es anzuwenden, bis alles Zweifeln verschwunden ist. Alle Handlungen haben Resultate, auch die Anwendung von Wissen. Doch während alle weltlichen Handlungen nur begrenzte Resultate erringen können, ist das Resultat der Anwendung von Selbst-Erkenntnis frei von Begrenzung. Dieses einfache Resultat lautet: Ich erkenne, dass ich nichts benötige, um glücklich zu sein. Ich bin okay, komme, was da wolle.

Selbst-Erforschung

Vedanta ist Selbst-Erforschung. Erforschung bedeutet, zu untersuchen und zu fragen. Die große Popularität Ramana Maharshis und seiner Lehren hat zu der Vorstellung geführt, Selbst-Erforschung sei die Frage „Wer bin ich?“. Doch Vedanta hat diese Frage längst beantwortet. Es sagt dir klar und eindeutig, dass du Gewahrsein bist; die Frage „Wer bin ich?“ wird daher nutzlos.

Sinnvoll hingegen ist die Frage: „Wie passt die Identität, die ich zu haben glaube, mit meiner Identität als Gewahrsein zusammen?“ Auf diese Weise kannst du die Natur deiner gegenwärtigen Identität bestimmen. Du kannst untersuchen, ob die Ängste und Begierden real sind, die deine Handlungen motivieren. Solange du noch glaubst, es würde dich vervollkommnen, zu bekommen, was du möchtest, oder zu vermeiden, was du nicht möchtest, so lange hast du noch eine falsche Vorstellung davon, wer du bist. Wenn du aber einsehen kannst, dass deine Vorstellung falsch ist, dann ist Selbst-Erforschung genau das Richtige für dich. Selbst-Erforschung ist die konstante Anwendung des Wissens über das Selbst auf den Feinstofflichen Körper durch die Unterscheidung des Selbst von den in ihm erscheinenden Objekten. Während *karma yoga* Zeit benötigt, ist die Anwendung von Selbst-Erkenntnis der schnelle Weg. Es zerstört *vasanas* schon, wenn sie auftauchen.

Vedanta ist das *yoga* der Selbst-Erkenntnis (*jnana yoga*). Es ist so merkwürdig, wie *yoga* eben sein kann. Einer der großen Meister unserer Tradition nennt es in einer humorvollen Provokation ‚kontaktloses *yoga*', ein Widerspruch in sich, denn *yoga* bedeutet „Kontakt". Das *yoga* der Erkenntnis ist insofern einzigartig, als es nicht zu dem Teil in dir spricht, dem es an Verbindung mangelt. Stattdessen spricht es dich an als das Objekt des *yoga*, als Gewahrsein. Du bist nicht von dir getrennt, daher braucht kein Kontakt hergestellt zu werden.

Realität und scheinbare Realität

Shankaracharya, dem großen Licht der Lehrtradition des Vedanta, wird das folgende, gleichermaßen schöne wie bedeutsame Zitat zugeschrieben: „*Brahma satyam, jagan mithya. Jivo brahmaiva na aparah*". Es ist die Essenz der Selbst-Erkenntnis. Ich möchte dich mit diesen Sanskrit Begriffen nicht nerven, doch Vedanta ist eine sehr alte Wissenschaft und Sanskrit ihre Sprache, die aus den spirituellen Bedürfnissen der Menschen entstanden ist.

Das erste Wort, *Brahma* oder *Brahman*, ist vielleicht der bekannteste Vedanta-Begriff. Er verweist auf das Selbst. *Brahman* hat verschiedene Bedeutungen, von denen viele auf Größe und Ausdehnung hinweisen. Doch über die Jahre haben erfahrungsorientierte Mystiker in Bezug auf *Brahman* eine phantasievolle Sprache voller Übertreibungen geschaffen, die die einfachen klaren Bedeutungen vernebeln. *Brahman* weist nicht auf einen unglaublichen, überwältigenden, transzendentalen Bewusstseinszustand hin, den du eines Tages erfahren wirst. Es ist auch kein Ort, den du erreichst, um ‚niemals zurückzukehren'. Da ist nichts Mystisches, nichts Kompliziertes, nichts, was wir nicht wissen können. Es kann nicht als ein Objekt erfahren werden. Es ist einfach nur du, schlichtes, gewöhnliches Gewahrsein. Du kannst es nicht beschreiben, weil du dich nicht beschreiben kannst. Du kannst alle möglichen Wörter verwenden, um zu schildern, was deinem Körper oder deinem Geist widerfahren ist, denn wenn es um Objekte geht, funktionieren Wörter gut. Du selbst aber bist kein Objekt. Doch dass es kein Wort gibt, um dich zu beschreiben, heißt nicht, dass du nicht erkannt werden kannst.

Grenzenlosigkeit

Im Sanskrit gibt es viele Wörter, die Gewahrsein oder Bewusstsein beschreiben. *Chit* oder *chaitanya*, zum Beispiel. *Brahman* ist so etwas wie der König dieser Wörter. *Brahman* fügt eine zusätzliche Qualifizierung – eine scheinbare, denn Bewusstsein ist ja frei von Qualifizierungen – hinzu, indem es die Grenzenlosigkeit von Bewusstsein herausstellt. Ein Wort kann niemals ausreichen, um das Selbst zu beschreiben, wir benötigen viele Wörter, um es zu ermessen. Wenn du zum Selbst, das an seine Begrenztheit glaubt, „Du bist Bewusstsein“ sagst, wird es diese Aussage so verstehen, dass Bewusstsein begrenzt ist – denn dies entspricht seiner Erfahrung. Es muss also zusätzlich auch wissen, dass es grenzenlos ist.

Es ist gewöhnliches Gewahrsein

Das Ego neigt dazu, sich unter diesem grenzenlosen Bewusstsein etwas ganz Außergewöhnliches vorzustellen. Doch da es nur ein Bewusstsein gibt, kann es nicht außergewöhnlich sein. Um das Leiden wirklich überwinden und die Selbst-Erkenntnis vervollständigen zu können, müssen wir auch den Begriff ‚gewöhnlich' hören und verstehen. Das grenzenlose Gewahrsein ist alltägliches, gewöhnliches Bewusstsein, das einzige Bewusstsein. Genau das ist die Bedeutung von Nicht-Dualität. Weil es viele Körper gibt, scheint es aus der Perspektive des Körpers viele Bewusstseine zu geben, doch tatsächlich gibt es nur eins. Elektrizität manifestiert sich im Radio als Klang, im Herd als Wärme oder in einer Glühlampe als Licht, doch immer ist es nur Elektrizität, die durch unterschiedliche Instrumente fließt.

Wir werden im folgenden weitere Begriffe entfalten, doch schon in der Kontemplation über die beiden Begriffe ‚grenzenlos' und ‚gewöhnlich' und mit einem unvoreingenommen Blick auf uns selbst, können wir uns von der Vorstellung befreien, begrenzt und einzigartig zu sein. Natürlich kann man sagen, dass das Selbst einzigartig ist, denn Gewahrsein ist das Einzige, was ist. Doch um wirklich einzigartig zu sein, würde etwas Zweites benötigt, um das Selbst einzigartig zu machen.

Was bedeutet ‚grenzenlos'? Wenn du weißt, wer du bist, wirst du trotzdem nicht wie Superman über Wolkenkratzer springen oder Krebs mit der Strahlung deiner göttlichen Hand heilen können. Du wirst auch nicht wie Sai-Baba sein, der behauptet, an zwei Orten gleichzeitig erscheinen zu können. Grenzenlos bedeutet nicht groß oder machtvoll, es bedeutet, dass Bewusstsein nicht modifiziert, nicht limitiert wird durch die Erfahrung, die sich ihm präsentiert. Es bedeutet, dass Erfahrung nicht an dir haften bleibt.

Wenn du noch denkst, der Feinstoffliche Körper zu sein, ist die Tatsache, dass Erfahrung nicht haften bleibt, schwer zu akzeptieren. Erfahrung produziert *vasanas*, und je reicher ‚du' an Erfahrungen wirst, umso mehr häufen sie sich, und irgendwie glaubst du, dass all diese Erfahrungen ‚dich' ausmachen. Doch glaube mir, ich hatte so viele unterschiedliche und unglaublich interessante Erfahrungen, aber ich kann nicht eine finden, die jetzt noch hier wäre. Ich bin noch genau dasselbe Gewahrsein wie am Tag meiner (scheinbaren) Geburt. Wo sind all die Menschen, Orte und Ereignisse? Wo sind die Millionen von Gedanken und Gefühlen, die ich erfahren habe? Ich kann sie nicht finden. Sie existieren als Worte in ‚meiner' Autobiographie, doch ich habe mein Leben nicht geschaffen, *Ishvara* hat es sich ausgedacht, und ich habe nur beobachtet, wie es sich entfaltete. Was geschah, ist nicht hier. Aber ich bin. Ich bin wie der Himmel, durch den Wolken hindurchziehen. Niemals wurde ich durch das, was mir geschah, verunreinigt. Ich bin rein, ein gewöhnlicher erfahrungsloser Erfahrender.

Die ersten Wörter in dem Zitat von Shankaracharya können wir also mit ‚gewöhnliches Gewahrsein ist grenzenlos' übersetzen. Das nächste Wort, *satyam*, bedeutet

„Wahrheit". Wir brauchen es, um die Bedeutung von *Brahman* noch klarer herauszuarbeiten. Wahrheit ist das, was immer gilt. Üblicherweise verbinden wir den Begriff ‚Wahrheit' mit einer Aussage, die zu einem bestimmten Objekt getroffen wird. Natürlich liegt eine gewisse Wahrheit darin, wie ein begrenztes Individuum die Realität sieht, um durch *samsara* zu navigieren. Da sich Objekte aber verändern, ist diese Art Wahrheit von Zeit und Ort abhängig. Als ich einmal dabei war, diese Lehre zu entfalten, sagte mir ein Zuhörer, ‚die Wahrheit' sei schon ganz gut, aber ‚seine Wahrheit' sei besser.

Es gibt unzählige Erfahrungen im Leben, die sich nicht mit dem Wissen, über das wir verfügen, klären lassen. Es gibt so viele ‚meine Wahrheiten', wie es Individuen gibt, und wenn du aus irgendeinem Grund von einer anderen Person abhängig bist, deren Wahrheit von deiner abweicht, wirst du feststellen, dass deine Wahrheit dir wenig nützt. Und wenn du auf die Wahrheit des Schöpfers, *Ishvara*, triffst, ist deine Wahrheit rein gar nichts mehr wert. Die Objekte dieser Welt sind manchmal gut und manchmal nicht, aber *satyam*, **die** Wahrheit, ist immer gut. Du kannst dich auf sie verlassen, denn sie ist du. Das wahre ‚du' wird immer von dir geliebt. Du bist das höchste Gut, denn alles, was du tust, denkst und fühlst, tust, denkst und fühlst du dir zuliebe. Manche behaupten zwar, sich selbst nicht zu lieben oder andere mehr zu lieben, aber das stimmt nur, weil es ihnen gefällt, so zu denken. Solche Aussagen würden ohnehin nur Eindruck machen, wenn ‚andere' tatsächlich existierten. Du bist die Wahrheit. Du bist alles, was es gibt. Du kannst nur mit dir selbst rechnen.

Satyam bedeutet auch „real“ bzw. „Realität“. Damit negieren wir Erfahrung. Alles, was sich verändert, ist nicht real. Das ist eine radikale Aussage, denn sie bedeutet, dass all die Erfahrungen, die du wertschätzt und nach denen du strebst, nicht mehr Wert haben als die Erfahrungen in deinen nächtlichen Träumen.

Du brauchst all diese Wörter nicht wirklich – und doch brauchst du sie. *Jnana yoga* zu praktizieren bedeutet, kontinuierlich und tiefgründig über die Lehren zu kontemplieren, von Moment zu Moment das Reale vom Scheinbaren zu unterscheiden. Eines dieser Wörter zu verstehen ist so gut, wie alle zu verstehen. Vedanta kennt viele Begriffe und entfaltet sie alle, denn Ignoranz existiert in vielen Formen, und sie ist sehr clever. Ich nenne es das ‚Ja – aber‘-Monster. Ignoranz ist eine Katze mit neun Leben. Sie will nicht sterben. Du musst viele Pfeile im Köcher haben, um sie zu erlegen.

Ein weiterer wichtiger Fingerzeig ist das Wort *purna*. *Purna* bedeutet „vollständig“, „vollkommen“. Es bedeutet, dass du vollkommen bist. Warum benutzen wir dieses Wort? Weil unser Empfinden ein anderes ist. Wir fühlen uns unvollkommen, weil wir die Wahrheit nicht erkennen.

Die spirituelle Welt liebt die Idee der ‚Leere‘, ein Konzept, das der Buddhismus legitimiert und populär gemacht hat. Es basiert auf einer bestimmten spirituellen Erfahrung, die die Substanzlosigkeit der Objekte offenbart. Die Leerheit der Objekte zu realisieren kann das arme Ego in seinen Grundfesten erschüttern. Wenn du dich desillusioniert und enttäuscht fühlst, weil dein Leben deinen Ansprüchen nicht gerecht wurde, dann lass dir von Vedanta sagen, dass derjenige, der die Leere sieht, tatsächlich die Fülle selbst ist. Das Empfinden von Unvollkommenheit und Leere – das nur ein Gefühl ist, nicht die Wahrheit – treibt und steuert unser *karma*. Wenn du erkennen kannst, dass du nicht leer bist und dass die Objekte tatsächlich die Fülle deiner wahren Natur reflektieren, dann kannst du deine sinnlose Jagd nach Objekten beschränken, zur Ruhe kommen und dich an dir selbst erfreuen. Dies kommt auch in der berühmten Bibelstelle, „... mein Becher ist übervoll" zum Ausdruck.

Purna bedeutet auch, dass die Fülle, die du bist, nicht aus Teilen zusammengesetzt ist. Doch wir sehen uns eher als eine Ansammlung von Teilen, als Körper, Geist, Sinne, Unterbewusstsein, Selbst etc. Im Kontext unseres Wissens über die Unbeständigkeit der Welt der Objekte neigen wir zu der Annahme, dass wir dem Zerfall unterworfen sind. Wir denken, wir müssten uns „zusammenreißen". Doch das Einzige, was du zusammenreißen solltest, ist dein Denken. Du brauchst einfach nur genau hinschauen, um zu erkennen, dass du bereits ein teilloses Ganzes bist.

Ein weiteres Wort, um dich zu beschreiben, ist *kaivalya*. Es bedeutet „vollkommen". Da die Welt der Objekte unseren Ansprüchen niemals genügt, versuchen wir ununterbrochen, sie zu vervollkommnen. Weil wir uns makelbehaftet und sündig fühlen, versuchen wir ständig, uns zu vervollkommnen. Es ist ein vergebliches Unterfangen, denn die Realität ist bereits in jeder Hinsicht vollkommen. Selbst das, was mangelhaft erscheint (die sich ständig verändernde Welt) ist in Wirklichkeit vollkommen, nicht nur, weil es das vollkommene Selbst ist, sondern auch weil es uns zu unserer angeborenen Vollkommenheit führt.

Der naheliegende Einwand gegen die Vorstellung, die Welt sei vollkommen, ist die Präsenz des Bösen. Aber das Böse gehört nicht zur Schöpfung. Die Schöpfung ist in jeder Hinsicht vollkommen. Das Böse entsteht erst durch die Ignoranz gegenüber der Vollkommenheit des Selbst und gegenüber der Vollkommenheit der Schöpfung. Es ist dieselbe Ignoranz, die auch die Vorstellung nicht akzeptiert, dass du vollkommen bist.

Ein weiterer bedeutsamer Begriff ist *viraga*, „unbekümmert". Es ist wichtig, dass wir verstehen, dass Sorge keine Option mehr ist, wenn sich das Wissen, wer wir sind, fest in uns verankert hat. Das *samsara*-Leben ist nur eine endlose Prozession kleinlicher Sorgen, die durch Selbst-Erkenntnis zum Stillstand gebracht werden.

Auch wenn es noch weitere Wörter gibt, um *Brahma satyam* zu erläutern, soll uns dies für jetzt genügen. *Brahma satyam* beschreibt das Subjekt, die eine Hälfte unserer Erfahrung. Es bezieht sich auf das Selbst. Du bist real. Du bist vollständiges und vollkommenes, nicht-duales, nicht handelndes, unbesorgtes Gewahrsein. Du bezeugst sowohl den Erfahrenden als auch seine Erfahrung.

Der zweite Teil der Aussage, *jagan mithya*, beschreibt die andere Hälfte unserer Erfahrung, die in dir erscheinenden Objekte, die sich dir zeigenden Objekte, das, was du siehst, erfährst, erkennst. *Jagan* bedeutet ‚was sich verändert'. Wer ernsthaft daran zweifelt, dass sich Erfahrungen verändern, sollte – wie drücke ich es freundlich aus? – mal seinen Geist überprüfen lassen. Das zweite Wort, *mithya*, ist etwas komplexer. Es bedeutet ‚scheinbar real'. Die Objekte, die sich dir zeigen, sind nur scheinbar real. Wir erinnern uns, dass wir Objekte definiert haben als das, was nicht das Subjekt, Gewahrsein, ist. Dieses Wort trennt in spiritueller Hinsicht die Spreu vom Weizen. Die modernen Lehren behaupten, die Welt sei nicht-existent, was deren Vertreter aber nicht daran hindert, nicht-existente Menschen mit ihren unausgegorenen Lehren zu beglücken. Die Objekte, die in uns erscheinen, sind sehr wohl existent.

Sie existieren, aber sie sind nicht real

Die Unbeständigkeit der Objekte ist nur dann ein Problem, wenn du glaubst, Objekte für dein Glücklichsein zu benötigen, und erwartest, dass dein Glück beständig ist. Die traurige Wahrheit aber lautet, dass keine Objekt-Erfahrung andauert. Einige der von *Ishvara* erschaffenen Objekte – die Sonne, der Mond, die Schöpfung selbst – haben gemessen an der Lebensspanne eines *jivas* sehr lange Bestand. Man könnte sagen, sie sind relativ real; aber selbst sie sind nicht wirklich real, denn auch sie werden vergehen, irgendwann eines fernen Tages. Auf alle Fälle können wir festhalten, dass die Schöpfung und ihre Objekte nicht das Problem sind. Problematisch sind die aus Ignoranz erschaffenen Objekte, die *vasanas*. Es ist leicht zu erkennen, dass sie nicht real sind, denn sie verändern sich von Moment zu Moment. Objekte, feinstoffliche und materielle, haben keine immanente Wertigkeit. Die Wertigkeiten werden durch deine *vasanas* hinzugefügt, deine Vorlieben und Abneigungen.

Diejenigen, die behaupten, die Welt gebe es nicht, machen sich sogar über die Idee der Erleuchtung lustig und lassen uns nichts, womit wir arbeiten könnten. Solche ‚Lehren' betäuben den Geist für einen Moment und erzeugen eine Sehnsucht, etwas zu erfahren, was wir scheinbar nicht erfahren. Diese Lehren ergeben keinen Sinn, denn du kannst nicht etwas erfahren, was es nicht gibt. Vedantas Definition von Existenz hingegen gibt uns etwas, mit dem wir arbeiten können. Bewusstsein ist Existenz. Es nimmt den Erfahrenden und das, was er erfährt, ernst. Vedanta ist etwas knifflig, weil es sagt, dass der Erfahrende (Gewahrsein) tatsächlich ein ‚nicht-erfahrender' Erfahrender ist oder – genauer – ein nicht-erfahrender Zeuge, während die erfahrenen Objekte und der erfahrende Zeuge (reflektiertes Gewahrsein) nur scheinbar real sind. Dieses wertvolle Wissen ist sehr subtil, und es braucht daher Zeit, es zu verinnerlichen.

Wenn du ins Kino gehst und dich mit dem Helden des Filmes identifizierst, der die schöne Frau bekommt und Millionär wird, macht dich das glücklich – im Kino. Doch wenn der Film zu Ende ist, erwartest du nicht, dass zu Hause Liebe und Reichtum auf dich warten. Zu wissen, dass auch das Leben nicht real ist, macht es besonders interessant. Dieses Wissen lässt dich das Leben genießen, ohne von ihm zu erwarten, dass es dich erfüllt. Wenn du dir etwas wünschst, dann kannst du glücklich danach streben oder den Wunsch einfach loslassen. Du musst nicht mehr nach Objekten streben, weil du denkst, sie seien real. Die Bedeutung von *mithya* – „scheinbar real" – zu verstehen klärt deine Beziehung zu den Dingen. Und es erlaubt dir auch die wertvolle Erkenntnis, dass du die Person, die du zu sein glaubst, nicht mehr ganz so ernst nehmen musst.

NICHT-DUALITÄT BEDEUTET NICHT GLEICHHEIT

Vedanta kennt viele Illustrationen für die Beziehung von *satya* und *mithya*, dem realen Selbst und den scheinbar realen Objekten. Sehr bekannt ist das Beispiel des Tons und des aus Ton bestehenden Gefäßes. Sie stehen in einer sonderbaren Beziehung zueinander, beide sind Ton, aber sie sind doch nicht das Gleiche. Nicht-Dualität bedeutet nicht Gleichheit. Es besteht keine Gleichheit zwischen dir, Gewahrsein, und den in dir erscheinenden Objekten, der Welt der Erfahrung.

Nicht-Dualität geht weit über das Sichtbare hinaus. Wenn alles eins ist und du ignorant bist, bin ich dann ebenfalls ignorant? Wir müssen den Begriff ‚scheinbar real' richtig verstehen. Wenn du aus der Perspektive des Gefäßes auf die Realität blickst, bist du zweifellos eins mit dem Ton. Wenn du dann aber die Perspektive wechselst und vom Ton aus auf die Realität blickst, bist du nicht eins mit dem Gefäß. Du bist weit mehr als das Gefäß. Das Gefäß ist von dir abhängig, aber du, der Ton, bist nicht vom Gefäß abhängig. Du bist frei vom Gefäß. *Maya* könnte einen Teller oder eine Tasse aus dir formen, ohne dir etwas hinzuzufügen und etwas von dir wegzunehmen. Deine Natur ist unveränderlich, nur die von dir abhängigen Objekte verändern sich. Die scheinbare Person, von der du annimmst, sie sei real, ist in Wirklichkeit von dir, Gewahrsein, abhängig. Im Tiefschlaf ist diese Person nicht mehr auffindbar, während du, Gewahrsein, den Tiefschlaf beleuchtest. Kannst du die Freiheit ermessen, die aus diesem Verstehen erwächst?

Wenn wir die Natur der Objekte verstanden haben, müssen wir auch anerkennen, dass die Beziehung zwischen dem Subjekt und den in ihm erscheinenden Objekten nicht verändert werden kann. Ihr Verhältnis ist Teil der unabänderlichen Logik der Existenz. Erleuchtung, *moksha*, liefert dir keine bestimmte Erfahrung, sie befreit durch Erkenntnis und erlöst dich von dem Begehren nach Erfahrung. *Moksha* ist nicht die Befreiung **für** das scheinbare Individuum, sondern es ist die Befreiung **von** dem scheinbaren Individuum. Das scheinbare Individuum ist niemals frei. Es ist ein integraler Bestandteil der von *Ishvara* erschaffenen Matrix des Lebens.

Wenn du aus der Perspektive des Individuums auf die Realität blickst, siehst du eine Welt, die sich ununterbrochen verändert. Auch du scheinst dich ständig zu verändern. Immer wieder spürst du den Drang, dich neu zu erfinden. Aber das Individuum mag sich verändern, wie es will, es kann niemals frei werden. Das ist schlichtweg eine Tatsache. Für seine Existenz wird es immer von Gewahrsein und für sein Glück von den Objekten abhängen. Wenn du wenigstens die Existenz *Ishvaras* akzeptierst und verstehst, kannst du ein einigermaßen gutes und leichtes Leben genießen, auch wenn du glaubst, eine Person zu sein. Wenn du aber weder deine wahre Natur verstehst noch akzeptierst, dass *Ishvara* der Chef im Ring ist, wirst du weiterhin im Glauben sein, unbeständige Dinge könnten dich vervollständigen. Solange *Ishvara* nicht verstanden wurde, bleibt der Handelnde Herr im Haus, und du wirst leiden. Ein Handelnder zu sein ist ja genau das Problem. Die Sehnsucht nach Befreiung ist wichtig, weil sie die Entscheidung motiviert, deine Erforschung in Gang zu setzen. Doch das Leiden überwindest du nur, indem du deine wahre Natur erkennst und dich mit Gewahrsein identifizierst.

Nach ‚*Brahman satyam jagan mithya*' folgt in dem Zitat Shankaracharyas noch der Satz ‚*Jivo brahmaiva na aparah*'. Er bedeutet, dass *jiva* nicht verschieden ist von *Brahman*. Einfach gesagt heißt dies, dass das Bewusstsein, welches du bist, nicht verschieden ist von dem Bewusstsein in allem, nicht verschieden von dem Bewusstsein, das alles ist. Du magst wissen, dass du Bewusstsein bist und die Welt nicht real, und trotzdem noch glauben, du stehest mit anderen Bewusstseinen in Beziehung. Doch es gibt keine anderen Bewusstseine. Das als Pflanze, Tier, Mikrobe oder menschliches Wesen erscheinende Bewusstsein ist genau dasselbe Bewusstsein, das du bist. Die Würdigung dieser Tatsache entzieht jedem möglichen Konflikt die Grundlage, denn sie erlaubt dir, dich mit allen Facetten des Lebens zu identifizieren. Dies ist die Basis des Mitgefühls. Wenn ich mich mit dir identifizieren kann, werde ich keine Probleme mit dir haben. Ich werde dich so behandeln, wie ich mich selbst behandle, mit Liebe. Vedanta wird gerne als lieblose Philosophie kritisiert, dabei ist Vedanta die Essenz der Liebe. Es enthüllt uns, dass Liebe die einzig gültige Reaktion auf jedes lebendige oder nicht lebendige Objekt darstellt.

Liebe ist die Natur des Selbst, sie manifestiert sich in der Identifizierung mit Objekten.

DER SCHLÜSSEL ZU *MOKSHA* IST DAS VERSTEHEN VON GEWAHRSEIN, *JIVA* UND *ISHVARA*

Dich, Gewahrsein, von *jiva* und *Ishvara* zu unterscheiden ist die Essenz von Vedanta. Diese Unterscheidung zu verstehen ist *moksha*. In unseren Schriften werden die Begriffe *jiva*, *Ishvara* und Selbst *(atma, Brahman)* auf unterschiedliche, manchmal verwirrende, Weise verwendet. Wir müssen diese Begriffe daher noch sorgfältiger darlegen. Hier ist der Schlüssel zum Verständnis, wie du als Gewahrsein zu *jiva* und *Ishvara* in Beziehung stehst:

Die Wirklichkeit, obwohl nicht-dual, besteht aus drei fundamentalen Faktoren. Diese sind:

(1) die scheinbaren Person, der *jiva*, der Feinstoffliche Körper. Sie ist das erfahrende Wesen;

(2) der von *maya*, der makrokosmischen Ignoranz, erzeugte Kausale Körper. *Maya* in Assoziation mit *Brahman* (reines Gewahrsein) wird *Ishvara* genannt, der Schöpfer des *dharma*-Felds. *Ishvara* erschafft sowohl die erfahrenden Wesen als auch das, was sie erfahren. *Ishvara* kann nicht erfahren werden, Vedanta nennt es daher auch das ‚Nicht-Manifeste'. Es kann nur durch Schlussfolgerung erkannt werden;.

(3) der Faktor, der *jiva* und *Ishvara* erkennt: reines Gewahrsein, das Selbst.

Jiva und *Ishvara* genießen beide dieselbe Identität als Gewahrsein. Als Ergebnis unserer Untersuchung wird ihre Unbeständigkeit deutlich, sie lösen sich in Gewahrsein auf. Dabei haben wir auch gesehen, dass *Ishvara* im Vergleich zur begrenzten Lebensdauer des individuellen *jiva* relativ beständig ist. Gewahrsein hingegen können wir nicht negieren, denn es ist ‚beständig', es ist immer da. „Beständig" und „unbeständig" sind keine besonders geeigneten Begriffe, denn sie implizieren Dualität und scheinen die Erfahrenden von den Objekten der Erfahrung zu trennen. Doch wir benötigen diese und andere Begriffe, um das Unterscheidungsvermögen zu entwickeln, welches *moksha*, Befreiung, ermöglicht. Gewahrsein geht *jiva* und *Ishvara*, dem Feinstofflichen und dem Kausalen Körper, immer voraus und ist gleichzeitig frei von ihnen. Es gibt daher in Wirklichkeit nur ein Gewahrsein, ein Selbst, welches frei ist von allen Objekten und aus dem heraus alles entsteht und in dem alles vergeht.

Wenn du mit dem Begriffspaar ‚beständig' und ‚unbeständig' nicht zurechtkommst, kannst du es mit ‚unveränderlich' und ‚veränderlich' versuchen. Sowohl *Ishvara* als auch *jiva* sind veränderliche Faktoren, während Gewahrsein der unveränderliche Faktor ist. *Ishvara* existiert nur im Hinblick auf die Schöpfung, und die Schöpfung erscheint und vergeht. *Jiva* existiert nur auf der mikrokosmischen Ebene und ist der Veränderung unterworfen, indem es zwischen den Zuständen Wachheit, Traum und Tiefschlaf hin- und herwechselt.

Hier sind einige Verse aus der *Bhagavad Gita*, die diese drei Faktoren etablieren:

> „Es existieren zwei Faktoren in der Welt, ein vergänglicher und ein unvergänglicher. Die bewussten Wesen und die materiellen Dinge sind vergänglich, das Nicht-Manifeste ist unvergänglich. Doch zu unterscheiden von diesen beiden ist das Selbst, das unbegrenzte und unveränderliche Gewahrsein, welches die drei Welten durchdringt und erhält. Daher werde ich (Gewahrsein) verehrt als das höchste Wesen. Wer mich auf diese Weise erkennt, wird zu dem, der das Höchste weiß, und gewinnt mich als das Selbst von allem."
> *(Kapitel 15, Verse 16 bis 19)*

Diese Verse besagen, dass der *jiva* (das Selbst unter dem Einfluss der Ignoranz) nicht real ist, da er sich ständig verändert und nicht immer präsent ist (denke an den Tiefschlaf). Obwohl er bewusst zu sein scheint, ist er es in Wirklichkeit nicht. Das durch *maya*/Ignoranz modifizierte Selbst ist unbeständig, seine Lebensspanne in der scheinbaren Wirklichkeit sehr kurz. *Moksha* ist die Freiheit von der Vorstellung, ein Handelnder oder ein Besitzender zu sein; diese Vorstellungen sind die Essenz der mit dem Feinstofflichen Körper identifizierten *jivas*. Diese identifizierten *jivas* werden auch menschliche Wesen oder Personen genannt. Selbst wenn die Unkenntnis ihrer wahren Natur beseitigt wurde, existiert die scheinbare Person doch in der scheinbaren Wirklichkeit fort. Dann aber steht sie nicht mehr im Bann der Ignoranz; als das Selbst ist sie immer-frei von der Vorstellung, begrenzt, unzulänglich oder unvollkommen zu sein. Sie weiß jetzt, dass sie namenloses, formloses, unkonditioniertes Gewahrsein ist.

Ishvara in Assoziation mit *maya* ist bewusst, doch im Gegensatz zum *jiva* steht Er nicht unter dem Einfluss von *maya*. Doch auch *Ishvara* ist abhängig von Gewahrsein. Er ist bewusst, da mit *maya* etwas erschienen ist, dessen Er bewusst sein kann. *Ishvara* ist immer präsent in Gewahrsein, aber in Bezug auf Gewahrsein kann Er manifest oder nicht manifest sein.

Daher ist *Ishvara* in Assoziation mit *maya* ebenfalls nicht real. Er ist zwar in Bezug auf den *jiva* und zu den Objekten, die der *jiva* erfährt, ewig und beständig, aber Er ist unbeständig in Referenz zu Gewahrsein. Wir können nicht sagen, dass *Ishvara* in Assoziation mit *maya* unbegrenzt ist, denn Ignoranz bzw. *maya* ist nur für einen ‚winzig kleinen Teil' von Gewahrsein relevant (nicht, dass es Teile hätte ...). Am Ende eines Schöpfungs-Zyklus löst *Ishvara* sich wieder im Gewahrsein auf. *Maya* ist ‚nur' eine Kraft in Gewahrsein, die Kraft, zu erschaffen. Wir können Gewahrsein nicht mit den ihm innewohnenden Kräften gleichsetzen, genauso wenig wie wir den *jiva* mit seinen Fähigkeiten gleichsetzen können. Der Künstler beispielsweise ist weit mehr als seine künstlerischen Fähigkeiten.

Maya ist eine in Gewahrsein existierende Kraft. Sie ist ewig, da auch Gewahrsein ewig ist. Daher sagen wir, dass *maya* schon immer da war und ohne Anfang (*anandi*) ist. Wenn das Selbst realisiert wurde, endet die Ignoranz (*avidya*) des Individuums und damit auch sein Leiden und der Zyklus seiner Wiedergeburten. *Maya* aber, die kosmische Ignoranz, besteht unverändert fort; sie fällt am Ende eines Schöpfungs-Zyklus zurück in einen unmanifesten Zustand. Wenn Ignoranz bzw. *maya* sich manifestieren, erscheint *Ishvara* in seiner Funktion als Schöpfer, gefolgt von der scheinbaren Schöpfung, der Welt der fühlenden Wesen und der gefühllosen Elemente.

Wir verwenden in diesem Buch den Begriff *Ishvara* immer dann, wenn wir von Gewahrsein in Assoziation mit *maya* sprechen. Reines Gewahrsein, d.h. das *maya* vorausgehende Gewahrsein, nennen wir *Paramatma*. In der vedischen Literatur wird auch für *Paramatma* manchmal der Begriff *Ishvara* genutzt. Da dies zu Verwirrung führen kann, habe ich hierauf verzichtet.

Zwar wird *Paramatma* als ewig und unvergänglich beschrieben, doch ist es weder das eine noch das andere. Ewig und unvergänglich impliziert nicht-ewig und vergänglich. *Paramatma* ist nicht-dual, daher kann es weder das eine noch das andere sein. Es ist Ist-heit, reines Sein. Es ist das, aus dem alles hervorgeht, es erkennt sich selbst und es erkennt Objekte, wenn diese präsent sind. Es geht *jiva* und *Ishvara* voraus und erkennt beide. Es ist frei von Eigenschaften.

Solange der *jiva*, das scheinbare Wesen, in der scheinbaren Realität manifest ist, erleuchtet oder nicht, solange wird er von *Ishvara*, dem Schöpfer, konditioniert. Auch ein *jivanmukta*, ein von Ignoranz befreiten *jiva*, lebt in der Dualität, doch er bleibt von ihr unberührt. Er weiß, dass diese Dualität eine Überlagerung ist und *Ishvara*, die *gunas*, der Handelnde ist. Das *karma yoga sadhana*, welches den *jiva* auf die Erkenntnis vorbereitete, nicht der Handelnde zu sein, ist für den *jivanmukta* nicht mehr relevant; die *karma* yoga Haltung aber bleibt.

Freiheit vom *Jiva* oder Freiheit für den *Jiva*?

Wie wir gesehen haben, ist *moksha* die Befreiung des *jiva* durch die Befreiung von der Identifikation mit dem *jiva*. Die Unterscheidung zwischen *jiva*, *Ishvara* und *Paramatma* bewirkt ein Verstehen im *jiva*, welches ihn von seiner Subjektivität erlöst und ihm den objektiven Blick auf *Ishvara* und auf sich selbst ermöglicht. Er versteht, dass alles, für das er die Autorenschaft oder den Besitz beanspruchen könnte, in Wirklichkeit zu *Ishvara* gehört. Und gleichzeitig versteht er, dass es auch nicht wirklich unter der Kontrolle *Ishvaras* steht, denn *Ishvara* in seiner Rolle als Schöpfer ist ebenfalls nicht real. Wie kann uns etwas, das nicht real ist, kontrollieren?

Selbst-Erkenntnis trennt Gewahrsein von *Ishvara* und *jiva*, dem Schöpfer und seiner Schöpfung. Gewahrsein ist von beiden frei. Dieses Wissen macht dem *jiva* klar, dass sein gewöhnliches Gewahrsein, welches die Essenz seiner Identität darstellt, unbegrenzt ist. Die Entdeckung, dass das Selbst grenzenloses Gewahrsein ist, bedeutet *moksha*, Freiheit, für den *jiva*. Er erkennt, dass er nur existiert, sofern seine Existenz erkannt wird, die Erkenntnis seiner Existenz aber nur möglich ist, weil er bewusst ist. Daraus folgert er, dass er Bewusstsein-Gewahrsein sein muss. Du kannst dich anstrengen, so sehr du möchtest: Es ist unmöglich, zwei Gewahrseine zu finden.

Ein *jiva*, der erkannt hat, dass er grenzenloses Gewahrsein ist, wird *jivanmukta* genannt, ‚lebendig befreit'. In Wirklichkeit ist ein *jivanmukta* nichts anderes als reines Gewahrsein, befreit von seiner Identifikation mit *Ishvara* und *jiva*. Gewahrsein ist weder lebendig (*jivan*) noch frei (*mukta*), da beides Dualität impliziert.

Grenzenlose Glückseligkeit

Da es in der Realität zwei scheinbar verschiedene Prinzipien – das Selbst und die Objekte – gibt, ist es möglich, das Selbst mit den Objekten zu verwechseln. *Samsara* ist nichts anderes als die Verwechslung des Realen mit dem Scheinbaren. Wir haben dafür einen Fachbegriff: ‚wechselseitige Überlagerung'[23].

Die Übung der Unterscheidung führt uns zur Erkenntnis. Die Fähigkeit zu unterscheiden negiert Überlagerung. Doch solange das Selbst nicht erkannt wird, werden die drei Körper (Materieller, Feinstofflicher und Kausaler Körper) als real angesehen. Sie für das Selbst zu halten, obwohl sie nur scheinbar real sind, verursacht Leiden. Du, Gewahrsein, bist immer präsent und unveränderlich. Die drei Körper hingegen verändern sich ständig. Sie sind ‚Nicht-Selbst'. Sie müssen so lange negiert werden, bis sich die Identifikation mit ihnen auflöst und die Anhaftung an sie endet. Negation bedeutet zu verstehen, dass sie nicht real sind. Solange du dich mit den Körpern identifizierst, wirst du dich nicht mit dem Selbst identifizieren.

23 In Kapitel 6 haben wir Überlagerung definiert als ‚etwas anderes zu sehen, als das, was tatsächlich da ist'.

Sobald du dich nicht mehr mit ihnen identifizierst, kommt reines Nicht-Anhaften auf. Nicht-Anhaftung ist mehr als die intellektuelle Überzeugung, dass die Zustände, Körper und Objekte nicht real sind, es ist ein Empfinden von Grenzenlosigkeit. Dein Intellekt mag diese Lehre wertschätzen, doch du musst deine Unterscheidung fortführen, bis alle Zweifel in dir überwunden sind, und Grenzenlosigkeit – die immer präsent ist – erfahren wird. *Moksha* bedeutet, dass du um deine Freiheit weißt, es bedeutet aber auch, dass du dich als frei erfährst. Wenn du zwar um deine Freiheit weißt, dich aber noch als begrenzt erlebst, bist du noch nicht am Ziel. Das Gefühl von Freiheit verfestigt sich mit der Erschöpfung der bindenden *vasanas*.

Wenn wir von ‚Empfinden' und ‚Erfahren' der Grenzenlosigkeit sprechen, scheint dies der Aussage zu widersprechen, dass das Selbst nicht erfahren werden kann. Tatsächlich ist das Selbst nicht als Objekt erfahrbar, doch als mich selbst erfahre ich es jederzeit. Selbst-Verwirklichung ist eher wie ‚bewusster Schlaf', in dem der *jiva* dauerhaft Glückseligkeit erlebt. Es ist nicht die Glückseligkeit, die den Gegensatz von Leiden darstellt. Es ist die Glückseligkeit, die Leiden und Freude wahrnimmt. Es ist wie ein sanftes Empfinden von Leichtigkeit und Zufriedenheit, das aus dem Wissen erwächst, dass Leiden und Freude mich nur scheinbar berühren, aber niemals wirklich. Könnte ich mich selbst nicht verwirklichen und meine Grenzenlosigkeit nicht erfahren, wäre ich nicht grenzenlos.

Die fünf Hüllen

Die drei Körper werden häufig als Hüllen beschrieben, in dem Sinne, dass sie das Selbst verbergen oder verdecken. Tatsächlich ist das Selbst aber selbst-evident, kann also durch nichts verdeckt werden. Doch Anhaftungen an Gedanken, Gefühle und körperliche Empfindungen fesseln unsere Aufmerksamkeit und verhindern, dass sie sich auf das Selbst richtet. Obwohl ich die Wörter auf dieser Seite nicht lesen kann, ohne die Seite zu erfahren, verhindert meine Konzentration auf die Wörter, dass ich die Präsenz der Seite wertschätze. Ich muss die Erfahrungen, Wahrnehmungen, Empfindungen, Gedanken und Gefühle von dem Hintergrund trennen, um diesen zu erkennen. Diese Unterscheidung ist keine erfahrungsbasierte Trennung des Subjekts von den Objekten. Sie basiert ausschließlich auf Verstehen. Jedes Mal, wenn das Nicht-Selbst negiert wird, hat diese durch Unterscheidung bewirkte Veränderung ein positives Ergebnis. Das Selbst kann nicht aus den Körpern herausgenommen werden, da es sich nie darin befunden hat[24]. Tatsächlich sind die Körper ‚im' Selbst, in dem Sinne, dass sie zwar als Objekte erscheinen, sich aber nicht außerhalb, sondern innerhalb des Gewahrseins-Feldes befinden.

Unterscheidung ist nicht ‚nur intellektuell', wie manche behaupten, sie wirkt auch auf die Erfahrungsebene des Lebens. Doch sie funktioniert ironischerweise nur, wenn wir die Objekt-Erfahrung negieren. Nur ein Geist, der

24 Wir sind so sehr daran gewöhnt, den physischen Körper als unseren Bezugspunkt zu nehmen, dass sich die Realisierung des Selbst wie eine außerkörperliche Erfahrung anfühlen kann.

genug Erfahrungen in *samsara* gesammelt hat und ihrer überdrüssig geworden ist, wird bereit sein, das Streben nach Erfahrungen aufzugeben. Solange du noch nicht von der Vergeblichkeit überzeugt bist, in *samsara* nach wirklicher Erfüllung zu streben, kann Unterscheidung nicht funktionieren. Wenn die Überzeugung aber gereift ist, wird die Unterscheidung dich ans Ziel führen.

Die auf Unterscheidung beruhende Negierung ist ebenfalls nicht intellektuell. Es kann nur ein erster Schritt sein, ein Objekt als nicht-real zu bewerten. Du musst auch darauf verzichten, den *vasanas* nachzugeben, die dich in Erfahrungen hineinziehen. Du magst genau wissen, wer du bist und wer du nicht bist, doch deine bindenden *vasanas* wissen es nicht. Und selbst wenn sie es wüssten, verschwänden sie nicht von alleine. Du musst sie durch Selbst-Erforschung zerstören, wenn du das scheinbare Individuum in dir glücklich machen möchtest. Welchen Wert hat Erleuchtung, wenn du noch einen unglücklichen *jiva* in dir hast? Unterscheidung hat quantifizierbare, erfahrbare Resultate, sie ist nicht intellektuell. Sich seinen Begierden zu widersetzen bringt ein gewisses Maß an Schmerz mit sich, doch jedes Mal wenn du das Nicht-Selbst negierst, werden Frieden und Glück dich belohnen.

Unterscheidung praktizierst du, indem du gleichmütig den ständigen Strom des Denkens (und der Emotionen, die er verursacht) beobachtest, der unaufhörlich aus dem Kausalen Körper hervortritt, und indem du feststellst, wie stark die Identifikation mit diesem Strom dein Leben beeinflusst. Durch fortdauernde und geduldige

Praxis vertieft sich deine Untersuchung, das aus Ignoranz gewebte Netz falscher Sichtweisen zerreißt, ungesunde Lebensmuster lösen sich auf und dein Geist wird still. Die sorgfältige Beobachtung des Feinstofflichen Körpers enthüllt schließlich den wirklichen Beobachter – Gewahrsein. Tatsächlich ist Beobachtung keine Handlung. Es ist das, was wir sind. Um aber die Anhaftung an das ‚Nicht-Selbst' zu lösen, muss der *jiva* ununterbrochen Unterscheidung praktizieren und den Standpunkt des Selbst einnehmen. Der *jiva* ist das Selbst in Verbindung mit dem Feinstofflichen Körper; indem wir diesen Körper negieren, offenbart sich unsere immer-freie Natur.

Wir haben Objekte als all das definiert, was nicht das Subjekt, Gewahrsein, ist. Die Lehre von den Fünf Hüllen (*pancha kosha prakriya*) zählt die Objekte auf logische Weise auf. Gemäß dieser Lehre liegt innerhalb der physischen Hülle die physiologische Hülle, innerhalb der physiologischen Hülle die mentale Hülle, innerhalb der mentalen Hülle die intellektuelle Hülle und innerhalb der intellektuellen Hülle schließlich die Hülle der Glückseligkeit. Die schichtweise Anordnung der Hüllen scheint das Selbst zu verhüllen, so wie die Schalen einer Zwiebel ihr Innerstes umschließen und bedecken.

1. Die physische Hülle *(anamayakosha)* wird auch die Hülle der Nahrung genannt. Sie entsteht aus den Samen und dem Blut der Vorfahren, ist aus Nahrung gemacht und wächst nur durch Nahrung. Die physische Hülle befindet sich in einem Zustand ständiger Veränderung, sie existiert weder vor der Geburt noch nach dem Tod. Sie ist ein Objekt, dessen du gewahr bist. Diese Hülle kann nicht das Selbst sein.

2. Die physiologische Hülle *(pranamayakosha)* durchdringt den Körper und versorgt die Sinnes- und Handlungsorgane mit Energie und Bewegung. Daher wird sie auch die vitale Hülle genannt. Diese Hülle ist nicht das Selbst, sie befindet sich in einem Zustand ständiger Veränderung, und sie ist ein Objekt, dessen du dir bewusst bist.

3. Die mentale Hülle *(manomayakosha)*, die Hülle der Gedanken und Emotionen, verursacht die Vorstellungen von ‚ich' und ‚mein' in Bezug auf Körper, Besitz, Herkunft etc. Sie ist nicht das Selbst, da sie Bedürfnisse hat, von Vergnügen und Schmerz bewegt und in die Irre geführt werden kann, da sie unstet ist und da du dir ihrer bewusst bist. Diese Hülle ist nach außen orientiert. Sie beleuchtet die physische Welt durch die Sinne. Sie sammelt Sinneseindrücke und leitet sie an den Intellekt weiter. Sie zweifelt, und sie produziert Emotionen.

4. Die Hülle des Intellekts *(vijnanamayakosha)* ist eine Reflexion des reinen Gewahrseins und durchdringt im Wachzustand den gesamten Körper bis in die Finger- und Zehenspitzen. Im Tiefschlaf löst sie sich auf. Sie ist ihrer selbst, der ‚subjektiven' Welt, gewahr. Sie denkt, erinnert, glaubt, imaginiert, trifft Entscheidungen und gibt Anweisungen. Auch diese Hülle ist nicht das Selbst, denn sie verändert sich, und wir sind uns ihrer bewusst.

Die 3. und 4. Hülle kennen wir als Feinstofflichen Körper oder *antahkarana*, das innere Instrument. Der Feinstoffliche Körper ist das Instrument von Handlung und Genuss, als solchen nennen wir ihn den Handelnden (*karta*) bzw. den Genießenden (*bhokta*).

5. Wenn der Feinstoffliche Körper bekommt, was er begehrt, wendet er sich nach innen, wodurch er der Reflexion des Gewahrseins gewahr werden und Glückseligkeit erfahren kann. Dies ist die Hülle der Glückseligkeit (*anandamayakosha*). Auch diese Hülle kann nicht das Selbst sein, denn sie ist zeitlich begrenzt und ein Objekt der Wahrnehmung. Die Glückseligkeit, die sich in der Hülle der Glückseligkeit reflektiert, ist ewiges unveränderliches Gewahrsein.

Diese fünf Hüllen sind für alle Erfahrungen des *jivas* verantwortlich. Jede Hülle wird durch für sie charakteristische Gedanken identifiziert. Nehmen wir das Beispiel eines gewöhnlichen Gedankens wie „Ich gehe zum Supermarkt". Warum ist dieser Gedanke ein Ausdruck von Selbst-Ignoranz? Das ‚ich', Gewahrsein – das Selbst, hat keine Füße, und da es sich überall befindet, kann es nirgendwohin gehen. Was wäre eine korrekte Formulierung? „Ich beobachtete den zum Supermarkt gehenden Körper." Wenn du sagst: „Ich bin hungrig und durstig," dann hast du das ‚ich' mit der physiologischen Hülle verwechselt. Wenn du sagst: „Ich bin glücklich oder traurig", hast du Empfindungen in Besitz genommen, die nicht zum Selbst gehören, und dich mit der mentalen Hülle identifiziert. Das Selbst ist frei von Gefühlen. Wenn du sagst: „Ich denke“ oder „ich wähle“, identifizierst du dich mit der Hülle des Intellekts. Das Selbst ist frei von Gedanken. Und wenn du schließlich sagst: „Ich fühle mich gut“, identifizierst du dich mit der Hülle der Glückseligkeit.

In jedem dieser Beispiele hat sich das ‚ich‘, Gewahrsein, mit einer der Erfahrungsebenen verwechselt. Wann du daher feststellst, dass du dich mit einer bestimmten Erfahrung – einem Gedanken, einem Gefühl oder einer Handlung – identifizierst, solltest du dich daran erinnern: „Das bin nicht ich. Es ist ein Objekt, dessen ich mir bewusst bin. Es ist nicht real, weil es sich verändert. Ich bin der, der dieses Objekt, diese Erfahrung, erkennt.“ Auf diese Weise trennst du in jedem Moment das ‚ich‘ von dem in ihm erscheinenden Objekt. Dadurch wendet sich deine Aufmerksamkeit zum Gewahrsein.

Spirituelle Offenbarungen sind in der Regel Erfahrungen, die das ‚ich‘ von den Objekten trennen und ein Empfinden von Freiheit auslösen. Doch diese Trennung ist von kurzer Dauer, denn Erfahrungen treten im Hoheitsgebiet der Zeit auf. Wenn die Erfahrung endet, verbindet sich das ‚ich‘ wieder mit einem Objekt, und das Leiden setzt sich fort. Auch der unmittelbar entstehende Wunsch, die Erfahrung zu wiederholen, trägt zum Leiden bei. Tatsächlich kann man häufig noch während der Offenbarung die Ignoranz – in der Form des Wunsches die Erfahrung dauerhaft zu erfahren – am Werke sehen. Offenbarungen zerstören Selbst-Ignoranz und Objekt-Identifikation niemals dauerhaft, sie verschaffen nur vorübergehend Linderung. Nur die hartnäckige Anwendung von Selbst-Erkenntnis auf die sich im Feinstofflichen Körper manifestierende Ignoranz vermag diese auszumerzen. Es ist ein Irrglaube anzunehmen, Erleuchtung sei eine Art Erfahrung, die uns aus der Zeit herausführt. Spirituelle Erfahrungen sind ohne Ausnahme in der Hülle der Glückseligkeit zu verorten und der Vergänglichkeit unterworfen.

Die drei Zustände

Eine weitere, besonders elegante Unterscheidungsmethode basiert auf einer Untersuchung der drei Bewusstseinszustände und der mit ihnen korrespondierenden Manifestationen der erfahrenden Person. Diese Manifestationen sind der Wache, der Träumer und der Schlafende. Das sich im Wachzustand befindliche Ego ist die Hauptidentität jeder Person. Wenn ich von ‚mir' spreche, meine ich die Manifestation des Wachzustands. Die Vorstellung, ich sei der Wache, geht mit der Überzeugung einher, dass die physischen, emotionalen und gedanklichen Objekte real sind.

Der Wache

Die Manifestation des Wachzustands (*vishva*) ist das nach außen gerichtete, durch die Sinne, den Geist und den Intellekt scheinende Bewusstsein, das seine jeweiligen Objekte beleuchtet. Der Wache ist der Konsument der Erfahrung, seine *vasanas* äußern sich als Gedanken und Gefühle. Vedanta nennt ihn ‚der mit den dreizehn Mäulern', was sich auf die fünf Sinne, die fünf Handlungsorgane, den Geist, den Intellekt und das Ego bezieht. Diese dreizehn Instrumente verschlingen Erfahrungen. Der physische Körper verzehrt Materie, die Fünf Elemente in unterschiedlichen Kombinationen. Der Geist frisst Emotionen, der Intellekt nagt an Ideen, und das Ego verschlingt jede mögliche Erfahrung, von der es glaubt, sie mache es vollständig, liebenswert oder glücklich.

Der Träumer

Das Bewusstsein des Träumers ist nach innen gerichtet, wo es eine Welt beleuchtet, die der Welt des Wachzustands in Teilen ähnelt, in Teilen auch völlig von ihr abweicht. Im Traumzustand beleuchtet Gewahrsein die *vasanas*, wodurch sich diese auf der Leinwand des Gewahrseins in imaginierten Bildern manifestieren. Im Traumzustand fehlen die Sinnesorgane, die im Wachzustand die Erfahrungswelt strukturieren, dadurch erscheint die Traumwelt oft deformiert und verzerrt. Doch genauso wie der Wache glaubt auch der Träumer, seine Welt sei real. Der Träumer verfügt über die gleichen Instrumente wie der Wache. Er hat Traum-Sinne, um die Traum-Objekte zu konsumieren, einen Traum-Geist, um Gefühle zu empfinden und auszudrücken, einen Traum-Intellekt, um Traum-Gedanken zu denken, und ein Traum-Ego, um den Verrichtungen seines Traum-Lebens nachzugehen. Auf Sanskrit wird der Träumer *taijasa* genannt, der ‚Leuchtende', was darauf hinweist, dass er in Wirklichkeit Gewahrsein ist. Die Träume sind beleuchtet, obwohl die Sinnes- und Handlungsorgane des Wachzustands nicht aktiv sind. Gewahrsein leuchtet in gleicher Weise durch den Träumer wie durch den Wachen.

Der Schläfer

Tiefschlaf ist der mit Glücksgefühl getränkte Zustand, in dem das Selbst weder äußere Objekte begehrt noch innere Objekte beleuchtet und sich selbst nicht erkennt. Der Schläfer wird *prajna* genannt, ‚fast erleuchtet'. Während das Bewusstsein in den anderen Zuständen nach außen oder innen fließt, ist es im Tiefschlaf formlos und undifferenziert. Das Schläfer-Ego ist sehr subtil, seine Existenz erkennen wir daran, dass es Grenzenlosigkeit und Glückseligkeit erfährt. Diese Erfahrung ist im Tiefschlaf kontinuierlich, während sie im Wach- und Traumzustand nur sporadisch auftritt, ständig unterbrochen und zerstört durch Heerscharen von Gedanken und Gefühlen. Wir wissen von der Erfahrung des Schläfers, denn er berichtet nach dem Erwachen von seinem guten Schlaf. Wenn das ‚ich' des Wachzustands vollkommen verschieden wäre von dem ‚ich' des Schläfers oder Träumers, würde es sich an die Erfahrungen des Tiefschlafs und des Traums nicht erinnern. In Wirklichkeit sind sie alle nur Bewusstsein.

Der Zustand des Tiefschlafs ist frei von den Wach- und Traum-Egos und ihren jeweiligen Objekten, da die *vasanas* im Tiefschlaf inaktiv sind. Daher wird er auch als Saat-Zustand bezeichnet. Wenn die Saat keimt, wird der Schläfer, der ja tatsächlich das Selbst ist, scheinbar zu einer Manifestation des Wachzustands oder zu einem Träumer und erfährt die entsprechenden Welten. Da sich das massive Wach-Ego im Tiefschlaf in ein sehr subtiles Schlaf-Ego verwandelt, glauben wir, im Tiefschlag nicht bewusst zu sein. Manche Philosophen sind sogar zu der falschen Schlussfolgerung gelangt, der Tiefschlaf sei eine ‚Leere'.

Doch in Wirklichkeit ist er der Schoß der Schöpfung, denn aus ihm dringen die Manifestationen des Wach- und Traumzustands und ihre Objekte hervor. Wenn du am Morgen erwachst, liegt ein Leben für dich bereit, das vollkommen vereinbar ist mit dem Leben des vorherigen Tages. Dies weist darauf hin, dass der Erfahrende und sein *karma* über Nacht nur in einen inaktiven Zustand zurückgefallen sind. Der makrokosmische Tiefschlaf-Zustand wird auch als Kausaler Körper bezeichnet. Er enthält die *vasanas* aller Lebewesen.

Aufgrund seiner Assoziation mit jedem der drei Bewusstseinszustände erscheint das nicht-duale Gewahrsein wie drei verschiedene Manifestationen. In Verbindung mit dem Wachzustand ‚wird' es zur Persönlichkeit des Wachzustands und erleidet oder genießt die Begrenzungen seiner Welt. Der Träumer erleidet oder genießt die Begrenzungen der Traumwelt und der Schläfer die Selbst-Ignoranz und unbegrenzte Glückseligkeit des Tiefschlafs. Diese drei Zustände und Egos bilden die uns wohlbekannte Grundlage der Gesamtheit all unserer Erfahrung.

Nachdem die drei Zustände eingeführt wurden, kann die Erforschung beginnen. Ich bin überzeugt davon, das Ego des Wachzustands zu sein, doch was geschieht mit mir, wenn ich zum Schläfer werde? Willentlich gebe ich all das preis, was in meiner Vorstellung von mir wesentlich ist (mein Körper, Geist, Intellekt, all mein materieller Besitz) und verwandle mich in eine Masse unbegrenzten Gewahrseins. So tief das Vergnügen des Schlafs auch sein mag, so ist es mir doch nicht genug. Ich opfere meine Schlaf-Identität, um die Welten zu erleiden, die meine *vasanas* in

Wach- und Traum-Zustand erschaffen. Auch meine Identität als Träumer ist unbefriedigend, denn auch sie verlasse ich ständig, um ein Wacher oder ein Schläfer zu werden. Mein Status als Ego in einem der drei Zustände ist also immer nur befristet, und meine wahre Identität bleibt eine offene Frage. Durch meine Identifikation mit erfahrungsbasiertem Glück habe ich zusätzlich das Problem, dass ich das in einem Zustand erfahrene Glück zurücklassen muss, wenn ich in einen anderen Zustand wechsle.

Die Antwort auf die Frage „Wer bin ich?“ lautet: Ich bin keine dieser drei Manifestationen. Wenn ich wirklich existiere, muss ich die ganze Zeit existieren. Ich kann nicht das eine sein und ein paar Minuten später etwas anderes. Ich erfahre das Leben als ein bewusstes Wesen, und tatsächlich sind die drei Ego-Manifestationen nicht-duales Gewahrsein, welches sich mit dem Zustand identifiziert, der gerade erfahren wird. Gewahrsein ist der Zeuge der drei Zustände.

Am leichtesten lässt sich Gewahrsein verstehen, wenn wir den Traumzustand betrachten. Hier sind die physischen Sinnesorgane inaktiv, und der Traum spielt wie ein Film auf der Leinwand des Gewahrseins. Obwohl kein Licht vorhanden ist und die Augen geschlossen sind, sind das Traum-Ego und die Ereignisse, an denen es teilhat, hell beleuchtet. Das Licht des Traums ist Gewahrsein in der Rolle des Träumers, der ‚Leuchtende‘. Doch wie im Wachzustand, so ist die Ignoranz auch im Traum am Werk. Sie bewirkt, dass sich das Selbst mit dem Traum-Ego und seinem Tun identifiziert und nicht erkennt, dass ich, das Selbst, das Traum-Licht bin.

Aus demselben Grund bleibt das Selbst auch im Wachzustand unerkannt. Völlig vertieft in die Ereignisse des Geistes und der Welt, wird uns nicht bewusst, dass sowohl die erfahrenen Objekte als auch unsere Gedanken und Gefühle im Licht des Gewahrseins gebadet werden.

Im Tiefschlaf haben sich Ego und Intellekt in ihren Ursprung aufgelöst, in die schlummernde Saat ihrer vergangenen Handlungen. Das Ego bzw. der Intellekt ist sich weder des Selbst noch irgendwelcher äußerer Objekte bewusst. Und doch ist Gewahrsein präsent und ermöglicht die Erfahrung der Glückseligkeit. Und wenn wir erwachen, wissen wir, dass wir geschlafen haben, obwohl der Wachzustand den Schlaf nicht begleitet hat. Wir wissen es, weil Gewahrsein präsent war.

Die drei Zustände des Ego werden auch als begrenzende Attribute (*upadhis*) beschrieben. Ein begrenzendes Attribut verbirgt die wahre Natur von etwas anderem. Wenn ich z.B. klares Wasser in ein gefärbtes Glas fülle, erscheint das Wasser gefärbt, wenn ich durch es hindurchblicke. Auf die gleiche Weise scheine ich drei verschiedene Wesen zu sein, wenn ich auf mich durch meine Wach-, Traum- und Tiefschlaf-Persönlichkeiten schaue. Erst wenn ich die begrenzenden Attribute entferne, kann ich meine wahre Natur erkennen. Ich entferne bzw. negiere sie, indem ich einfach anerkenne, dass sie nicht real sind. Wenn sich dieses Verstehen in mir verwurzelt, kann ich meine wahre Natur als Gewahrsein annehmen, denn es ist die einzig verbliebene Option. Gewahrsein kann niemals entfernt und niemals negiert werden.

Im Laufe unseres Lebens zersplittert die Persönlichkeit des Wachzustands in viele Unter-Identitäten, in Attribute innerhalb des Attributs. Es ist also möglich, mit einem verwirrenden Set verschiedener Selbste konfrontiert zu sein, die alle nicht real sind. Erinnere dich: ‚Real' bedeutet bleibend, unveränderlich und unbegrenzt. Etwas wird nicht dadurch real, dass es erfahren wird. Das Blau des Himmels oder die Fata Morgana in der Wüste sind hierfür Beispiele.

In Bezug auf meinen Sohn bin ich Vater, in Bezug auf meinen Vater Sohn. In Bezug auf meine Frau bin ich Ehemann, in Bezug auf meinen Chef Mitarbeiter. Ich bin ein hingebungsvoller Verehrer in Bezug auf Gott und Steuerzahler in Bezug auf den Staat. In Bezug auf mich selbst bin ich Erfolg, Scheitern, Opfer, Täter, Fußballfan, Musikfreak oder irgendeine andere der Tausenden von konfektionierten Identitäten, die heutzutage verfügbar sind. Die vielen, oft miteinander in Konflikt stehenden Rollen, die wir als Wach-Egos spielen, begrenzen sich gegenseitig und werden zusätzlich begrenzt durch andere Egos, die ähnliche oder andere Rollen spielen, und durch unsere Meinungen über diese Egos. Ist es verwunderlich, dass wir in diesem Dickicht von Identitäten leiden?

Letztlich sollte jedes spirituelle Leben auf die Frage nach der eigenen Identität hinauslaufen, egal welchem Pfad du folgst. Wer bist du, wenn du von all deinen Rollen und Erfahrungen absiehst?

Das Gegenteil denken

Ein bindendes *vasana* ist eines, das sich der Wahrheit widersetzt. Also müssen wir die Wahrheit in ein bindendes *vasana* verwandeln. Die Vorstellung, dass du Gewahrsein bist, passt so gar nicht in dein gewohntes Denkschema. Diese zwei Positionen stehen sich gegenüber. Die eine sagt: „Ich bin begrenzt, unzulänglich und unvollständig." Die andere sagt: „Ich bin unbegrenztes Gewahrsein, ich bin in der Lage, mit allem zurechtzukommen, was das Leben mir bringt. Ich bin die Fülle selbst."

Wenn du weißt, dass du Gewahrsein bist, dein Geist aber weiterhin Ignoranz verströmt, wie erleuchtet bist du dann? Wissen und Ignoranz können nicht gleichzeitig existieren. Die Ignoranz muss dem Wissen weichen, damit du sie erkennen kannst. Wenn du weißt, dass es Ignoranz ist, wirst du dich nicht mit ihr identifizieren, und sie wird keine Macht haben, Leiden zu verursachen. An sich ist die Ignoranz kein Problem, das Problem besteht, weil du sie für Wissen hältst. Wenn du deinen Geist auf engagierte Weise den Vedanta-Lehren aussetzt, wirst du lernen, was den Unterschied zwischen Ignoranz und Wissen ausmacht.

Ignoranz tritt in allen möglichen Formen auf, zum Beispiel als der Gedanke „Ich bin einmalig". Doch du bist nur die Fünf Elemente: Geist, Intellekt, Ego, *vasanas* und Gewahrsein, so wie jeder andere auch. Auch der Glaube, dass jemand anders als du selbst dich glücklich machen kann, ist Ignoranz, denn da ist niemand anders. Die Idee, Urteile darüber zu fällen, wie die Welt ist oder sein sollte, ist Ignoranz, denn die Welt ist nur in deinem Geist, und auch der ist nicht real. Wenn sie real wären, wo sind Geist und Welt dann während des Tiefschlafs? Die Sorge, du könntest erkranken und sterben, ist Ignoranz, denn nur was geboren wurde, stirbt, was aber nie geboren wurde, kann nicht sterben. Da du Gewahrsein bist, hat der Tod nichts mit dir zu tun.

Alle durch Ignoranz inspirierten Vorstellungen zu katalogisieren, würde Jahrhunderte dauern. Um es zu vereinfachen, können wir sie auf einen einzigen Gedanken zurückführen: „Ich bin das Körper-Geist-Intellekt-Ego-Wesen." Hier haben sie alle ihren Ursprung.

Der Krieg mit der Ignoranz ist zu Beginn kein fairer Kampf, es ist der Kampf zwischen David und Goliath. Wie wahrscheinlich ist es, dass der kleine David den großen Gegner mit einem Steinwurf außer Gefecht setzt? Plausibel erscheint eher, dass er hart trainiert, täglich Gewichte stemmt, Anabolika schluckt und seine Muskeln aufbaut, bis er eine realistische Chance auf einen Sieg hat. Du gewinnst den Kampf, indem du den Gedanken ‚Ich bin unvollständig' – immer wenn er auftaucht – bewusst durch den Gedanken ‚Ich bin vollständig' ersetzt. Und dieser Gedanke taucht ständig auf, mit jeder Angst, mit jedem Begehren, die jeweils nur Stellvertreter sind für die Idee, unzulänglich und unvollkommen zu sein. Wenn du niedergeschlagen bist, weil es in deiner Arbeit oder in deinen Beziehungen nicht nach Wunsch läuft, dann frage dich, wer niedergeschlagen ist und wer möchte, dass dieses Gefühl verschwindet. Durch die Anwendung des Wissens ‚Ich bin die, in der dieses niedergeschlagene Gefühl entsteht', kannst du auf natürliche Weise dich und das Gefühl trennen. Identifiziere dich mit der, die weiß, nicht mit dem Gefühl. Dann kann sich das Gefühl auflösen, und das *vasana*, welches das Gefühl verursachte, wird geschwächt.

Wissen ist sehr machtvoll. Um Gewahrsein zu ‚erreichen', wird nur der bewusste Gedanke an Gewahrsein benötigt – denn du bist Gewahrsein, auch wenn du das noch nicht glauben kannst. Einen unwahren durch einen wahren Gedanken zu ersetzen lässt ein Wahrheits-*vasana* wachsen, welches die Vorlieben und Abneigungen neutralisiert, die uns an das *samsara*-Rad fesseln. Dieses *vasana* wird letztendlich auch die Idee des Ego, der Handelnde zu sein, beseitigen. Um vollständig und vollkommen zu werden, brauchst du nichts weiter zu tun, als die Idee, der Denkende / Fühlende / Genießende / Handelnde zu sein, zu neutralisieren. Du warst schon vollständig und vollkommen, bevor dein Körper geboren wurde, und du bist sogar vollständig, wenn du denkst, du seist es nicht.

Die Stimme der Ignoranz ist wie ein eigenes inneres Wesen. Es scheint real und bewusst zu sein. Es wird viele Gründe finden, um deine Praxis zu sabotieren. Es wird sagen, es könne die Wahrheit nicht verfechten, weil sie sich ‚nicht richtig anfühlt'. Es wird dir vorhalten, unehrlich zu sein, wenn du behauptest, frei zu sein. Abgesehen davon, dass sich die Wahrheit überhaupt nicht nach irgendetwas ‚anfühlt' (höchstens vielleicht nach der Abwesenheit von Leiden), solltest du beherzt daran arbeiten, ihre Stimme in dir zu stärken. Gib ihr Anabolika und lasse sie Gewichte stemmen. Gerade dann, wenn du dich nicht gut fühlst, ist es besonders wichtig, dich daran zu erinnern, wer du bist.

Damit das Wissen sich tief in dir verankern kann, musst du es dir immer wieder in Erinnerung rufen. Zu wissen, wer du bist, ist zwar keine Wohlfühlerfahrung, doch die Übung des Wissens ist sehr wohltuend.

Es ist unerlässlich, immer wieder gegen die Lüge aufzustehen. Das Falsche durch das Richtige zu ersetzen ist keine Gehirnwäsche. Es ist ein kontinuierlicher Dialog mit deinem Ego. Du kannst die Auseinandersetzung nur gewinnen, wenn du ihm die Logik der Lehre erklärst. Denn trotz des Widerstands bleibt auch dem Ego nicht verborgen, dass es ebenfalls davon profitieren wird, das Wissen zu würdigen. Mit Geduld und Ausdauer wirst du es überzeugen.

Erfolgreiche Selbst-Erforschung und die Fähigkeit, den Unterschied zwischen Wissen und Ignoranz zu erkennen, setzen eine reife Persönlichkeit, ein starkes Verlangen nach Freiheit und einen Lebensstil voraus, der es erlaubt, den Geist in jedem Moment zu beobachten und zu kontrollieren. Bei extravertierten Menschen ohne ein besonders ausgeprägtes Bedürfnis nach Befreiung wird die Methode nicht funktionieren. Den Handelnden zu neutralisieren meint nicht, dass wir das Handeln aufgeben sollen. Es bedeutet, die wirkliche Quelle aller Handlung zu erkennen. Die wirkliche Quelle des Handelns ist nicht der Handelnde, sondern ein komplexes Netz unpersönlicher Kräfte, welches – von Gewahrsein beleuchtet – den Körper-Geist antreibt wie eine Batterie ein elektrisches Spielzeug.

Wenn die Aufmerksamkeit nicht nach innen gerichtet und der Lebensstil zu unruhig ist, wird es nicht gelingen, das althergebrachte Denken durch den entgegengesetzten Gedanken zu überwinden. Dann ist es effektiver, *karma yoga* zu praktizieren, um den Geist zu reinigen, bis er ausreichend für die direkte Anwendung von Selbst-Erkenntnis qualifiziert ist.

Diejenigen, die Erleuchtung für einen Zustand halten, der frei von Gedanken ist, lehnen unsere Praxis ab. Sie behaupten, die Präsenz jedes Gedankens, einschließlich des Gedankens „Ich bin Gewahrsein", zeige an, dass das Ziel noch nicht erreicht sei. Abgesehen davon, dass Erleuchtung kein Bewusstseinszustand ist, der erreicht werden kann, hat kein Gedanke die Macht, dem Selbst im Weg zu stehen, nicht einmal ein Gedanke wie „Ich bin eine begrenzte, ignorante, leidende Person". Das Selbst ist vor, während und nach jedem Gedanken präsent, es ist eine andere Ebene der Realität, so wie auch eine Person eine andere Ebene ist als der Schatten, den sie wirft. Du kannst auf den Schatten treten, ohne die Person zu verletzen. Um das Selbst zu entdecken, müssen die Gedanken nicht verschwinden. Es gibt viele Beispiele von Menschen, die ihr Selbst genau dann entdeckten, als sie sich vollkommen mit dem leidenden Ego identifizierten. Was der Erleuchtung im Weg steht, ist die Vorstellung, das Selbst leide oder genieße. Diese durch Ignoranz verursachte Identifikation wird durch das Wissen angegriffen und schließlich besiegt.

DIE DREI *GUNAS*

Im letzten Kapitel haben wir besprochen, wie die drei *gunas* sowohl die Erfahrung als auch die Verarbeitung von Erfahrung beeinflussen, und wir haben gesehen, wie das Verstehen der *gunas* und die Anwendung dieses Wissens machtvolle Instrumente zur Reinigung des Geistes sein können. Doch die Lehre von den *gunas* dient noch einem anderen Zweck: Sie erlaubt die direkte Unterscheidung zwischen dem Selbst und den Erfahrungen. Wenn wir wirklich an Befreiung interessiert sind, dann scheren wir uns weder um Erfahrung noch um die Wirkungen der Erfahrung auf den Erfahrenden.

Durch die Lehre von den *gunas* haben wir verstanden, dass Erfahrung in der Form der drei Energien erscheint. Gewahrsein aber ist frei von Erfahrung. In der unterscheidenden Beobachtung richten wir unsere Aufmerksamkeit auf das im Geist wirksame *guna* und identifizieren uns mit dem Gewahrsein, das sich des *gunas* bewusst ist. Ignoranz möchte, dass ‚du' denkst, du seist dumpf und träge *(tamas)*, beschäftigt, leidenschaftlich und aufgewühlt *(rajas)* oder klar, still und glücklich *(sattva)*. Ignoranz möchte, dass du dich für die erfahrende Instanz, den Feinstofflichen Körper, hältst. Du aber weißt es besser und nutzt Selbst-Erkenntnis, um dich von der erfahrenden Instanz zu unterscheiden. Das gerade aktive *guna* kannst nicht du sein, denn du bist dir seiner bewusst. Wie bei all den anderen unterscheidenden Beobachtungen ist auch dies eine einfache Methode, dich selbst von den in dir erscheinenden Objekten – in diesem Fall den *gunas* – zu unterscheiden.

Kapitel 12
WERTE

DER WERT VON WERTEN

Die Vedanta-Lehren zu hören und über das Gehörte zu reflektieren sind die primären Mittel der Selbst-Erkenntnis. Doch du kannst nicht aufmerksam zuhören und konzentriert reflektieren, wenn dein Geist nicht vorbereitet ist. In Kapitel 4 haben wir daher ausführlich über die Qualifikationen gesprochen, die sekundären Mittel der Erkenntnis. Ein zur Selbst-Erkenntnis qualifizierter Geist findet sich in einer gereiften Persönlichkeit, die mit den Qualifikationen auch das Wissen über die Werte verinnerlicht hat.

Leider gibt es in der modernen spirituellen Welt eine Abneigung dagegen, Werte zu vermitteln. Lieber fokussiert sie sich auf das Selbst, den höchsten Wert. Doch du kannst die moralische Dimension der Realität bei deiner Suche nach Freiheit nicht außer Acht lassen. Denn ob Werte gelebt oder nicht gelebt werden, hat direkt Einfluss auf die Fähigkeit, Wissen zu verstehen und zu verinnerlichen.

Dieses wichtige Kapitel basiert auf Texten von Swami Dayananda, in denen er die Bedeutung gelebter Werte für die Selbst-Erforschung darlegt.

Erkenntnis benötigt drei Faktoren

Damit Erkenntnis jedweder Art stattfinden kann, werden drei Faktoren benötigt: der Erkennende, das Objekt der Erkenntnis und ein Mittel der Erkenntnis. Um einen Klang zu erkennen, muss ich, der Erkennende, präsent sein, der Klang, das Objekt der Erkenntnis, muss erklingen, und ich muss über ein Ohr, das Mittel der Erkenntnis, verfügen. Die ersten beiden Faktoren sind uns bewusst, aber der dritte ist es häufig nicht. Wenn ich mich innerhalb der Reichweite eines Klangs befinde, ihn aber nicht höre, muss ich das Hörvermögen meiner Ohren untersuchen. Wenn sie einwandfrei funktionieren, liegt das Problem woanders. Dann kann nur meine Aufmerksamkeit abgelenkt gewesen sein, so dass ich den Klang nicht hörte, als er ertönte. Die Sinnesorgane allein reichen für die elementaren Wahrnehmungsprozesse nicht aus, die Aufmerksamkeit muss ihnen zur Seite stehen.

Der Geist muss vorbereitet sein

Selbst wenn alle Faktoren, einschließlich eines aufmerksamen Geistes, präsent sind, kann es vorkommen, dass keine Erkenntnis stattfindet. Um die Relativitätstheorie zu verstehen, reicht es nicht aus, einen Kurs an der Uni zu besuchen, in dem ein berühmter Wissenschaftler die Formel $E = mc^2$ herleitet. Meine mathematische Bildung wird nicht ausreichen, um seinen Ausführungen zu folgen. Erst wenn ich meine mathematischen Fähigkeiten auf das erforderliche Niveau gebracht habe, bin ich in der Lage, die Formel zu verstehen.

Worte als Mittel der Erkenntnis

Damit Vedanta wirken kann, muss der Lehrer in der Lage sein, die Vision der Nicht-Dualität zu kommunizieren, und der Lernende muss dafür qualifiziert sein, sich die Lehre anzueignen. Vedanta ist ein Mittel der Selbst-Erkenntnis, dessen Wörter und Sätze das Selbst offenbaren. Wörter können indirekte Erkenntnis bringen, wenn das Objekt der Erkenntnis jenseits meiner Wahrnehmungsfähigkeit liegt, und sie können zu direkter Erkenntnis führen, wenn sich das Objekt innerhalb meines Erfahrungsfeldes befindet. Im Vedanta bin ich selbst das Objekt der Erkenntnis, und da ich immer und ausschließlich mich selbst erfahre, sind Wörter in der Lage, mir direkte Erkenntnis zu bringen.

Damit die Wörter wirken können, muss der Schüler sie so verstehen, wie der Lehrer sie meint. Vage Definitionen führen nicht weiter, denn seine Ignoranz wird den Lernenden zu falschen Schlussfolgerungen verleiten. Die Wörter, die Vedanta verwendet, tragen präzise Bedeutungen. Um die beabsichtigte Bedeutung der Wörter würdigen zu können, müssen unbeabsichtigte Deutungsmöglichkeiten eliminiert werden. Nur indem die Lehre und der Lehrer einen solchen Kontext schaffen, wird Selbst-Erkenntnis möglich. Wenn Wörter wie ‚unbegrenzt', ‚ewig', ‚Transzendenz' oder ‚*samadhi*' nicht sauber definiert und in den richtigen Kontext gestellt wurden, stiften sie Verwirrung.

Doch es reicht nicht aus, dass der Lernende engagiert ist, hingebungsvoll nach Selbst-Erkenntnis sucht und über einen erfahrenen Lehrer verfügt, der die präzise Bedeutung der Wörter vermittelt und die Lehrmethoden geschickt anwendet. Damit Selbst-Erkenntnis stattfinden kann, muss der Geist des Schülers vorbereitet sein. Ohne einen qualifizierten Geist ist Vedanta wie höhere Mathematik für einen Menschen, der sich noch mit den Grundrechenarten herumschlägt.

Erkenntnis findet ausschließlich im Feinstofflichen Körper statt. Vedanta kann daher nur verstanden werden, wenn der Geist vorbereitet ist. Wenn die Bedingungen eigentlich günstig sind und sich trotzdem keine Erkenntnis einstellt, dann weist dies auf ein Hindernis hin, das beseitigt werden muss.

Werte sind ein sekundäres Mittel der Erkenntnis

Spirituelle Übungen wie *pranayama*, *asanas* und *mantras* sind nützlich, um den Geist zu beruhigen, aber sie bereiten ihn nicht auf Selbst-Erkenntnis vor. Man muss keine reife oder integre Persönlichkeit sein, um den Atem auf eine bestimmte Art fließen zu lassen oder den Körper wie eine Bretzel zu verknoten. Ein qualifizierter Geist drückt sich durch nicht-duale Werte und ethisches Verhalten aus. Werte verinnerlicht zu haben ist noch keine Selbst-Erkenntnis, doch Werte sind ein geeignetes Mittel, den Geist auf Selbst-Erkenntnis vorzubereiten.

Selbst-Erkenntnis wird nicht automatisch stattfinden, wenn eine Person ein angemessenes Wertesystem besitzt, aber sie **kann** stattfinden. Ohne die richtigen Werte hingegen ist Selbst-Erkenntnis unwahrscheinlich, und wenn sie wider Erwarten doch stattfindet, ist sie ziemlich nutzlos.

UNIVERSELLE WERTE – *SAMANYA DHARMA*

Da die Realität nicht-dual ist, gibt es nur eine „Person", Gewahrsein mit drei Körpern. Diese Aussage hat – wenn wir sie akzeptieren – unübersehbare Auswirkungen auf unser Wertesystem, denn sie bedeutet: Du und ich sind eins. Wenn wir spirituell eins sind (mögen uns die von *maya* hervorgerufenen Erscheinungen auch das Gegenteil suggerieren), sollte ich dich so wertschätzen wie mich selbst. Und da sich meine Werte in meinen Handlungen manifestieren, sollte ich dich so behandeln wie mich selbst. Du verdienst die gleiche gute Behandlung, die ich mir, da ich mich selbst liebe, zukommen lasse.

Eine Verhaltensnorm, die auf der nicht-dualen Natur der Realität beruht, nennen wir *dharma* oder rechte Handlung. Wie ich nicht behandelt werden möchte, nennen wir *adharma*, unrechte Handlung. Ich belüge dich nicht, weil ich auch von dir nicht belogen werden möchte. Ich verletze dich nicht, weil ich auch selbst nicht verletzt werden möchte. *Dharma* und *adharma* sind universell und entstammen einem allgemein verbreiteten Empfinden für die eigenen Interessen. Sie unterscheiden sich nur geringfügig von Kultur zu Kultur.

SITUATIONSABHÄNGIGE ETHIK – *VISHESHA DHARMA*

Dharmas und *adharmas* sind zwar universell, aber sie sind nicht absolut. Der Kontext, in dem ich eine Handlung ausführe, hat einen wichtigen Einfluss darauf, wie ich mich verhalte. Wenn ich Arzt bin und einen Blinddarmdurchbruch behandeln muss, werde ich mit gutem Gewissen ein Messer in die Hand nehmen und den Patienten operieren, ohne deshalb meine nicht-verletzende Haltung anderen gegenüber aufzugeben. Auch wenn meine ethischen Standards und Verhaltensweisen nicht subjektiv sind, ist es meine Interpretation dieser Werte sehr wohl. So kann es sein, dass ich in Bezug auf Wahrhaftigkeit einen sehr strikten Maßstab an die Worte anderer anlege, aber nicht so sehr an meine eigenen.

Weder kann die Bedeutung von Werten bestritten werden, noch kann es folgenlos bleiben, wenn ihnen zuwidergehandelt wird. Auch für einen Dieb ist Eigentum ein hoher Wert, was sich daran zeigt, dass er sein Diebesgut einschließt und sichert. Universelle Werte sind der Schöpfung eingeboren, und mein Geist ist ein integraler Bestandteil dieser Schöpfung. Die Missachtung dieser Werte bringt mich in Konflikt mit der Welt und mit mir selbst und verursacht Schuldgefühle. Dies ist der Selbst-Erkenntnis nicht förderlich.

In der nicht-dualen Welt hören wir immer wieder von spirituellen Lehrern, die *dharma* verletzen und diese Verletzung dann mit der fadenscheinigen Begründung bestreiten, alles in der scheinbaren Welt sei nicht existent. Das hält sie aber nicht davon ab, ihr Ego und ihre Lehren als wertvoll und real zu behandeln. Wenn man mit dem Argument der Nicht-Existenz behauptet, es gebe kein unrechtes Verhalten, dann gäbe es ja auch kein rechtes Verhalten.

Damit ich die Lehren der Nicht-Dualität verinnerlichen kann, müssen mir die *dharmischen* Werte heilig sein. Wenn ich verstanden habe, dass sowohl gute als auch schlechte Handlungen und ihre Resultate nur scheinbar real sind, dann stellen Werte kein Problem mehr für mich dar. Dies bedeutet aber nicht, dass meine Handlungen *dharma* oder *adharma* transzendieren können. Meine Handlungen werden mit *dharma* im Einklang stehen, weil ich weiß, dass es in der scheinbaren Realität nichts zu gewinnen gibt, sich *adharmische* Handlungen also nicht lohnen. Ich weiß, dass die scheinbare Realität **nicht** nicht-existent ist, auch deshalb werde ich *dharma* nicht verletzen. Es würde meinen Geist und den Geist anderer beunruhigen. Ein aufgewühlter Geist ist kein hilfreiches Instrument. Er produziert destruktive Emotionen wie Wut, Traurigkeit, Reue, mangelndes Selbstvertrauen und ein Gefühl des Scheiterns.

Solange meine Werte die gleichen sind wie die meiner Umwelt, wird es keine Konflikte geben. Wenn ich aber nicht bereit bin, den Erwartungen der anderen zu entsprechen, kann ich auch nicht erwarten, dass die anderen meinen entsprechen. Wenn ich z. B. – weil ich das als verletzend erlebe – nicht kritisiert werden möchte, andere aber gerne kritisiere, wird dies zu Konflikten führen. Wenn die Ehrlichkeit, die man von mir erwartet und die ich von anderen erwarte, mit meinem Streben nach persönlichem

Gewinn in Konflikt gerät, kann es geschehen, dass ich lüge. Es fällt mir leicht, meinen persönlichen Werten zu folgen, solange diese mit den universellen Werten im Einklang stehen. Geraten sie aber in Widerspruch miteinander, kann dies zu Konflikten und Leiden führen, denn die universellen Werte verschwinden nicht einfach, wenn ich sie eines flüchtigen Vorteils wegen ignoriere. Sie sind in den Stoff meines Seins eingewebt.

Tatsächlich sind meine persönlichen Werte – sogar unabhängig von der Richtigkeit meines Verhaltens – eine häufige Ursache innerer Unruhe. Mir mag reine Luft oder gesunde Nahrung kostbar sein, doch in einer Umwelt, in der nahezu alles verunreinigt ist, stehe ich damit quasi mit der gesamten Welt auf Kriegsfuß. Wenn Gerechtigkeit (die auf der nicht-dualen Natur der Realität beruht) ein hohes Gut für mich ist, werde ich mich aufregen, wenn ich mich unfair behandelt fühle, ob dies wirklich so ist oder nicht. Spirituelle Werte wie Wahrheit, Schönheit und Gerechtigkeit können genauso viel Unheil anrichten wie kleinliche weltliche Werte.

Die Kluft zwischen Wissen und Handeln

Wenn ich lüge, obwohl mir Wahrheit kostbar ist, werde ich mich schuldig fühlen, da mein Handeln nicht mit meinem Wissen in Einklang steht. Auch mir einen Nachschlag zu holen, obwohl ich auf Diät bin, oder den Wecker wieder auszustellen, obwohl ich mir vorgenommen habe, einen Morgenspaziergang zu machen, sind Beispiele für einen solchen Konflikt. Der Wissende wird wütend sein und den Handelnden verurteilen, Gefühle von Nutzlosigkeit und Unwohlsein sind die Folge.

Die innere Verwirrung wird auch einen klaren Blick auf die wirkliche Ursache meines Handelns behindern. Oft begehre ich das, was ich begehre, nicht aus den Gründen, die mir bewusst sind. Unbewusst wirkt noch eine andere Kraft. Ich wertschätze die Dinge, die ich begehre, nicht um ihrer selbst willen, sondern wegen ihrer Wirkung auf mein Empfinden – Gefühle von Sicherheit, Genuss oder Tugendhaftigkeit. Eine Vegetarierin schätzt Gemüse nicht um des Gemüses willen, sondern wegen des Gefühls, den Tieren einen Gefallen zu tun. Mich mit mir selbst wohlzufühlen ist das, was ich in Wahrheit wertschätze. Wenn ich das verstehe und weiß, dass jede Handlung sowohl Vorteile als auch Nachteile mit sich bringt, können Wissen und Handeln in Einklang gebracht werden. Dann sind die Voraussetzungen gegeben, mich der direkten Erforschung des Selbst zuzuwenden, denn jede Freude, die der Befriedigung eines persönlichen oder universellen Wertes folgt, entspringt dem Selbst.

Swami Dayanandas Buch ‚The Value of Values‘ (Der Wert von Werten) beruht auf den Versen der *Bhagavad Gita.* Es ist die Inspiration für dieses Kapitel. Aus diesem Buch stammt das folgende, von mir leicht abgewandelte Zitat:

„Ein situationsabhängiger Wert wird von der Idee gespeist, dass die auf diesem Wert beruhende Entscheidung dazu führt, dass ich mich gut fühle. Wenn ich erkenne, dass eine bestimmte Entscheidung mir Kummer bereiten wird, werde ich sie nicht treffen. Wenn ich also hinreichend überzeugt davon bin, dass mir die Nichtbefolgung eines allgemein anerkannten Wertes Leiden bringen wird, wird die Befolgung dieses Wertes alternativlos, so wie die Antwort auf die Frage, ob ich glücklich oder unglücklich sein möchte. Wenn Wahrhaftigkeit ein hohes Gut für mich ist und ich vollkommen überzeugt davon bin, dass Unehrlichkeit negative Folgen hat, habe ich keine andere Wahl, als die Wahrheit zu sagen. Meine halbherzige Wertschätzung eines universellen Wertes hat sich dann in einen tief verankerten persönlichen Wert verwandelt, und Ehrlichkeit wird natürlich und spontan."

„Wenn ich bestimmte, noch nicht verinnerlichte, universelle Werte in mein Wertesystem integrieren möchte, sollte ich mich bewusst dafür entscheiden, ihnen zu folgen, bis ich ihren Wert erkannt habe und völlig von ihnen überzeugt bin. Wenn sich ihre Befolgung aus Verstehen speist, wird sie sich von selbst einstellen. Das Leben wird sehr einfach, wenn die ethischen Werte verinnerlicht sind. Keinerlei Konflikte trüben den Geist. Für so eine Person ist die Vedanta-Lehre wie die Begegnung von Gas und Feuer. Erkenntnis entzündet sich wie ein Blitz."

„Damit ich Werte wirklich wertschätzen kann, muss ich ihre Vor- und Nachteile verstanden haben, es reicht nicht, sie mir in der Form sozialer oder religiöser Dogmen aufzuerlegen. Daher bezeichnet Vedanta diese Werte als Wissen. Die folgenden Werte beziehen sich wechselseitig aufeinander. Sie definieren einen harmonischen, der Selbst-Erkenntnis förderlichen Rahmen für den Geist. Jeder Begriff hebt eine bestimmte Haltung hervor, deren

Bedeutung persönlich entdeckt werden muss, damit diese Haltung zu einem natürlichen Aspekt im Geist des Selbst-Erforschers werden kann."

Ein besserer Mensch?

Vedanta ist keine Selbst-Verbesserung. Die Lernende versucht kein besserer oder perfekter Mensch zu werden, denn selbst die besten Menschen leiden unter einem Empfinden von Begrenzung und sehnen sich nach Freiheit. Sie sucht ihre primäre Identität, das immer-freie Selbst, den nicht-erfahrenden Zeugen. Die meisten der Erleuchtung versprechenden Methoden bringen es mit sich, sich zu verleugnen, zu bestrafen, zu transzendieren oder oberflächlich zu transformieren, wahrscheinlich weil es so schwierig ist, sich als der Mensch anzunehmen, der man ist. Doch wir müssen den ‚Faktor' Mensch berücksichtigen und einbinden, denn es ist der Mensch, der sich nach Freiheit sehnt, und es ist der Mensch, der nach ihr suchen muss.

Unsere Diskussion über Werte ist nicht immer angenehm, denn sie konfrontiert uns mit der Möglichkeit, dass wir noch Werten folgen, die unserer Selbst-Erforschung abträglich sind. Das mag wie eine schlechte Beurteilung unserer spirituellen Reife klingen und uns glauben lassen, wir seien keine guten Menschen. Aber es geht in der Untersuchung der Werte nicht primär darum, zu besseren Menschen zu werden, es geht nur darum, genug Unterscheidungsvermögen zu entwickeln. Dazu benötigen wir einen ruhigen und beständigen Geist. Trotzdem wird es nicht ausbleiben, dass die Veränderung des Wertesystems auch

Auswirkungen auf die Person hat, denn eine (scheinbare) Person ist kaum mehr als ihre Prioritäten und Werte. Generell kann man sagen, dass sich bei einem ‚guten' Menschen Denken und Handeln im Einklang mit den universellen Werten befinden, bei einem ‚schlechten' Menschen nicht. Wenn du dich also mit einem Gefühl von Unzulänglichkeit und mangelndem Selbstvertrauen herumplagst und ein besserer Mensch werden möchtest, wird die folgende Analyse der moralischen Dimension der Wirklichkeit von Nutzen sein, egal ob du nach Befreiung strebst oder nicht.

Werte verstehen

1) Stolz, Eitelkeit, Arroganz, Selbstverklärung

Ein natürliches und gesundes Selbstwertgefühl ist eine wertvolle Qualität, es versetzt uns in die Lage, uns selbst mit dem für ein glückliches Leben benötigtem Vertrauen zu versorgen. Doch allzu oft zweifeln wir an uns und befürchten insgeheim, wir seien nicht gut genug. Dann suchen wir bei anderen nach Bestätigung und lassen uns zu diesem Zweck dazu verführen, unsere Qualifikationen und Errungenschaften aufzubauschen. Wir wollen für etwas Besonderes gehalten und bewundert werden. Doch wenn ich mir meiner Talente und Fähigkeiten wirklich sicher bin, brauche ich keine Anerkennung oder Bestätigung.

Bei anderen Bestätigung einzufordern ist eine heikle Angelegenheit, denn derjenige, der nach Anerkennung fragt, ist nicht derjenige, der die Reaktionen steuert. Wir wissen nicht, ob und warum uns Bestätigung zuteilwird.

Menschen können ihre Meinung ändern und uns die Anerkennung wieder entziehen, was uns verletzt. Jede Verletzung entspringt einem stolzen, aufgeblasenen Ego, das sich an seine Überzeugungen in Bezug auf sein Wissen, seinen Glauben, seinen Besitz oder sein Aussehen klammert. Stark auf ihr Aussehen bedachte Menschen beispielsweise verschwenden viel Zeit darauf, sich herauszuputzen, und buhlen mit teurer Garderobe, ausgefallenen Frisuren, Tatoos oder Piercings um Zuwendung, die sie sich selbst nicht geben können. Was tun sie nicht alles, um den äußeren Schein zu wahren! Jedem aufgeblasenen Ego wird früher oder später die Luft ausgehen. Es ist wirklich eine Verschwendung wertvoller Ressourcen, sich von der Meinung anderer abhängig zu machen – und ein klares Zeichen mangelnder Qualifikation.

Die Lösung – *Ishvara* verstehen

Wenn ich mir wirklich Zeit dafür nehme, die Aspekte zu analysieren, die mit dem Wunsch nach Anerkennung einhergehen, wird mir deutlich werden, dass es weder vorteilhaft noch befriedigend ist. Zuerst sollte ich die Faktoren betrachten, die mich motivieren, im Außen nach Bestätigung zu suchen. Ich werde dabei feststellen, dass ich mich für den Autor meiner Handlungen und für den Schöpfer meiner Fähigkeiten und Begabungen halte. Doch ist das wirklich der Fall? Was habe ich wirklich erschaffen? Es ist offensichtlich, dass ich meinen Körper nicht erschaffen habe, genauso wenig wie die Welt, in der dieser Körper existiert. Meine fleischliche Hülle kam eines schönen Tages auf diese Welt, ohne die geringste

Leistung meinerseits. Tendenzen, Fähigkeiten und Talente keimten in mir auf. Sie stehen zu meiner Verfügung, doch ich kann mich ihrer nicht rühmen. Auch mein Empfinden von Individualität habe ich nicht erschaffen. Die Errungenschaften und Erfolge, deren Zustandekommen ich beanspruchen könnte, waren allesamt von Umständen abhängig, die das Leben selbst bereitstellte. Ich war nur gerade zur rechten Zeit am rechten Ort. Was mich dahin geführt hat, ist ein großes Geheimnis.

Wenn ich mit gesundem Menschenverstand ausgestattet bin, kann ich nur schlussfolgern, dass mir all meine Talente, Fertigkeiten und Begabungen von *Ishvara* gegeben wurden. Als solche sollte ich sie würdigen und anwenden – oder nicht anwenden. Ich lasse sie für sich selbst sprechen. Ob andere sie wahrnehmen oder wertschätzen, ist mir egal. Welchen Grund braucht eine Blume, um unbeachtet auf einer Brache in einem Slum zu blühen? Sie blüht, weil Blühen ihre Natur ist. Stolz vergeht, wenn ich erkenne, dass es ein falscher Wert ist, der mir nicht nützt.

Auch wenn ich die Psychologie des Stolzes verstanden habe, muss ich noch wachsam bleiben, und wenn er sein hässliches Haupt erhebt, gleichmütig und ohne Schuldgefühle oder Selbstverurteilung die dahinterliegenden Muster untersuchen. Warum kümmert es mich, was andere denken? Weil ich mich als unzulänglich empfinde. Doch ist es wahr, dass ich ungenügend bin? Wird die Aufmerksamkeit von anderen mein Gefühl von Unzulänglichkeit beseitigen? Selbst wenn andere mich anerkennen, wird die dadurch gewonnene Befriedigung lange anhalten? Oder werde ich gezwungen sein, bald wieder nach Bestätigung zu suchen?

Wann wird das jemals enden? Ist es vernünftig, mich für Dinge zu rühmen, die ich nicht zu verantworten habe? Ist dieses *samskara* real? Für wen ist es wichtig? Für mein Ego. Ist mein Ego real? Es ist nicht einmal scheinbar real, denn es verschwindet, sobald ich es untersuche. Warum wende ich so viel Energie für etwas auf, das nicht einmal real ist?

Ich kann mein stolzes Ego nicht einfach aufgeben, aber wenn ich mich ihm stelle, kann ich sehen, wie sinnlos meine Erwartungen sind. Dann verliert dieses *samskara*, diese Gewohnheit, die Kraft, meinen Geist zu verwirren. Das Bedürfnis nach Anerkennung wird verschwinden, und ich kann ein unkomplizierter Mensch werden.

2) Überheblichkeit, Heuchelei

Stolz beruht auf tatsächlich vorhandenen Begabungen oder Fähigkeiten, doch Überheblichkeit ist die grundlose Selbstverherrlichung. Ich möchte den Eindruck erwecken, etwas zu sein, was ich nicht bin. Wenn mein Bankkonto überzogen und der Gerichtsvollzieher hinter mir her ist, ich mich aber kleide wie ein Fürst, bin ich ein Heuchler. Wenn ich behaupte, ein Landgut in Südfrankreich zu besitzen, in Wirklichkeit aber in einer kleinen Sozialwohnung im düstersten Viertel der Stadt lebe, bin ich ein Aufschneider. Wenn ich mich nie ernsthaft mit spirituellen Themen beschäftigt habe, mich aber in orangefarbene Roben kleide und mit einem glattrasierten Kopf die Pilgerpfade Indiens entlangwandere und mit einem verzückten Lächeln andere von meinen mystischen Fähigkeiten zu überzeugen suche, dann bin ich nicht etwa ein Heiliger, sondern ein Scharlatan.

Alle unheilsamen *samskaras* haben dieselbe Ursache, das sollte ich verstanden haben. Die Ursache ist die Unzufriedenheit mit mir selbst, meine Unfähigkeit, mich selbst anzunehmen; ständig möchte ich anders sein, als ich bin. Ich bin so extravertiert, dass ich meine eigene psychische Verfassung nicht durchschaue und keine Verantwortung für sie übernehme und mich stattdessen auf andere verlasse für das, was ich selber leisten sollte: dafür zu sorgen, dass ich mich gut fühle. Ich muss andere beeindrucken, um Bestätigung zu erhalten.

Wenn ich weiß, dass das, was ich über mich behaupte, nicht der Wahrheit entspricht, ist der Drang nach der Bestätigung durch andere besonders belastend. Um meine Heuchelei aufrechtzuerhalten, bin ich zum Lügen verdammt; ständig befinde ich mich in Konflikt mit der Wahrheit. Ich habe keinen Einfluss darauf, dass andere auf meine Lügen auf die gewünschte Weise reagieren werden, daher stehe ich durch meine Abhängigkeit von der Reaktion der anderen und aufgrund meiner ständigen Sorge aufzufliegen mächtig unter Druck. Ich muss mich genau erinnern, wem ich wann was gesagt habe, muss meine Freunde auf Abstand halten und immer auf der Hut sein. *Karma yoga* wird mir in dieser Situation nicht helfen, denn es setzt ein intaktes Wertesystem voraus. Es ist nicht dazu gedacht, ein psychisches Problem zu kaschieren oder eine *adharmische* Situation zu bewältigen.

Es ist offensichtlich, dass ein Unwahrheit praktizierender Geist viel zu angespannt und aufgewühlt ist, um sich mit Selbst-Erforschung zu beschäftigen. Der Geist sagt, ich bin unzulänglich, Vedanta sagt, ich bin vollkommen, als *jiva* und als Gewahrsein. Es besteht also ein krasser Widerspruch zwischen dem, was ich zu erreichen suche (Bestätigung für einen Teil von mir selbst, der nicht einmal real ist), und dem, was ich zu wollen behaupte (Befreiung von dem Leiden, das aus der Identifikation mit diesem unheilsamen Teil besteht).

Die Lösung kann nur darin bestehen, das Problem anzuerkennen, die Aussage der Schriften über meine wahre Natur zu akzeptieren und bereit zu sein, die Sicht anderer in Erwägung zu ziehen. Andere können Dinge in mir sehen, die mir selbst verborgen sind. Gleichzeitig sollte ich aber auch das Vertrauen besitzen, fehlerhafte Ansichten abzuweisen, die andere mangels Klarheit auf mich projizieren.

Aufschneidern bleibt es verwehrt, dazuzulernen und zu wachsen. Eine stolze und angeberische Person ist unfähig, ihre grundlegenden Probleme von Begehren und Wut zu lösen. Stolz und Anmaßung müssen überwunden werden, damit ich ein unkompliziertes Individuum werden kann, das zu ehrlicher Selbst-Erforschung in der Lage ist.

3) Nicht-Verletzen

Nicht-Verletzen ist ein hohes Gut für mich, weil ich nicht verletzt werden möchte. Das gilt für alle Lebenswesen. Doch in der relativen Welt, in der wir leben, ist Nicht-Verletzen ein differenzierter Wert, dessen korrekte Anwendung häufig schwierig ist. Verletzungen können in unterschiedlichen Formen auftreten, als Handlungen, Worte und Gedanken. Der deutlichste Ausdruck einer verletzenden Handlung ist physische Gewalt.

Eine in spirituellen Kreisen weit verbreitete Ausprägung von Nicht-Verletzen ist Vegetarismus. Er wird damit begründet, dass wir Menschen, anders als viele fleischfressende Tiere, nicht vom Instinkt beherrscht sind und daher unsere Nahrung frei wählen können. Wir sind uns unserer selbst bewusst und mit einem freien Willen ausgestattet und können daher wählen, uns von Dingen zu ernähren, die nicht flüchten, wenn wir sie essen wollen. Wir suchen also nach einer ethischen Norm, der wir folgen können, wenn wir unseren freien Willen in Bezug auf unsere Nahrung ausüben. Pflanzen fliehen nicht, wenn wir uns ihnen mit Messer und Gabel nähern, und sie können uns ihre Früchte anbieten, ohne ihr Leben zu opfern. Es scheint also moralisch geboten zu sein, Körner, Früchte und Pflanzen zu essen, statt lebende Wesen zu töten. Swami Dayananda, ein großer Fürsprecher der vegetarischen Ernährung, sagt: „Fleisch essen kann nur dadurch mit *dharma* in Einklang gebracht werden, dass ich meine Beute ohne Waffen mit der bloßen Hand zur Strecke bringe und mich selbst dem Risiko aussetze, zur Mahlzeit des Tieres zu werden. In meiner fehlenden Bereitschaft, mich dem Risiko auszusetzen, das gleiche Resultat zu erfahren, wie das Tier, äußert sich mein mangelhaftes Verständnis des Prinzips Nicht-Verletzen." Ich verhalte mich feige, unethisch und scheinheilig.

Vegetarismus und physische Gewaltfreiheit reichen – anders als viele meinen – nicht aus, um dem Prinzip des Nicht-Verletzens Genüge zu tun. Die Definition dieses Wertes bezieht auch zwei weitere *karmas* mit ein: Gedanken und Worte. Worte sollten ehrlich und wohlwollend sein (auch wenn es Situationen geben mag, in denen Mitgefühl den Vorrang vor Aufrichtigkeit erhalten und eine harmlose Not-Lüge vertretbar sein kann). Unsere Sensibilität für physische Gewalt sollte sich ausdehnen und auch eine achtsame Abwägung der Wirkung unserer Worte auf andere umfassen und der Wirkung schädlicher Gedanken auf uns selbst. Ich mag glauben, dass das *adharmische* Verhalten anderer die bei mir ausgelösten unangenehmen Gefühle rechtfertige, doch ich bestrafe damit weder den Verursacher, noch trage ich zu einer Verbesserung der Situation bei. Ich schade nur meinem eigenen Geist.

Seit in den sechziger Jahren der hedonistische Individualismus („Wenn es sich gut anfühlt, dann tue es!") gesellschaftsfähig wurde, sind Anstand und gute Manieren auf dem Rückzug. Die Antwort auf negative Gedanken und Handlungen ist die Wertschätzung der Gefühle anderer, denn wenn wir die nicht-duale Natur der Realität bedenken, dann gibt es keine anderen. ‚Andere' ist nur eine Vorstellung in einem ignoranten Geist. Um Wertschätzung für andere zu entwickeln, muss ich über meine eigenen Bedürfnisse hinausblicken. Eine Haltung, die auch die Bedürfnisse der anderen mit einbezieht, ist sehr förderlich für die Selbst-Erforschung, denn sie trägt dazu bei, innere und äußere Konflikte zu vermeiden.

Dem psychischen Muster, Ziele mit Gewalt zu verfolgen, weil man sich zu klein, unzulänglich und unfähig fühlt, sie auf faire Weise zu erreichen, setzen wir eine Lösung entgegen, die auf der Wertschätzung der Gefühle anderer beruht.

4) Großmut, Toleranz

Jede Person oder jede Situation nicht nur gleichgültig zu ertragen, sondern heiter und besonnen anzunehmen, das ist wahre Großmut. Diese Haltung basiert auf der klaren Erkenntnis, dass die Dinge dem Gesetz des *karmas* gehorchen und daher nicht anders sein können, als sie sind. Das Verhalten eines Menschen ist die Konsequenz seiner Konditionierung und nicht eine Folge des Wollens. Menschen sind auf dieser Welt, um ihr *karma* auszuleben, nicht um mir zu gefallen. Das *dharma*-Feld mit all den in ihm wirksamen Faktoren bestimmt die Resultate unserer Handlungen und die Situationen, in denen wir uns wiederfinden. Das ist jenseits unserer Kontrolle, daher ist es töricht, Situationen zu mögen oder abzulehnen. Erfolgreiche Beziehungen gründen sich auf der Fähigkeit, anderen gegenüber anpassungsfähig und annehmend zu sein. Auch ich kann nicht anders sein, als ich bin, und meine Situation ist das Ergebnis meines *karmas*. Also sollte auch ich mein scheinbares Selbst heiter akzeptieren und es mir nicht anders wünschen oder darum ringen, seine Lage zu verändern. Wer sich weigert, sich der Realität anzupassen, wird sich dauernd gestört fühlen und unfähig sein, Selbst-Erforschung zu praktizieren.

Um Großmut, diese wichtige Qualität, zu entwickeln, sollte ich lernen, Vielfalt zu würdigen, Flexibilität zu kultivieren und in meinem Geist auf Anzeichen von Unzufriedenheit zu achten. Unzufriedenheit zeigt mir an, dass ich meine Erwartungen reduzieren muss. Es hilft, mich und alle anderen als machtlose Narren anzusehen oder als unbelebte Objekte. Ich habe gute Beziehungen zu unbelebten Dingen, weil ich an sie keine Erwartungen habe. Ich kann Narren bereitwillig ertragen, weil ich weiß, dass sie nicht anders können.

Großmut wird uns leichtfallen, wenn wir nicht auf die Handlungen einer Person reagieren, sondern auf die Person selbst. Wir können verstehen, dass die Person das Selbst ist, vorübergehend verhext von *maya*. Wir können versuchen, uns daran zu erinnern, dass hinter einem Wutausbruch, einem Eifersuchtsanfall oder einer herrischen Handlung immer *Ishvara* steht, und wir können die Tatsache würdigen, dass, wenn diese Person schon keine Kontrolle über ihr Tun hat, wir es in Bezug auf ihr Tun noch viel weniger haben. Auf diese Art entwickeln wir Großmut, einen großen inneren Raum der Toleranz.

Mechanisches Reagieren beengt den inneren Raum. Um tatsächlich auf eine Person antworten zu können und nicht auf ihre Handlungen, muss ich achtsam handeln und darf nicht roboterhaft meinen *vasanas* folgen. Swamiji sagt hierzu:

> „Eine Reaktion ist ein mechanisches, unfreiwilliges, durch frühere Erfahrungen konditioniertes Verhalten, keine durch meinen Willen sanktionierte Antwort. Das bedeutet, dass es ein Verhalten ist, das ich nicht an dem Wertesystem orientiere, welches ich verinnerlichen möchte, sondern ein Verhalten, dem ich einfach erlaube, zu geschehen.
>
> Reaktionen können all meiner Weisheit und meinen Erfahrungen entgegenstehen. Was ich weiß, rückt in den Hintergrund, und die Reaktion

> erfolgt. Ich mag alle heiligen Schriften dieser Welt gelesen haben, ein Gelehrter ethischer Systeme oder ein professionell zertifizierter Mediator sein, meine Reaktionen können genauso mechanisch ausfallen wie bei jedem anderen.
>
> Erst wenn die universellen Werte gründlich verinnerlicht wurden, verfüge ich über eine Basis, auf der rechtes Verhalten und rechte Handlungen spontan geschehen. Bis dahin sollte ich bewusst vermeiden, zu reagieren, und stattdessen wohlüberlegt mein Verhalten und meine Handlungen auswählen."

Wenn ich danach strebe, ein Heiliger zu werden, sind Nicht-Verletzen und Großmut die Mindestanforderungen. Weisheit und die Kenntnis der Schriften hingegen sind nicht gefordert. Heilige verletzen andere nicht bewusst, weder in Gedanken noch in Worten oder Taten. Sie akzeptieren Menschen, gute und schlechte, wie sie sind. Ihre Fähigkeit zu Vergebung und Gnade ist unerschöpflich. Sie antworten auf die Person, nicht auf deren Handlung, denn sie haben verstanden, dass es *Ishvara* ist, der handelt. Diese Haltung weitet das Herz.

5) Geradlinigkeit, Wahrhaftigkeit

Übereinstimmung von Denken, Sprechen und Handeln nennen wir Geradlinigkeit. Das eine zu sagen, aber etwas anderes zu tun, oder umgekehrt, ist einem friedvollen Geist abträglich und daher nicht geeignet, Selbst-Erforschung zu befördern. Geradlinigkeit umfasst nicht nur wahrhaftiges Sprechen, es umfasst auch wahrhaftiges Denken und Handeln. Ein Mangel an Geradlinigkeit fragmentiert den Menschen und führt zu einem rastlosen, durch Konflikte beunruhigten Geist.

6) Dem Lehrer dienen

Dies ist ein kniffliger Wert, der einiges an Unterscheidungsvermögen voraussetzt, besonders für Westler, die aus gutem Grund nicht gewohnt sind, sich irgendetwas oder irgendwem hinzugeben. Das Dienen setzt einen Geist voraus, der fähig ist, den eigenen Willen aufzugeben, Begierden und Abneigungen zurückzustellen, eine respektvolle Haltung einzunehmen und zu geben, ohne eine Gegenleistung zu erwarten. Die Gunst des Dienens sollte nicht leichtfertig gewährt werden. Nur ein Lehrer, der sie nicht einfordert (weil er sie nicht braucht), ist dieser Gunst würdig. Wenn ein Lehrer Hingabe verlangt, dann ist er kein wahrer Lehrer, und ein Schüler, der sich einem solchen Lehrer ‚hingibt', wird leidvolle Erfahrungen machen. Von der Hingabe an einen Lehrer sollte nur der Schüler profitieren.

Zu dienen ist eine Geisteshaltung, die kein aktives Handeln erfordert, nur die Bereitschaft zu handeln. In einer idealen Schüler-Lehrer Beziehung gibt es kein Geben und Nehmen wie in anderen Beziehungen. Es gibt nur ein Geben auf der Seite des Schülers. Der Lehrer steht für das Selbst, und er dient, indem er dem Schüler als Meditationsobjekt zur Verfügung steht. Die Gelegenheit, einem Lehrer zu dienen, der als Selbst im Selbst verwurzelt ist und all seine persönlichen Themen gelöst hat, ist ein großer Segen.

Ich hatte das Glück, einen wahren Lehrer zu haben; der Nutzen war vielfältig und enorm. Es war der Höhepunkt meines Lebens. Mein Verlangen nach Freiheit wuchs sprunghaft, weil ich ein lebendes, vollkommen freies Wesen in *samsara* aus der Nähe beobachten und erleben konnte. Von mir wurde eigentlich nur verlangt, immer präsent und aufmerksam zu sein, und wenn ich etwas benötigte, was selten vorkam, war mein Lehrer für mich da.

7) Reinheit

Der Wert äußerer Sauberkeit und Ordnung ist unübersehbar, sie machen das Leben angenehm und fördern einen nicht abgelenkten, aufmerksamen Geist. Swamiji sagt:

> „Täglich, während ich meinen Besorgungen nachgehe, legt sich ein wenig Staub auf meine Haut, meine Kleidung verschmutzt und Müll sammelt sich in meiner Wohnung. Und in meinem Umgang mit Menschen staubt auch mein Geist ein wenig ein. Ein Hauch von Neid setzt sich, eine Prise Verbitterung landet, eine Spur Habgier erscheint, und ein feiner Staub aus Selbstkritik, Schuldgefühl und Selbstverurteilung breitet sich aus. Bis sich meine falsche Identifikation mit dem Geist auflöst und Selbst-Erkenntnis aufsteigt, muss mein Geist täglich gereinigt werden. Was ist das Reinigungsmittel für den Geist? Es ist die Anwendung des entgegengesetzten Gedankens. Diese Methode sollte praktiziert werden, auch

wenn die Umstände eine negative Haltung zu rechtfertigen scheinen.

Wenn ich einen Schaden erleide, zu Recht oder zu Unrecht, legt sich ein Ressentiment auf meinen Geist. Lasse ich zu, dass es bleibt, kann es sich zu Hass verfestigen. Um das zu verhindern, suche ich bewusst nach Gründen, die Person zu lieben, die mich geschädigt hat. Diese Person wird von anderen gemocht, von ihrem Ehepartner geliebt, kümmert sich um ihre Kinder, spendet für wohltätige Zwecke, geht sonntags in die Kirche. In jedem Menschen kann ich Liebe entdecken. Ich bin zur Liebe fähig, und jeder andere ist es auch. Selbst ein Schwerkrimineller trägt Elemente von Sympathie und Liebe in sich. Es mag sein, dass seine Liebesfähigkeit stark deformiert ist und sich nur noch in der Sympathie manifestiert, die er für sich selbst aufbringt, zum Beispiel wenn er sich versehentlich mit dem Hammer auf den Daumen schlägt. Aber sie ist vorhanden und kann entdeckt werden. Offensichtlich oder nicht, jeder Mensch hat edle Qualitäten, Mitgefühl, Erbarmen, Liebe, Rücksicht. Um deinen Geist von Ressentiments und anderen Abneigungen zu reinigen, die sich zu Hass und anderen negativen Gefühlen verfestigen, solltest du bewusst nach Zeichen von Menschlichkeit und Weisheit Ausschau halten. Die schlechten Dinge solltest du falschem Denken, schlechter Erziehung oder einem ungünstigen Umfeld zuschreiben. Betrachte es als Segen, nicht in den Schuhen der anderen Person zu stecken. Mit einem vergleichbaren Hintergrund würdest du ähnliche Dinge tun. Edle und weise Eigenschaften gehören dem Selbst, sie machen die menschliche Natur aus. Negative Eigenschaften hingegen sind zufällig, sie kommen und gehen.

Wenn also Ressentiment, Abneigung oder Hass gegenüber einer Person auftauchen, betrachte die Person, die hinter dem *adharmischen* Verhalten steht, von einem anderen Blickwinkel, du wirst auf diese Weise etwas Sympathie oder Verständnis entwickeln. Deine Haltung sollte großmütig und annehmend sein. Auf diese Weise kann jedes Ressentiment, jeder Groll bereinigt werden.“

Selbstsucht ist die vielleicht am weitesten verbreitete Form der Unreinheit. Wenn mir auffällt, dass ich ständig die Interessen, die Bedürfnisse und das Wohlbefinden anderer Menschen außer Acht lasse, sollte ich bewusst eine selbstlose Handlung ausführen. Wenn der Entschluss, Selbstsucht zu überwinden, von einer Handlung bekräftigt wird, verliert das hinter der Selbstsucht stehende *vasana* an Dynamik. Es gibt jeden Tag eine Vielzahl von Gelegenheiten, das eigene Tun zu unterbrechen und jemandem eine helfende Hand anzubieten.

Selbstverachtung ist, wie Selbstsucht, ein unreiner Gedanke. Wenn etwas nicht nach Plan verläuft oder ich mich in Konflikt mit einem universellen Wert befinde und Gefühle von Schuld, Unzulänglichkeit oder Selbstverurteilung aufsteigen, kann ich diesen Gefühlen Selbst-

Erkenntnis entgegensetzen und mir in Erinnerung rufen: „Ich bin vollständiges und vollkommenes, immer-reines Gewahrsein."

Hier ist eine Kontemplation, die, täglich laut ausgesprochen, dazu beitragen wird, negative Gedanken über sich selbst auszurotten:

> Der Körper-Geist-Sinne-Komplex, der Handelnde, der ich denke zu sein, kann nicht verurteilt werden, denn alle seine Teile sind leblos. Er ist unschuldig, denn was immer er tut, es geschieht automatisch oder auf Geheiß des Geistes. Auch der Geist ist unschuldig, denn er ist nur ein sich ständig veränderndes Gebilde sich bewegender Gedanken, programmiert von *vasanas*, die unbewusst aus unbewussten Handlungen und Verhaltensweisen hervorgegangen sind. Er ist nur ein lebloses Instrument, ich kann ihn nicht verurteilen. Ich kann einen unreinen Gedanken nicht verdammen, denn er gehört der Ignoranz, nicht mir.

Die Bereinigung von Schuld und Reue wird die Wachsamkeit des Geistes in Bezug auf weitere *dharma*-Verfehlungen erhöhen. Wenn ich glaube, der Handelnde zu sein, wird sich Reue einstellen. Wenn hingegen ein bestimmter Gedanke verantwortlich ist, bin ich unschuldig. Frei von emotionaler Belastung kann ich die Ignoranz adressieren, die den Gedanken produzierte.

Hier ist ein weiteres sehr wirksames *mantra*:

> Das Begehren tut es. Das Begehren ist der Handelnde. Ich bin nicht der Handelnde. Begehren verursacht Handlung, nicht ich. Ich grüße Dich, Begehren. Die Wut tut es, nicht ich. Ich verneige mich vor Dir, Wut. Ignoranz verursachte es. Ich bin nicht ignorant. Ich erweise Dir meine Ehre, oh Ignoranz.

Dieses *mantra* erkennt die Verfehlung an, richtet den Vorwurf aber dahin, wohin er gehört. Dies befreit den Geist, der nun in der Lage ist, über das Selbst zu kontemplieren.

Eine weitere hilfreiche Eigenschaft, die unter diese Überschrift gehört, ist Keuschheit. Damit meinen wir eine respektvolle Haltung gegenüber dem anderen Geschlecht; wir fordern keinen Verzicht auf Intimität.

8) Eifersucht und Neid

Eine weit verbreitete und der Vernunft widersprechende Unreinheit im Geiste ist Eifersucht, eine bösartige Form der Dualität. Sie existiert, da die Welt riesig und mit Millionen von Wesen bevölkert ist, die unzählige reale oder eingebildete Gelegenheiten zu selbsterniedrigenden Vergleichen bieten. Eifersucht und Neid sind transformierte Formen der Wut, die üblicherweise in die Depression führen. Sie werden durch ein Empfinden von Mangel hervorgerufen, welcher sich aus einem Vergleich mit einer anderen Person ergibt, die ich in irgendeiner Weise für überlegen halte. Das dieses Empfinden keine reale Grundlage besitzt, kann ich daran erkennen, dass ich niemals auf die ganze

Person eifersüchtig bin, sondern immer nur auf einige Aspekte. Jemand ist intelligenter, schöner, reicher oder berühmter als ich. Die Tatsache, dass ich wie diese Person sein möchte, weist darauf hin, dass ich Sympathie für sie empfinde. Die Eigenschaften, die Eifersucht erwecken, können nicht von der Person getrennt werden. Da aber die ganze Person, die in Wirklichkeit das Selbst ist, niemals in ihrer Gesamtheit ein Objekt der Eifersucht sein kann, gibt es keinen realen Ort, an den sich meine negativen Gefühle knüpfen könnten. Darüber hinaus ist es ziemlich offensichtlich, dass es Eigenschaften dieser Person gibt, die ich nicht schätze und auf die ich nicht eifersüchtig bin, genauso wie es auch an mir Seiten gibt, die nicht besonders begehrenswert sind. Auch ich selbst bin nicht perfekt, und wenn ich das bedenke, fällt es mir leichter, auf Urteile über andere zu verzichten.

Eifersucht ist eine ungerechtfertigte Reaktion auf die scheinbare Natur der Realität, die keinerlei Wert besitzt. Eifersucht ist also mit anderen Worten eine Projektion, hinter der sich eine mangelhafte Wertschätzung meiner eigenen Natur verbirgt, einer Natur, die gute Qualitäten im Überfluss besitzt. Eine selbst-verwirklichte Person ist niemals eifersüchtig, denn sie ist sich ihrer eigenen Fülle bewusst.

Die Bibel spricht auch vom eifersüchtigen Gott. Dies bedeutet, dass ich – wenn ich Gott kenne – nichts anderes mehr lieben kann. Dieses Bibelwort wird aber oft missverstanden und zu einem mit menschlichen Eigenschaften, u.a. mit Eifersucht, ausgestatteten Überwesen in Verbindung gebracht. Aber Gott ist keine in irgendeiner Weise begrenzte Person. Er ist der Schöpfer und der Besitzer von allem, und Er weiß, dass Er die Fülle selbst ist. Gott ist frei von Eifersucht und anderen negativen oder positiven Emotionen.

Wenn ich Eifersucht empfinde, sollte ich den entgegengesetzten Gedanken in mir erwecken. Ich sollte denken: „Ich freue mich über das Glück dieser Person. Ich bewundere ihre Eigenschaften. Ihre Freude macht mich glücklich." Eifersucht, die nicht im Keim erstickt wird, kann leicht in Schadenfreude übergehen, eine weitere unerwünschte Emotion.

Jedes negative Gefühl, das den inneren Frieden bedroht, kann durch den entgegengesetzten Gedanken neutralisiert werden. Anfangs mag uns diese Methode unwahrhaftig vorkommen, schließlich *fühlen* wir etwas anderes, aber die regelmäßige Übung wird den Geist reinigen und ihn auf Selbst-Erkenntnis vorbereiten.

9) Beständigkeit, Beharrlichkeit, Ausdauer

Selbst-Erkenntnis ist kein partielles Wissen wie in weltlichen Disziplinen. Es ist absolut, die Essenz allen Wissens. Um das Ziel zu erreichen, muss ich mich unermüdlich bemühen. Die unbedingte Verpflichtung auf mein Ziel ist die Quelle, die mein Handeln speist und mir zu der Beständigkeit verhilft, mit der die erforderlichen Handlungen auszuführen sind. Am Beginn einer neuen Unternehmung ist es leicht, völlig darin aufzugehen, sobald uns aber das ganze Ausmaß der Aufgabe bewusst wird, verlieren wir schnell das Interesse und suchen nach Ausreden für unseren Rückzug. Beharrlichkeit oder Hingabe setzen voraus, dass wir die Kräfte von *rajas* und *tamas* im Auge behalten, die uns ablenken bzw. Trägheit verursachen. Ihnen nachzugeben behindert nicht nur unser Bemühen, sondern löst darüber hinaus Schuldgefühle aus, die schließlich den Geist lähmen und zum Scheitern führen.

10) Meisterung des Geistes

Den Geist zu kontrollieren bedeutet, ihn zu verstehen und sein Denken in Einklang mit der nicht-dualen Natur der Wirklichkeit zu bringen. Auch wenn der Geist launisch ist, brauche ich seinen Launen nicht nachzugeben und seinen Fantasien nicht zu entsprechen. Geisteskontrolle bedeutet, dass ich der Chef bin, nicht der Geist.

Es gibt vier grundlegende Formen des Denkens:

1. *Impulsiv:* Unbewusste, instinktive Gedanken dominieren den Geist. Ich denke nicht über mein Handeln nach, sondern folge meinen Gefühlen.
2. *Mechanisch:* Ich bin mir meiner Gedanken bewusst, habe jedoch keine Kontrolle über sie, denn sie entspringen bindenden *vasanas*.
3. *Überlegt:* Gedanken unterliegen meinem Unterscheidungsvermögen und werden abhängig von meinem Wertesystem akzeptiert oder verworfen.
4. *Spontan:* Mein Denken befindet sich automatisch mit den universellen Werten in Übereinstimmung, meine Handlungen sind immer angemessen und zeitgemäß. Dieses Denken setzt voraus, dass Selbst-Erkenntnis die bindenden *vasanas* zerstört und den Handelnden negiert hat.

Damit der Geist ein nützliches Instrument der Selbst-Erforschung sein kann, müssen die ersten drei verstanden und gemeistert werden. Das spontane Denken ist keine Voraussetzung für Selbst-Erforschung, sondern die Folge von Selbst-Erkenntnis. Wenn mein Denken impulsiv, mechanisch oder überlegt ist, bin ich noch kein Meister, aber durch überlegtes Denken kann ich, der Handelnde, Kontrolle über meinen Geist gewinnen. Diese Meisterschaft auf der relativen Ebene ist nichts anderes als eine Wachsamkeit *(sattva)*, die bewusst alle Gedanken und Gefühle daraufhin untersucht, ob sie mit der vedantischen Logik in Einklang stehen und sie, wenn sie es nicht tun, durch solche ersetzt, die es tun. Ignorantes, mechanisches Denken wird auf diese Weise unterbunden, sobald es sich im Geist ausbreitet. Wenn ich mir meines Geistes bewusst bin, kann ich aus meinen Fehlern lernen und auf mein Denken Einfluss nehmen. Dies erlaubt mir, meinem Ziel auch im Angesicht vielfältiger Ablenkungen treu zu bleiben, meine Verpflichtungen zu erfüllen und mein Verhalten an den universellen Werten auszurichten.

Im vierten Kapitel wurden Geisteskontrolle *(sama)*, Kontrolle der Sinne *(dama)* und Konzentrationsvermögen *(samadhana)* als Qualifikationen für Selbst-Erforschung genannt. Jetzt stellen wir sie als Werte vor. Geisteskontrolle ist hier die Fähigkeit, das Denken schon beim Entstehen der Gedanken zu disziplinieren. Kontrolle der Sinne verweist auf die Besonnenheit auf der Ebene der Sinne, und Konzentrationsvermögen ist die nachhaltige Kompetenz, auch im Angesicht schädlicher Denkmuster an den Lehren festzuhalten, zum Beispiel durch die Anwendung des entgegengesetzten Gedankens. *Sama* und *dama* befähigen den Geist zu *samadhama.*

11) Gleichmut angesichts von Sinnesobjekten

Gleichmut ist ein wichtiger Wert, der existenzielle Reife anzeigt und sich durch die Anerkennung der beiden folgenden Tatsachen ausdrückt: (1) Das Glück, nach dem ich suche, liegt nicht in den Dingen, und (2) das Leben ist ein Nullsummenspiel. Gleichmut beseitigt falsche, durch meine *vasanas* produzierte Emotionen und zeigt mir die Welt so, wie sie wirklich ist. In Kapitel 4 haben wir Gleichmut, *vairagya*, kennengelernt als Leidenschaftslosigkeit in Bezug auf die Resultate meines Handelns. Wenn dir diese Bedeutung nicht klar ist, solltest du den entsprechenden Abschnitt nachlesen. Für einen gleichmütigen Geist ist Selbst-Erforschung ein natürlicher Impuls.

12) Enthaltsamkeit, Verzicht

Es ist schwer, einen Wert zu finden, der spiritueller ist als Enthaltsamkeit. Der Wohlstand der letzten Jahrzehnte hat Gesellschaften geformt, die durch bedürftige und gierige Individuen geprägt sind. Ich möchte, was ich möchte, wie ich es möchte, und ich möchte es **jetzt**! Diese Haltung, die noch durch die große spirituelle Leere weiter Bevölkerungskreise verstärkt wurde, hat eine in der Menschheitsgeschichte beispiellose Menge und Intensität verstörender Gedanken hervorgebracht. Die Lösung besteht darin, eine Wertschätzung für Enthaltsamkeit zu entwickeln. Das heilige *mantra* des Enthaltsamen lautet: „Weniger ist mehr." Je weniger materielle und feinstoffliche Objekte ich ersehne und besitze, umso mehr Frieden werde ich erfahren.

13) Abwesenheit von Egoismus

Da wir in diesem Kapitel Werte diskutieren, meinen wir mit Abwesenheit von Egoismus nicht die durch Selbst-Erkenntnis erreichte vollständige Freiheit von der Empfindung eines lokalisierten Ichs.

Stolz resultiert aus einem falschen Verständnis der Beziehung zwischen dem Individuum und der Welt. Das Individuum ist ein Ego, ein bewusstes Wesen, das hierher gebracht wurde, um seiner Bestimmung gerecht zu werden. Egoismus ist die aus Ignoranz geborene Vorstellung eines abgetrennten Selbst, er ist das Kapital, welches dem Ich-Ego in dieses Leben mitgegeben wurde und von dem es großzügig Gebrauch macht. Egoismus ist ein unbegründeter Besitzanspruch auf alle möglichen Objekte, Talente und Fähigkeiten, die in Wirklichkeit nicht dem scheinbaren Individuum gehören, sondern *Ishvara*. Stolz und Egoismus sind nahezu synonym, wir verweisen daher auf das, was wir oben (unter Punkt 1) besprochen haben.

Swami Dayananda präsentiert eine interessante Analyse, deren Kontemplation die Absurdität von Egoismus deutlich macht. Er sagt:

> „Wir sind zwar mit einem freien Willen gesegnet und haben die Macht, unsere Handlungen zu wählen, aber wir haben keine Macht über die Resultate; diese sind nur Möglichkeiten unter

Wahrscheinlichkeiten. Das Ergebnis jeder Tat hängt von vielen Umständen ab, vergangenen und bestehenden, bekannten und unbekannten, die im Zusammenspiel wirken. Wenn mein geschickter, kraftvoller Fuß in den letzten Sekunden des Spiels den entscheidenden Pass spielt, dann sind zu viele materielle und situationsabhängige Faktoren involviert, als dass der Sieg als Anlass zu persönlichem Stolz genommen werden kann. So viele Faktoren und Erfahrungen haben zur Geschicklichkeit des Fußes beigetragen, der den Pass spielte. Ich bin nicht dafür verantwortlich, dass der Sturm rechtzeitig abzog und das Spiel stattfinden konnte, und nicht für die Sonne, die, zwei Sekunden bevor ich schoss, aus den Wolken hervorbrach und alles in ein gleißendes Licht tauchte. Es ist auch nicht mein Verdienst, dass mein Mitspieler meinen Pass so treffsicher verwertete. Wenn Stolz und Ego genauer untersucht werden, erscheinen sie so töricht, dass Demut kaum mehr eine Tugend genannt werden kann. Demut ist nichts anderes als die Welt – einschließlich meiner selbst, denn ich bin Teil der Welt – so zu verstehen, wie sie wirklich ist. Die Abwesenheit von Egoismus erlaubt mir, all die wunderbaren Gelegenheiten wertzuschätzen, die die Welt bereithält, all die Möglichkeiten, aus denen ich lernen kann und die mir die Chance geben, mich meiner Ignoranz zu entledigen."

14) Würdigung der Zeit

Die Dinge, von denen meine Zufriedenheit abhängt, sind der Zeit unterworfen. Damit *samsara* für mich funktionieren kann, muss ich diese Tatsache ausblenden. Doch diese willentliche Ignoranz verhindert Selbst-Erforschung, denn sie bindet mich an Objekte. Die Zeit zu würdigen bedeutet, sich der Kehrseite des Lebens-Prozesses bewusst zu sein. Eine Geburt ist etwas Wundervolles, aber sie verliert ihren Glanz, wenn ich den Tod in meine Betrachtung einbeziehe. Und auch der Raum zwischen Geburt und Tod ist kein Rosengarten, dauernd sind wir diversen physischen und psychischen Schmerzen ausgesetzt. Heute magst du glücklich sein, aber schon morgen kannst du wieder leiden. Die Zeit ist ein gefräßiges Maul, das alles verschlingt, auch den Schmerz. Daran kannst du nichts ändern. Verfolge dein Ziel und vergeude keine Zeit. Nutze sie bewusst und tue, was getan werden kann. Werde Herr der Zeit und eile langsam.

15) Abwesenheit von Besitzdenken

Dieser Wert ist der Abwesenheit von Stolz und Egoismus vergleichbar. Hier ist ein weiteres Zitat von Swami Dayananda:

> „Vor einigen Jahren erzählte mir ein junger Freund, dass er einen Wohnsitz in Bombay erworben habe, und er lud mich ein, ihn zu besichtigen. Als wir an seinem Haus ankamen, blickte ich auf ein siebenstöckiges Gebäude. Da ich den jungen Mann als eher bescheiden kannte, war ich überrascht. ‚Das hast du gekauft!', sagte ich, ‚Nicht alles', lachte er,

‚mir gehört nur eine Wohnung im dritten Stock.‘ Also gingen wir in den dritten Stock, und er leitete mich mit den Worten ‚Das gehört mir, das ist, was ich besitze‘ in die Wohnung. Es war das erste Mal, dass ich von so einem Arrangement hörte, ich war also immer noch überrascht. ‚Gehört dir das Land?‘ fragte ich. ‚Nein‘, sagte er, ‚das Land gehört der Eigentümergemeinschaft‘. Ihm gehörte nur die kleine Wohnung, zwei Zimmer, Küche, Bad. Also fragte ich: ‚Gehört dir der Boden?‘ ‚Nein, mein Boden ist die Decke des Nachbarn unter mir.‘ ‚Gehört dir die Decke?‘ ‚Nein, die Decke ist der Boden der Familie über mir.‘ ‚Wie steht es mit den Wänden?‘ ‚Nun, die inneren Wände teile ich mit den benachbarten Wohnungen. Die äußere Wand hingegen gehört zum Gesamtgebäude als Teil seiner Fassade.‘ ‚Was also gehört dir?‘ ‚Nun, Swamiji, mir gehört der Raum.‘“

Gehört der Körper mir? Meine Mutter könnte das Eigentum daran beanspruchen, weil er aus ihrem Fleisch und Blut entstanden ist. Und der Vater, weil sein Samen die Befruchtung ermöglichte. Meine Familie erhebt einen Anspruch auf mich, die Gesellschaft ebenfalls, sogar die Bank, bei der mein Geld liegt. Die Liste derer, die Anspruch erheben, da sie mein Leben ermöglichen, ist endlos lang, Myriaden von Bakterien aller Art, Luft, Feuer, Wasser, Erde, Sonne, Mond usw. Ich bin bestenfalls ein Treuhänder, ein Verwalter oder ein Tourist, der sich vorübergehend hier aufhält, während das *karma* dieser Inkarnation sich entfaltet. Ohne die

Vorstellung von Besitz kann meine Beziehung zu Objekten rein sachlich werden, und in der Abwesenheit von Anhaftung kann sich mein Geist beruhigen und klären und sich der Erforschung widmen. Alles ‚gehört' *Ishvara.*

Zwei positive Werte, die mit der Abwesenheit von Besitzdenken einhergehen, sind Wohltätigkeit und Großzügigkeit. Das spirituelle Leben dreht sich mehr um Geben als um Nehmen. Ein gebendes Herz ist ein wachsendes Herz.

16) Abwesenheit übermäßiger Bindung an geliebte Menschen

Ich bin hier, um die Schöpfung zu bereichern. Die Wesen, die mir am Herzen liegen, sollen von mir geliebt werden. Doch wir haben gesehen, dass wir nichts wirklich besitzen und nichts wirklich erschaffen haben, und dies gilt auch für unsere Beziehungen. Ein übermäßiges Anhaften an nahestehende Personen ist nicht zu rechtfertigen. Wir können uns liebevoll um sie kümmern und dennoch unseren Gleichmut bewahren. Was andere Menschen tun und wie sich unsere Beziehungen entwickeln, liegt nicht in unserer Hand.

17) Ein ausgeglichener Geist in allen Situationen

Dieser Wert ist eine Variante von Gleichmut und basiert auf dem Verstehen von *Ishvara.* Es ist ein Geisteszustand, der nicht zwischen Euphorie *(rajas)* und Depression *(tamas)* pendelt. Um diesen Zustand zu erreichen, muss ich die Projektionen auf Objekte, insbesondere auf Menschen und auf mich selbst, auflösen und stattdessen eine objektive

Perspektive einnehmen. Mit der Reduktion subjektiver Gefühlen auf Fakten kann der Geist eine Haltung entwickeln, die es ihm leicht macht, die Vision des Vedanta zu würdigen. Vedanta enthüllt uns, dass ‚Fakten' in Wirklichkeit *mithya* sind, nur scheinbar real. Um aber zu verstehen, was *mithya* bedeutet, und mich davon zu befreien, muss ich meine Subjektivität überwinden.

18) Unerschütterliche Hingabe an Gott

In der Wertediskussion beziehen wir uns nicht auf das reine Bewusstsein, sondern auf Bewusstsein als *Ishvara*, Gott. Werte und somit auch die Hingabe an Gott sind nur so lange ein Thema, wie die Erkenntnis der eigenen wahren Natur noch unvollständig oder schwankend ist. Der nach Freiheit suchende *jiva* tut gut daran, die Existenz von Gott anzuerkennen und sich Seinen Entscheidungen freudig zu unterwerfen. Diese Haltung dankbarer Akzeptanz ist *karma yoga*, sie produziert die Ausgeglichenheit des Geistes, die wir im letzten Abschnitt besprochen haben. Sie erwächst aus der Einsicht, dass Gott uns die Resultate unserer Handlungen aushändigt. Sie befreit den Geist von Projektionen, bringt ihn in Einklang mit der objektiven Wirklichkeit und ermöglicht ihm, die Lehren zu verinnerlichen.

19) Wertschätzung der Einsamkeit

Die Einsamkeit wertzuschätzen ist offensichtlich ein nützlicher Wert, denn man kann sich nicht der Selbst-Erforschung widmen, wenn man von unruhigen Geistern umgeben und mit ihnen in Verbindung ist. Der bewusst gewählte Rückzug ist von einer Flucht zu unterscheiden, in der wir vor uns selbst oder vor Dingen flüchten, denen wir uns nicht stellen wollen. Daran, dass wir uns unzulänglich fühlen, wenn wir eine bestimmte Aktivität nicht ausüben können, erkennen wir, dass es sich bei dieser Aktivität um eine Flucht handelt. Ein Geist, der die Einsamkeit schätzt, ist ein Geist, der es genießt, mit sich alleine zu sein. Die Einsamkeit ist die beste Umgebung für die Selbst-Erforschung.

20) Fehlendes Verlangen nach Gesellschaft

Dieser Wert geht Hand in Hand mit der Wertschätzung der Einsamkeit. Ein stiller Ort ist weder an sich wertvoll, noch ist die Gesellschaft anderer an sich schlecht. Vor anderen Menschen Angst zu haben ist genauso ein ungesunder Wert wie das Verlangen nach Gesellschaft. Wir werben hier für die Wertschätzung eines zufriedenen, nichts vermeidenden Geistes, der seine eigene Gesellschaft genießt.

21) Beständige Praxis der Selbst-Erforschung

Sich in jedem wachen Moment darüber klar zu sein, dass Freiheit das zentrale Anliegen des Lebens ist, und das Wissen, dass Ignoranz in Bezug auf die Wirklichkeit dieser Freiheit im Weg steht: Das ist der Wert, auf den hier verwiesen wird. Er beinhaltet auch die Überzeugung, dass einzig Selbst-Erkenntnis, das Wissen, dass Gewahrsein meine wahre Natur ist, zu dieser Freiheit führt. Diese Überzeugung sollte so unerschütterlich sein, dass weltliche Ziele wie Sicherheit, Vergnügen und Tugendhaftigkeit mir nicht mehr den Kopf verdrehen können. Im Kapitel über die Qualifikationen wurde dieser Wert als ein brennendes Verlangen nach Befreiung beschrieben. Wenn dieser Wert verinnerlicht wurde, sind auch die beiden nächsten (und letzten) Werte leicht zu verstehen.

22) Entschlusskraft, Durchhaltevermögen

Übermäßiges *rajas* ist Gift für ein spirituelles Leben. Während sich von *tamas* dominierte Personen schwer damit tun, Projekte anzustoßen, verhindert ein zerstreuter, von *rajas* getrübter Geist, dass Projekte zu Ende geführt werden. Entschlüsse nicht durchzuhalten führt zu einer Anhäufung unerfüllter *vasanas* und verwirrt den Geist. Es ist daher bedeutsam, Dinge auch zu Ende führen zu wollen. Um diesen Wert zu verinnerlichen, sollte man sich immer nur mit einer Sache beschäftigen und nicht mehreres gleichzeitig erledigen. Erst wenn ein Projekt beendet ist, nehme ich das nächste in Angriff. Ich muss einsehen, dass eine fehlerhafte Vorstellung von mir selbst die Quelle meiner vielfältigen Bedürfnisse und mannigfachen Aktivitäten ist, und ich muss diese Vorstellung mit der Erkenntnis ‚Ich bin vollständig und vollkommen' neutralisieren. Keine Handlung kann verändern, wer ich bin. Wenn ich den Wert der Selbst-Erforschung verstanden und mich der Befreiung verschrieben habe, muss ich an meiner Praxis festhalten, bis ich frei bin.

23) Vorsicht, Sorgfalt und Zurückhaltung

Der Hang, impulsiv Projekte anzustoßen, kann durch die Wertschätzung von Vorsicht und Zurückhaltung gezähmt werden. Ich sollte die Dinge sorgfältig durchdenken und mögliche Vor- und Nachteile in Erwägung ziehen, bevor ich mich für ein Projekt engagiere. Und sobald ich mich entschieden habe, sollte ich geduldig daran arbeiten. Weil sie Geschwindigkeit und das Gefühl von Geschäftigkeit so mögen, verschwenden von *rajas* dominierte Menschen immens viel Zeit und Energie mit unnötigen Handlungen.

Kapitel 13

LIEBE

WIESO IST BEWUSSTSEIN LIEBE?

Diejenigen, die nicht verstehen, dass das Selbst und die Liebe ein und dasselbe sind, kritisieren Vedanta gerne als einen ‚rein intellektuellen' Pfad; sie deuten damit an, dass der Pfad der Liebe überlegen sei, weil er einen Zustand ekstatischer Liebe hervorrufe. Dieses Missverständnis liegt an dem Unvermögen, die Vorstellung des Selbst als Bewusstsein/Gewahrsein mit der Vorstellung des Selbst als Liebe in Einklang zu bringen. Vedanta ist ein Pfad der Liebe, denn er führt zu der Erkenntnis, dass das Selbst reine Liebe ist. Es ist die Liebe, die sich in allen Formen von Zuneigung und Ekstase ausdrückt. Wenn die Wirklichkeit, wie Vedanta es darlegt, nicht-duales Bewusstsein ist, und wenn Liebe existiert (was sie tut!), dann kann es keinen Unterschied zwischen Liebe und Bewusstsein geben.

Die Verbindung zwischen Liebe und Bewusstsein liegt auf der Hand: Liebe ist gewollte Aufmerksamkeit. Zu sagen, dass du deine Katze liebst, bedeutet, dass du ihr deine Aufmerksamkeit schenkst. Du fütterst sie, du streichelst sie, du denkst an sie. Wenn du deinem Partner keine Aufmerksamkeit mehr entgegenbringst, wird er dir vorwerfen, dass du ihn nicht mehr liebst. Aufmerksamkeit ist das durch den Feinstofflichen Körper auf ein Objekt gerichtete Bewusstsein. Da du dich ständig mit etwas beschäftigst, liebst du ständig etwas. Liebe ist kein besonderer Zustand, kein besonderes Gefühl, sie entspringt keinem Objekt. Sie ist die Natur des Bewusstseins, sie ist dein Selbst.

Du magst einwenden, dass es viele Dinge gibt, die du nicht liebst, aber das liegt nur daran, dass es dir gefällt, bestimmte Objekte nicht zu lieben. Es gefällt dir, weil du deine Abneigungen liebst. Dass du, deinen Abneigungen folgend, gewisse Objekte nicht liebst, stellt die Tatsache nicht infrage, dass deine Natur Liebe ist. Es beweist nur, dass du dich mehr liebst als jedes Objekt, und dir zuliebe dir auch deine Abneigungen heilig sind. Deine Vorlieben und Abneigungen, deine Wünsche und deine Ängste kommen nicht von außen. Sie entspringen deinem Innern. Sie sind aus deinem Bewusstsein, deinem Gewahrsein gemacht, gefiltert durch Selbst-Ignoranz. Wünsche sind ‚positive' Liebe, Abneigungen sind ‚negative' Liebe. Sie sind du, aber du, Liebe, bist frei von ihnen.

Wenn du sagst, dass du deinen Job nicht magst, ihn aber, weil du das Geld brauchst, nicht aufgibst, dann heißt das, dass deine Liebe zum Geld größer ist als deine Abneigung gegen den Job. Du liebst das Geld, weil du dich liebst. Alles, was wir tun, und alles, was wir denken und fühlen, geschieht dem Selbst zuliebe. Wir tun alles für das Selbst, denn wir lieben es mehr als alles andere.

Dass wir ein Objekt nicht um des Objektes willen lieben, ist schwer zu akzeptieren. Wir hängen an dem Glauben, unsere Liebe sei selbstlos. Doch jede Liebe ist selbstsüchtig, denn es gibt nur ein Selbst. Das Objekt, das du liebst oder nicht liebst, bist du selbst, auch wenn es als etwas ‚anderes' in deinem Bewusstsein erscheint.

Liebe in Beziehungen beruht auf Dualität

Der Glaube, die Realität sei eine Dualität, ist die Quelle der Idee der Liebesbeziehung. Er ist verantwortlich für die traurige Tatsache, dass Liebesbeziehungen so sehr mit Ängsten beladen sind und so leicht Gefühle des Scheiterns auslösen können. Wenn du in der Dualität gefangen bist, wirst du glauben, es mangele dir an Liebe, obwohl du die Fülle selbst bist. Die Ignoranz in Bezug auf deine Fülle bewirkt, dass du Liebe auf Objekte projizierst, und lässt dich glauben, du würdest dich vollständig fühlen, wenn dir ein bestimmtes Objekt, z. B. eine Person, gehörte. Das Gefühl der Vollständigkeit ist die Erfahrung von Liebe, deinem Selbst. Das Wissen um deine Vollständigkeit ist Befreiung. Es führt zu der Würdigung der Tatsache, dass du die Liebe selbst bist.

Leidenschaft für ein Objekt, ist keine Liebe, schon gar nicht, wenn es sich um eine Person handelt. Es ist nur Begehren. Wenn du genauer hinblickst, wirst du entdecken, dass du – ohne es zu wissen – in der Liebe zu einer anderen Person in Wirklichkeit dich selbst liebst. Du bist die Liebe in der anderen Person. Ohne es zu wissen, berührst du in der Berührung der anderen Person in Wahrheit nur dich selbst. Erinnere dich: Die Freude liegt nicht in den Objekten. Niemals! Aus Ignoranz über diese Tatsache begibst du dich in die Abhängigkeit von einer Person, genauer gesagt in die Abhängigkeit von der Idee, dass du die andere Person brauchst, um dich zu vervollständigen. Diese Art von ‚Liebe' ist in Wirklichkeit als Liebe verkleidete Ignoranz.

Der Wunsch, Objekte zu lieben und von ihnen geliebt zu werden, ist eine wesentliche Ursache von Leiden, denn er erzeugt einen ununterbrochenen Strom positiver und negativer Emotionen, die uns an Objekte binden. Da dieser Wunsch angeboren ist, kann er nur schwer überwunden werden. Er kann aber sublimiert werden, indem wir Liebe geben, statt sie einzufordern oder sie zu erwarten. Liebe zu geben ist die Essenz von Hingabe. Es ist die Erkenntnis, dass du dich der Welt allein durch deine Präsenz als Bewusstsein in Form deiner Gedanken, Worte und Taten darbietest. Es ist das Gewahrwerden der Präsenz der ‚anderen' und ihres Verlangens nach Liebe. Du verlierst keine Liebe, wenn du liebst, im Gegenteil, die Erfahrung, dass du selbst Liebe bist, wird umso stärker, je mehr du gibst. Das *yoga* der Hingabe umfasst auch die Liebe zu dem ‚du', das du zu sein glaubst, zu demjenigen, der sich nach Liebe sehnt. Vom Standpunkt des Selbst, des wahren Liebenden bist auch ‚du' ein Objekt; indem du auch ‚dir' Liebe zuteilwerden lässt, lässt du die lieblose Vergangenheit hinter dir.

Das Leben ist das durch den Feinstofflichen Körper (den Handelnden) strömende Gewahrsein. Wenn nun aber – aufgrund der Tatsache, dass das Selbst nicht-duale Liebe ist – jede Transaktion mit einem Objekt in Wirklichkeit Liebe ist, wie erklären wir dann die schmerzhaften Aspekte der Liebe? Wir erklären sie mit Ignoranz. Wenn der Handelnde, die denkende Person, nicht erkennt, dass ihre Natur in Wahrheit Liebe ist, wird die Liebe von den Vorlieben und Abneigungen „gekapert" und findet in negativer, häufig pervertierter Form ihren Ausdruck. Es stärkt die Hingabe, wenn wir diesen Prozess genau durchleuchten, denn auf diese Weise wird sich die denkende Person, der Feinstoffliche Körper, seiner Vorurteile, seiner Vorlieben und seiner Abneigungen bewusst. Indem Projektionen bewusst werden, verlieren sie ihre Kraft, und die Energie, die in ihnen gebunden war, kann sich in Hingabe verwandeln. Befreit von belastenden Emotionen wird die Liebe frei fließen.

WER GIBT SICH HIN?

Es ist der *jiva*, der sich hingibt, das reflektierte Selbst, die individuelle Person. So wie der Mond, um zu leuchten, von der Sonne abhängt, so hängt die Person in ihrem Anspruch, ein bewusstes lebendes Wesen zu sein, von Bewusstsein ab. Wenn ein weltlich orientierter *jiva* seine unverbrüchliche Beziehung zu *Ishvara* (reines Gewahrsein in der Rolle des Schöpfers) begreift, wird ihm Hingabe ein natürlicher Impuls. Hingabe ist, wenn der *jiva* seine Begrenzungen und seine völlige Abhängigkeit von *Ishvara* anerkennt.

Das Individuum befindet sich in einer komplexen, sich ständig verändernden Umgebung, die es nicht geschaffen hat und die es kaum beeinflussen kann. Um hier erfolgreich zu bestehen, muss der *jiva* seine Identität in *Ishvara* hinein auflösen. *Ishvara* ist das Drehbuch, der sich hingebende *jiva* ist der Schauspieler. Da *Ishvara* komplex ist, muss der Hingebende viele Rollen spielen. In Bezug auf meine Mutter bin ich Tochter. In Bezug auf mein Kind bin ich Mutter. In Bezug auf meinen Gatten bin ich Ehefrau. In Bezug auf meinen Chef bin ich Angestellte. In Bezug auf den Staat bin ich Bürgerin. In Bezug auf den Mann nebenan bin ich Nachbarin. In Bezug auf meine Bank bin ich Kundin. Diese Liste kann endlos fortgesetzt werden.

Um auf die Anforderungen *Ishvaras* angemessen und zeitgerecht zu antworten, benötigen wir großes Geschick. Wir müssen intellektuell und emotional agil und in Sekundenschnelle in der Lage sein, die Rollen zu wechseln, wenn uns *Ishvara* vor neue Situationen stellt. Wem es an Selbstvertrauen mangelt, sich auf dieses anstrengende Rollenspiel mit all seinen unterschiedlichen Anforderungen einzulassen, wird sich eher aus der Welt zurückzuziehen. Eine solche Person lässt sich von ihren Ängsten beherrschen und beschränkt sich auf einige wenige Rollen, in denen sie sich sicher fühlt, manchmal sogar auf eine einzige Rolle, wie z.B. Mutter, Arbeiter oder Einsiedler. Doch abgesehen davon, dass es nicht wirklich empfehlenswert ist, Beziehungen zu vermeiden, ist es auch selten möglich. Die Anerkennung der Verbindung zwischen *jiva* und *Ishvara* schützt vor dem Stress des Rollenspiels, denn aus ihr erwächst das Verstehen, dass die Rollen nicht uns als Person gehören, sondern *Ishvara*. Die uns zugedachten Rollen bestmöglich auszufüllen, das ist wahre Hingabe.

Emotion in Hingabe verwandeln

Man kann das *yoga* der Hingabe als eine Transformation beschreiben, die unsere (aus der Liebe zu unbeständigen Objekten entstandenen) Emotionen in die Hingabe zum ewigen Subjekt, dem Selbst, verwandelt. Diese Transformation erfordert, dass wir uns mit Ausdauer und Beharrlichkeit der Praxis der Nicht-Anhaftung verschreiben. Der sich in Hingabe übende *jiva* ist aufgefordert, sein Verlangen nach den Früchten seiner Handlungen aufzugeben und den Glauben zu überwinden, dass Objekte (insbesondere auch Menschen und Erfahrungen romantischer Liebe) eine legitime Quelle beständiger Liebe sein könnten.

Verzicht verleiht Kraft, Erkenntnis und Liebe. Willig opfern wir weniger attraktive Objekte für attraktivere. Wenn wir die feineren Genüsse des Geistes entdecken, verlieren die sinnlichen Genüsse der physischen Objekte, denen wir verfallen waren, ihren Glanz. Und wenn wir die Liebe kennenlernen, die das innerste Selbst ist, verblassen die kleinen persönlichen Vorlieben, die das Herz fesselten. Je mehr die Praxis des Loslassens sich in uns festigt, umso stärker wird unsere Liebe.

Das seichte Verlangen nach romantischer Liebeserfahrung und freudiger Aufgeregtheit ist ein Merkmal der Unerleuchteten. Wenn wir es abstreifen, erkennen wir, dass es unser tiefster Wunsch ist, zu lieben und geliebt zu werden. Nichts ist attraktiver als die Liebe, die Realisierung des Eins-Seins mit uns selbst. Solange wir das wahre Objekt unseres Begehrens nicht kennen, jagen wir nach

Objekt-Liebe. Doch wenn wir zum Selbst erwachen, verstehen wir, dass wir immer nur das Selbst geliebt haben. Wir erkennen, dass unsere kleinen alltäglichen Lieben nur fade Reflexionen der Liebe sind, die unsere wahre Natur ist, die Liebe, die jedes Atom des Universums durchdringt. Die Praxis der Hingabe lenkt unsere Aufmerksamkeit auf das wahre Objekt unserer Zuneigung.

Ohne das Wissen, dass die Realität nicht-duales Bewusstsein bzw. nicht-duale Liebe ist, wird es uns schwerfallen, Hingabe-*yoga* zu praktizieren. Doch je besser wir dies verstehen, umso leichter wird es. Wir verstehen, dass wir immer nur uns selbst verehren. Wenn die Realität nicht-duale Liebe ist und sich als materielle oder subtile, belebte oder unbelebte Objekte manifestiert, bietet jede Interaktion mit einem Objekt eine Gelegenheit, Hingabe zu üben. Da das Leben nichts anderes ist als eine endlose Kette von Interaktionen mit Objekten, kann unser ganzes Leben zu einem Tempel werden, zu einem Gebet, einer Opfergabe, zu einer Würdigung unserer selbst. Da du dich über alles liebst, ist es leicht, die Objekte zu verehren, die sich dir präsentieren, wenn du weißt, dass sie in Wirklichkeit du sind.

Doch auch wenn sich das nicht-duale Verstehen noch nicht in uns verwurzelt hat, besteht Hoffnung: Wir können auch dualistisch Hingabe-*yoga* praktizieren, auch diese Praxis hat das Potential, uns in die Freiheit zu führen. Religion ist dualistisch, denn das Objekt des Gebets (Gott) und der Betende werden als voneinander getrennt angesehen. Solange wir noch im dualistischen Denken verhaftet sind, ermutigt uns Vedanta zu einer religiösen Haltung.

Diese Haltung – deren Vorbild *karma yoga* ist – träufelt dem *jiva* die Bewusstwerdung *Ishvaras* ein, was ihn objektiver werden lässt und harmonisierend auf ihn und seine Umgebung wirkt und ihn schließlich erkennen lässt, dass seine Umgebung und sein Leben nichts anderes sind als *Ishvara*.

HINGABE UNTER BEACHTUNG DER *GUNAS*

Personen, bei denen *tamas* den Feinstofflichen Körper dominiert, haben die Vorstellung, das Selbst sei etwas von ihnen Getrenntes, ein bestimmtes geistiges Wesen oder ein Gott. Und da ihr Denken schlicht ist, wird ihre Hingabe wie die eines Kindes oder eines Untergebenen sein. Diese Personen begeistern sich für alle möglichen Formen magischen Aberglaubens und sind fasziniert und erregt von den dunklen Gefühlen, die sie mit der Visualisierung von Dämonen und Geistern erwecken können. Furcht ist das in ihnen vorherrschende Gefühl. Es mag sein, dass sie schwarze Magie anzieht oder dass sie an Wunder glauben und seltsame Rituale praktizieren. Wahrscheinlich glauben sie an Himmel und Hölle, interpretieren die Schriften wortgetreu und halten Sünde für ein wichtiges Thema. Alles Okkulte zieht sie an, und sie sind ein leichtes Opfer für die Manipulationen korrupter Sekten oder Priester. Leichtfertig unterwerfen sie sich charismatischen ‚spirituellen' Persönlichkeiten und lassen sich von ihnen missbrauchen. Wer ihren Guru oder ihren Glauben infrage stellt, muss mit ihrem Hass rechnen. Die religiöse Geschichte steckt voller Beispiele von Exzessen, deren dieser beschränkte Geisteszustand fähig ist, man denke nur an die Inquisition oder an den religiösen Fundamentalismus.

Auf der anderen Seite ist diese aus *tamas* gewachsene Form des Glaubens in der Regel fest und stabil und befähigt den Gläubigen, sowohl die vielen kleinen Nadelstiche des Lebens als auch existenzielle Krisen gut zu überstehen. Die Überzeugung, dass Gott existiert, kommt bei ihnen aus tiefstem Herzen.

Wenn der Feinstoffliche Körper von *rajas* geprägt ist, projiziert die Person ebenfalls eine Art Gott oder eine geistliche Figur als das Objekt ihrer Hingabe. *Rajas*, die Kraft der Projektion, ist eine rastlose unbefriedigte Energie, die den Geist und die Emotionen in ständiger Unruhe hält. Wie eine trübe, sich ständig bewegende Leinwand verbirgt sie die Liebe, die wahre Natur der Person. Die Hingabe der *rajas*-Persönlichkeit ist narzisstisch, und sie ist sich nicht zu schade, mit Gott um Macht und Wohlstand zu feilschen. Die Vorstellung von materieller Fülle als Ausdruck spiritueller Tugend gefällt ihr. Aus *rajas* gewachsene Hingabe neigt dazu, sich ihrer Außenwirkung bewusst zu sein. Der Gläubige mag versucht sein, dies zu nutzen, um andere zu beeindrucken. Wenn man ein wenig an der Oberfläche dieser Mentalität kratzt, wird eine Person sichtbar, die mehr daran interessiert ist, für ihre Umwelt ein hingebungsvolles Bild abzugeben, als daran, Gott ein reines Herz zu zeigen. Anders als der verlässliche *tamas*-Typ neigt der rastlose *rajas*-Gläubige dazu, Religionen, Überzeugungen, Lehrer und Übungen häufiger zu wechseln.

Im Gegensatz zur schläfrigen Unschuld des auf *tamas* beruhenden Glaubens an einen Mutter-Vater-Gott ist die *rajas*-Hingabe leidenschaftlich. Damit sie sich in eine von *sattva* dominierte Hingabe verwandeln kann, muss die Überzeugung wachsen, dass die Erkenntnis Gottes das wahre Lebensziel sein sollte, nicht die Anhäufung von Gottes Gütern. Wenn es dem Gläubigen gelingt, seine Hingabe in den Dienst der Selbst-Erkenntnis zu stellen, macht seine Spiritualität rasche Fortschritte.

Gläubige mit von *tamas* oder *rajas* geprägten Feinstofflichen Körpern nehmen alles persönlich, was in ihnen und außerhalb von ihnen geschieht. Sie verstehen nicht, dass ihr Lebensumfeld, *Ishvara*, völlig unpersönlich ist. Dieses Nicht-Verstehen der Realität führt dazu, dass sie häufig in Konflikt mit *Ishvara* geraten.

Sattva ist die Basis der dritten und höchsten Form dualistischer Hingabe. Diese in Gewahrsein verwurzelte Liebe bietet das beste Fundament für ein Leben der Hingabe, denn das *sattva*-Herz ist ein klarer Spiegel, der in der Lage ist, das Angesicht Gottes getreu zu reflektieren. Die Reflexion des Selbst in einem reinen Herzen zu sehen bedeutet zu erkennen, dass es reine Liebe ist. Von *sattva* dominierte Gläubige sind mit Neugierde, Intelligenz und Unterscheidungsvermögen gesegnet und haben häufig kraftvolle Offenbarungen. Ganz selbstverständlich widmen sie *Ishvara* ihre Handlungen und deren Resultate, und es irritiert sie, wenn der Strom der Liebe zum göttlichen Geliebten durch ein weltliches *vasana* unterbrochen wird. *Sattva*-Hingabe zeichnet sich durch eine Vielzahl hilfreicher Werte und Eigenschaften aus. Dazu gehören: Wertschätzung von

Verzicht, Gleichmut, starke Verbundenheit mit nicht-dualen Schriften, Liebe zu spirituell geprägter Kultur, Bescheidenheit, die Fähigkeit, wirkliche Meister zu erkennen und ihnen zu dienen, sowie die konsequente Beachtung des *dharma*.

Doch *sattva* hat auch seine Schattenseiten. Da der mit einem klaren, ruhigen Geist gesegnete Gläubige nur durch einen leichten Schleier vom Selbst getrennt ist, kann er in spirituelle Überheblichkeit verfallen und unter Anhaftung an Reinheit, Güte, Schönheit oder Wissen leiden. Soll die Hingabe auf der vierten und höchsten Stufe erblühen, müssen diese goldenen Ketten gesprengt werden, auch wenn es schwer ist. Dies ist die nicht-duale Hingabe, die keine Trennung zwischen dem hingebenden Subjekt und dem Objekt der Hingabe mehr kennt. Auf dieser Stufe ist die Hingabe frei von allen positiven und negativen Qualitäten. Sie ist zu unpersönlicher nicht-dualer Liebe geworden.

Es ist wichtig, die verschiedenen Hingabe-Typen zu verstehen, aber man sollte vermeiden, sich selbst mit einem der genannten Typen zu identifizieren. Letztendlich besteht der Zweck der Hingabe darin, unsere begrenzte Identität in unserer unbegrenzten Identität aufzulösen. Hingabe überwindet die Furcht, aus der heraus die scheinbaren Grenzen zwischen dem Gläubigen und seiner wahren Natur entstanden sind. Statt aus dem dominierenden *guna* heraus eine Identität zu entwickeln, sollte man das *guna*-Modell nutzen, um Tendenzen von *rajas* und *tamas* zu erkennen und sie in *sattva* zu transformieren – und sich auf diese Weise auf die Befreiung vorzubereiten.

Wenn man *Ishvara* um etwas anderes als um *Ishvara* bittet, zeigt dies, dass die *vasanas* von *rajas* geprägt sind. Es ist nichts falsch daran, *Ishvara* um Dinge zu bitten, die selbst zu realisieren man zu träge oder zu inkompetent ist. Man sollte aber auch darauf vorbereitet sein, dass *Ishvara* die Bitten abschlagen kann, wenn ihre Erfüllung nicht im Interesse des *dharma*-Feldes oder im Interesse des Bittenden liegt. *Ishvara* muss sich in der Erfüllung der Wünsche an das Gesetz des *karmas* halten, denn Er **ist** das Gesetz.

Die von dir begehrten Objekte sind nicht unbegrenzt verfügbar, sonst bätest du nicht um sie, und du bist auch nicht der Einzige, der nach ihnen verlangt. Niemand bittet *Ishvara* um Luft, denn sie ist kein knappes Gut. Tatsächlich stehst du im Wettstreit mit unzähligen anderen, die das gleiche Resultat verlangen und die in *Ishvaras* Augen genauso wichtig sind wie du. Du wirst dich also gedulden müssen, was – da *rajas* die Mutter der Ungeduld ist – keine besonders angenehme Situation ist.

Ein Gebet ist keine Hingabe

Ein Gebet trägt *Ishvara* Rechnung, es ist der intelligente Gebrauch des freien Willens. Aber ein Gebet ist keine wirkliche Hingabe, da ihm ein fehlerhaftes Verständnis sowohl der eigenen Natur als auch der Natur *Ishvaras*, des Schöpfers und Aushändigers der Resultate, zugrunde liegt. Ein Gebet ist ein Bittgesuch, das auf der Annahme von Unzulänglichkeit – in Bezug darauf, wer man ist und was man hat – beruht. Hingabe hingegen beruht auf der Erkenntnis, dass *Ishvara* den Hingebenden nach Seinem eigenen Bild geformt und ihm mehr als genug gegeben hat. Hingabe ist eine Opfergabe, ein Versuch, das Konto bei *Ishvara* auszugleichen. Für die, die nach Befreiung suchen, gibt es nur ein Gebet: „Beseitige meine Ignoranz, oh *Ishvara*, und enthülle Dich mir."

Die drei durch die *gunas* geprägten Formen der Hingabe führen zur höchsten Stufe, der nicht-dualen Hingabe. *Sattva* ist hierfür das Sprungbrett. Die höchste Hingabe kann sich nicht manifestieren, wenn das Herz in *tamas* verhaftet ist. *Rajas* ist der Ausweg aus *tamas*. *Tamas*-dominierte Gläubige glauben zwar an *Ishvara*, sind aber zu träge, ihn tatsächlich zu suchen. Wenn es ihnen gelingt, die Initiative zu ergreifen und eine strikte Hingabe-Praxis aufzunehmen, wird dies Offenbarungen und Einsichten nach sich ziehen. Diese nicht-dualen Selbst-Erfahrungen – Reflexionen des Selbst in einem ruhigen Herzen – befördern die Entwicklung von *sattva* und festigen den Wunsch nach Selbst-Erkenntnis. Dieser Wunsch ist die höchste Form der dualen Hingabe, denn Selbst-Erkenntnis ist der wahre Zweck des menschlichen Lebens. Wenn unsere Zuneigung zu uns selbst vollkommen geworden ist, werden wir uns die edelsten Dinge und Handlungen zukommen lassen. In dem Maße, wie sich unsere Erfahrung des Selbst vertieft, wird sich auch unser Wissen über das Selbst vertiefen.

Indirekte Selbst-Erkenntnis ist das Wissen ‚über' das Selbst. Durch beständige Selbst-Erforschung transformiert sich dieses Wissen schließlich in direkte Selbst-Erkenntnis, in das unmittelbare und unerschütterliche Verstehen, dass unsere Natur – und die Natur von allem anderen – nicht-duale Liebe ist.

Hingabe ist Erkenntnis und *Karma*

Hingabe ist Erkenntnis, klares Sehen. Es ist die Anerkennung deiner totalen Abhängigkeit von *Ishvara*. Hingabe ist brennende Liebe zu *Ishvara*. Warum solltest du *Ishvara* lieben? Weil dir alles, was du wertschätzt, von Ihm gegeben wurde. Hingabe ist *karma yoga*, denn wenn du verstanden hast, dass deine persönlichen Vorlieben und Abneigungen der Vision im Weg stehen, dass alles *Ishvara* ist, wirst du sie geduldig ausmerzen. Hingabe ist ein Empfinden von Verehrung, das sich mit der Beseitigung deiner Vorlieben und Abneigungen in dir ausbreitet. Hingabe ist ein ehrfürchtiges Erstaunen angesichts der Komplexität und der unermesslichen Größe *Ishvaras*. Es ist ein Empfinden der Ironie, das aufsteigt, wenn du das große Ganze erkennst, welches auch die scheinbare Dualität umfasst, die von *Ishvara*, dem nicht-dualen Schöpfer, erschaffen wurde. Wie ist es möglich, dass *Ishvara* einen Ozean der Schönheit und des Erbarmens und gleichzeitig einen Ozean der Hässlichkeit und des Leidens erschaffen kann? Wie kann Er sowohl Tag als auch Nacht sein, sowohl Erkenntnis als auch Ignoranz, sowohl Freiheit als auch Unfreiheit? Wie kann es freien Willen geben, wenn doch alles von *Ishvara* programmiert ist?

Hingabe ist Verehrung *Ishvaras*. Verehrung bedeutet, dass du verstehst, dass es nicht deine Schuld ist, dass du bist, wie du bist, und dass es auch nicht die Schuld der Welt ist, dass sie ist, wie sie ist. Hingabe bedeutet, die Hilflosigkeit des Individuums anzuerkennen. Du verstehst, dass wir alle wie Kinder sind, die nicht anders können. Diese Einsichten öffnen dein Herz und rufen eine mitfühlende Verehrung aller Menschen hervor. Wenn die Urteile darüber, wie das Leben sein sollte, sich auflösen, kann die Liebe frei fließen und dich erheben. Du willst dich nicht länger selbst verändern oder dein Leben und das Leben anderer kontrollieren. Du weißt, dass die Schöpfung nichts anderes ist als *Ishvara*, das Selbst. Du verstehst, dass, wenn gewisse Aspekte des Lebens fehlerhaft zu sein scheinen, niemals *Ishvara*, sondern nur deine Sichtweise fehlerbehaftet ist. Du erkennst, dass nicht *Ishvara* für das Böse verantwortlich zu machen ist, sondern ausschließlich die Ignoranz in Bezug auf *Ishvara*; sie ist es, die die Grausamkeiten hervorruft.

Hingabe ist freier Wille

Hingabe bedeutet, *Ishvara* als Ziel auszuwählen. *Ishvara* ist kein mächtiges Individuum, das alles entscheidet, denn wenn *Ishvara* alles entschiede, gäbe es überhaupt keine Wahlmöglichkeiten und keine Konflikte. Doch andauernd gibt es Konflikte, was beweist, dass es Wahlmöglichkeiten gibt, also einen freien Willen. Wer mit *rajas* oder *tamas* identifiziert ist, dessen freier Wille ist sehr begrenzt. In der durch *sattva* geprägten Hingabe besitzen wir jedoch die Freiheit, uns selbst als Instrument von *Ishvaras* Willen zu sehen. Durch *sattva* sind wir mit Gleichmut gesegnet, was uns erlaubt, unabhängig von unseren Vorlieben und Abneigungen zu handeln und diese durch *dharma* zu ersetzen. *Dharma* ist *Ishvara*, daher wird unsere Hingabe zu Seinem Instrument, und unser Leben verschmilzt mit Ihm.

Die Hingabe an *Ishvara* ist ein Mittel der Befreiung, denn Freiheit ist *Ishvaras* Natur. *Karma yoga* ist Ausdruck dieser Hingabe, denn um es zu praktizieren, musst du eine Wertschätzung für Freiheit entwickelt haben. Wenn dein Handeln aus einer Haltung der Dankbarkeit heraus geschieht, bereicherst du die Welt. Und indem du deine Vorlieben und Abneigungen neutralisierst, bereitest du den Geist auf Selbst-Erforschung vor. Hingabe wird dich aber nicht befreien, wenn es sich dabei nur um die Hingabe an *Ishvaras* Objekte handelt, wie z. B. Sicherheit, Vergnügen oder Tugend. Es muss die Hingabe an *Ishvara* selbst sein, eine Hingabe, die sich in einem brennenden Verlangen nach Befreiung äußert.

Da wir in dieser Welt leben, müssen wir uns auch um *Ishvaras* Dinge bemühen. Doch wenn unser Geist zu sehr mit weltlichen Dingen, z. B. Sicherheit, beschäftigt ist, kann er sich nicht auf *Ishvara* ausrichten. Wie lösen wir diesen Konflikt? Indem wir unser Bedürfnis nach Sicherheit an *Ishvara* abgeben, kann die Hingabe an *Ishvara* immer im Vordergrund bleiben. Wahre Hingabe schließt Vertrauen ein, die unerschütterliche Gewissheit, dass *Ishvara* uns beschützt. Die Richtung unseres Lebens in Seine Hände zu übergeben bedeutet, *Ishvara* zu vertrauen und Ihn zu lieben. Die *Bhagavad Gita* sagt, dass, wenn du dein Leben in Ishvaras Hände übergibst, Er „für dein Bekommen und dein Behalten sorgen wird“. Die gleiche Idee finden wir in der Bibel: „Trachtet zuerst nach dem Reich Gottes und nach seiner Gerechtigkeit, so wird euch alles andere zufallen.“ Genau so ist es!

Hingabe bedeutet, über die Qualitäten *Ishvaras* zu kontemplieren. Kontemplation ist ein beständiger, nicht durch abweichende Gedanken unterbrochener Strom gleichartiger Gedanken. Wo immer du Licht oder Schatten siehst, Unterscheidungsvermögen oder Anhaftung, Mitgefühl oder Desinteresse, Gleichmut oder Leidenschaft, Geduld oder Enttäuschung, Disziplin oder Schwelgerei, Hingabe oder Gleichgültigkeit, Furchtlosigkeit oder Angst, Verständnis oder Ignoranz, Anpassungsfähigkeit oder Eigennutz, Zufriedenheit oder Unzufriedenheit, Barmherzigkeit oder Geiz, wo immer du Schönheit oder Hässlichkeit siehst – dort siehst du *Ishvara*. *Ishvara* ist alles, was ist. All diese Qualitäten zu verstehen erlaubt es uns, uns der negativen Qualitäten zu enthalten und die positiven zu kultivieren. Dies führt zu reiner Hingabe.

Verehrung von Symbolen

Solange du die scheinbare Wirklichkeit als real betrachtest, hast du noch nicht verstanden, dass du selbst es bist, dem du dich hingibst. Du weißt, dass es mehr gibt als das, was du erfährst, und obwohl dir noch nicht klar ist, was genau ‚es' ist, empfindest du ein gewisses Maß an Liebe und Respekt. Auf diese Weise richtest du deine Hingabe auf bestimmte Objekte, die dich an ‚es' erinnern. Da das Selbst immer präsent ist, können uns diese Symbole zum Selbst führen. Wenn wir ein Symbol verehren, wirkt das Selbst durch dieses Symbol und gewährt uns die nötigen Erfahrungen und Einsichten, um uns in Liebe und Verstehen immer näher heranzuziehen. Du magst zwar denken,

Ishvara sei jemand oder etwas anderes als das Symbol, doch das Symbol ist ebenfalls *Ishvara*. Jedes Objekt, welches das Selbst in der Form von Liebe zu erwecken vermag, kann dazu genutzt werden, die Liebe fließen zu lassen.

Befreie jedes Objekt von seiner weltlichen Bedeutung und benetze es mit einer göttlichen Aura. Betrachte deinen Körper als *Ishvaras* Tempel, dein Zuhause als Sein Haus, deine Familie als Seine Familie. Betrachte jedes Wort, das du sprichst, als Seinen Namen, jede Aktivität, weltlich oder spirituell, als Dienst an Ihm, jede Verbeugung, jedes Niederlegen, jedes Hinknien als Niederwerfung vor Ihm und jedes Licht als ein Symbol des Selbst. Betrachte Schlafen als Meditation und jede Mahlzeit als ein Geschenk *Ishvaras*. Auf diese Weise verlieren Objekte und Handlungen allmählich ihren weltlichen Bezug und werden zu lebenden Symbolen des Göttlichen.

Wenn du einen Berg betrachtest, erkenne in ihm das Symbol deines Selbst. Berge sind relativ ewig und daher besonders geeignet. Sie überragen alles andere und gewähren einen unübertroffenen Ausblick. Das Selbst ist der höchste Teil unseres Seins (nicht, dass es ein Teil wäre), es überragt die Ebenen und Täler unseres Körper/Geist-Territoriums und ermöglicht uns eine unbegrenzte Sicht. Berge sind unbeweglich, wie das Selbst, das sich nicht bewegt, weil es nicht-dual ist. Sie sind still, wie das Selbst, der ‚nicht-angeschlagene Klang'. Wenn du einen Fluss betrachtest, betrachte auch ihn als Symbol deines Selbst. Wie das Selbst, bringt auch der Fluss das Leben und nährt alles, was er berührt. Wenn du den Himmel betrachtest, erkenne in ihm das Symbol des unbegrenzten Selbst.

Wenn du das Selbst personifizieren möchtest, wähle eine Gottheit, die mitfühlend, bewusst, friedlich und schön ist. Indem du diese Qualitäten in dem Symbol manifestierst, erweckst du sie in dir und erkennst sie in deinem Selbst.

Ein Mensch ist ein ausgezeichnetes Symbol des Selbst. Menschen, wie auch alles andere, sind ‚Ebenbilder Gottes', d. h., sie sind reflektiertes Gewahrsein. Das Licht der Liebe, das Gewahrsein ist, scheint in menschlichen Wesen mit einem besonderen Glanz, denn sie sind mit einem Intellekt gesegnet und in der Lage zu erkennen, wer sie sind. Eine Verehrung von Menschen, besonders von großen Seelen, ist ein wichtiger Schritt auf dem Pfad der Hingabe, denn das Objekt der Verehrung ist ein Mensch wie du, der, wie du selbst, von anderen Menschen geboren und großgezogen wurde. Die Verehrung von Menschen heilt Verletzungen und Ressentiments aus der Kindheit. Indem du andere liebst, lernst du, dich selbst zu lieben. Andere zu verehren bedeutet nicht, dass du sie mehr wertschätzt als dich selbst. Es bedeutet, dass du keinen Unterschied mehr zwischen ihnen und dir siehst.

Für den materialistisch orientierten Teil unseres Geistes mag es irrational sein, Göttlichkeit in Dinge zu projizieren, doch diese Übung folgt einer klugen Psychologie. So wie eine Schauspielerin zu der Person wird, die sie darstellt, indem sie sich mit jedem Aspekt ihres Charakters identifiziert, so entdeckt der Hingebende seine Identität mit dem Selbst durch die völlige Identifikation mit dem Symbol. Je mehr du das von dir gewählte Symbol liebst, desto wahrscheinlicher wird diese Liebe eine Vision des

Selbst hervorrufen. Diese Erfahrung der Schönheit des Selbst lässt dich unweigerlich eine noch tiefere Liebe empfinden und dich leidenschaftlich verbunden fühlen. Da alle weltliche Schönheit im Angesicht des Selbst verblasst, versiegt auch die Anhaftung an Objekte.

Verehrung ist keine große Geste, sie bedeutet einfach nur, für dich selbst und für andere da zu sein, wenn du gebraucht wirst. Es ist die Würdigung all der vielen kleinen Bedürfnisse. Betrachte jedes Anliegen als eine Möglichkeit, das Selbst zu verehren. Das Geben zu verweigern heißt, die Liebe zur dir selbst zu verweigern, denn in Wirklichkeit gibt es keine anderen. Andere zu lieben ist eine wertvolle Übung, denn Konflikte mit anderen sind eine wesentliche Quelle äußerer und innerer Unruhe. Diese Praxis wird schließlich die Dualität überwinden und zur Selbst-Erkenntnis führen, zum Verstehen, dass es keine anderen gibt.

Verehrung des formlosen Selbst

Wie kannst du etwas verehren, das keine Qualitäten besitzt? Indem du deinen Geist den Lehren des Vedanta unterwirfst. Jede und jeder kann Hingabe praktizieren, um aber das formlose Selbst zu verehren und Befreiung zu erreichen, muss der Geist vorbereitet sein. Die Verehrung des Selbst in seinen mannigfaltigen Formen ist Teil dieser Vorbereitung.

Vedanta ist die höchste Form der Hingabe, es ist die Hingabe an die Wahrheit. *Ishvara* ist Wahrheit. Wie funktioniert Vedanta? Es wirkt, indem es alle Schranken zwischen dem Hingebenden und dem Objekt der Hingabe, dem Selbst, beseitigt. Was sind diese Schranken anderes als die auf Ignoranz basierenden Vorstellungen und Überzeugungen, welche die Dualität bewahren und Leiden verursachen? Der Hingebende opfert seine Ignoranz den Vedanta-Lehren und empfängt bereitwillig die Resultate, die dieses Opfer mit sich bringt. Wenn sich der letzte Rest an Ignoranz aufgelöst hat, wird der Hingebende erkennen, dass das Selbst Liebe und er selbst nicht getrennt davon ist.

Kapitel 14

Die erleuchtete Person

Wenn du wissen möchtest, wer du sein wirst, wenn du erleuchtet bist, wird dich dieses Kapitel interessieren. Wenn du bereits viel in die Vorstellung investiert hast, schon erleuchtet zu sein, dann solltest du dieses Kapitel ebenfalls lesen – oder vielleicht auch nicht, denn deine Erleuchtung könnte infrage gestellt werden.

Was ist eine ‚erleuchtete' Person? Wenn die Realität nicht-duales Bewusstsein ist, dann gibt es offensichtlich keine erleuchteten Personen. Erleuchtete sind – genauso wie ‚normale' Menschen – nichts anderes als grenzenloses Gewahrsein, das in der Form menschlicher Wesen erscheint. Wenn du eine weniger radikale Vorstellung bevorzugst und nicht akzeptieren kannst, dass ‚Person' nur eine Idee in Gewahrsein ist, dann könnte man auch sagen, dass wir alle erleuchtet sind. Damit ist gemeint, dass wir alle von Gewahrsein beschienen und beleuchtet werden. Tatsächlich ist nach dieser Definition jeder lebende Organismus erleuchtet. Unbelebte Objekte hingegen müssen in ihrer Existenz erkannt werden, um einen Sinn zu ergeben. Sie können nur erkannt werden, wenn Bewusstsein das erkennende Instrument, den Feinstofflichen Körper, beleuchtet.

Diese skizzierten Definitionen von Erleuchtung sind wahr, aber sie werden nur selten verstanden. Sie sind zudem äußerst unpopulär bei denjenigen, die ihre Idee von Erleuchtung nutzen, um einen besonderen Status für sich zu beanspruchen oder – schlimmer noch – die ihre Definitionen von Erleuchtung nutzen, um gutgläubige Sucher zu beeindrucken, zu manipulieren, einzuschüchtern, auszubeuten und zu missbrauchen. Du magst glauben, dass alle ‚spirituellen' Menschen in irgendeiner Weise – nun ja – ‚spirituell' sind, aber du irrst. Spirituelle Menschen sind weltliche Menschen, die nur eine besondere Kleidung tragen. Sie mögen ein *vasana* für immaterielle geistige Werte haben, aber sie sind nicht unbedingt immun gegen die alltäglichen Verlockungen, die auch ihre weltlichen Brüder und Schwestern verführen: Sicherheit, Genuss, Macht und Ruhm.

Die Aussage, dass es keine erleuchteten Personen gibt, weil die Realität nicht-duales Bewusstsein ist, bestreitet die Existenz des Individuums; die Aussage, dass alle erleuchtet sind, entwertet die Erleuchtungs-Idee als Ganzes. Diese Aussagen sind wahr, aber es sind keine Definitionen, mit denen wir arbeiten können. Wir können keine Definition von Erleuchtung akzeptieren, die die Existenz des Individuums leugnet. Zusätzlich zu unserer Natur als unbegrenztes Gewahrsein erfreuen wir uns einer begrenzten Existenz als gewöhnliche menschliche Wesen. Wir können auch keine Definition akzeptieren, die Erleuchtung von jeder tieferen Bedeutung entleert. Die Frage „Was ist eine erleuchtete Person?“ ist relevant. Als ein normaler, nach Freiheit suchender Mensch musst du wissen, was Erleuchtung ist und warum du nach ihr suchen solltest. Wie wird dein Leben aussehen, wenn du verstanden hast, wer du wirklich bist?

Vedanta kümmert sich nicht um die Details deiner Persönlichkeit. Die kennst du selbst am besten. Du hast lange genug mit dir gelebt und bist mit deiner Geschichte bestens vertraut. Weder setzen wir diese Person herab, noch verleumden wir sie, noch lehnen wir sie ab. Wir sagen nur, dass du eine weitaus umfassendere Identität besitzt und dass das Wissen um diese Identität dein Leben wirklich großartig machen wird.

Erleuchtung bedeutet, unser Unwissen über unsere grenzenlose, immer-freie Identität zu überwinden. Die Vedanta-Lehre eliminiert die Vorstellungen und Meinungen, die du über dich hegst. Sie lässt dich so nackt und frei zurück, wie du wirklich bist. In unserer Lehrtradition scheuen wir uns davor, das Wort ‚Erleuchtung‘ zu verwenden, auch wenn ich in diesem Kapitel und im Titel des Buchs schamloserweise davon Gebrauch gemacht habe. Es ist ein so populäres Wort, und ich wollte mein Buch attraktiver machen. Doch wir befürworten seine Verwendung nicht, da die Bedeutung des Begriffs ‚Erleuchtung‘ – ähnlich wie bei ‚Gott‘ – vollkommen von der Interpretation abhängt, die du ihr gibst, und zudem der Eindruck erweckt wird, es handle sich um ein außergewöhnliches Ereignis oder einen besonderen Status. Die tatsächliche Bedeutung ist weitaus profaner und gleichzeitig viel tiefgründiger.

Bis jetzt haben wir die Perspektive von Vedanta auf die Realität dargelegt und die Werkzeuge beschrieben, die für das Verstehen benötigt werden. Wenn du – wie wahrscheinlich die meisten, die dieses Buch lesen – schon länger auf der Suche bist, wirst du erkannt haben, dass Vedanta – im Gegensatz zu den mageren Speisen, die dir sonst in den modernen spirituellen Suppenküchen aufgetischt werden – eine sehr reichhaltige Mahlzeit anbietet. Es ist ein lange bewährtes, vollständiges, überaus nahrhaftes Mittel der Selbst-Erkenntnis: richtig was zu beißen.

Um dir den Weg durch das Labyrinth des spirituellen Marktplatzes zu erleichtern und um dich zu führen, wenn du erkannt hast, wer du bist, müssen wir dir nun erklären, wie Freiheit aussieht. Es ist offensichtlich, dass du dich auf einer spirituellen Suche befindest, doch hast du das – anders als du vielleicht denken magst – nicht wirklich gewählt. Du wirst zu dieser Suche getrieben von einem Selbst, dessen kraftvolles Verlangen nach Freiheit nicht geleugnet werden kann. Wenn du wirklich verstanden hast, was es bedeutet, frei zu sein, kannst du schlechten Lehren und schlechten Lehrern aus dem Weg gehen und falsche Ansichten über Erleuchtung vermeiden. Schlechte Lehren sind vage und unvollständig, sie beruhen auf den persönlichen Erfahrungen eines Lehrers oder sind aus verschiedenen spirituellen Traditionen zusammengeschustert. Sie haben keine Methodik und keine zur Erkenntnis führende Logik, häufig verleugnen sie sogar die scheinbare Wirklichkeit. Schlechte Lehren ignorieren wesentliche Themen wie *dharma*, Werte, die Notwendigkeit von Qualifikationen und spiritueller Praxis, die Beziehung zwischen der

Realität und der scheinbaren Realität, das Verhältnis von Erfahrung und Erkenntnis und die Möglichkeiten und Grenzen allen Handelns. Sie bieten auch keine sorgfältige und vollständige Analyse von Bewusstsein, Psyche und materieller Welt. Sie haben weder *Ishvara* verstanden noch die Notwendigkeit der Hingabe an *Ishvara*.

Pseudo-Erleuchtung

Schlechte Lehrer sind solche, die nicht wirklich an sich gearbeitet haben; sie ließen sich von der Vorstellung verführen, durch eine Offenbarung oder eine Serie von Offenbarungen seien sie erleuchtet worden und deshalb qualifiziert zu lehren. Offenbarungen kann jeder Einzelne in jeder Phase der Evolution haben. Dazu muss man kein Heiliger sein. Schlechte Lehrer sind selten schlechte Menschen, oft sind es charismatische Personen mit guten Absichten, die aber ihren Geist nicht gereinigt haben und sich voreilig als Lehrer ausgeben und um Schüler werben. Aber häufig sind sie ehrgeizig und wollen mit der Vorstellung, sie seien erleuchtet, erreichen, woran sie im ‚realen' Leben gescheitert sind. Sie übersehen, dass auch die spirituelle Welt *samsara* ist und dass ihre scheinbare Erleuchtung sie nicht vor Dummheiten und Lastern bewahrt. Es ist schon erstaunlich, wie zutiefst banal die Verfehlungen sind, über die so viele moderne Gurus stürzen.

Ein gefallener Yogi

Kürzlich habe ich eine E-Mail mit einem Link zu einem Blog eines ziemlich bekannten Neo-Advaita-Lehrers erhalten. Dort beschrieb er, wie er sich von seinem Guru-Sein lossagte, um an sich zu arbeiten und ein ‚besserer Mensch' zu werden. Es war eine überraschende Entwicklung, denn arrogante Menschen leben in einem beständigen Zustand der Verleugnung, was sie so unangreifbar macht und dazu führt, dass sie all ihre emotionalen Probleme auf andere projizieren. Offensichtlich war der Chor wütender Stimmen, der diesen Guru seit fast 30 Jahren begleitet hatte, zu einem solchen Gebrüll angewachsen, dass er nicht länger ignoriert werden konnte. Die Darstellung in seinem Blog wird sicher von vielen als mutiger Akt der Reue angesehen, als erbaulicher Entschluss eines Gestrauchelten, der zögerlich die ersten Schritte auf dem Weg zur Erlösung geht. Man kann darin aber auch den unredlichen Versuch erahnen, der Öffentlichkeit zu verschleiern, dass er von seiner Organisation zum Rücktritt gezwungen wurde.

Die entscheidende Lektion steckt aber nicht in seiner persönlichen Geschichte, sondern in seiner Vorstellung von Erleuchtung, denn sie veranlasste ihn, so viel Unheil anzurichten. Wäre er von einem fähigen Lehrer in einer bewährten Tradition unterrichtet worden, hätte er gewusst, was Erleuchtung ist. Dann wäre hunderten – wenn nicht tausenden – seiner Schüler viel Leid erspart geblieben.

Er war – selbst bei großzügigster Auslegung – ganz offensichtlich nicht erleuchtet. Was er Erleuchtung nannte, war eher eine Offenbarung, die eine tiefgreifende Wirkung auf sein Ego hatte und ihn davon überzeugte, es gebe mehr als das, was er sich bisher vorstellen konnte. Er zog aus dieser Einsicht den fehlerhaften Schluss, er sei „erleuchtet". Tatsächlich jedoch ist Erleuchtung nicht wie allgemein angenommen etwas, das dir geschieht. Es gibt nur ein ewiges du, das ewige Licht des Gewahrseins, das du immer bist, immer schon warst und immer sein wirst. Aus der Perspektive des Gewahrseins ist niemals etwas geschehen. Erfahrungen kommen und gehen, doch als das Licht wirst du niemals geboren und niemals sterben. Du bist, was du bist, keine Erfahrung, auch nicht Erleuchtung, hat die Macht, dich zu etwas anderem zu machen. Nur wenn du dich für ein erfahrendes Wesen, für ein Ego, hältst, wirst du scheinbar, aber niemals wirklich durch spirituelle oder andere Erfahrungen verändert.

Wenn du weißt, dass du Gewahrsein bist, ist es unmöglich, zu denken, du seist besonders oder einmalig. Zwar gibt es dich nur einmal (insofern bist du doch einmalig!), aber es gibt keine anderen, von denen du dich unterscheiden könntest, niemanden, der deine Einmaligkeit bewundert. Das Verstehen deiner wahren Natur beleuchtet das Ego, und du erkennst, dass Besonderheit und Einmaligkeit nur Vorstellungen sind. Wenn du dein Ego siehst, kannst du nicht dein Ego sein. Vedanta möchte weder, dass es verschwindet, noch dass es die Welt transzendiert. Vedanta erkennt, dass das Ego nur ein Objekt ist, eine Vorstellung des Getrenntseins. Wir können hier noch einmal darauf hinweisen, dass die meisten der in der spirituellen Welt seit Jahrhunderten verbreiteten Dummheiten auf die Vorstellungen der Transzendenz und vom

Tod des Ego zurückgeführt werden können. Beides sind Erkennungsmerkmale einer erfahrungsbasierten Erleuchtungsvorstellung.

Was geschah nun mit unserem Guru? Er bildete sich ein, er habe sich selbst transzendiert und residiere auf einer besonderen Erfahrungsebene, die nur wenige erreichen. Darüber hinaus redete er sich ein, dass seine besondere Offenbarung ihn auch befähige, andere zu erleuchten. Nach dem Motto ‚Der Zweck heiligt die Mittel' ging er dabei äußerst missbräuchlich zu Werke. Seine Machtgier aufgrund des Gefühls von Bedeutungslosigkeit und Unzulänglichkeit, das er seit Kindertagen hatte, überlebte die Offenbarung. Das ist nichts Besonderes. Wenn man sich aber wie in seinem Fall dieser Machtgier nicht bewusst ist oder sie leugnet, manifestiert es sich mit vorhersagbaren Resultaten. Unser Yogi wurde dem wichtigsten moralischen Wert des Lebens gegenüber blind, dem Wert des Nicht-Verletzens.

Obwohl er von Nicht-Dualität sprach, ist seine Version von Erleuchtung pure Dualität. Er unterteilt das Ego in ein transzendentes Selbst und ein Selbst, das transzendiert werden muss. Damit diese Idee funktionieren kann, muss sich das Ego in einem Zustand völliger Verleugnung befinden. Es muss sich vorstellen, dass der nichttranszendente Teil von ihm nicht existiert. Das ist schlicht unmöglich, auch wenn unser Guru diese Idee für sich beanspruchte und seine Anhänger damit fast 30 Jahre lang an der Nase herumführte. 30 lange Jahre, bevor sie dem endlich ein Ende setzten! Um den Mythos der Transzendenz am Leben erhalten und seine emotionalen Probleme anderswohin transferieren zu können, muss der selbsternannte Erleuchtete sie seinen Anhängern zu Füßen legen. Diese Anhänger sind in der Regel eher unreife Personen, die aufgrund ihrer eigenen Selbstwert-Probleme an den Mythos der Transzendenz glauben. Niemand ist transzendent, denn die Wirklichkeit ist nicht-dual; es gibt nur ein Selbst. Ironischerweise ist die Vorstellung vom Tod des Egos, die viele Gurus mit ihren Attacken auf das Ego befördern, sogar kontraproduktiv, denn sie untermauert die Vorstellung, der Sucher sei das Ego.

Du bist Gewahrsein, und das Gewahrsein ist nur scheinbar etwas anderes als das, was es wahrnimmt. Tatsächlich nimmt es nur sich selbst wahr. In Momenten des ‚Erwachens' nimmst du dich wirklich als das wahr, was du bist, doch deine Ignoranz überlebt diese Momente und projiziert die Erfahrung auf das Ego. Vedanta nennt dieses Phänomen Überlagerung. Ich nenne es Pseudo-Erleuchtung. Es ist ein Zustand der Verblendung. Du denkst, was zu dir gehört, Gewahrsein, gehöre zum Ego. Du erklärst dich für ‚erleuchtet' und bildest dir sogar ein, du könnest andere belehren.

Die Flügel eines Ventilators

In Bezug auf den *jiva* wird *karma* auf drei verschiedene Weisen beschrieben. *Sanchita karma* bezeichnet den gesamten Speicher des ihm zugeordneten *karmas*, *prarabdha karma* ist der Teil davon, der sich aktuell manifestiert. Das *karma*, das ein *jiva* als Ergebnis seines aktuellen Handelns erzeugt, wird *agami karma* genannt.

Es ist ein heißer Tag und der Ventilator in meinem Zimmer läuft. Da es langsam kühler wird, schalte ich ihn aus, zwei Sekunden bevor du anklopfst und eintrittst. Du bemerkst, dass der Ventilator an ist, doch ich sage dir, er sei aus. Wer hat Recht? Der Ventilator ist an, aber er ist aus. Eine Offenbarung ist einfach nur *karma*, eine Erfahrung. Sie erscheint im ununterbrochenen Strom deiner Erfahrung und sinkt zurück in diesen Strom, um ein Teil deiner Geschichte zu werden und womöglich ein *vasana*, das vielleicht Früchte tragen wird. Dieses *vasana* kann unmöglich das gesamte *sanchita karma* auslöschen, welches du angesammelt hast. Das *sanchita karma*, all die Prägungen und Tendenzen, die die Person ausmachen, die du scheinbar von Geburt an bist – Reinkarnation mal beiseitegelassen – und die sich als das Verhalten dieser scheinbaren Person manifestieren, muss ausgelebt werden. Es gibt keine Logik hinter der Vorstellung, dass eine Offenbarung, die nur eine kuriose Form kurzlebigen *karmas* ist, auf einmal all die anderen *karmas* auslöscht, die sich auf deinem Konto angesammelt haben, und dich zu einer ‚erleuchteten' Person macht. Du bist bereits frei von *karma* und jenseits der Welt – aber nicht als Person.

Die Person bleibt. Sie fährt fort, Holz zu hacken und Wasser zu tragen, wie es in einem bekannten Zen-Buch heißt. Wenn sie aber plötzlich Jeans und T-Shirt ablegt und nur noch wallende Roben trägt, den Job kündigt, eine Webseite online stellt, die Welt über ihren neuen Status informiert, von sich selbst nur noch in der dritten Person spricht und wichtigtuerisch mit bedeutungsschwerer Stimme unverständliches Blabla redet, dann kannst du sicher sein, einen Aufschneider vor dir zu haben, keine erleuchtete Person.

Wenn aber eine unerschütterliche Selbst-Erkenntnis die letzten Reste der Ignoranz beseitigt hat, erfolgt eine subtile Verschiebung von der Perspektive des *jivas* zur Perspektive des Gewahrseins. Man kann nicht sagen, dies sei eine Erfahrung, man kann aber auch nicht sagen, es sei keine. Es lohnt sich, noch einmal darauf hinzuweisen, dass diese Verschiebung den *jiva* und sein *karma* nicht verändert, jedenfalls nicht sofort. Die Erkenntnis zerstört seine Vorstellung, dass er ein *jiva* ist, und es verändert seine Sichtweise auf den *jiva*. Wenn das geschieht, ist der Ventilator aus, d.h., dass zwar der Körper und der Geist weiter so funktionieren wie vor der Verschiebung, das Gewahrsein sich aber nicht mehr mit ihnen identifiziert. Es ist, als gehörten Körper und Geist einer anderen Person, als beobachte der *jiva* sich selbst in einem Traum.

Wenn sich diese Verschiebung der Perspektive verstetigt hat, wirst du sehr glücklich sein und ein natürliches Bedürfnis spüren, dieses Glück mit anderen zu teilen. Es ist aber die Art und Weise, **wie** du teilst, die zeigt, ob du wirklich erleuchtet bist. Glück zieht Menschen an. Du musst nichts Besonderes sagen oder tun, um dein Glück zu teilen. Es ist eine subtile Energie, die sich von allein verteilt. Wenn du eine brennende Kerze an eine andere hältst, wird die Flamme überspringen. Die Vorstellung, Erleuchtung müsse ‚gelehrt' werden, sollte unter diesem Aspekt betrachtet werden. Die Glückseligkeit der Selbst-Erkenntnis unterscheidet sich von dem Glück, das aus Ereignissen resultiert. Ereignisse gehen vorüber, die Glückseligkeit der

Selbst-Erkenntnis aber bleibt. Sie ist beständig und vertieft sich, während das Verstehen die Reinigung des Feinstofflichen Körpers vorantreibt.

Die Glückseligkeit *Ishvaras* lehrt durch dich. Wenn du sie dir selbst zurechnest und andere von dir abhängig machst, ohne die wahre Quelle anzuerkennen, verletzt du *dharma*. Wenn du dir anmaßt, über Erleuchtung und deine Erfahrung von ihr zu sprechen, musst du äußerst sorgfältig darauf achten, die Wahrheit zu sprechen, nicht deine Vorstellung von Wahrheit. Denn sonst wirst du Menschen irreführen, wie glücklich sie sich in deiner Gegenwart auch fühlen mögen. Erleuchtung ohne das Verstehen von *Ishvara* ist keine Erleuchtung, denn erst durch dieses Verstehen wirst du demütig. Die Wahrheit aus dem Mund eines bescheidenen Lehrers ist immer klärend, sie unterstützt und bewahrt *dharma*. Was ein ungereinigter Geist hingegen als Wahrheit präsentiert, verwirrt und bestärkt *adharma*.

SELBST-REALISIERUNG / SELBST-VERWIRKLICHUNG

Wir unterscheiden zwischen Selbst-Realisierung und Selbst-Verwirklichung, weil wahre Erleuchtung eine an *dharma* orientierte Lebensweise unbedingt einschließen muss. Zu realisieren, dass du das Selbst bist, bekommt erst dadurch einen Wert, dass auch dein Handeln dieses Verstehen reflektiert. Dann erst wird Selbst-Realisierung zu Selbst-Verwirklichung. Erleuchtung muss sich an ihrem Handeln messen lassen, weil *dharma* wichtiger ist als Erleuchtung.

Die scheinbar unzerstörbare Idee, Erleuchtung rechtfertige *adharmisches* Verhalten, populär geworden unter dem Begriff ‚verrückte Weisheit', ist eine der schädlichsten Vorstellungen in der spirituellen Welt. Glücklicherweise hat diese Vorstellung im Zuge der spirituellen Reifung auch im Westen an Anziehungskraft verloren. Es gibt aber immer noch viele *vasana*-gesteuerte, mit geringem Selbstwertgefühl ausgestattete Individuen, die anfällig dafür sind. Wahrscheinlich liegt das daran, das *jivas*, ständig verwirrt von der Unzahl von Begierden und Ängsten, es mindestens unbequem finden, sich an die Regeln zu halten, oft sogar bedrohlich. Daher neigen sie dazu, nach Abkürzungen zu suchen. Du kannst das *dharma*-Feld als eine erdrückende Matrix ansehen, die erdacht wurde, um das Bedürfnis nach Freiheit zu behindern, oder als notwendiges Übel, welches wir in Kauf nehmen müssen, da es das Leben vor der Zerstörung durch die Hand des Bösen bewahrt. Du kannst es aber auch als wohlmeinende Struktur verstehen, die Erfolg ermöglicht. Die Alternative zum *dharma*-Feld ist das Chaos, ein Zustand, in dem sinnvolles Arbeiten und Glück nicht existieren können.

Erleuchtung ist für viele *jivas* das Versprechen, sich aus den unzähligen Tyranneien *Ishvaras* befreien zu können und fortan ohne unerwünschte Konsequenzen tun und lassen zu können, was ihnen beliebt. Doch sie werden schnell eines Besseren belehrt, auch wenn manche Sünder lange brauchen, bis die Kraft ihrer *vasanas* nachlässt und sie ihren Irrtum endlich einsehen (wie der oben erwähnte Lehrer). Bis diese Lektion gelernt ist, wird der *jiva* sich selbst und anderen Kummer bereiten. Wenn du deine Erleuchtung einer erfahrungsbasierten Lehre verdankst, die weder die Qualifikationen noch *dharma* oder *Ishvara* berücksichtigt und keinerlei Reinigungsübungen *(sadhanas)* vorschreibt, bist du ein leichtes Opfer für die Krankheit der verrückten Weisheit oder eine ihrer vielen Varianten.

Im Grunde genommen sind alle mit dem Thema Erleuchtung im Zusammenhang stehenden Probleme das Resultat einer Überlagerung, einer Verwechslung des Selbst mit dem *jiva*. Da wir Erleuchtung aus der Perspektive des *jivas* betrachten, sollten wir wissen, dass Transformations-Prozesse durch *tamas* regiert werden. Erleuchtung, die unmittelbare und unerschütterliche Erkenntnis „Ich bin unbegrenztes, nicht-duales, gewöhnliches Gewahrsein", lässt zwar den ewigen *jiva* (reines Gewahrsein assoziiert mit einem Feinstofflichen Körper) unbehelligt, aber sie verändert den scheinbaren *jiva*, das spezifische Individuum. Wenn sie das nicht tut, ist die Erkenntnis rein intellektuell. Sie verändert den *jiva*, indem sie bindende *vasanas* in nicht-bindende umwandelt und dem *jiva* das Gefühl nimmt, in seinem Handeln der Handelnde zu sein. Diese Transformation der *vasanas* kann einige Zeit in Anspruch nehmen.

Im Unterschied zur Selbst-Realisierung bedeutet Selbst-Verwirklichung, dass dein Leben die Lehren widerspiegelt. Wenn du wahrhaft selbst-verwirklicht bist, ist es unmöglich, ein bestimmtes *vasana* auszublenden und ihm die Anwendung deines Wissens zu verweigern. Die augenfälligsten *vasanas*, die selbst-realisierte Personen gern ignorieren, statt sie im Lichte ihrer Erkenntnis zu untersuchen, sind Sex und Geld – oder ‚Frauen und Gold', wie es der ehrwürdige Ramakrishna Parahamsa im 19. Jahrhundert ausdrückte.

Individuen, die nach Reichtum jagen, sind unsicher, das gilt im weltlichen wie im spirituellen Kontext. Wohlstand gibt ihnen Sicherheit. Menschen, die auf der Jagd nach Sex sind, sind mit sich selbst nicht im Reinen. Sex ist das ultimative weltliche Vergnügen, und Sexbesessenheit ist der Versuch, mangelndes Selbstbewusstsein zu kompensieren. Ein selbst-verwirklichter Mensch befindet sich in einem Zustand beständiger Freude, denn Glückseligkeit ist die Natur des Selbst. Die kleinen Echos sexueller Glückseligkeit vermögen ihn im Vergleich dazu nicht wirklich zu begeistern, sie haben zudem den Nachteil, dass sie vergehen.

Es gibt weitere Tendenzen, die selbst-realisierte Personen verwirren können. Drei davon sind es wert, hier benannt zu werden: Macht, Liebe und Respekt. Der Guru, den ich in diesem Kapitel erwähnt habe, war süchtig nach Macht, daraus resultierte der psychische und physische Missbrauch. Machthungrige Gurus besitzen ein mangelndes Selbstwertgefühl, das sich aus dem Gefühl von Inkompetenz und Unzulänglichkeit speist. Um das zu kompensieren, streben sie nach Macht. Guru zu werden ist ein leichter Weg zu Macht, da es der Guru mit einem gutgläubigen Publikum zu tun hat, das mit eigenen Selbstwertgefühl-Themen kämpft. Eine Person, die ihre eigene spirituelle Kraft nicht spürt, wird sich von einer machtvollen Person angezogen fühlen und dazu neigen, sich dieser Person hinzugeben, in der Hoffnung eines Tages auch über diese Macht zu verfügen. Das mit Selbst-Erkenntnis einhergehende Gefühl von ‚Macht' hat nichts mit Macht über Menschen zu tun. Es entspringt der gewonnenen Meisterschaft über die *vasanas*, die aus der Überzeugung folgt, vollkommen und vollständig zu sein. Zweifelsfrei zu erkennen, dass du vollkommen bist, zerstört das Netzwerk aus Begierden, das den *jiva* machtlos und abhängig werden ließ.

Guru zu werden ist auch ein leichter Weg, sich Respekt zu verschaffen. In den meisten Gesellschaften werden Intelligenz und Weisheit respektiert. Als ich jung war, war ich ein ziemlicher Rabauke, was mir häufig Ärger einbrachte. Und doch drückten meine Eltern oft beide Augen zu, wenn es um die gerechte Strafe für mein Handeln ging: „James ist so ein heller Junge, er ist so gut in der Schule." Ein *jiva*, der sich selbst nicht respektiert, wird die Bestätigung und den Respekt bei anderen suchen. Einem Guru, der von seinen Schülern ständige Beweise ihrer Hingabe erwartet, dürfen wir mangelndes Selbstwertgefühl unterstellen, auch wenn dies im Vergleich zur Gier nach Sex und Geld eine eher harmlose Unreinheit darstellt. Wenn du zu einem Guru gehst, tust du das mit der Vorstellung, dass er mehr weiß als du selbst, du bist also bereits darauf vorbereitet, ihn zu respektieren. Respekt ist in dieser Situation natürlich und angemessen, du solltest aber misstrauisch werden, wenn er eingefordert wird.

Die am wenigsten offensichtliche Unreinheit, die selbstrealisierte Personen verwirren kann, ist das Bedürfnis nach Liebe. Wenn die Sehnsucht, geliebt zu werden, deine spirituelle Suche motiviert, und du die Fähigkeit entwickelt hast, andere in dich verliebt zu machen, wirst es sich wie der Hauptgewinn anfühlen, wenn du realisierst, wer du bist. Es wird dich reizen, deine neu gewonnene Anziehungskraft zu nutzen, um viele Menschen dazu zu bewegen, dich zu lieben. Ehe du dich versiehst, wird sich ein Personenkult um dich entwickelt haben. Von außen ist es schwer zu unterscheiden, ob die Anziehungskraft eines Gurus der Reinheit seines Geistes entspringt – wie bei Ramana Maharshi – oder der geschickten Manipulation liebeshungriger Anhänger durch eine gerissene, in Wahrheit ebenfalls bedürftige Person. Das Fehlen jeglicher Wertschätzung für Grenzen ist ein Zeichen dieser ungesunden Liebe. Wenn du dieses *vasana* hast, wirst du Tag und Nacht von Leuten umgeben sein, die die Liebe aus dir heraussaugen. Du wirst völlig erschöpft sein, da du nicht Nein sagen kannst. Und du wirst nicht verstehen, dass du selbst es so gewollt hast. Jede Suche, jedes Geben wird ein *vasana* für noch mehr Suchen oder noch mehr Geben erzeugen, weil der Handelnde nicht neutralisiert wurde. Alles was gebraucht wird, um der Welt zum Verstehen zu verhelfen, ist ein reiner Geist, der anstrengungslos die große Weisheit *Ishvaras* reflektiert.

Hinter der Lehre der Selbst-Verwirklichung steht die Einsicht, dass das Leben sehr konservativ ist. Es gibt keine radikalen Veränderungen, auch wenn es manchmal den Anschein hat. Dinge verändern sich, aber sie tun es in kleinen Schritten. Der Körper, den du bewohnst, nachdem du realisiert hast, wer du bist, ist der gleiche wie zuvor. Die grundlegende Struktur deiner Persönlichkeit, dein *svadharma*, verändert sich nicht. Auch wenn es dir in der Euphorie der Wiederentdeckung deiner unbegrenzten Natur vorkommt, als habe sich alles verwandelt, ist in Wirklichkeit gar nichts geschehen. Eine Ungewissheit, ein letzter kleiner Zweifel über deine wahre Natur, stirbt – und das Leben geht weiter. Selbst-Verwirklichung ist das Bekenntnis, auch nachdem du realisiert hast, wer du bist, darin fortzufahren, das Wissen auf deinen Geist anzuwenden. Wenn du bereits alle bindenden *vasanas* überwunden hast, ist deine Selbst-Realisierung gleichbedeutend mit Selbst-Verwirklichung. Es ist nichts mehr zu tun. Dein Lebensstil und die Gewohnheiten deines Geistes, die von *sattva* geprägt waren und dich gereinigt haben, werden fortfahren, dir zu dienen. Wenn die Selbst-Realisierung die letzten verbliebenen bindenden *vasanas* zerstört, ist sie gleichbedeutend mit Selbst-Verwirklichung. Wenn es aber noch *vasanas* in dir gibt, die dich binden (was insbesondere im Westen die Norm ist, wo die Lebensstile der spirituellen Sucher eher von *rajas* und/oder *tamas* dominiert werden), dann ist Selbst-Verwirklichung erst erreicht, wenn auch das letzte bindende *vasana* als Ergebnis deiner beständigen Untersuchung im Lichte der Erkenntnis verglüht.

Die selbst-verwirklichte Person

Woran erkennen wir erleuchtete Personen? Zunächst müssen wir verstehen, dass wir sie nicht an ihrem Äußeren erkennen können. Sie haben keinen besonderen Gang und schweben nicht über dem Boden. Weder tragen sie besondere Kleidung noch einen Heiligenschein, noch haben sie eine spezielle Art zu sprechen. Es gibt sie in jedem Land und in allen möglichen Berufen. Wodurch also unterscheiden sie sich?

Eine umfangreiche Definition der selbst-verwirklichten Person finden wir in der *Bhagavad Gita*. Dort bittet Arjuna, der Archetyp des spirituellen Suchers, Krishna, seinen erleuchteten Lehrer, ihm eine „Person beständiger Weisheit, deren Geist nichts aus der Ruhe bringt und die im Selbst verweilt“ zu beschreiben.

Schon die Frage räumt die Vorstellung einer erfahrungsbasierten Erleuchtung beiseite und definiert sie stattdessen als ‚beständige Weisheit‘. Wir sind schon genug auf diesem Punkt herumgeritten, aber der Begriff Weisheit bedarf noch eines Kommentars. Warum verwendet er nicht den Begriff „Erkenntnis“? Erkenntnis ist einfach nur Erkenntnis. Um nützlich zu sein, muss sie eine Wirkung auf den Geist entfalten. Eine solche angewandte Selbst-Erkenntnis nennen wir Weisheit, sie transformiert den Geist von einem reaktiven Instrument in einen klaren Reflektor des Gewahrseins.

An welcher Art Geist erfreut sich eine solche Person? An einem Geist, den nichts aus der Ruhe bringt. Warum bringt ihn nichts aus der Ruhe? Weil er weiß, dass nichts auf dieser Welt der Beunruhigung wert ist, nichts hier real ist. An einer früheren Stelle der Unterhaltung antwortet der Lehrer auf den existenziellen, aus der Kontemplation über den Tod resultierenden Schmerz des Suchers mit den Worten: „Der Weise trauert weder über die Toten noch über die Lebenden.“ Wenn du ins Kino gehst und eine der

Filmfiguren ihr ganzes Geld verliert, wirst du nicht betrübt sein, denn ihr Kummer ist nur Kino-Kummer. Eine selbstverwirklichte Person wird sich immer im Klaren sein, dass das, was sie erfährt, einschließlich des Erfahrenden selbst, nur ein Spiel des Bewusstseins ist, zusammengebraut von *maya*.

Was bewirkt, dass der Geist frei ist von Leiden? Dass er „im Selbst verweilt". Der Geist ist ein interessantes Objekt. Seine Natur ist, dass er keine eigene Natur besitzt. Er wird zu dem, auf das sich seine Aufmerksamkeit richtet. Wenn der Geist sich z.B. auf eine Emotion richtet, wird er emotional und springt von hier nach da. Wenn er seine Aufmerksamkeit auf das Selbst richtet, wird er ein verweilender Geist, er rührt sich nicht vom Fleck. Warum verweilt er dort? Weil das Selbst so herrlich ist. Es ist Liebe, es ist Frieden. Im Folgenden zitieren wir weitere Stellen aus der *Gita*, in denen Krishna die selbst-verwirklichte Person beschreibt.

> „Wer seine Begierden aufgibt, noch während sie im Geist entstehen, und allein mit sich selbst glücklich bleibt, ist eine unterscheidungsfähige Person."

Eine Person beständiger Weisheit wird hier als ‚unterscheidungsfähige' Person beschrieben. Der Geist dieser Person verweilt im Selbst, da die Person – die in Wirklichkeit das Selbst ist – den Unterschied zwischen dem Selbst und den im Geist auftauchenden Objekten erkennt. Sie weiß, dass Objekte den Geist ablenken, während das Selbst den Geist mit Glückseligkeit erfüllt. Also wird sie den Geist beständig auf das Selbst ausrichten und, da das Selbst – anders als Objekte, die ständig kommen und gehen – immer präsent ist, in Glückseligkeit verweilen.

Eine selbst-verwirklichte Person „sehnt sich nicht nach Vergnügen und ist frei von Verlangen, Angst und Wut."

Narren sehnen sich nach Vergnügen, denn sie wissen nicht, dass das Selbst *paramasukha* ist, unbegrenztes Wohlbefinden. Der *jiva* erlebt sich als unvollständig und ist daher nicht mit sich selbst im Reinen. Wenn er aber das Selbst realisiert, erfährt er die Vollständigkeit und Vollkommenheit des Selbst. Die Selbst-Verwirklichten sind frei von Angst und Wut. Warum sind sie frei? Weil sie keinen Mangel erleben, der ihre Vollkommenheit begrenzt, daher trocknen ihre Begierden, ihr Verlangen nach Dingen, aus. Verlangen und Wut sind schmerzvoll. Wenn deine Begierden durch Selbst-Erkenntnis neutralisiert werden, werden auch Angst und Wut neutralisiert. Angst und Wut sind nichts anderes als unerfülltes Begehren.

Eine solche Person „empfindet keinerlei Anhaftung an das Ergebnis einer Situation. Sie frohlockt weder, wenn die Umstände angenehm sind, noch leidet sie, wenn die Situation unangenehm ist."

Diese Feststellung bedeutet nicht, dass eine selbst-verwirklichte Person nur erfreuliche Umstände erfährt. Die Vorstellung, dass wir nur noch auf Rosen gebettet werden, wenn wir erleuchtet sind, ist ungemein populär. Doch wer diese Vorstellung hegt, hat *Ishvara* nicht verstanden. *Ishvara* ist das *dharma*-Feld, es liefert jeder Person, erleuchtet oder nicht, in jedem Moment ihr *karma*. Auch die erleuchtete Person lebt im *dharma*-Feld, eine Flucht vor angenehmen oder unangenehmen Umständen ist unmöglich. Doch da diese Person verstanden hat, dass die Umstände zum Feld gehören und nicht zum Selbst, bleiben sie ohne Wirkung auf das Selbst.

> „Und wenn eine Person in der Lage ist, ihre Sinnesorgane von den Sinnesobjekten zurückzuziehen, so wie die Schildkröte ihre Gliedmaßen zurückzieht, dann ist ihre Erkenntnis beständig."

Weil wir in dieser Welt leben, sind unsere Sinne ständig aktiv. Doch da der Sinnes-Kontakt mit Objekten Vergnügen hervorruft und Vergnügen *vasanas* für noch mehr Vergnügen kreiert, werden *jivas* leicht zu Gefangenen ihrer Sinne. Eine selbst-verwirklichte Person hat nichts gegen Vergnügen. Wie der Vers schon sagt, werden auch ihre Sinnesorgane mit Objekten verbunden sein. Doch sie hat verstanden, dass das Vergnügen, welches die Objekte zu geben vermögen, nur eine blasse, kurz aufscheinende Reflexion der ewigen Glückseligkeit des Gewahrseins ist. Sich selbst als die Quelle dieser Glückseligkeit zu erfahren neutralisiert nicht die Glückseligkeit, sondern nur das Glückseligkeits-*vasana*. Eine selbst-verwirklichte Person kann von jeder Erfahrung zurücktreten und ihr scheinbares Selbst beschützen.

> „Wer die Sinne nicht füttert, dessen Sinne lassen das Verlangen hinter sich und kommen zu ihm selbst zurück. Wenn das Selbst erkannt ist, verschwindet das Verlangen. Wenn der Geist nicht

> mehr damit beschäftigt ist, die Sinnesorgane mit den Objekten zu verbinden, ist seine Erfüllung beständig. Die Weisen feiern nicht das Vergnügen, das aus dem Kontakt der Sinnesorgane mit ihren Objekten entsteht. Sie wissen, dass jedes Vergnügen einen Anfang und ein Ende hat und daher eine Quelle des Leidens ist."

Eine selbst-verwirklichte Person weiß, dass die Sinne von einem unstillbaren Hunger nach Vollkommenheit getrieben sind. Wenn ihnen die Objekte verweigert werden, wenden sich die Sinne nach innen und konzentrieren sich auf die Reflexion der Glückseligkeit des Gewahrseins.

> „Auch bei einer Person, die *yoga* praktiziert und ein klares Ziel vor Augen hat, können die Sinne den Geist vom Selbst ablenken. Halte deine Sinne unter Kontrolle und kontempliere über Mich (Gewahrsein) mit einem unterscheidungsfähigen Geist. In einem mit Unterscheidungsvermögen gesegneten, kontrollierten Geist wird sich Selbst-Erkenntnis verankern."

Du kannst den Begriff *yoga* in dieser Aussage so verstehen, dass er *jnana yoga*, das *yoga* der Erkenntnis, meint. Zwar ist dieser Vers an jemanden gerichtet, der nach Befreiung strebt, er ist jedoch auch für selbst-realisierte Individuen wichtig, da Unterscheidungsvermögen das Mittel zur Selbst-Verwirklichung ist. Wenn du realisiert hast, wer du bist, bist du doch noch nicht davor gefeit, dein Unterscheidungsvermögen zu verlieren, wenn bindende *vasanas* auftauchen. Um die Selbst-Erkenntnis – und damit die Glückseligkeit – beständig werden zu lassen, musst du daher fortfahren, dein Wissen anzuwenden.

Vor kurzem hat sich ein hochverehrter ‚erleuchteter' Lehrer für unerleuchtet erklärt, nachdem ihn seine Frau wegen eines anderen Mannes verlassen hatte. Es scheint, als habe sich seine Erleuchtung im Kontext seiner Ehe ereignet, ohne dass er deren Grundlage jemals in Frage gestellt hätte. Er war davon ausgegangen, dass ihn seine Frau immer lieben werde. Als er seinen Irrtum erkannte, verließ ihn seine Selbst-Erkenntnis, und er wurde emotional. Als selbst-verwirklichte Person hätte er niemals angenommen, dass weltliche Dinge unveränderlich sind. Er wüsste, dass die Liebe zu einem Objekt in Wirklichkeit immer Liebe zum Selbst im Objekt ist, und er hätte sich gefreut, zu sehen, dass seine Frau auf die ihrer Natur angemessene Weise nach Glück strebt. Und schließlich hätte er verstanden, dass seine Frau – so wie er – nichts anderes ist als das Selbst und ihn daher niemals wirklich verlassen kann. Eine selbst-verwirklichte Person weiß, dass die Vorstellung, jemand sei ‚meine Frau', pure Ignoranz ist, der zum Scheitern verurteilte Versuch, für den *jiva* zu beanspruchen, was in Wahrheit *Ishvara* gehört.

Wirkliche Befreiung ist mehr, als nur die Einsicht „Ich bin Gewahrsein". Sie beinhaltet ein klares Verstehen der scheinbaren Realität, da diese das Leben prägt, das der *jiva* in der Welt führt. Hier noch einmal die *Bhagavad Gita* mit ihrer Beschreibung von Selbst-Erkenntnis und wirklicher Freiheit:

„Wenn du dich mit Objekten beschäftigst, entsteht Anhaftung. Anhaftung ruft Begehren hervor, und wenn dieses nicht erfüllt wird, steigt Wut auf. Ein wütender Geist lässt sich leicht täuschen, und Täuschung schädigt das Gedächtnis. Wenn das Gedächtnis schwindet, wird der Geist handlungsunfähig, und ohne einen funktionierenden Geist ist das Leben einer Person zerstört. Doch durch die Kontrolle der Sinnesorgane und durch Gleichmut in Bezug auf Vorlieben und Abneigungen ist es möglich, auch in der Welt der Objekte Gelassenheit zu erlangen. Eine Person, deren Geist ruhig und gelassen ist, wird Schmerz und Leiden überwinden und Selbst-Erkenntnis bald verinnerlichen. Wer nicht ruhig und gelassen ist, kann das Selbst nicht verstehen. Ein aufgewühlter Geist ist nicht zur Kontemplation fähig. Ohne Kontemplation gibt es für ihn keinen Frieden, und ohne Frieden keine Zufriedenheit. So wie ein kleines Boot auf dem Meer fortgetragen wird, wenn es stürmt, so wird auch der Geist fortgetragen, der den Sinneseindrücken folgt; für ihn bleibt Selbst-Erkenntnis unerreichbar. Wer aber die Sinne gemeistert und sie vollständig von den Objekten zurückgezogen hat, dessen Wissen ist beständig. In dem, was Nacht ist für alle Wesen, ist der Weise wach, der sich selbst gemeistert hat. So wie der Ozean nicht verändert wird durch das Wasser, das in ihn hineinfließt, so wird auch der Geist einer selbstverwirklichten Person nicht verändert durch die

> Objekte, die in ihm auftauchen. Derjenige aber, der die Objekte begehrt, ist niemals friedvoll. Wer den Glauben an ‚ich' oder ‚mein' überwindet und ohne Begehren durch das Leben schreitet, ist von Frieden erfüllt. Das ist wahre Beständigkeit im Selbst. Die Selbst-Verwirklichten lassen sich niemals durch Erscheinungen verblenden."

Selbst-Realisierung findet im Feinstofflichen Körper statt, aber solange das Erkennen nicht positiv auf die Emotionen und auf das Handeln in der Welt wirkt, so wie es in den zitierten Versen beschrieben wird, ist es noch keine Selbst-Verwirklichung. Das Erkennen muss sich im Handeln bewähren.

> „Wer Nicht-Geschehen im Geschehen erkennt und Geschehen im Nicht-Geschehen, der ist wahrlich weise. Er hat alles getan, was getan werden muss."

Eine selbst-verwirklichte Person weiß, dass dem Selbst nichts geschieht, was auch immer in der scheinbaren Realität geschehen mag. Wer in einem stehenden Zug sitzt, während sich der Zug auf dem Nachbargleis in Bewegung setzt, wird das Gefühl haben, dass sein eigener Zug anfährt. Selbst-Verwirklichung bedeutet, sich mit dem unbeweglichen Bahnhof zu identifizieren anstatt mit den Zügen, die ankommen und abfahren. Aus der Perspektive des Bahnhofs geschieht nichts. Das Gefühl „ich handle" entspringt der Ignoranz. Das ‚ich' ist immer frei von Handlung.

Ein Beispiel für ‚Nicht-Geschehen im Geschehen' ist eine Person, die am Ufer steht, während am Horizont ein Boot in hohem Tempo aufs Meer hinausfährt. Für die Person am Ufer scheint sich das Boot nicht zu bewegen. Scheinbar geschieht nichts, in Wirklichkeit aber schon. Viele Leute denken, die Erkenntnis „Ich bin nicht der Handelnde" (die mit Selbst-Realisierung gleichzusetzen ist) bedeute, dass der Handelnde nicht mehr handelt. In Indien halten viele Menschen jemanden für erleuchtet, der jahrelang an einem Platz sitzt und nichts tut. Aber Sitzen ist eine Handlung, genauso wie Gehen, auch wenn es den Anschein von Inaktivität haben mag. Der Handelnde kann nicht anders als handeln. Die selbst-realisierte Person hat verstanden, dass Freiheit von Handlung nicht durch Nicht-Handeln erreicht werden kann, sie ist daher offenbar genauso engagiert in der Welt wie jede andere. Die Einsicht „Ich bin nicht der Handelnde" entspricht der Erkenntnis „Ich bin grenzenloses, nicht-duales, nicht-handelndes Gewahrsein". Es ist keine Feststellung über den *jiva*.

> „Die Heiligen sagen, dass eine Person weise ist, deren Unternehmungen frei sind von (bindendem) Begehren und deren Handlungen im Feuer der Selbst-Erkenntnis geläutert wurden. Indem sie die tiefe Anhaftung an die Resultate ihrer Handlungen aufgegeben hat und immer zufrieden und von nichts abhängig ist, ist sie nicht die Handelnde, auch wenn sie vollkommen in ihren Handlungen engagiert ist. Die Person, die frei ist von Erwartungen und von Anhaftung

> an Besitz, die ihren Körper, ihren Geist und die Sinne gemeistert hat und die nur handelt, um den Körper zu bewahren, ist glücklich mit allem, was ihr geschieht. Unberührt von den Gegensätzen, frei von Neid und gleichmütig gegenüber Erfolg und Scheitern, ist sie ungebunden, auch wenn sie handelt. Das *karma* einer Person, die frei ist von Anhaftung, deren Geist durch Selbst-Erkenntnis befreit wurde und die ihr Handeln als Opfergabe versteht, hat sich vollständig aufgelöst."

Eine selbst-verwirklichte Person praktiziert *karma yoga*, ohne damit ihren Geist reinigen zu wollen. Für sie ist es keine Übung, sondern eine natürliche, vollkommen mühelose Haltung. Ihre Beziehung zu Handlungen und deren Resultaten ist wie die des Selbst (das immer frei ist von Handlung), wenn es durch die Macht von *Ishvara/maya* als *jiva* erscheint und zum Handeln ermächtigt wird.

Diese scheinbare Person ist in Wirklichkeit das Selbst. Die selbst-verwirklichte Person lebt anders in ihrem Körper als der Rest von uns. Auch wenn es so aussieht, als sei sie ein Er oder eine Sie, hat sie kein Empfinden von Geschlecht. Sie denkt nicht, dass ihr irgendetwas gehört. Sie handelt nur, um den Körper instand zu halten, denn sie benötigt nichts von der Welt. Sie ist nur hier, um zu genießen. Sie wartet darauf, was auf sie zukommt. Sie hat vollkommenes Vertrauen in *Ishvara* und weiß, dass Er für sie sorgen wird. Sie will nicht wie jemand anderes sein, sie ist „frei von Neid". Sie kann handeln, aber sie braucht nicht zu handeln, wenn Situationen subjektiv oder objektiv eine Antwort erfordern. Mit ihren Handlungen möchte sie einen Beitrag leisten, nicht ihrer Umgebung etwas wegnehmen.

> „Diejenigen, die zwischen einem bescheidenen, mit Selbst-Erkenntnis gesegneten Brahmanen und einer Kuh, einem Elefanten, einem Hund oder einem Hundefresser keinen Unterschied erkennen, sind weise."

Natürlich würden diese weisen Personen eine Kuh nicht mit einem Elefanten, einem Hund oder einem Hundefresser verwechseln. Aber sie wissen, dass Kuh, Elefant, Hund und Hundefresser nur Gedanken im Geist sind, deren Essenz Bewusstsein ist. Ein Vers aus den *yoga*-Schriften lautet: „Ein *yogi* in *samadhi* sieht keinen Unterschied zwischen einem Klumpen Gold und den Exkrementen einer Krähe." Das bedeutet nicht, dass so eine Person versuchen wird, Krähen-Dreck auf der Bank zu deponieren. Es bedeutet, dass die Essenz von allem Bewusstsein ist. *Samadhi* ist zusammengesetzt aus den Wortteilen *sama* (gleich) und *dhi* (eine komprimierte Form von *buddhi*, Erkenntnis). *Samadhi* ist also ein Zustand, in dem alles als gleichwertig angesehen wird. Wenn also ein *yogi* in *samadhi* andere Personen sieht, wird er diese genauso wertschätzen wie sich selbst. In Bezug auf die innere Zufriedenheit ist der Nutzen dieser Vision offensichtlich, denn wer überall Unterschiede wahrnimmt, befindet sich ständig im Konflikt.

> „Wer zu sich selbst erwacht ist, in sich selbst Erfüllung findet und nur mit sich selbst glücklich ist, ist wahrhaft frei.“

Die selbst-verwirklichte Person ist vollkommen frei von jedweder Abhängigkeit von Objekten. Ihre Zufriedenheit ist beständig und unerschütterlich. Wenn das Fehlen eines Objektes ein Gefühl des Verlustes auslöst oder die Anwesenheit eines Objektes erforderlich ist, damit du dich gut fühlst, dann bist du nicht selbst-verwirklicht.

> „Wenn eine Person jede Anhaftung an Sinnesobjekte und Handlungen überwunden hat, dann sprechen wir davon, dass diese Person Befreiung erlangt und die Wurzel allen Begehrens beseitigt hat.“

Nicht-Anhaftung an Sinnesobjekte und Handlungen ist nicht genug. Du musst auch dein Unwissen über die Vollkommenheit des Selbst beseitigt haben, denn sie ist die Ursache allen Begehrens. Damit sagen wir nicht, dass die erleuchtete Person nichts begehre. Wir meinen, dass sie ihr Begehren nicht als Befehl versteht, oder „ihre Begierden schon aufgibt, wenn sie im Geist entstehen“, wie es einer der oben zitierten Verse ausdrückt. Auch erleuchtete Personen können auf der Grundlage von Begehren handeln. Wenn die Realität nicht-dual ist und Begehren existiert, dann muss es das Selbst sein. Auch Begehren ist nichts anderes als das Selbst, allerdings gilt diese Gleichung nur in einer Richtung, denn das Selbst ist nicht Begehren. Es ist „das Begehren, das nicht im Widerspruch zu *dharma* steht“, um es mit der *Gita* zu sagen. Anders ausgedrückt bedeutet dies, dass eine selbst-verwirklichte Person nur Handlungen ausübt, die in Harmonie mit *dharma* stehen, der kosmischen Ordnung. In der Phase des Suchens und während der Selbst-Realisierung muss alles Begehren, das Gefühlen von Unvollständigkeit oder Unzulänglichkeit entspringt, aufgegeben werden. Eine selbst-verwirklichte Person kennt dieses Begehren nicht. Ihr Begehren ist *Ishvaras* Begehren. Eine solche Person wird nicht selbstsüchtig agieren, denn da *Ishvara* der Ursprung des *dharma* ist, bezieht sich Sein Begehren auf die Bewahrung der kosmischen Ordnung.

Eine selbst-verwirklichte Person ist jedoch nicht gezwungen, *Ishvaras* Begehren auszuleben, denn ihre Freiheit wird nicht durch Zwang begrenzt. Das Selbst ist jenseits von *dharma* und *adharma*. Manchmal werden die Interessen des *dharma* durch *adharmische* Handlungen bewahrt; es kann also sein, dass du eine selbst-verwirklichte Person bei seltener Gelegenheit dabei beobachtest, wie sie Regeln bricht. Die grundlegende Frage im Hinblick auf Handlung, die sich innerhalb der *dharmischen* Ordnung stellt, bezieht sich immer auf das Wissen. Was weiß eine Person, wenn sie handelt? Eine selbst-verwirklichte Person weiß, dass *Ishvara* der Handelnde ist, doch gleichzeitig hat sie noch eigensüchtige *vasanas*, Überbleibsel der Ignoranz. Diese Person wird keine neue *vasanas* entwickeln, weil sie die Ignoranz überwunden hat, aber sie muss die Effekte der Ignoranz noch einige Zeit lang ertragen. Bis die Effekte der Ignoranz im Feuer der Selbst-Erkenntnis zu Asche geworden sind, ist für die selbst-realisierte Person Unterscheidungsfähigkeit daher wesentlich. Die selbst-verwirklichte Person hingegen muss nicht mehr unterscheiden; bei ihr wurden die Effekte der Ignoranz bereits verbrannt, und daher stehen ihre Handlungen automatisch mit *Ishvaras* Begehren im Einklang. Selbstsüchtiges Begehren und Handeln sind kein Thema mehr. Aus diesem Grund sprechen die Schriften davon, dass die selbst-verwirklichte Person *Ishvara* **ist**. Sie hat zwar nicht die Fähigkeit, die drei makrokosmischen Körper (Materiell, Feinstofflich und Kausal) zu erschaffen, zu erhalten und zu zerstören, aber da sie das Selbst ist, bleibt sie unberührt von *Ishvara* und *jiva* und steht über ihnen.

> „Wer andere nicht beunruhigt und sich durch die Welt nicht beunruhigen lässt, wer frei ist von jeglicher Abhängigkeit, wer sich weder von Angst noch von Wut oder Freude mitreißen lässt, wer keinerlei Neigung verspürt, zum eigenen Vorteil Handlungen einzuleiten, ..." ist wahrhaft frei.

Der selbst-realisierten Person ist klar geworden, dass Handlung und deren Resultate sie nicht vervollständigen kann, daher ist der Umgang mit dem Handelnden für sie eine der größten Herausforderungen. Durch die Entdeckung, dass das Leben ein Traum, auf eine bestimmte Weise ‚leer' ist, kommt es häufig vor, dass sich die Person desillusioniert und haltlos fühlt und glaubt, dass Leben sei sinnlos. Doch die Erwartung, das Problem des Handelns werde sich dadurch lösen, dass der Handelnde einfach verschwindet, erfüllt sich nicht. Der Handelnde bleibt, denn in *Ishvaras* Schöpfung ist er ein notwendiger Faktor im *karmischen* Reiz- und Reaktionsmechanismus. Der Handelnde ist aktiv, solange du in diesem Körper bist. Solange du dich noch mit dem Handelnden identifizierst, glaubst du, etwas Neues tun zu müssen. Da scheint es nahezuliegen, ein Schild an die Straße zu hängen und zu ‚lehren'. Doch der zuletzt zitierte Vers sagt, dass eine selbst-verwirklichte Person keine Handlungen initiiert, die den eigenen Vorteil im Sinn haben. Sie ist vollkommen zufrieden mit der Glückseligkeit des Selbst. Die Lösung besteht darin, die Untersuchung fortzuführen, bis du den Unterschied zwischen dem Handelnden und der Identifikation mit dem Handelnden verstanden hast. Wenn du die Natur der *gunas* wirklich erfasst hast, verschwindet das Problem, denn die *gunas* erzeugen Handlung, ohne den Handelnden um Erlaubnis zu fragen.

In der Euphorie der Selbst-Realisierung erkennt der Suchende, dass es nichts zu tun gibt, und zieht daraus den Schluss, die Erforschung einzustellen. Doch die Aussage der Schriften, dass es für den Selbst-Realisierten nichts mehr zu tun gibt, bezieht sich nur auf die Klärung der Frage nach der Identität. Dafür muss nichts mehr getan werden, für ein erfolgreiches Leben aber sehr wohl. Während dieser Phase solltest du daher deine Kontemplation fortsetzen, bis der Zweifel in Bezug auf Handlung beseitigt ist. Selbst-Erforschung ist ein edeles Tun. Sobald du weißt, wer du bist, wird sich deine Vision ausdehnen und die ganze Welt umfassen. Das Freiheits-Verlangen der anderen, welches sich in unzähligen Formen manifestiert, wird dann zu deinem eigenen Verlangen; du hilfst, wo immer es dir möglich ist.

> „Wer seine Freunde genauso behandelt wie seine Feinde, Erfolg und Misserfolg im gleichen Licht sieht, Ehre und Schande, Hitze und Kälte, Vergnügen und Schmerz mit der gleichen Haltung begegnet, wer keinem Objekt anhaftet, seine Sprache diszipliniert, zufrieden ist mit allem, was kommen mag, keinen Platz hat, den er sein Eigen nennt," der ist wahrhaft frei. Und schließlich: „Egal welcher Geisteszustand sich einstellt, diese Personen verschmähen keinen von ihnen, nicht einmal *tamas*. Sie sehnen sich auch nicht nach einem Zustand zurück, der vergangen ist."

Die Definition von Erleuchtung umfasst auch, wie die Selbst-Verwirklichten ihre Geisteszustände wahrnehmen. Sie lassen sich durch unangenehme Gefühle – *tamas* und *rajas* – nicht stören. Sie erwarten nicht, dass sich ihr Geist gut fühlt, denn sie wissen ganz genau, dass ihre Stimmungen von den *gunas* kontrolliert werden.

Gute Manieren sind wichtiger als Erleuchtung

Die moderne spirituelle Welt, in der Neo-Advaita in den letzten 20 Jahren eine wichtige Rolle spielt, ist der westlichen Kultur, in der sie sich verwurzelt hat, nicht unähnlich. Das ist kein Vorwurf. Vedanta, die Wissenschaft des Bewusstseins, hat mehrere tausend Jahre gebraucht, um sich zu einer derart verfeinerten, allumfassenden und bewährten Erkenntnis-Methode zu entwickeln, man kann die beiden also nicht miteinander vergleichen. Die moderne Spiritualität ist eine bequeme Fast-Food-Kultur. Sie sucht nach leichten Wegen und schnellen Lösungen. „Es gibt nichts zu tun, es sind keine Qualifikationen erforderlich, du kannst es ganz einfach erreichen etc." sind die Werbebotschaften ihrer Vertreter. Und da die Menschen gerne etwas Besonderes sein wollen, sind sie anfällig für diese Botschaften. Sie können es nicht erwarten, respektiert und geliebt zu werden und endlich eine Identität zu gewinnen, die – anders als die vielen banalen Identitäten, die auf den endlos langen Supermarkt-Regalen des modernen Lebens angeboten werden – wirklich bedeutsam ist. Und so geben sie sich, um darauf eine spirituelle Identität aufzubauen, mit einer trivialen Offenbarung als Fundament zufrieden: „Hurra! Ich habe den Schatz gefunden! Ich bin erleuchtet!"

Mit der Respekt einflößenden Liste der Kennzeichen von Erleuchtung, die wir diskutiert haben, trennt Vedanta die Spreu vom Weizen. Wenn du in Versuchung gerätst, zu glauben, du seist erleuchtet, dann solltest du über dieses Kapitel sorgfältig kontemplieren, ganz besonders dann, wenn zu deiner Erleuchtung gehört, auch andere darüber zu informieren. Es ist wie eine Checkliste. Sie wird dir zeigen, wo du stehst. Hat dich deine Selbst-Erkenntnis in einen wahrhaft kultivierten Menschen transformiert, oder ist deine Erleuchtung nur eine haltlose Behauptung. Der berühmte Zen-Meister Dogen begründete im 13. Jahrhundert die

Soto-Zen-Schule. Er hat uns folgendes unübertreffliches Wort hinterlassen: „Neben guten Manieren ist Erleuchtung das Wichtigste auf der Welt.“ Wenn du diese Aussage würdigen kannst, bist du eine reife Seele. Wenn nicht, dann nicht.

Über den Autor

JAMES SWARTZ wuchs im Bundesstaat Montana in den USA auf und studierte u.a. an der University of California in Berkeley, Kalifornien, bevor er sich als Geschäftsmann erfolgreich selbstständig machte. 1967 brachte ihn eine Offenbarung dazu, diesen Weg aufzugeben. Auf seiner spirituellen Reise wandte er sich nach Indien, in der Hoffnung, dort einen Pfad zur Erleuchtung zu finden. Die Begegnung mit dem berühmten indischen Heiligen Swami Chinmayananda führte ihn zu Vedanta und auf den Weg der Befreiung.

Seit über 40 Jahren ist James Swartz einer der wenigen authentischen Vedanta-Lehrer, die es im Westen gibt. Regelmäßig leitet er Seminare in Nordamerika, Europa, Südafrika und Indien. Tausende von Schülern haben seine Fähigkeit, traditionelles Vedanta, die Wissenschaft der Selbst-Erforschung, in klarer, moderner Sprache zu unterrichten und die Lehre auf lebendige, humorvolle und provokative Weise vorzutragen, kennen- und schätzen gelernt.

Auf seiner Webseite *shiningworld.com* stellt er umfangreiche Ressourcen über Vedanta und die Vision der Nicht-Dualität zur Verfügung. Frühere Bücher von ihm sind *Meditation: An Inquiry into the Self* (1998), *The Mystery beyond the Trinity* (1998) und *How to Attain Enlightenment: The Vision of Non-Duality* (2009).

Glossar

adharma: Im Widerspruch zu *dharma* stehend; Unrecht

Befreiung: Die Auflösung von begrenzenden Identifizierungen durch →Selbst-Erkenntnis

Bewusstsein: Gewahrsein; die wahre Natur des →Selbst

Brahman: →Selbst

dharma: Die der Schöpfung inhärenten ethischen Werte, Gesetze und Regeln; ethisch korrektes Verhalten; Tugendhaftigkeit

***dharma*-Feld:** Die Schöpfung in ihrer Gesamtheit mit all den in ihr gültigen Regeln und Gesetzen

Dualität: Die scheinbare Trennung zwischen dem Subjekt und den Objekten seiner Erfahrung, der Welt ‚da draußen'. Wenn wir die nicht-duale Natur der Wirklichkeit nicht kennen, halten wir die Gegensätze, die Unterscheidung von Subjekt und Objekt, für die Wahrheit

Ego: Die ‚Ich'-Idee, die Vorstellung, die wir davon haben, wer wir sind

Erkenntnis: Das Ergebnis einer durch Verstehen gewonnen Einsicht; Überwindung der Ignoranz in Bezug auf das Objekt der Erkenntnis

Erleuchtung: →Selbst-Erkenntnis

Gewahrsein: Bewusstsein; die wahre Natur des →Selbst

guna: Qualität, Kraft, modifizierte Energie. Die drei *gunas sattva, rajas* und *tamas* konstituieren →*maya*

sattva-guna: Die offenbarende Kraft; die Qualität des Erkennens; Wissen

rajas-guna: Die Kraft des Verlangens und der Projektion; Energie

tamas-guna: Die Kraft des Verbergens; Materie

Ignoranz: Unwissenheit; falsche Ansichten; fehlerhafte Interpretation. In Bezug auf die Realität bezeichnet Ignoranz die Unfähigkeit, zwischen der Realität *(satya)* und der scheinbaren Realität *(mithya)* zu unterscheiden; →*maya*

Ishvara: *Ishvara* in der Rolle des Schöpfers ist reines Gewahrsein mit der Fähigkeit, zu erschaffen. Die Schöpfung ist – anders als in der christlichen Vorstellung – nicht von *Ishvara* getrennt, Er ist nicht nur der Schöpfer, Er ist auch die Schöpfung. Gleichzeitig ist *Ishvara* vollkommen frei von Seiner Schöpfung.

jiva: Das Individuum

jivanmukta: Das befreite Individuum; der *jiva*, der seine wahre Natur erkannt hat

karma: Handlung; Resultat von Handlung; Pflicht

papa karma: Nicht im Einklang mit →*dharma* stehende Handlung; negative Resultate

punya karma: Tugendhafte, im Einklang mit →*dharma* stehende Handlung; positive Resultate

karma yoga: Der Übungsweg des *karma yoga* umfasst drei Aspekte:

1. Die Wahl der Handlung im Hinblick auf ihre Übereinstimmung mit den ethischen Prinzipien *(dharma)*

2. Die innere Haltung, aus der heraus die Handlung erfolgt. Das Handeln sollte getragen sein von Ehrfurcht in Bezug auf die Schöpfung und Dankbarkeit gegenüber *Ishvara*

3. Das Verstehen, dass die Resultate des Handelns nicht in den Händen des Handelnden, sondern in den Händen *Ishvaras* liegen. Dieses Verständnis ermöglicht es, die Resultate der Handlungen dankbar in Empfang zu nehmen, ganz egal, wie sie ausfallen

karma yogi: Derjenige, der *karma yoga* praktiziert

Körper: Durch *maya* erscheinen die drei Körper, sie strukturieren in logischer Weise die Schöpfung (Makrokosmos) und das Individuum (Mikrokosmos)

Kausaler Körper: Unmanifestes Potential; Konditionierung; die Quelle der →*vasanas*, das (individuelle)

Unbewusste, das makroskopische Unterbewusstsein

Feinstofflicher Körper: Geist, Intellekt und Ego; der ‚Ort', in dem sich Gedanken, Gefühle, Wahrnehmungen, Erinnerungen, Träume, Begierden, Ängste, etc. manifestieren

Materieller Körper: Materie; der physische Körper des Individuums (Mikrokosmos); die Fünf Elemente Luft, Feuer, Wasser, Erde und Äther (leerer Raum)

Lehrer: Ein qualifizierter Vedanta Lehrer sollte folgende Qualifikationen besitzen:

1. Er/Sie hat →Selbst-Erkenntnis verwirklicht und ist in diesem Wissen fest verankert

2. Er/Sie weiß um die Schriften des Vedanta als unpersönliches Mittel zur Selbst-Erkenntnis und ist in der Lage, die Lehren und Werkzeuge für den Suchenden zu entfalten und auf ihn anzuwenden

maya: Die ‚Kraft' in Gewahrsein, die die Manifestation der Schöpfung ermöglicht; Ignoranz; *maya* ermöglicht das Unmögliche, insofern, als sie das reine immer-freie Selbst scheinbar zu einer Schöpfung werden lässt

mithya: Scheinbar real; all das, was in seiner Existenz von etwas anderem (→*satya*) abhängig ist

moksha: →Selbst-Erkenntnis

Nicht-Dualität: Die Vision, dass du vollständig und vollkommen bist. Die scheinbare Trennung zwischen dem Subjekt und den Objekten seiner Erfahrung ist in Wirklichkeit nicht real

Objekte: All das, was sich von dir, dem Subjekt, unterscheidet. Du bist →*satya,* die Objekte sind →*mithya* (z.B. Gedanken, Gefühle, Erfahrungen, materielle Objekte)

Offenbarung: Spirituelle Erfahrung

Realität / real: Das, was sich niemals verändert und an jedem Ort und zu jeder Zeit gültig ist; →*satya*

sadhana: Übung; Praxis; Übungsweg

samsara: Die scheinbare Realität; der Strudel des weltlichen Lebens; der kontinuierliche Zyklus von Entstehen und Vergehen

samskara: Die Prägung des Individuums; Cluster-Bildung von →*vasanas*

satya: Unabhängig existierend; unveränderlich; an jedem Ort und zu jeder Zeit gültig

Schöpfung: Die Manifestation des Universums (Makrokosmos) und des Individuums (Mikrokosmos)

Selbst: Die ultimative und einzige Realität, deren wahre Natur unbegrenztes Bewusstsein/Gewahrsein ist

Selbst-Erforschung: Die Suche nach der Erkenntnis der wahren Natur von ‚ich' und Welt.

Selbst-Erkenntnis: (auch *moksha,* Erleuchtung, Selbst-Verwirklichung); das Verstehen der wahren Natur von ‚ich' und Welt. Die unmittelbare und unwiderrufliche Einsicht, „Ich bin nicht-handelndes, gewöhnliches, unberührtes, unbegrenztes, immer-freies Gewahrsein"

spirituell: Geistig-religiös; auf einen tieferen Sinn ausgerichtet

svadharma: individuelle Pflicht / Aufgabe; die relative Natur der Person

Überlagerung: Etwas für etwas anderes zu halten, als was es tatsächlich ist

Upadhi: Limitierendes Attribut; das, für das man etwas (durch →Überlagerung) fälschlicherweise hält

Vedanta: Wörtlich ‚Das Ende der Veden'; die Schriften bzw. Lehren, die sich mit →Selbst-Erkenntnis befassen und die Vision der →Nicht-Dualität präsentieren; das Wissen, das die Suche nach Erkenntnis beendet. Die Quelltexte des Vedanta sind die *Upanischaden,* die *Bhagavad Gita* und die *Brahma Sutras*

vasana: Die subtile Spur, die vergangene Handlungen im Geist hinterlassen; spezifisches Begehren; Tendenz

Wissen: Wir unterscheiden zwischen absolutem und relativem Wissen. Absolutes Wissen kann nicht negiert werden, es ist zu jeder Zeit, an jedem Ort und unter allen Umständen gültig. Es ist das Wissen über uns selbst (→Selbst-Erkenntnis). Relatives Wissen hingegen ist nur begrenzt gültig (z.B. das physikalische Gesetz der Gravitation)

yoga: Wörtlich ‚verbinden' oder ‚Verbindung'; jede Form der Praxis, die einem bestimmten Ziel dient. Yoga als spirituelle Praxis verweist i.d.R. auf *ashtanga yoga,* ein Meditations-Pfad, der zu diversen Versenkungszuständen führt

Zustand: Die drei Bewusstseinszustände sind Wach-, Traum- und Schlafzustand. Eine sorgfältige Analyse der drei Zustände führt zu der Einsicht, dass keiner dieser Zustände unsere wahre Natur sein kann. Wir sind das nicht-duale Gewahrsein, das die drei Zustände bezeugt

Wach-Zustand: Nach außen gerichtetes Bewusstsein, das durch die Sinne und den Geist die jeweiligen Objekte beleuchtet und Erfahrungen konsumiert. Das Ego im Wachzustand ist die Identität, mit der wir uns üblicherweise identifizieren

Traum-Zustand: Nach innen gerichtetes Bewusstsein, das die *vasana*-induzierte Traumwelt illuminiert

Tiefschlaf: Formloses Bewusstsein. Das Tiefschlaf-Bewusstsein ist frei von den Wach- und Traum-Egos und ihren jeweiligen Objekten, da die sie projizierenden →*vasanas* inaktiv geworden sind. Das Schläfer-Ego ist sehr subtil, seine Existenz erkennen wir daran, dass es Grenzenlosigkeit und Glückseligkeit erfährt